STUDIENKURS POLITIKWISSENSCHAFT

Lehrbuchreihe für Studierende der Politikwissenschaft
an Universitäten und Hochschulen

Wissenschaftlich fundiert und in verständlicher Sprache führen die Bände der Reihe in die zentralen Forschungsgebiete, Theorien und Methoden der Politikwissenschaft ein und vermitteln die für angehende Wissenschaftler:innen grundlegenden Studieninhalte. Die konsequente Problemorientierung und die didaktische Aufbereitung der einzelnen Kapitel erleichtern den Zugriff auf die fachlichen Inhalte. Bestens geeignet zur Prüfungsvorbereitung u.a. durch Zusammenfassungen, Wissens- und Verständnisfragen sowie Schaubilder und thematische Querverweise.

Petra Stykow | Julia Baumann

Das politische System Russlands

 Nomos

Onlineversion
Nomos eLibrary

Die Deutsche Nationalbibliothek verzeichnet diese Publikation in der Deutschen Nationalbibliografie; detaillierte bibliografische Daten sind im Internet über http://dnb.d-nb.de abrufbar.

ISBN 978-3-8487-7971-0 (Print)
ISBN 978-3-7489-2355-8 (ePDF)

1. Auflage 2023
© Nomos Verlagsgesellschaft, Baden-Baden 2023. Gesamtverantwortung für Druck und Herstellung bei der Nomos Verlagsgesellschaft mbH & Co. KG. Alle Rechte, auch die des Nachdrucks von Auszügen, der fotomechanischen Wiedergabe und der Übersetzung, vorbehalten. Gedruckt auf alterungsbeständigem Papier.

Inhalt

Exkursverzeichnis 7

Abbildungsverzeichnis 9

Tabellenverzeichnis 10

Abkürzungsverzeichnis 11

Vorwort 13

1 Der sowjetische Staatssozialismus 17
    1.1 Das Sowjetsystem als zivilisatorische Alternative 17
    1.2 Das politische System der Sowjetunion 25
    1.3 Das Ende des staatssozialistischen Experiments 32
    1.4 Sozialwissenschaftliche Interpretationen 38

2 Das politische System: Einordnung und Überblick 45
    2.1 Russlands Weg in den Autoritarismus: Quantitative Messungen 45
    2.2 Russlands politisches System in neoinstitutionalistischer Perspektive 49
    2.3 Die Jelzin-Ära (1991–1999) 58
    2.4 Die Putin-Ära (seit 2000) 63

3 Der institutionelle Kern des Regimes: Die „Machtvertikale" des Präsidenten 71
    3.1 Konstitutionelle Grundlagen des politischen Systems 71
    3.2 Die Verfassung als Betriebsanleitung für die Politik 76
    3.3 Der Präsident im föderalen Machtzentrum 81
    3.4 Föderalismus vs. „Machtvertikale": Die Integration der Regionen 88

4 Parteiensystem, Parteien und Parlament 99
    4.1 Vom fluiden zum dominanten Mehrparteiensystem 99
    4.2 *Einiges Russland* und die systemische Opposition 106
    4.3 Das Parteienkartell in der Staatsduma 113
    4.4 Die außerparlamentarische Opposition 118

5 Wahlen und Wahlmanipulation 127
    5.1 Wahlen und ihre Funktionen 127
    5.2 Unfairer Wettbewerb: Wie werden Wahlen gewonnen? 135
    5.3 Anti-Regime-Opposition: Benachteiligung und Gegenstrategien 143
    5.4 Wahlen in den Regionen: Zwei Varianten des Autoritarismus 149

6 Regime und Bevölkerung: Legitimation und Loyalität 153
    6.1 Putins Popularität 153
    6.2 Regimelegitimation und illiberaler Identitätsdiskurs 158
    6.3 Werte und Einstellungen der Bevölkerung 167
    6.4 Der Gesellschaftsvertrag zwischen Regime und Bevölkerung 175

Inhalt

7 Bürgerschaftliches Engagement und Regime — 183
  7.1 Gibt es eine Zivilgesellschaft in Russland? — 183
  7.2 Die Doppelstrategie des Regimes gegenüber der Zivilgesellschaft — 190
  7.3 Konsultative Institutionen und GONGOs — 198
  7.4 Politische Proteste und Massenmobilisierung — 202

8 Instrumente der Manipulation und Kontrolle — 209
  8.1 Medienkontrolle und Propaganda: Instrumente der „Informationsautokratie" — 209
  8.2 Rechtssystem und legaler Dualismus — 217
  8.3 Staatliche und private Gewaltstrukturen — 223
  8.4 Politische Repressionen: Instrumente der „Angstautokratie" — 230

9 Bilanz und Ausblick: ein Regime ohne Zukunft? — 239
  9.1 Warum ist die Demokratisierung Russlands gescheitert? — 239
  9.2 Russlands Außenpolitik und der Krieg gegen die Ukraine — 246
  9.3 Der Angriffskrieg gegen die Ukraine: Russland zwischen Normalität und Ausnahmezustand — 253
  9.4 Das Ende des Putin-Regimes — 259

Literaturverzeichnis — 269

Sach- und Personenregister — 299

Bereits erschienen in der Reihe STUDIENKURS POLITIKWISSENSCHAFT (ab 2017) — 307

Exkursverzeichnis

Begriffe: „Kommunistische", „staatssozialistische" oder „Einpartei"-Regime?	18
Opfer der Gewalt des KPdSU-Einparteiregimes	19
Die Unionsrepubliken	21
Welche Länder gehörten zum „Ostblock"?	24
Begriff: „Nomenklatura"	27
Wer gehörte der Parteiführung der KPdSU an?	28
Michail Gorbatschow und sein Netzwerk	33
Beispiele: NGOs und Parteien mit Perestrojka-Wurzeln	36
Begriffe: „Regime" und „Diktatur"	46
Zwei Grundprobleme autoritärer Regime	54
Patronale Regimedynamiken und die Qualität politischer Systeme	56
Boris Jelzin	60
Wladimir Putin	64
Korruption in Russland	67
Typologie: Regierungssysteme	77
Wladimir Putins Weggefährten	87
Die Subjekte der Russländischen Föderation	89
Begriff: *Institutional engineering*	104
Einiges Russland in Zahlen	108
Begriff: Kartellpartei	111
Beispiele: Nicht-legislative Abstimmungen in der Duma (1990er Jahre)	114
Beispiele: Abstimmungsverhalten in der Staatsduma (2021–2022)	116
Alexei Nawalny	121
Demokratische nationalistische Strömungen	123
Begriff: „Administrative Ressource"	139
Beispiele: Spoiler-Parteien und -Kandidaten	140
Wahlbeobachtung in Russland	141
Beispiele: Politisch motivierte Wahlausschlüsse von Oppositionsparteien	144
Beispiel: Oppositionskandidaten bei der Präsidentschaftswahl 2018	146
Beispiele: Überparteiliche Plattformen der Opposition	147

Exkursverzeichnis

Wie effektiv war „Smart Voting"?	148
Beispiel: Tatarstan: Ein hegemonial-autoritäres Regime	150
Beispiel: Nowosibirsk: Ein kompetitiv-autoritäres Regime	150
Sind die Ergebnisse von Meinungsumfragen zuverlässig?	155
Traditionelle Interpretationen der „russischen Idee"	159
Begriff: „Souveräne Demokratie"	161
Konkurrierende Konzepte der russischen/russländischen Nation	163
Was sind die „traditionellen geistig-moralischen Werte Russlands"?	166
Moralischer Konservatismus und Religionszugehörigkeit	170
Die Lkw-Fahrer:innen-Proteste 2015–2017	180
Begriffe: NGOs, CSOs, NKOs	185
Was waren die „Bunten Revolutionen"?	187
Regelungen für „ausländische Agenten": USA und Russland	194
Beispiele: „Ausländische Agenten" im Umweltschutz	195
Beispiel: Proteste gegen die Mülldeponie Schijes	196
Mitglieder des *Rates für Menschenrechte*	200
Beispiel: Das „Unsterbliche Regiment"	202
Politische Talkshows	214
Das Verfassungsgericht Russlands	219
Politische Justiz: Der Fall Nawalny	222
Das Strafvollzugssystem	228
Härtere Strafen im Versammlungsrecht	232
Begriff: Liberale internationale Ordnung	246
Anti-Regime-Opposition und Medien im Exil	255
Die Meuterei der „Gruppe Wagner"	262

Abbildungsverzeichnis

Abb. 2.1:	Der Wandel politischer Systeme im postsowjetischen Raum	47
Abb. 3.1:	Die Struktur der föderalen Exekutive	75
Abb. 5.1:	Anomale Wahlergebnisse der Präsidentschaftswahl 2018	142
Abb. 6.1:	Putins Popularität (August 1999 bis Juni 2023)	154
Abb. 8.1:	Verfahren wegen Verstößen gegen das Versammlungsrecht (2004–2021)	234

Tabellenverzeichnis

Tab. 3.1:	Regierungsvorsitzende (seit 1990)	82
Tab. 4.1:	(Neue) Parteien bei Duma-Wahlen (1993–2021)	101
Tab. 4.2:	Mandatsanteile der wichtigsten Parteien bei Duma-Wahlen (1993–2021)	106
Tab. 5.1:	Ergebnisse von Präsidentschaftswahlen 1991–2018	128
Tab. 5.2:	Duma-Wahlen 1993–2021	129
Tab. 5.3:	„Einiges Russland" und KPRF: Wahlergebnisse 2011 und 2021	138
Tab. 5.4:	Hinweise auf Wahlfälschungen bei Duma- und Präsidentschaftswahlen	143
Tab. 6.1:	Die Sowjetunion in der kollektiven Erinnerung der Bevölkerung	172
Tab. 6.2:	Demokratievorstellungen im internationalen Vergleich	174
Tab. 7.1:	Meilensteine der NPO-Regulierung	191

Abkürzungsverzeichnis

BIP	Bruttoinlandsprodukt
CSO	*Civil Society Organization*
EDI	*Electoral-Democracy*-Index
EGMR	Europäischer Gerichtshof für Menschenrechte
ER	Partei „Einiges Russland" *(Edinaja Rossija)*
FBK	Stiftung für Korruptionsbekämpfung *(Fond bor'by s korrupciej)*
FSB	Föderaler Sicherheitsdienst *(Federal'naja služba bezopasnosti)*
GK	Gesellschaftskammer *(Obščestvennaja palata)*
GONGO	*Government-Organized Non-Governmental Organization*
GR	Partei „Gerechtes Russland" *(Spravedlivaja Rossija)*
KGB	Komitee für Staatssicherheit *(Komitet gosudarstvennoj bezopasnosti)*
KPdSU	Kommunistische Partei der Sowjetunion *(Kommunističeskaja partija Sovetskogo Sojuza)*
KPRF	Kommunistische Partei der Russländischen Föderation *(Kommunističeskaja partija Rossijskoj Federacii)*
LDPR	Liberal-Demokratische Partei Russlands *(Liberal'no-demokratičeskaja partija Rossii)*
LGBTQ+	*Lesbian, Gay, Bi, Trans, Queer +*
NBP	Nationalbolschewistische Partei *(Nacional-Bol'ševistskaja Partija)*
NGO	*Non-Governmental Organization*
NKO	Nicht-kommerzielle Organisation
NPO	*Non-Profit Organization*
OSZE	Organisation für Sicherheit und Zusammenarbeit in Europa
PARNAS	Partei der Volksfreiheit *(Partija narodnoj svobody)*
PMC	*Private Military Company*
RGW	Rat für gegenseitige Wirtschaftshilfe
RMR	Rat für die Entwicklung der Zivilgesellschaft und der Menschenrechte beim Präsidenten der Russländischen Föderation *(Sovet pri Prezidente Rossijskoj Federacii po razvitiju graždanskogo obščestva i pravam čeloveka)*
ROK	Russisch-Orthodoxe Kirche
RSFSR	Russländische Sozialistische Föderative Sowjetrepublik
SONPO	*Socially Oriented Non-Profit Organization*
SSR	Sozialistische Sowjetrepublik
UdSSR	Union der Sozialistischen Sowjetrepubliken

Abkürzungsverzeichnis

USAID	*United States Agency for International Development*
WVS	*World Values Survey*
ZIK	Zentrale Wahlkommission Russlands *(Central'naja izbiratel'naja Kommissija)*
ZK	Zentralkomitee

Vorwort

Dieses Studienbuch analysiert das politische System Russlands aus der Perspektive der Vergleichenden Autoritarismus- und Russlandforschung. Sein Anliegen besteht darin, das systematische Instrumentarium der Politikwissenschaft zu nutzen, um den Weg Russlands von einem Typ eines autoritären Regimes (einem kommunistischen Einparteiregime) zu einem anderen Typ (einem personalistischen Regime) nachzuvollziehen und zu erklären.

Nach der Selbstabschaffung des sowjetischen Staatssozialismus und der Auflösung der Sowjetunion war diese Entwicklung weder vorgezeichnet und alternativlos, noch ist sie ausschließlich Wladimir Putin, dem Präsidenten Russlands, und seinem inneren Machtzirkel zuzuschreiben. Wer sie besser verstehen will, darf sich nicht mit allzu einfachen Vorstellungen zufriedengeben, die hinter solchen Shortcuts wie „Putins Russland", „Herrschaft der Geheimdienste" oder „Putins Krieg" stehen. Er oder sie sieht sich vielmehr mit einem hochkomplexen, multidimensionalen sowie aus den Wechselwirkungen von Absichten und Entscheidungen vieler Akteure erwachsenen Prozess konfrontiert, der sich nur sehr abstrakt in wenigen Sätzen zusammenfassen lässt.

Zwar eröffnete sich an der Wende zu den 1990er Jahren in Russland ein Möglichkeitsfenster für den Übergang zu Demokratie, Marktwirtschaft und Nationalstaatlichkeit, aber die Erfolgsaussichten dieses politischen Projekts waren von Anfang an belastet. Zu diesen Belastungen gehörten neben der schweren Wirtschaftskrise, der stark beschädigten Handlungsfähigkeit des Staates und seiner drohenden Desintegration sowie der tiefen Identitätskrise der Gesellschaft auch die in der Jelzin-Ära unternommenen (bzw. unterlassenen) politischen und wirtschaftlichen Reformen, das Überleben informeller („patronaler") Räume als der entscheidenden Arenen politischer und ökonomischer Prozesse sowie Veränderungen in den internationalen Beziehungen, die sich mit dem Siegeszug des Liberalismus vollzogen, in dem viele Beobachter:innen damals das „Ende der Geschichte" zu erkennen glaubten.

Die Rekonstituierung der Staatlichkeit Russlands und die Etablierung eines neuen autoritären Regimes unter Putin sind zum einen auf den inkrementellen Umbau der politischen Institutionen seit Anfang der 2000er Jahre zurückzuführen, die wir in diesem Buch detailliert nachvollziehen. Der Boden dafür war partiell durch die Reformer um Boris Jelzin und ihr Management innenpolitischer Krisen wie auch der Machtübergabe an Putin als Nachfolger bereitet worden. Diesem gelang es, mithilfe seiner – auch, aber nicht nur aus Geheimdienstlern bestehenden – Vertrauten und Berater das politische System so umzugestalten, dass er Entscheidungskompetenzen immer stärker in seinen Händen konzentrieren und die Zugänge zu politischer Mitsprache und ökonomischen Ressourcen kontrollieren konnte. Dabei folgte er jedoch keinem vorgefassten Plan. Vielmehr war der Erfolg dieses Projekts Ausdruck ebenso von Putins Machtwillen wie der Fähigkeit des Regimes, auf veränderte Bedingungen flexibel, erfindungsreich und hinreichend effektiv zu reagieren. So gelang es bisher erfolgreich, existenzielle Gefährdungen für sein politisches Überleben abzuwenden oder auszuschalten.

Zum anderen und überwiegend im Zusammenhang mit den institutionellen Reformen schuf das Regime auch attraktive Integrationsangebote an potenzielle Gegeneliten in Politik und Wirtschaft, indem es ihnen im Tausch für Loyalität und zu seinen Bedingungen eine nicht unbeträchtliche Teilhabe an Macht und Reichtum gewährte. Dass wichtige politische und ökonomische Akteure diese Angebote annahmen, trug zur Konsolidierung des Putin-Regimes ebenso bei wie die – vorwiegend schweigende und passive – Zustimmung des größten Teils der Bevölkerung zu den existierenden Herrschaftsverhältnissen. Beidem kommt selbst unter den Bedingungen des Jahres 2023 noch immer größere Bedeutung zu als die Erzwingung von Gehorsam durch angedrohte oder vollstreckte politische Repressionen.

Alles zusammen führte dazu, dass Putin etwa seit Mitte der 2010er Jahre nahezu jede beliebige politische Entscheidung im Alleingang treffen kann, ohne auf effektiven Widerstand zu treffen – oder sogar breite Zustimmung dafür findet. Das offensichtlichste Beispiel dafür liefern die Annexion der Krim, der Krieg im Donbass seit 2014 und der seit 2022 geführte Angriffskrieg gegen die Ukraine, der für diese, aber auch für Russland selbst sowie für Europa und die Weltgemeinschaft verheerende Folgen zeitigt.

Mit dem Versuch, die wichtigsten Dimensionen und Facetten des Entstehungs- und Wandlungsprozesses dieses personalistischen Regimes konzeptionell anspruchsvoll und empirisch nachvollziehbar darzustellen und zu interpretieren, versteht sich unser streng „akademisch" argumentierendes Studienbuch als Ergänzung – mitunter auch in korrigierender Absicht – zu den vielfältigen tagesaktuellen Kommentaren in den traditionellen und sozialen Medien, zu populärwissenschaftlichen Interpretationen, politiknahen Analysen und politischen Handlungsempfehlungen. Es wendet sich an Studierende der Politik- und anderer Sozialwissenschaften, aber auch an weitere Leser:innen, die bereit sind, sich auf die Denkweise der Vergleichenden Politikwissenschaft und ihr Instrumentarium ebenso einzulassen wie darauf, dass die Antworten auf viele Fragen vorläufig und vielleicht auch weniger eindeutig sind als erhofft.

Mit großer Akribie haben wir den umfangreichen Forschungsstand an der Schnittstelle von Vergleichender Autoritarismus- und Russlandforschung ausgewertet, an der wir auch unsere eigenen Forschungen verorten. Dabei haben wir unterschiedliche theoretische Deutungen berücksichtigt, um unsere Leser:innen auch über die wichtigsten Kontroversen zum „Fall Russland" zu informieren. Disziplinär bedingt liegt der Fokus primär auf Akteuren, Ereignissen und Prozessen der Innenpolitik, während Themen und Probleme der Politischen Ökonomie, der Policy-Forschung und der Internationalen Beziehungen vergleichsweise wenig Raum in diesem Buch einnehmen und überwiegend kursorisch skizziert werden.

Die Herangehensweise an unser Thema verlangt der Leser:in ab, sich auf eine Reihe von Fachbegriffen einzulassen, die im Alltagssprachgebrauch nicht oder anders verwendet werden. Ebenso wie wichtige theoretische Argumente haben wir sie entweder im Text oder in separaten Exkursen erläutert. In anderen Exkursen illustrieren wir abstrakte Aussagen mit Beispielen oder empirischen Vertiefungen.

Damit wollen wir nicht nur die Lesbarkeit des Textes verbessern, sondern auch einige, unseren Leser:innen möglicherweise bekannte, Informationen in einen theoretischen Zusammenhang einordnen – oder auch mit weniger bekannten Informationen zum besseren Verständnis der Realität Russlands beitragen. Für diese empirischen Illustrationen haben wir oft nicht nur aus der vorhandenen Forschungsliteratur geschöpft, sondern auch selbst in zuverlässigen Quellen recherchiert.

Das politikwissenschaftliche Schreiben über Russland war auch in sprachlicher Hinsicht eine Herausforderung für uns. Noch deutlicher als bei vielen anderen Themen fielen uns die emotionalen und politischen Konnotationen vieler Wörter auf. Wir legen Wert auf die Feststellung, dass wir uns entsprechend wissenschaftlicher Standards an eine sachliche Sprache gehalten, politische und emotionale Wertungen vermieden und unsere Meinungen und Gefühle nicht geäußert haben. Auch Wörter wie etwa „Regime", deren pejorativer Auflading in der Alltagssprache wir uns bewusst sind, werden als rein technische Begriffe verwendet (> Exkurs auf S. 46).

Wir haben uns dafür entschieden, im Allgemeinen zu gendern, ausgenommen korporative Akteure und – was uns wichtig erscheint – die Regime-Eliten bzw. deren Gruppen. Das Maskulinum, das wir für sie verwenden, ist nicht generischer Natur. Vielmehr sind politisch einflussreiche Positionen in Russland wie in vielen anderen autoritären Regimen fast ausschließlich von Männern besetzt. Diesen Umstand wollen wir nicht sprachlich verschleiern.

Russische Personen- und Eigennamen geben wir im Text in deutscher Transkription wieder; für Angaben von Quellen und Literatur in kyrillischer Schrift verwenden wir die wissenschaftliche Transliteration. Wenn auf Russisch das Wort *rossijskij* stehen würde (bzw. im russischsprachigen Original steht), schreiben wir „russländisch", im Falle von *russkij* hingegen „russisch"; eine Andeutung der Problematik, die mit dem Gebrauch dieser Adjektive verbunden ist, findet sich in Kap. 6.2.

Dieses Buch wäre ohne die tatkräftige Unterstützung von Studierenden und Kolleg:innen nicht entstanden. Wir möchten ihnen herzlich danken, besonders unseren „Testleser:innen" Henrike Gehrke, Mikhail Khrapak, Maria Kleiner, Franziska Kokorsch, Egor Turkov und Martino Zanasca für ihr großes Engagement und wertvolles Feedback aus studentischer Perspektive. Ein großer Dank geht außerdem an zahlreiche Kolleg:innen für hilfreiche Anregungen und Hinweise zum Manuskript. Namentlich erwähnen möchten wir Elena Belokurova, Katharina und Harald Bluhm, Jan Matti Dollbaum, Sarah Grandke, Roman Khandozhko, Heiko Pleines, Nele Quecke, Berthold Rittberger, Benjamin Schenk, Dieter Segert, Madita Standke-Erdmann, Lina Verschwele und Martin Wagner.

München, den 20. Juli 2023

Petra Stykow und Julia Baumann

1 Der sowjetische Staatssozialismus

> **Zusammenfassung**
> Die Sowjetunion verstand sich als zivilisatorischer Gegenentwurf zur demokratischen, kapitalistischen und nationalstaatlichen Moderne des „Westens". Das Kapitel skizziert ihre Spezifik, analysiert Aufbau und Funktionsweise des politischen Systems und rekonstruiert die Dynamik ihrer Selbstabschaffung im Gefolge der Perestrojka-Reformen. Anschließend wird ein Einblick in wissenschaftliche Kontroversen über das Wesen der Sowjetunion und die Ursachen ihres Untergangs gegeben.

1.1 Das Sowjetsystem als zivilisatorische Alternative

Die *Russländische Föderation*, die vor 1992 unter der Bezeichnung *Russländische Sozialistische Föderative Sowjetrepublik* (RSFSR) der dominierende Teilstaat der *Union der Sozialistischen Sowjetrepubliken* (UdSSR) war, sieht sich als „Fortsetzerstaat" der Sowjetunion und ihre Rechtsnachfolgerin in internationalen Organisationen und Verträgen. Diese wiederum hatte – bei großer territorialer Kontinuität mit einem der größten Kontinentalimperien der Geschichte, dem *Russländischen Kaiserreich* – zum einen den Anspruch erhoben, dessen imperial-absolutistisches, patrimoniales und religiöses Erbe radikal zu überwinden. Zum anderen verkörperte sie eine Herrschaftsordnung, die sich als Gegenentwurf zur marktwirtschaftlich verfassten, liberalen und rechtsstaatlichen Demokratie des Westens verstand. Die Erfahrungen und Hinterlassenschaften dieses gigantischen, sieben Jahrzehnte währenden Gesellschaftsexperiments haben in Russland tiefe, weiterhin prägende Spuren in Gesellschaft und Politik hinterlassen.

Die Sowjetunion als staatssozialistisches Einparteiregime

Anfang 1917 schien die „Februarrevolution", gefolgt von der Abdankung des Zaren Nikolaus II., Russland auf einen Weg der Demokratisierung zu führen, wie er nach dem Ende des Ersten Weltkriegs in vielen Staaten Europas beschritten wurde. Aber bereits im Spätherbst desselben Jahres wurde dieser Weg durch ein Ereignis wieder abgeschnitten, das als „Große Sozialistische Oktoberrevolution" bzw. „Oktoberumsturz" in die Geschichte einging. In seinem Ergebnis ging die Staatsmacht in die Hände der Bolschewiki[1] unter Führung von Wladimir Lenin (1870–1924) und Leo Trotzki (1879–1940) über, die Russland zu einer „Republik der Sowjets [Räte] der Arbeiter-, Soldaten- und Bauerndeputierten" erklärten. Nachdem sie im Frühjahr 1918 die verbliebenen Bündnispartner aus der Regierung gedrängt hatten, etablierten die Bolschewiki das erste kommunistische Einparteiregime der Welt. Es überlebte einen bis 1922 andauernden Bürgerkrieg, in den auch ausländische Mächte intervenierten, sowie mehrere innere Krisen, bevor es sich nach sieben Jahrzehnten selbst abschaffte.

---

1 Die Bolschewiki (russ. *bol'šinstvo*, „Mehrheit") waren eine radikale Fraktion innerhalb der 1898 gegründeten *Sozialdemokratischen Arbeiterpartei Russlands*, die 1918 in *Kommunistische Partei Russlands* (Bolschewiki) und 1952 in *Kommunistische Partei der Sowjetunion* (KPdSU) umbenannt wurde.

1 Der sowjetische Staatssozialismus

Die ideologische Grundlage dieses Regimes bestand im „Marxismus-Leninismus", einer Lehre, die sich konstitutiv auf das *Manifest der Kommunistischen Partei* (1848) von Karl Marx und Friedrich Engels bezog und sich als Weiterentwicklung der Ideen der beiden Begründer des „wissenschaftlichen Sozialismus" verstand. Zur offiziellen „Weltanschauung" und „Anleitung zum politischen Handeln" erklärt, diente diese Ideologie der Legitimation des Herrschaftsanspruchs der *Kommunistischen Partei der Sowjetunion* (KPdSU). Ihr zufolge bestand das ultimative Entwicklungsziel der Menschheit im Kommunismus, in dem es keine Eigentumsunterschiede mehr geben würde und daher auch keine sozialen Klassen. Auf dem Weg in diese Gesellschaft würde auch der Staat funktionslos werden, der das Machtinstrument der jeweils herrschenden Klasse sei. Er würde daher „absterben" und der Selbstverwaltung des Volkes Platz machen.

Diese gerechte, harmonische und freie Gesellschaft sei jedoch nur durch die revolutionäre Umgestaltung der bürgerlichen Gesellschaft zu erreichen, speziell durch die Abschaffung des Privateigentums an Produktionsmitteln, die jeglicher „Ausbeutung des Menschen durch den Menschen" die Grundlage entziehen werde. Als egalitäres Transformationsprojekt würde es aber auch den Widerstand der besitzenden Klassen wecken. Deshalb sei die (zeitweilige) Einschränkung politischer Rechte und Freiheiten sowie der Einsatz von Gewalt nicht nur notwendig, sondern auch legitim. In dieser Übergangszeit, so Lenin, bedurfte es eines Staats der Arbeiterklasse in Form der „Diktatur des Proletariats", die von einer revolutionären „Partei neuen Typs" geleitet wurde.

> **Begriffe: „Kommunistische", „staatssozialistische" oder „Einpartei"-Regime?**
> Die kommunistische Gesellschaftsvision wurde in keinem der im 20. Jahrhundert von kommunistischen Parteien regierten Länder realisiert; ihrer Selbsteinschätzung nach hatten sie mit dem „real existierenden Sozialismus" allerdings einen wesentlichen Zwischenerfolg erreicht.
> Um die für diese Herrschaftsform charakteristische Verflechtung von Partei („Staatspartei") und Staat („Parteistaat") begrifflich zu erfassen, sprechen wir vom „Staatssozialismus (sowjetischen Typs)" bzw. von „staatssozialistischen Regimen". Wenn hingegen auf die Abgrenzung zu (demokratischen oder autoritären) Mehrparteienregimen Wert gelegt wird, erscheint uns auch die Bezeichnung „kommunistisches Einparteiregime" als korrekt, da sich „kommunistisch" in diesem Fall auf die Ideologie der Partei bezieht und nicht auf das utopisch bleibende Endziel. Oft verwenden wir der Einfachheit halber das Wort „Sowjetsystem", wenn wir die Spielart des Staatssozialismus im Blick haben, die sich in der UdSSR herausgebildet hatte. Überall in diesem Buch legen wir im Interesse einer sachlichen Analyse Wert auf möglichst „technische" Bezeichnungen, die keine Wertungen enthalten.

Ein Jahrzehnt nach ihrer Machtübernahme führten die Bolschewiki die Zentralverwaltungswirtschaft („sozialistische Planwirtschaft") ein. Dafür wurden an der Wende zu den 1930er Jahren nahezu alle Unternehmen und Betriebe in Staatseigentum („Volkseigentum") überführt. Nachdem der Boden nationalisiert worden war, entstand in der Landwirtschaft durch Zwangskollektivierung bäuerlicher Wirtschaften neben dem staatlichen auch ein genossenschaftlicher Sektor. Die

Volkswirtschaft wurde buchstäblich als eine einzige Staatskorporation reorganisiert, in welcher der gesamte Prozess von der Bedarfs- und Produktionsplanung bis hin zur Gestaltung von Preisen und Löhnen durch den Parteistaat kontrolliert wurde.

Der Export von Getreide, Rohstoffen und Kulturgütern und die Schröpfung der Bevölkerung ermöglichten eine forcierte Industrialisierung, welche die Sowjetunion bis Mitte der 1930er Jahre von einem Agrar- in einen Industriestaat transformierte und bis in die frühen 1960er Jahre hohe Wachstumsraten sicherte (Harrison 2017). Mit dem Aufbau einer modernen Infrastruktur, der Urbanisierung und Alphabetisierung der Bevölkerung vollzog sich ein extrem beschleunigter Modernisierungsprozess der Gesellschaft. Ausgerichtet auf die Bedürfnisse der nationalen Sicherheit entstanden so auch die materiellen Voraussetzungen für den Sieg der Sowjetunion im „Großen Vaterländischen Krieg" gegen Deutschland (1941–1945) sowie für das Wettrüsten mit den USA in der zweiten Hälfte des 20. Jahrhunderts. Schätzungen zufolge erreichte die Wirtschaftsleistung der Sowjetunion im Jahr 1970 bis zu 57% des Bruttoinlandsprodukts der USA, bevor sich die Schere zwischen beiden Ländern wieder vergrößerte, weil die sowjetische Wirtschaft nun langsamer wuchs (Brooks/Wohlforth 2000: 20–21).

In den 70 Jahren seiner Existenz wurde das Sowjetsystem mehrfach reformiert. Mit dem Namen Josef Stalins (1878–1953), der von 1922 bis 1953 Generalsekretär des Zentralkomitees (ZK) der KPdSU war, sind zum einen die tiefgreifende Umgestaltung der Wirtschaft und der Sieg gegen Deutschland im Zweiten Weltkrieg verbunden, in dem die Sowjetunion ca. 27 Mio. Menschen, darunter über 9 Mio. Soldaten, verlor. Zum anderen vollzog sich die Umwandlung der Kommunistischen Partei in das Instrument von Stalins persönlicher Herrschaft, und das Regime ging zeitweilig zu Massenterror über. Er richtete sich gegen vermeintliche „Konterrevolutionäre" sowie das Führungspersonal der Armee, in noch größerem Umfang aber auch gegen unerwünschte soziale Gruppen wie „Kulaken", d.h. vergleichsweise vermögende Bauern, nichtrussische Ethnien sowie Personen, denen beispielsweise Eigentumsdelikte vorgeworfen wurden.

> **Opfer der Gewalt des KPdSU-Einparteiregimes**
>
> Schätzungen gehen davon aus, dass von 1927 bis 1938 ca. zehn der damals über 160 Mio. Einwohner:innen des Landes ums Leben kamen. Etwa die Hälfte von ihnen fiel der politisch verursachten Hungersnot von 1932–1934 zum Opfer, überwiegend in der Ukraine, Kasachstan und Moldau. Für die beiden Jahre des „Großen Terrors" (1937/38) sind ca. 700.000 Exekutionen dokumentiert. Hinzu kamen ca. 160.000 Tote im „Gulag", den Arbeits- und Straflagern. Berücksichtigt man nur die Anzahl der Hafturteile zwischen 1930 und 1941, so war wohl jede zweite Familie auf irgendeine Art und Weise von staatlichen Repressionen betroffen (Hildermeier 2017: 470–474).

> Die Gulag-Häftlinge wurden seit 1930 systematisch als Arbeitskräfte für großangelegte Wirtschaftsprojekte eingesetzt. Ihre Zahl stieg von 179.000 im Jahr 1930 auf über 2 Mio. im Jahr 1938, sank während des Krieges erheblich, erreichte im Sommer 1950 aber mit 2,6 Mio. Häftlingen den höchsten Stand. Nach Stalins Tod wurde das Lagersystem in der zweiten Hälfte der 1950er Jahre formell aufgelöst, existierte in reorganisierter Form allerdings weiter (Scherbakowa 1999).
>
> Der Anteil politischer Häftlinge an den Repressierten ist nicht genau bekannt. Den Archiven des Geheimdienstes KGB zufolge wurden zwischen 1921 und 1953 rund 4 Mio. Menschen aus politischen Gründen verhaftet, von denen etwa ein Viertel erschossen wurde. Auch in den drei Jahrzehnten nach Stalin gab es weiterhin politisch motivierte Verfolgungen und Verurteilungen, ihr Ausmaß war jedoch deutlich geringer. Schätzungen gehen von 8.000 bis 20.000 Menschen im Zeitraum 1957–1987 aus (ebd.).

Um sich vom Regime seines Vorgängers zu distanzieren, verkündete Nikita Chruschtschow (1894–1971), Parteichef von 1953 bis 1964, eine Politik der Entstalinisierung. Dazu gehörten Schritte wie die Verurteilung des Massenterrors, die Rehabilitierung von etwa 500.000 Opfern der Repressionen, die Revitalisierung der KPdSU als Organisation sowie das „Tauwetter", eine kurzzeitige Liberalisierung von Kultur und Öffentlichkeit. Es wurden die Grundlagen des sowjetischen Wohlfahrtsstaats geschaffen, und durch die Erschließung neuer Anbauflächen erlebte die Landwirtschaft einen Aufschwung. Der Versuch, das System der Wirtschaftssteuerung zu reformieren, ohne die Grundprinzipien des Einparteistaats zur Disposition zu stellen, scheiterte jedoch.

Erneute Reformbemühungen gab es Mitte der 1960er Jahre unter Leonid Breschnew (1906–1982, Generalsekretär von 1964 bis 1982). Sie sollten die Leistungsfähigkeit der Wirtschaft steigern, den Wohlfahrtsstaat stärken und gezielt die Produktion von Konsumgütern ankurbeln. Seit Mitte der 1970er Jahre geriet das Sowjetsystem, das seiner Selbstdarstellung nach bereits das Stadium eines reifen („entwickelten") Sozialismus erreicht hatte, jedoch in eine Phase der Erstarrung. Ende der 1980er Jahre allgemein als „Stagnation" bezeichnet, wird sie im heutigen Russland oft als eine Zeit der Stabilität und des relativen Wohlstands erinnert (s. Tab. 6.1 auf S. 172). Die Kluft zwischen dem Regime und der sich dynamisch entwickelnden Gesellschaft wuchs zunehmend.

Die nächsten beiden Parteichefs, Juri Andropow (1914–1984) und Konstantin Tschernenko (1911–1985), verstarben jeweils wenige Monate nach ihrer Amtsübernahme, was eine tiefe Reproduktionskrise des Regimes anzeigte. Michail Gorbatschow (1931–2022), Generalsekretär des ZK der KPdSU von März 1985 bis August 1991, leitete umfassende Reformen ein, die zum Untergang des Sowjetsystems und der Auflösung des sowjetischen Staates im Dezember 1991 führten (> Kap. 1.3).

Die Sowjetunion als multiethnischer Staat

Das Russländische Kaiserreich war kein Nationalstaat gewesen. Im Unterschied zu den anderen europäischen Mächten, die ihre Kolonien erst nach dem Abschluss ihrer eigenen Nationalstaatsbildung und in Übersee erwarben, entstand es als multiethnisches und -religiöses Landimperium. Die russischen Zaren hatten ihre Macht seit dem 16. Jahrhundert kontinuierlich nach Süden und Osten ausgedehnt. Sie erschlossen bzw. eroberten im 17. Jahrhundert Sibirien bis zum Pazifik und Teile der Ukraine, drangen im 18. und 19. Jahrhundert nach (Nord-)Westen bis in den Ostseeraum, nach Südwesten bis auf die Krim und in das Donaudelta, nach Süden in den Kaukasus und nach Zentralasien sowie im Nordosten bis nach Alaska vor.

Nachdem das Reich bereits im 19. Jahrhundert und in der Revolutionvon 1905 von nationalen Bewegungen erschüttert worden war, brach es im Zuge der beiden Revolutionen 1917 und des Ersten Weltkriegs auseinander. Im anschließenden Bürgerkrieg gelang es den Bolschewiki und ihrer „Roten Armee" schließlich, den größten Teil des Reichsterritoriums – abzüglich bedeutender Gebiete im Westen – unter ihre Kontrolle zu bringen. Dieser Erfolg war wesentlich deshalb möglich geworden, weil sie die Unterstützung nichtrussischer Bevölkerungsgruppen gewannen, indem sie ihnen nicht nur soziale Gerechtigkeit in Aussicht stellten, sondern auch die Respektierung ihres Rechts auf nationale Selbstbestimmung.

Die Ende 1922 gegründete *Union der Sozialistischen Sowjetrepubliken* (UdSSR) verstand sich als neuartige Form des multinationalen Zusammenlebens. Erstmals in der Weltgeschichte entstand eine Föderation, deren territoriale Gliederung auf dem Prinzip ethnolinguistisch-kulturell definierter Gemeinschaften basierte. Die 15 Teilrepubliken der Sowjetunion trugen den Namen der jeweiligen Mehrheitsethnie („Titularnation") und verfügten laut Verfassung über das Recht auf Sezession.

Eine Ausnahme davon bildete die *Russländische Sozialistische Föderative Sowjetrepublik* (RSFSR), der größte und bei Weitem bevölkerungsreichste Gliedstaat. Er war nicht nach seiner dominanten Ethnie („russisch", *russkij*) benannt, sondern trug ebenso wie das untergegangene Kaiserreich das supranationale Adjektiv „russländisch" *(rossijskij)* im Namen. Ebenso wie der Unionsstaat war er als Föderation organisiert. Das ethno-territoriale Prinzip galt jedoch nur für Gebiete, in denen nichtrussische Ethnien kompakt siedelten oder sogar die Mehrheit stellten. Dort wurden Autonome Republiken, Gebiete und Kreise gegründet. Das ethnisch weitgehend homogene russische Kerngebiet hingegen wurde nach dem administrativ-territorialen Prinzip in Gebiete *(oblasti)* und Regionen gegliedert.

Die Unionsrepubliken

Gründungsmitglieder der UdSSR waren neben der RSFSR die Ukrainische, Weißrussische und Transkaukasische Sozialistische Sowjetrepublik (SSR); aus Letzterer gingen 1936 die Armenische, Aserbaidschanische sowie Georgische SSR hervor. Die fünf zentralasiatischen (Kasachische, Kirgisische, Tadschikische, Usbekische und Turkmenische) Sowjetrepubliken wurden 1924, 1929 bzw. 1936 geschaffen, zum Teil durch Ausgliederung aus der RSFSR. Bei der Festlegung

1 Der sowjetische Staatssozialismus

der Grenzverläufe waren neben ethnographischen auch ökonomische und administrative Kriterien von Bedeutung (Hirsch 2005). Die letzte Veränderung der innersowjetischen Grenzen fand 1954 statt, als die Halbinsel Krim aus der RSFSR herausgelöst und an die Ukraine übergeben wurde.
Wie im Geheimprotokoll zum Nichtangriffspakt zwischen Deutschland und der Sowjetunion („Molotow-Ribbentrop"- bzw. „Hitler-Stalin-Pakt") am 24. August 1939 vereinbart, besetzten sowjetische Truppen seit Mitte September 1939 Gebiete westlich der bisherigen Staatsgrenze. Sie wurden der Ukrainischen und Weißrussischen SSR zugeschlagen bzw. als Moldauische, Estnische, Lettische und Litauische SSR in die Sowjetunion eingegliedert; zwischen 1941 und 1944 waren sie von Deutschland (bzw. seinem Bündnispartner Rumänien) okkupiert. Dem letzten sowjetischen Zensus zufolge lebten 1989 in der UdSSR knapp 286 Mio. Menschen, die über 130 anerkannten Ethnien angehörten. Am zahlreichsten war die russische Bevölkerungsgruppe, von deren ca. 145 Mio. Angehörigen mehr als 25 Mio. in Sowjetrepubliken außerhalb der RSFSR lebten, gefolgt von Ukrainer:innen (ca. 44 Mio.) und Usbek:innen (etwa 17 Mio.).

Der Bruch mit dem Erbe des imperialen „Völkergefängnisses" war einerseits grundsätzlich, blieb aber andererseits unvollständig und ambivalent, weil auch die Sowjetmacht das jahrhundertealte Problem des Verhältnisses von Staat, Imperium und Nation nicht zu lösen vermochte. Im Unterschied zum Kaiserreich förderte sie aber sowohl die Entwicklung der Sprache und Kultur der nichtrussischen Titularnationen als auch deren Staatlichkeit, denn in jeder Unionsrepublik wurden eigene Verwaltungsstrukturen und nationale Kommunistische Parteien geschaffen.

Durch die Einbindung der lokalen Ethnien formierten sich nichtrussische nationale Eliten, die allmählich auch eine eigene Machtbasis gegenüber dem Zentralstaat aufbauten. Damit stellten die ethno-territorialen Strukturen der Föderation den räumlichen und politischen Rahmen zur Verfügung, in dem sich Gruppenzugehörigkeiten, die zuvor religiös oder kleinräumig konstituiert waren, in nationale Identitäten transformierten. Im Sinne des Marxismus-Leninismus erschienen solche Prozesse der Nationsbildung freilich nur als Zwischenstufe der Entwicklung, was sich seit der zweiten Hälfte der 1950er Jahre auch rhetorisch im Kurs auf die „allmähliche Verschmelzung" aller ethnischen Gruppen zu einer supraethnischen Nation – dem „Sowjetvolk" – abbildete.

Gleichzeitig verfolgte die KPdSU mit der Förderung ethnischer Minderheiten eine imperiale Zivilisierungsmission, die in der Tradition des Kaiserreichs stand. Schon seit den frühen 1930er Jahren wurde der russischen Ethnie daher erneut ein privilegierter Status eingeräumt. Sie sei die „Erste unter Gleichen" und verfüge über die „fortschrittlichste" aller nationalen Kulturen. Das mache sie zum Vorbild für die wirtschaftlich, politisch und kulturell „rückständigen Nationen und Nationalitäten", die unter Berufung auf Werte der Säkularisierung, Rationalisierung und eines sesshaften Lebenswandels in ihrer Entwicklung unterstützt werden müssten, um das kommunistische Gesellschaftsziel zu erreichen (Jobst et al. 2008; Kivelson/Suny 2017).

Dieser widersprüchlichen Legitimationsrhetorik entsprach die Ambivalenz der politischen Institutionen. Offiziell eine Föderation, entwickelte sich die UdSSR schnell zu einem pseudoföderalen, stark unitarischen Gebilde, das durch das Einparteiregime der KPdSU zusammengehalten wurde und die Raumkonstruktion des früheren Imperiums wiederbelebte. Spätestens seit 1940 bestand sie faktisch aus einem „russischen Kerngebiet" – den administrativ-territorialen Einheiten der RSFSR – und der „nationalen Peripherie", zu der alle anderen Sowjetrepubliken und die ethno-territorialen Einheiten innerhalb der RSFSR zählten (Martin 2001).

Bezeichnenderweise wurde die RSFSR bewusst nicht mit denselben Attributen der Staatlichkeit ausgestattet wie die anderen Unionsrepubliken: Es gab hier keine nationale kommunistische Partei, keine eigene Hauptstadt, keinen eigenen Rund- und Fernsehfunk, keine eigene Akademie der Wissenschaften usw. und nur wenige eigene Staatsorgane. Die wichtigsten Angelegenheiten wurden vielmehr durch die entsprechenden Institutionen des Unionsstaates geregelt, in denen wiederum Angehörige der russischen Ethnie dominierten. Im Ergebnis dieser Politik und verstärkt durch die massenhafte Arbeitsmigration im Zuge der sowjetischen Industrialisierung identifizierten sich ethnische Russ:innen daher überwiegend nicht mit der RSFSR, sondern mit dem sowjetischen Gesamtstaat (Kolstø 2022: 136–137). Die auch im Westen weit verbreitete Gleichsetzung der „Sowjetunion" mit „Russland" war also nicht nur historisch begründet, sondern wurde auch politisch vorangetrieben und spiegelte die Wahrnehmung der meisten Russ:innen wider.

In der Forschung wird die Sowjetunion daher oft als spezifische, widersprüchliche Form eines Imperiums angesehen. Das drückt sich in Bezeichnungen wie „modernes Imperium des kurzen 20. Jahrhunderts" (Jobst et al. 2008), „empire of nations" (Hirsch 2005) oder „self-denying empire" (Kivelson/Suny 2017) aus. Das institutionelle und identitätsbildende Erbe der Sowjetunion, das seinerseits vom Erbe des Russländischen Kaiserreichs geprägt war, schloss faktisch aus, dass sich Russland Anfang der 1990er Jahre – wie die anderen Nachfolgestaaten der Sowjetunion – anhand ethnischer Kriterien als Nationalstaat rekonstruieren konnte (Brubaker 1994). Dieses unbewältigte Erbe enthielt eine permanente imperiale und revisionistische Versuchung, die das Putin-Regime schließlich aufgriff. Es liefert auch eine der Erklärungen dafür, warum große Teile der Bevölkerung die Erinnerung an die Sowjetunion mit anhaltenden Verlustgefühlen verbinden und sowohl die Krim-Annexion 2014 als auch den Krieg gegen die Ukraine unterstützen (> Kap. 6.1–3, 9.2–3).

Die Sowjetunion als imperialer Hegemon in einer bipolaren Welt

Auch als eine der beiden Supermächte der zweiten Hälfte des 20. Jahrhunderts hinterließ die Sowjetunion ein fortwirkendes Erbe. Sie hatte ihren Einflussbereich im Gefolge des militärischen Sieges im Zweiten Weltkrieg auf weite Teile des östlichen Europas ausgedehnt, wo „sozialistische Volksdemokratien" entstanden. Deren kommunistische Einparteiregime übernahmen die Grundzüge des Sowjetsystems, passten es aber in einigen Dimensionen an den jeweiligen Kontext an. So wurden beispielsweise in Polen nach 1956 kleine landwirtschaftliche Familienbetriebe zugelassen; in einigen Ländern wie der DDR und der Tschechoslowakei gab es mehrere Parteien, die jedoch den Führungsanspruch der Staatspartei nicht in Frage stellten und zu Wahlen stets in Einheitslisten mit dieser antraten.

Zusammen mit der Sowjetunion bildeten diese Länder den Kern des „Ostblocks", der sich selbst als „sozialistische Staatengemeinschaft" bezeichnete. Dieser war bemüht, enge Beziehungen zu neuen Nationalstaaten zu knüpfen, die im Ergebnis des Zusammenbruchs der europäischen Kolonialreiche zwischen 1945 und 1976 in Asien und Afrika entstanden. Die Sowjetunion ist daher auch als ein Imperium mit drei Ebenen bezeichnet worden: sie selbst, ihre ostmitteleuropäischen „Satelliten", die formal souverän waren, sowie außereuropäische Staaten (und Parteien, die solche Staaten gründen wollten) als „Klienten" (Chari/Verderi 2009: 16).

> **Welche Länder gehörten zum „Ostblock"?**
>
> Die wichtigsten internationalen Organisationen der „sozialistischen Staatengemeinschaft" waren der 1949 gegründete *Rat für gegenseitige Wirtschaftshilfe* (RGW bzw. Comecon) und das Militärbündnis des *Warschauer Vertrags über Freundschaft, Zusammenarbeit und gegenseitigen Beistand* (im Westen „Warschauer Pakt" genannt), das 1955 als Antwort auf die NATO entstand. Seine Mitglieder waren die Sowjetunion, Bulgarien, die DDR, Polen, Rumänien, die Tschechoslowakei und Ungarn. Dem RGW gehörten außerdem auch drei außereuropäische Länder an: Kuba, die Mongolei (seit 1962) und Vietnam (seit 1978).
>
> Zum „sozialistischen Weltsystem" im weiteren Sinne zählten auch weitere kommunistische Einparteiregime. Neben Jugoslawien, Albanien und China, deren Führungen sich zwischen Ende der 1940er Jahre und 1961 mit der Sowjetunion überworfen hatten und seitdem eigene innen- und außenpolitische Wege verfolgten, handelte es sich um eine Reihe südostasiatischer, afrikanischer und lateinamerikanischer Staaten, die von der UdSSR gestützt wurden, wie etwa Laos, Äthiopien, Somalia, Syrien und Kuba.
>
> Wie groß die geopolitische Herausforderung des Westens war, lässt sich auch an folgenden Zahlen erkennen: Im Jahr 1985 wurden mindestens 26 der damals 162 Staaten, in denen ein Drittel der Weltbevölkerung lebte, von kommunistischen Parteien regiert – etwa genauso viele Länder waren liberale Demokratien. Im Jahr 2021 hingegen gab es weltweit 34 liberale Demokratien und nur sechs Einparteiregime.

Neben dem Export ihres Gesellschaftsmodells ging es der Sowjetunion in ihrem „äußeren Imperium" auch um den Schutz ihrer Sicherheitsinteressen. Das kam auch in der sogenannten „Breschnew-Doktrin" zum Ausdruck, welche die nationale Souveränität der „Bruderstaaten" im östlichen Europa unter den Vorbehalt der kollektiven Interessen der Staatengemeinschaft bzw. ihres Hegemons stellte. In Übereinstimmung mit ihr gingen sowjetische Truppen auch gewaltsam gegen Massenproteste in Ungarn (1956) und der Tschechoslowakei (1968) vor, die ökonomische und politische Reformen forderten.

Das Ziel des unter sowjetischer Vorherrschaft stehenden Integrationsraums bestand darin, den ideologischen, politischen, ökonomischen und militärischen „Systemwettbewerb" mit den westlichen Demokratien unter Führung der USA zu gewinnen. In den internationalen Beziehungen erreichte dieser „Ost-West-Konflikt" seit 1945–1947 die Qualität eines Kalten Krieges, der das Risiko einer durch Atomwaffen ausgelösten Vernichtung der Menschheit barg. Im Verlaufe der 1960er Jahre wurde er durch eine Phase der Entspannung abgelöst, bevor die Konfliktintensität im Zusammenhang mit der Stationierung sowjetischer Mittelstreckenraketen im östlichen Europa, der Reaktion der NATO und des Einmarsches sowjetischer Truppen in Afghanistan seit 1979 wieder zunahm (Westad 2019).

Nach diesem kurzen Überblick über die Sowjetunion als kommunistisches Einparteiregime, imperiale Pseudoföderation und eine der beiden Supermächte des 20. Jahrhunderts wollen wir uns nun etwas detaillierter ihrem politischen System in der Phase seit den 1960er Jahren zuwenden.

1.2 Das politische System der Sowjetunion

Auf den ersten Blick könnte es scheinen, als hätte die Sowjetunion über die wichtigsten Basisinstitutionen parlamentarischer Demokratien verfügt: regelmäßige allgemeine Wahlen zu einer repräsentativen Vertretungskörperschaft, aus der eine Regierung hervorging, eine Massenpartei (wenn auch nur eine einzige) sowie eine Reihe gesellschaftlicher Organisationen. Das trifft jedoch nicht zu. Ihre politischen Institutionen waren explizit als Alternativen zu diesen „Instrumenten der bürgerlichen Klassenherrschaft" konzipiert und sollten sie auch keineswegs imitieren. Darin besteht ein wichtiger Unterschied zu den elektoral-autoritären Regimen des 21. Jahrhunderts – darunter Russland unter Putin –, in denen formal demokratische Institutionen auf nicht-demokratische Weise genutzt werden (> Kap. 2).

Das System der Sowjets

Die Grundidee sowjetischer Staatlichkeit bestand nicht in der Aufteilung der Macht zwischen den Staatsgewalten, sondern im *Prinzip der Gewalteneinheit*. Dieses Prinzip wurde durch die „Sowjets der Volksdeputierten" verkörpert, die laut Verfassung ein pyramidenförmiges „einheitliches System der Staatsorgane" von der lokalen bis zur zentralen Ebene bildeten. Formal vereinten sie alle repräsentativen, legislativen, administrativen und Kontrollkompetenzen der Staatsmacht auf sich; alle weiteren Staatsorgane leiteten sich von ihnen ab, standen unter ihrer Aufsicht und waren ihnen gegenüber rechenschaftspflichtig.

Wahlen zu den Sowjets fanden regelmäßig alle fünf Jahre auf Unions- bzw. Republiksebene und alle zweieinhalb Jahre auf den nachgeordneten Ebenen statt. Sie waren nicht kompetitiv und erfüllten daher nicht die Funktion der „demokratischen Methode" der Auswahl des politischen Führungspersonals (> Kap. 5.1). Vielmehr wurde unter der Kontrolle des territorial zuständigen KPdSU-Parteikomitees für jeden Wahlkreis ein einziger Kandidat nominiert, der entweder eine Funktion im Partei- oder Staatsapparat ausübte oder sich z.B. durch besondere Leistungen bei der Erfüllung des Produktionsplans ausgezeichnet hatte. Nach einer sechs- bis achtwöchigen Wahlkampagne warfen die Wähler:innen ihre Stimmzettel in die Wahlurne, ohne dass es nötig war, eine Wahlkabine zu nutzen oder eine Kandidat:in anzukreuzen.

Der *Oberste Sowjet der Sowjetunion*, seit 1936 das höchste Staatsorgan, bestand aus zwei Kammern. Seine insgesamt 1.500 Mitglieder wählten ein 24-köpfiges Präsidium, das in der Zeit zwischen den Sitzungen die Amtsgeschäfte führte und das kollektive Staatsoberhaupt der Sowjetunion darstellte. Außerdem wählte der Oberste Sowjet die kollegiale Regierung, den Ministerrat, der sich insbesondere mit der Wirtschaftssteuerung befasste, sowie das Oberste Gericht, den Generalstaatsanwalt und weitere Gremien.

Diese Konstruktion war keine Variante eines parlamentarischen Regierungssystems, wie man es aus westlichen Demokratien kennt. Zum einen verstand sich der Oberste Sowjet ausdrücklich nicht als Parlament, sondern bezog sich auf die Idee der Rätedemokratie als Alternative zur repräsentativen Demokratie: Seine „Deputierten" waren keine Berufsparlamentarier:innen, sondern blieben weiterhin in ihren Berufen tätig und versammelten sich nur zweimal jährlich für jeweils zwei Tage. Sie sahen sich selbst nicht als Repräsentant:innen ihrer Wähler:innen, sondern als Delegierte, die durch ein imperatives Mandat an deren kollektiven Willen gebunden waren und theoretisch jederzeit abberufen werden konnten, sollten sie dagegen verstoßen. Zum anderen hing der Ministerrat nicht vom Vertrauen des Obersten Sowjets ab. Zwar verfügten die Deputierten über einige Instrumente der Regierungskontrolle wie etwa das Interpellationsrecht, aber sie machten kaum Gebrauch davon. Der theoretisch bestehenden Rechenschaftspflicht der Regierung entsprachen keinerlei Disziplinierungs- und Sanktionsmechanismen. Die Sowjets konnten den Ministerrat nicht abberufen, obwohl sie formal alle Kompetenzen auf sich vereinten.

Das bedeutet allerdings nicht, dass die Sowjets funktionslos gewesen wären. Vielmehr nahm der Oberste Sowjet mit seinem hohen Anteil an Vertreter:innen aus dem „einfachen Volk" eine wichtige legitimatorische Funktion für das Gesamtsystem wahr. Zudem verkörperte er – neben dem Zentralkomitee der KPdSU – das zentrale Gremium der Kommunikation und Integration der sowjetischen Elite, weil sich hier regelmäßig die Vertreter:innen aller Unionsrepubliken begegneten. Die lokalen und regionalen Sowjets wiederum stellten die exekutiven Staatsorgane vor Ort dar, sammelten Informationen über die Bedürfnisse der Bevölkerung und eröffneten ihr bei vielen Alltagsproblemen einen klientelistischen Zugang zu staatlichen Ressourcen. Nicht zuletzt boten die Sowjets mit ihren 2,2 Mio. Deputierten (1977) eine der effektivsten Formen der politischen Partizipation der Bevölkerung (Hildermeier 2017: 898–907).

Die KPdSU als zentrale Institution des Sowjetsystems

Die zentrale Institution des sowjetischen politischen Systems war die Kommunistische Partei. Artikel 6 der Verfassung von 1977 kodifizierte die KPdSU als „führende und lenkende Kraft der sowjetischen Gesellschaft, Kern ihres politischen Systems sowie ihrer staatlichen und gesellschaftlichen Organisationen". Was bedeutete das in der Verfassungsrealität?

In ihrem Selbstverständnis war die KPdSU eine *Partei neuen Typs* im Sinne Lenins: Erstens sah sie sich als „Avantgardepartei" ursprünglich der Arbeiterklasse, später des „ganzen Volkes". Sie beanspruchte, dank des Marxismus-Leninismus über wissenschaftlich begründete Erkenntnisse zu verfügen, die ihr das Recht gaben, die gesellschaftspolitischen Ziele zu bestimmen und die zu ihrer Realisierung nötige Politik zu implementieren.

Als „Kaderpartei" sozialisierte und rekrutierte sie zweitens das Personal für Positionen in Partei, Staat, Wirtschaft und Massenorganisationen, bevor Wahlen diese Auswahl gegebenenfalls formal bestätigten. Der Parteibeitritt war streng reguliert, unterwarf die Bewerber:innen einer aufwendigen Prozedur und verpflichtete sie zu erhöhtem beruflichem Einsatz, der Einhaltung der Prinzipien der „kommunistischen Moral" sowie zu gesellschaftlichem Engagement; Parteistrafen bis hin zum Ausschluss waren wichtige Disziplinierungsmittel.

Im Gegenzug bot die KPdSU-Mitgliedschaft Karrierechancen, den psychologischen Nutzen der Aufnahme in einen „elitären Klub", Insiderinformationen sowie exklusive Partizipations- und Mitspracherechte (Hill/Frank 1988: Kap. 2). Hatten der Partei Anfang 1917 etwa 24.000 Mitglieder angehört, waren es 1981 17,4 Mio., d.h. etwa 7% der erwachsenen Bevölkerung (Hildermeier 2017: 1271).[2] Spätestens zu diesem Zeitpunkt sagte die Parteimitgliedschaft nicht mehr zwangsläufig etwas über die politischen Überzeugungen der jeweiligen Person aus.

Das wichtigste Instrument der Personalpolitik der Partei war das *Nomenklatura-System*. Wer zur Nomenklatura gehörte, war nicht nur auf einem erfolgreichen Karrierepfad, sondern verfügte auch über den Zugang zu einem privilegierten System der Versorgung mit materiellen Gütern und Dienstleistungen, war also in ein System formal institutionalisierter patron-klientelistischer Beziehungen integriert. In der späten Sowjetunion blieb politische Loyalität eine wichtige Bedingung für den Aufstieg innerhalb des Parteistaats, aber die professionelle und persönliche Eignung der „Kader" rückte immer mehr in den Vordergrund.

Begriff: „Nomenklatura"

Technisch gesehen bestand die *nomenklatura* aus zwei Listen: eine enthielt die durch das Parteikomitee der jeweiligen Ebene kontrollierten Positionen, die andere die Namen konkreter Personen, welche für deren Besetzung geeignet waren. So umfasste die *nomenklatura* der KPdSU-Parteizentrale Führungspositionen und Personal für die Partei- und Staatsapparate von der unionsstaatlichen bis auf die regionale Ebene, aber auch für Leitungsfunktionen in den Massenmedien, gesellschaftlichen Organisationen und dem Obersten Gericht, dem diplomatischen Dienst und nicht zuletzt in den wichtigsten Großbetrieben. Schätzungen gehen davon aus, dass die gesamtstaatliche Nomenklatura 1–3% der Bevölkerung umfasste (Snegovaya/Petrov 2022). Die nachgeordneten Parteikomitees hatten ihrerseits eigene Listen für ihren jeweiligen Zuständigkeitsbereich, was auch zur Herausbildung lokaler Patronagegruppen mit erheblicher Autonomie gegenüber dem Zentrum führte (Gorlizki/Khlevniuk 2020).

---

2 Zum Vergleich: Zu diesem Zeitpunkt waren etwa 4% der erwachsenen BRD-Bürger:innen Mitglied in einer der Parteien, die im Bundestag vertreten waren. In der DDR gehörten hingegen mehr als 15% der Bevölkerung über 18 Jahre der SED an (Niedermayer 2020; Malycha/Winters 2009: 415).

Drittens verfügte die KPdSU mit dem „demokratischen Zentralismus" über ein Organisationsprinzip, das ihr zu einer hierarchischen, hochzentralisierten Kommandostruktur verhalf. Ihm zufolge wurden alle Führungsorgane von unten nach oben gewählt und waren in beide Richtungen rechenschaftspflichtig. Es verlangte von den Mitgliedern aber auch die strikte Einhaltung der Parteidisziplin, die Unterordnung der Minderheit unter die Mehrheit und die bedingungslose Erfüllung von Entscheidungen höherrangiger Organe; die Bildung von parteiinternen Gruppierungen („Fraktionen") war verboten.

Im Ergebnis dessen lag die tatsächliche Macht in der Sowjetunion in den Händen einer Gruppe aus Männern.[3] Sie gehörten den beiden wöchentlich tagenden Führungsgremien der Partei an, die vom Generalsekretär des Zentralkomitees geleitet wurden: Das Politbüro des ZK der KPdSU traf alle zentralen Entscheidungen nicht nur für die Partei, sondern für das ganze Land, und formulierte die Inhalte der Politik. Diese wurden durch die sowjetische Regierung in Form „Gemeinsamer Beschlüsse des Ministerrats der UdSSR und des Zentralkomitees der KPdSU" übernommen und implementiert. Das Sekretariat des ZK der KPdSU hingegen war für die Leitung des weitverzweigten zentralen Parteiapparats zuständig, dessen Abteilungen sich entweder mit Parteiangelegenheiten befassten – Personalpolitik, Organisationsfragen, Ideologie usw. – oder die Ressortstruktur der staatlichen Ministerien doublierten, um die im Politbüro zu treffenden Entscheidungen vorzubereiten und die Arbeit der Staatsorgane zu kontrollieren.

> **Wer gehörte der Parteiführung der KPdSU an?**
>
> Um zu illustrieren, wie sich die Verschmelzung von Partei und Staat im höchsten Gremium der Partei äußerte, seien die 14 Vollmitglieder und acht Kandidaten aufgezählt, die im Jahr 1981 das Politbüro des ZK der KPdSU bildeten. Sieben dieser insgesamt 22 Männer hatten Führungspositionen im Staatsapparat inne – neben dem Vorsitzenden des Präsidiums des Obersten Sowjets als faktischem Staatsoberhaupt (Generalsekretär Breschnew) handelte es sich dabei um den Vorsitzenden des Ministerrats, weitere wichtige Minister und den Chef des Geheimdienstes KGB. Sechs Politbüromitglieder leiteten Schlüsselabteilungen im Parteiapparat, gehörten also auch dem Sekretariat des ZK der KPdSU an. Die übrigen acht waren Vorsitzende der nationalen Kommunistischen Parteien von sechs Sowjetrepubliken bzw. der KPdSU-Parteikomitees von Moskau und Leningrad (heute St. Petersburg).

Die Mitglieder dieser kleinen Gruppe wurden in formal-institutioneller Hinsicht durch das *Prinzip der kollektiven Führung* beschränkt, das einer diktatorischen Machtausübung des Parteichefs vorbeugen sollte und die höchsten Parteiorgane in kollektive Gremien einbettete: Sowohl Politbüro und Sekretariat als auch der Generalsekretär wurden durch das Zentralkomitee der KPdSU gewählt, das zweimal jährlich zusammentrat und über 400 Mitglieder hatte. Das ZK ging seinerseits ebenfalls formal aus Wahlen durch die alle fünf Jahre stattfindenden

---

[3] Im Verlauf von mehr als sieben Jahrzehnten gab es nur zwei Frauen, die für kurze Zeit Mitglied des KPdSU-Politbüros bzw. seines Sekretariats waren (1956–1961, 1990–1991).

Parteikongresse hervor. In der Breschnew-Ära nahmen an ihnen jeweils bis zu 5.000 Delegierte teil.

Nicht weniger wichtig war die informelle Stabilisierung des Prinzips der kollektiven Führung: Die relativ häufigen Interessendivergenzen zwischen den Parteioligarchen und ihre Konflikte, bei denen es oft um Politikinhalte und keineswegs nur um persönliche Rivalitäten ging, wurden selten in die Öffentlichkeit getragen. Das Politbüro wird vielmehr als ein Forum des Austauschs von Informationen, des gegenseitigen Verhaltensmonitorings und der Entscheidungsfindung beschrieben, das den Rahmen für kooperative und konsensorientierte Aushandlungsprozesse bildete. Der politische Einfluss eines jeden Mitglieds hing davon ab, über welche Ressourcen es dank seiner institutionellen Position im Partei- bzw. Staatsapparat verfügte, aber auch von der Stärke und Anzahl seiner Verbündeten und klientelistischen Unterstützer in den oberen Etagen von Partei und Staat (Gill 2018).

Alle KPdSU-Generalsekretäre nach Stalin sind am zutreffendsten als „Erste unter Gleichen" innerhalb der Parteispitze zu beschreiben. Aufgrund der besonderen institutionellen Autorität und der Ressourcen ihres Amtes waren sie gegenüber ihren Kollegen im Vorteil. Ihre tatsächliche Macht hing aber auch von ihren Bündnisstrategien sowie von der anhaltenden Loyalität von Personen ab, deren Karrieren sie gefördert hatten. Gegenüber niederrangigen Funktionären und der Bevölkerung profitierten die Generalsekretäre zudem vom „Personenkult", der eine charismatische, nicht durch die Institutionen vermittelte Beziehung zwischen dem Parteichef und der Bevölkerung inszenierte (ebd.).

Die Verflechtung von Partei und Staat in sowohl struktureller wie personeller Dimension, die das unmittelbare Machtzentrum des Sowjetsystems auszeichnete, durchzog auch die nachgeordneten Ebenen. So bestanden beispielsweise die Betriebsleitungen nicht nur aus dem unmittelbar für das Management zuständigen Direktor, sondern auch aus dem Vorsitzenden des Gewerkschaftskomitees und dem Parteisekretär, der (hauptberuflich) die betriebliche KPdSU-Basisorganisation leitete.

Auf allen Hierarchieebenen waren die komplexen Bürokratien in Politik und Wirtschaft von ausgedehnten interpersonellen Netzwerken durchzogen. Ihre Mitglieder waren einander durch gemeinsame Interessen und gegenseitige Loyalität, biografische Gemeinsamkeiten, frühere Gefälligkeiten und aktuelle Karriereambitionen verbunden. Diese Netzwerke modifizierten Entscheidungen sowie deren Implementierung und korrigierten Dysfunktionalitäten der extrem zentralisierten, bürokratischen Befehlskette. Sie sicherten beispielsweise auch, dass Produktionspläne trotz Lieferschwierigkeiten erfüllt (oder als erfüllt abgerechnet) werden konnten, weil die jeweils einschlägigen Verantwortlichen auf informellen Wegen Lösungen fanden – was auch im Interesse ihrer Karrieresicherung lag. Informelle Praktiken waren daher wesentlich für das Funktionieren des Parteistaats. Sie nahmen im Laufe der Zeit immer deutlicher den Charakter von Korruption an, weil die Unterscheidung zwischen den Zielen und Aufgaben der KPdSU als Organisation und den persönlichen, darunter materiellen, Belangen ihrer Funktionäre verschwamm (Jowitt 1983).

1 Der sowjetische Staatssozialismus

Politische Partizipation und politische Kultur

Einen „intermediären Raum" oder eine „Zivilgesellschaft" im westlichen Sinne, die zwischen Staat und privater Sphäre vermittelte und Raum für gesellschaftliche Selbstorganisation bot (> Kap. 7.1), gab es in der Sowjetunion vor der Perestrojka nicht. Seit Ende der 1930er Jahre hatte die KPdSU alle legalen Organisationsformen für die politische Partizipation der Bevölkerung unter ihre Kontrolle gebracht. Dadurch konnte sie diese von der Mitwirkung an der politischen Entscheidungsproduktion ausschließen und gleichzeitig als Instrumente der Massenmobilisierung nutzen.

Nahezu alle Sowjetbürger:innen waren von Kindheit an Mitglieder in mehreren quasi-staatlichen Massenorganisationen. Diese verfügten über das Repräsentationsmonopol für die betreffende Status- oder Berufsgruppe, dienten der politischen Indoktrination und Sozialisation, boten systemkonforme Arenen der Partizipation und erfüllten sozialstaatliche Aufgaben. Am wichtigsten waren die Gewerkschaften, welche auch die kostenlose Sozial- und Rentenversorgung sowie Erholungs- und Urlaubseinrichtungen für alle Beschäftigten verwalteten, die für Kinder vorgesehene Pionierorganisation sowie der Jugendverband *Komsomol* für 14–28-Jährige. Aus Letzterem, der „Kaderreserve der Partei", stammten Mitte der 1980er Jahre drei Viertel aller KPdSU-Neumitglieder (Hill/Frank 1988: 127).

Eine zweite offizielle Partizipationsform bestand in der Beteiligung an Wahlen zu den Sowjets. Ebenso wie der Jahrestag der Oktoberrevolution (7. November) , der „Tag des Sieges gegen den Hitlerfaschismus" (9. Mai) und der „Tag der internationalen Solidarität der Werktätigen" (1. Mai) waren sie fester Bestandteil des sowjetischen Feiertagskalenders und wurden als Volksfeste inszeniert. Sie dienten der ritualisierten Bekundung von patriotischer Gesinnung und Loyalität gegenüber der Parteiführung, deren Herrschaft sie damit auf quasi-plebiszitäre Art und Weise legitimierten. Der Parteiapparat nutzte sie aber auch, um lokale Funktionäre zu kontrollieren, deren Aufgabe es war, eine hohe Wahlbeteiligung zu sichern.

Weitere wichtige Partizipationsformen waren ehrenamtliche Tätigkeiten als Abgeordnete in den Sowjets, in Nachbarschaftskomitees oder als lokale und betriebliche „Volkskontrolleure". Sie bestanden darin, Mängel bei der Erfüllung parteistaatlicher Vorgaben, darunter Korruptionsfälle, zu melden und staatliche Organe auch über Unzufriedenheit in der Bevölkerung zu informieren (Owen 2016). Hinzu kamen Kampagnenaktivitäten wie formal freiwillige kollektive Arbeitseinsätze in Wohnanlagen, Betrieben und dem öffentlichen Raum *(subbotniki)* sowie „Stoßarbeiter"-Initiativen, im Rahmen derer persönliches Engagement demonstriert wurde, um Produktionspläne überzuerfüllen.

Auch wenn die Mitwirkung an solchen Partizipationsformen verpflichtend blieb und politischer Widerspruch weiterhin repressiert wurde, hatten sich die Beziehungen zwischen Parteistaat und Bevölkerung in der Zeit nach Stalins Tod erheblich gewandelt. Statt des revolutionären Enthusiasmus der ersten Jahrzehnte wurde nun nur noch eingefordert, in der Öffentlichkeit weiterhin politische Loyalität zu demonstrieren. Das eröffnete der Bevölkerung gewisse Verhandlungsspielräume. Weit verbreitet und oft effektiv war die direkte Kommunikation mit individuellen Amtsträger:innen und Institutionen in Form von Briefen und Eingaben. Geschrieben wurde z.B. an Sowjets auf allen Ebenen, Parteikomitees, Presse, Fernsehen und Justizorgane, um neben Loyalitätsbekundungen auch persönliche Anliegen vorzutragen (Merl 2012; Remington 1988: 123–127).

Auch anlässlich von Wahlen eröffneten sich solche Chancen, da die lokalen Verantwortlichen sich oft bemühten, private Anliegen im Tausch für die Stimmabgabe befriedigend zu bearbeiten. Tatsächlich lagen Wahlbeteiligung und Zustimmungsquote offiziell stets bei etwa 99,9%, ohne dass es Beweise für massive Fälschungen der Ergebnisse gibt. Zwar lassen sich Anzeichen von Unzufriedenheit mit den Wahlprozeduren finden, aber nur in größeren Städten wurden vereinzelt bis zu 5% der Stimmen gegen die offiziellen Kandidat:innen abgegeben (Merl 2011).

In welchem Maße identifizierte sich die Bevölkerung mit den herrschenden Verhältnissen? Einer einflussreichen Studie zufolge verkörperte der *homo sovieticus*, der „einfache sowjetische Mensch", auch real weitgehend die plakativen sozialen Normen des Regimes. Demnach war er ent-individualisiert („wie alle"), leicht kontrollierbar und hatte eine am Existenzminimum orientierte Bedürfnisstruktur (Lewada 1992: 9). Seine wichtigsten Eigenschaften waren in sich widersprüchlich: Er akzeptierte die von der Propaganda verbreitete Vorstellung der Einzigartigkeit und moralischen Überlegenheit der Sowjetgesellschaft gegenüber dem „Rest der Welt", die gleichzeitig Elemente der Selbsterniedrigung gegenüber dem „Fremden" enthielt. Er nahm den Parteistaat als vereinnahmende und universelle „Super-Institution" wahr, an die er gleichwohl paternalistische Hoffnungen auf Fürsorge und Gewährleistung von Ordnung adressierte. Er hing einem „hierarchischen Egalitarismus" an, der Ungleichheit und Privilegien zu akzeptieren bereit war, wenn sie aus der jeweiligen Position in der Machthierarchie folgten. Schließlich zeichnete ihn ein „imperialer Charakter" aus, der durch das Spannungsverhältnis zwischen den Vorstellungen des supraethnischen „multinationalen Sowjetvolks", dem Zwang zur ethnischen Selbstidentifikation und der Konstruktion der „Fortschrittlichkeit" des Russischen geprägt war (ebd.: 16–26).

Die normativen Vorgaben des Regimes an die Bevölkerung waren aufgrund ihrer Widersprüchlichkeit nicht erfüllbar – sie wurden von ihm aber auch nicht „ernsthaft" eingefordert, denn auch sein Kontrollanspruch war es nicht. Der *homo sovieticus* sicherte seine Selbsterhaltung, indem er scheinbar alle Regeln des Regimes akzeptierte und sie gleichzeitig clever zu umgehen versuchte. Das ganze System beruhte demnach darauf, dass die Bevölkerung Druck und propagandistische Täuschung „von oben" nicht einfach erlitt und erduldete, sondern konformistisch bereit war, sich täuschen zu lassen und sich selbst zu täuschen, weil sie damit ihr Überleben, ihre Karriere und auch ihren psychologischen Komfort sichern konnte (ebd.: 33–35).

Das Konzept des *homo sovieticus* wird in der Forschung bis heute kontrovers diskutiert. Einige Autor:innen betonen, dass die Bevölkerung in der Zeit des späten Sozialismus den offiziellen Diskurs zwar präzise und ritualisiert reproduzierte, ihn aber keineswegs als sachlich „richtige" Beschreibung der Realität ansah. Ironischerweise ermöglichte genau das die performative, häufig kreative und individuelle Aus- und Umdeutung dieses Diskurses im Alltagsleben. An die kommunistischen Ideale tatsächlich zu glauben, blieb weiterhin möglich, war aber nicht zwingend (Yurchak 2005; Sharafutdinova 2019).

Als strukturelle Entsprechung dieses Phänomens lassen sich die vielfach fragmentierten (Teil-)Öffentlichkeiten der Sowjetgesellschaft verstehen. Einige von ihnen gehörten zur offiziellen, von der Partei durchherrschten Sphäre mit ihren ritualisierten „gesellschaftlichen Aktivitäten", andere hingegen zu einer kaum kontrollierbaren „privat-öffentlichen" Sphäre, und je nach sozialer Situation wurde zwischen diesen Sphären gewechselt. Insbesondere in den halböffentlichen „Küchengesprächen" des intellektuellen Milieus konnte buchstäblich alles thematisiert werden (Oswald/Voronkov 2003).

Seit den frühen 1960er Jahren, zunächst ermuntert durch Chruschtschows „Tauwetter"-Politik, entstanden informelle Kanäle für die Verbreitung nicht regimekonformer, oft auch verbotener Literatur, die im *Samisdat* („Selbstverlag") produziert wurde. Nach dem politischen Schauprozess gegen die beiden Schriftsteller Andrei Sinjawski (1925–1977) und Juli Daniel (1925–1988), die 1966 für ihre im Westen veröffentlichten Werke wegen „antisowjetischer Propaganda" zu mehrjähriger Lagerhaft verurteilt worden waren, organisierte sich eine vom Staat unabhängige, von Intellektuellen getragene Dissidentenbewegung. Sie forderte das Recht auf freie Meinungsäußerung ein, stieß in der Bevölkerung aber kaum auf Resonanz. Seit den frühen 1970er Jahren wurden Repressionen gegen sie eingesetzt, was ihr kaum Möglichkeiten ließ, politische Forderungen öffentlich zu artikulieren.

Seit Mitte der 1950er Jahre war es zu Arbeiterprotesten gekommen, die Anfang der 1960er Jahre ihren Höhepunkt erreichten und meist durch Knappheit an Lebensmitteln oder durch Preiserhöhungen ausgelöst wurden (Kozlov 2002). Das Regime reagierte darauf mit einer Mischung aus Gewalt, der Bestrafung örtlicher Parteifunktionäre und politischen Zugeständnissen. Um die Loyalität der Bevölkerung zurückzugewinnen, wurden u.a. 1956 Altersrenten eingeführt. Der autoritär-paternalistische Wohlfahrtsstaat sicherte Vollbeschäftigung, subventionierte die Preise für Lebensmittel und Konsumgüter, sorgte für kostenlose Gesundheitsversorgung sowie Bildung und forcierte den Wohnungsbau. Im Tausch dafür akzeptierte die Bevölkerung das Machtmonopol der Partei und übte sich in politischer Zurückhaltung und Anpassungsbereitschaft. Dieses Arrangement wird in der Forschung auch als ungeschriebener *Gesellschaftsvertrag* zwischen Regime und Bevölkerung bezeichnet (Plaggenborg 2006: 221–244; Cook 2007: Kap. 2).

1.3 Das Ende des staatssozialistischen Experiments

Politische Kurswechsel waren im Sowjetsystem stets das Ergebnis von Führungswechseln an der Spitze der KPdSU. Mit Ausnahme von Chruschtschows Absetzung (1964) durch einen „Putsch" innerhalb des Politbüros wurden diese durch den Tod des amtierenden Generalsekretärs verursacht. Neue Parteichefs brachten neue Situationswahrnehmungen ein und nutzten Reformen, um ihre Position innerhalb der Oligarchie zu konsolidieren. Auch der letzte und umfassendste Reformversuch des sowjetischen Staatssozialismus, die *Perestrojka* (russ. „Umbau", „Umgestaltung"), wurde durch einen neuen Parteichef und als „Revolution von oben" gestartet.

Die Perestrojka als Versuch der „sozialistischen Erneuerung"

Michail Gorbatschow, der im März 1985 durch das Zentralkomitee der KPdSU zum neuen Generalsekretär gewählt wurde, verfügte zu keinem Zeitpunkt in seiner sechseinhalbjährigen Amtszeit über ein kohärentes Programm. Seine Reformen, die sich in kleinen und größeren Schritten experimentell entfalteten, zielten – wie er auch viele Jahre später noch betonte – weder auf die Abschaffung des sowjetischen Staatssozialismus noch der Sowjetunion als Staat, sondern waren der Versuch, einen „Sozialismus mit menschlichem Antlitz" zu gestalten.

Michail Gorbatschow und sein Netzwerk

Gorbatschow (1931–2022) entstammte einer südrussischen Bauernfamilie und durchlief eine sowjetische Musterkarriere: Mit 19 Jahren trat er in die KPdSU ein, studierte Jura an der Lomonossow-Universität in Moskau, kehrte 1955 in seine Heimatregion zurück und stieg zielstrebig in den Leitungsgremien zunächst des *Komsomol*, später der Partei auf; 1970 wurde er Erster Sekretär des Regionalkomitees. Es folgten Positionen in den zentralen KPdSU-Gremien: Mitglied des ZK der KPdSU (1971), Sekretär des ZK für Landwirtschaft (1978), Kandidat (1979) und schließlich Mitglied (1980) des Politbüros.
Gorbatschow galt als Protegé von Juri Andropow (1914–1984), der ebenfalls aus der Region Stawropol stammte, seit 1967 Chef des sowjetischen Geheimdienstes KGB und 1982–1984 KPdSU-Generalsekretär war. Zu seinem engeren Netzwerk gehörten u.a. der „Ideologe der Perestrojka" Alexander Jakowlew (1923–2005), Nikolaj Ryschkow (geb. 1929), Regierungschef von 1985 bis 1991, sowie – als Außenminister (1985–1990, 1991) – Eduard Schewardnadse (1928–2014), der zuvor lange Jahre Erster Sekretär der KP Georgiens gewesen war, nach dem Ende der Sowjetunion Präsident der Republik Georgien wurde und sein Amt schließlich durch die „Rosenrevolution" 2003 (> Exkurs auf S. 187) verlor. Auch Boris Jelzin (1931–2007), später der erste Präsident Russlands (1991–1999), gehörte dieser Gruppe zunächst an, bis er sich als persönlicher und politischer Rivale Gorbatschows profilierte.

Mitte der 1980er Jahre waren die vielfältigen Krisenerscheinungen des Sowjetsystems nicht mehr zu übersehen, auch wenn die Lage noch nicht akut war. Wirtschaft und Arbeitsproduktivität wuchsen deutlich langsamer als in den meisten Industrieländern, und die Konsumgüterproduktion blieb weit hinter der priorisierten Schwer- und Rüstungsindustrie zurück. In den Verteidigungssektor flossen etwa 40% des Staatshaushalts und 15–20% des Bruttoinlandsprodukts, was ein viermal höherer Anteil als in den USA war (Brooks/Wohlforth 2000: 23). Noch immer gab es keine Arbeitslosigkeit und die monetäre Ungleichheit blieb im internationalen und historischen Vergleich extrem gering, allerdings war die reale soziale Ungleichheit deutlich größer (Novokmet et al. 2018: 214). Die Reallöhne stiegen nur noch langsam, und die Sozialpolitik befand sich seit Ende der 1970er Jahre im Niedergang, weil ihre finanzielle Grundlage schrumpfte.

Vor diesem Hintergrund verkündete Gorbatschow im April 1985 zunächst einen Kurs zur „Beschleunigung der sozialökonomischen Entwicklung". In den folgenden zwei Jahren erhielt das Management der Staatsbetriebe größere Autonomie bei der Gestaltung der Löhne, Preise und Produktionsziele, und erstmals seit den 1920er Jahren wurde privates Unternehmertum in Form von Familienbetrieben, Genossenschaften sowie Firmen mit ausländischer Beteiligung legalisiert. Diese Versuche, die bürokratische Wirtschaftsplanung zugunsten marktförmiger Koordinationsmechanismen zurückzudrängen, sollten individuelle Initiativen ermutigen.

In der Außenpolitik riefen die Reformer ein „Neues Denken" aus, stellten den Schutz „allgemeinmenschlicher Werte" über die ideologischen und ökonomischen Konflikte zwischen Staaten und geostrategischen Blöcken und bekannten sich zu einem „gemeinsamen europäischen Haus". Das führte seit 1987 zu weitreichenden Abrüstungsabkommen mit den USA, 1988 zum Abzug der sowjetischen Truppen aus Afghanistan und 1989 auch zur offiziellen Aufgabe der „Breschnew-Doktrin". Diese Schritte gaben den Mitgliedstaaten des Warschauer Vertrags ihre innenpolitische Souveränität zurück und beendeten faktisch den Kalten Krieg.

Gegen den bald deutlich werdenden Reformwiderstand des Parteiapparats setzte Gorbatschow einerseits traditionelle Methoden ein, indem er das Führungspersonal des Staates und der Partei bis auf die regionale Ebene weitgehend austauschte (Rigby 1990a: 256). Andererseits versuchte er seit 1986, die Unterstützung der Bevölkerung zu mobilisieren. Die Politik der Glasnost (*glasnost'*, russ. „Offenheit", „Öffentlichkeit", „Transparenz") ermunterte Gesellschaft und Medien zur öffentlichen Kritik an Mängeln und Fehlern. Unter der Losung des „sozialistischen Meinungspluralismus" wurde die Pressezensur gelockert und 1990 auch formal abgeschafft. Seit 1987 entstanden unabhängige Zeitungen, Zeitschriften und Fernsehkanäle. Bisher verbotene belletristische Werke durften publiziert werden, ausländische Rundfunksender wurden nicht mehr gestört und politische Gefangene freigelassen.

Ab Mitte 1988 erreichten die Reformen eine qualitativ neue Stufe, denn sie wurden auf die institutionellen Grundlagen des politischen Systems ausgedehnt. Ideologisch begründet mit einer „Rückkehr zu Lenin" sollten die Sowjets als legislative Staatsorgane und unmittelbare Partizipationsform der Bevölkerung wiederbelebt werden. Der Oberste Sowjet der UdSSR wurde als Parlament von Berufspolitiker:innen reorganisiert und erhielt reale Gesetzgebungs- und Kontrollkompetenzen, darunter erstmals auch das Recht, die Regierung abzuberufen. Er sollte nicht direkt durch das Volk gewählt werden, sondern durch den zweimal jährlich tagenden *Kongress der Volksdeputierten der UdSSR* als neues höchstes Staatsorgan.

Bei seiner Wahl im März 1989 durften erstmals mehrere Kandidat:innen pro Wahlkreis antreten, wenn auch nur für zwei Drittel seiner 2.250 Sitze; die übrigen Mandatsträger:innen wurden von den Massenorganisationen nominiert. Im

Ergebnis dieser Wahl entstand im Kongress der Volksdeputierten die „Interregionale Abgeordnetengruppe". Ihr gehörte zwar nur eine Minderheit aus knapp 400 Abgeordneten an, aber sie brachte mit Dissidenten wie dem Physiker Andrei Sacharow und radikalen KPdSU-Reformern wie Boris Jelzin zwei oppositionelle Milieus zusammen, die den von der KPdSU-Führung noch immer aufrechterhaltenen Führungsanspruch ablehnten.

Demokratisierung und politische Mobilisierung der Gesellschaft

Die Reformen seit 1986 hatten eine politische *Liberalisierung* gebracht, indem sie das autoritäre System „von oben" öffneten, ohne es zu sprengen. Den Übergang zur *Demokratisierung* und damit zur Abkehr vom bisherigen politischen System vollzog erst die Verfassungsreform vom 15. März 1990, denn sie liquidierte das Machtmonopol der KPdSU und legalisierte den Parteienpluralismus. Gleichzeitig schuf sie unter Verweis auf das Vorbild westlicher (semi-)präsidentieller Demokratien, speziell Frankreichs und der USA, das Amt eines Präsidenten. Damit hielt das Prinzip der *checks and balances* in die sowjetische Verfassung Einzug. Gorbatschow, der vom Volksdeputiertenkongress zum ersten – und einzigen – sowjetischen Präsidenten gewählt wurde, verfügte nun über eine von seiner Parteifunktion unabhängige Legitimation als Staatsoberhaupt. Sie war jedoch von Anfang an beschädigt, da er diese Position nicht im Ergebnis einer direkten allgemeinen Wahl erhielt, im Gegensatz zu seinem Rivalen Boris Jelzin, der im Juni 1991 Präsident Russlands wurde.

Seit 1988 hatte die Perestrojka auch immer größere Teile der Bevölkerung mobilisiert. Es entstand eine anarchische Bewegungsgesellschaft, in der zahllose unabhängige Diskussionszirkel und lose organisierte Gruppen – die „Informellen" (*neformaly*) – zunehmend politische Forderungen jeglicher Art erhoben, sich überregional vernetzten und Demonstrationen und andere öffentliche Aktivitäten organisierten (Fish 1995). Berufsvereinigungen und unabhängige Gewerkschaften wurden gegründet, die eine wichtige Rolle in den Streikwellen spielten, welche die großen Industriezentren der Sowjetunion seit 1989 erfassten.

Diese neuen politischen Vereinigungen waren organisatorisch fluide „politische Kampagnen", die nicht als Zivilgesellschaft im Sinne ausdifferenzierter Interessenorganisationen anzusehen sind. Vielmehr vereinten sie meist drei Typen von Konflikten: Wie Parteien ging es ihnen um politische Rechte und Wahlrechtsreformen, wie Gewerkschaften um sozioökonomische Forderungen und wie neuen sozialen Bewegungen um Werte, darunter speziell Fragen des Umweltschutzes und der Menschenrechte. Gleichzeitig und in Verbindung damit entstanden auch erste Vereinigungen, die sich als politische Parteien sahen und am Wettbewerb um die Macht teilnehmen wollten. Innerhalb der KPdSU bildeten sich rivalisierende Plattformen, ein deutlicher Mitgliederschwund setzte ein, und die kommunistischen Parteien der einzelnen Sowjetrepubliken verselbständigten sich. Seit Herbst 1990 konnten sich Parteien auch offiziell registrieren lassen.

1 Der sowjetische Staatssozialismus

> **Beispiele: NGOs und Parteien mit Perestrojka-Wurzeln**
>
> Aus einem Moskauer Klub zur Unterstützung der Perestrojka entstand seit 1987 *Memorial*, eine Vereinigung, die sich für die Rehabilitierung der Opfer des stalinistischen Terrors einsetzte und bald zur wichtigsten Menschenrechtsorganisation Russlands wurde. Die NGO wurde 2016 von der Regierung als „ausländischer Agent" (> Kap. 7.2) klassifiziert und im Dezember 2021 per Gerichtsbeschluss aufgelöst. Zusammen mit Menschenrechtsorganisationen aus der Ukraine und Belarus erhielt sie 2022 den Friedensnobelpreis.
>
> 1989 rekonstituierte sich auch die *Moskauer Helsinki-Gruppe*, die erstmals 1976 durch den Dissidentenkreis um Andrei Sacharow gegründet worden war und sich nach Verhaftungen der meisten Mitglieder 1982 aufgelöst hatte. Diese älteste Menschenrechtsorganisation Russlands wurde im Januar 2023 auf Antrag des Justizministeriums gerichtlich liquidiert.
>
> Zu den ersten politischen Parteien, die seit Herbst 1990 offiziell registriert wurden, zählte die rechtsradikale *Liberal-Demokratische Partei* (LDPR), die heute zum Kartell der „systemischen Opposition" im Parteiensystem Russlands gehört. Aus Richtungskämpfen innerhalb der KPdSU ging im Sommer 1990 einerseits eine eigenständige russländische Kommunistische Partei (seit 1993: *Kommunistische Partei der Russländischen Föderation*, KPRF) hervor, die zum Gravitationszentrum eines breiten Bündnisses „nationalpatriotischer" Kräfte gegen Gorbatschow wurde. Andererseits spaltete sich die liberal-konservative *Republikanische Partei Russlands* (RPR) ab, die – reorganisiert als *Partei der Volksfreiheit* (PARNAS) – bis zu ihrem Verbot 2023 zur „außersystemischen Opposition" gehörte (> Kap. 4.4).

In der zweiten Hälfte des Jahres 1989 verlor Gorbatschow zunehmend die Kontrolle über die Innen- und Außenpolitik. Im Herbst brachen die kommunistischen Einparteiregime in Ostmitteleuropa zusammen. Das gab auch den nationalen Bewegungen Auftrieb, die in den meisten Sowjetrepubliken seit Ende 1988 entstanden waren und in denen sich demokratische, antisowjetische und nationalistisch-sezessionistische Forderungen überlagerten (Beissinger 2002). Dabei kam es mehrfach zu blutigen Zusammenstößen zwischen Angehörigen unterschiedlicher ethnischer Gruppen, besonders im Kaukasus und in Zentralasien, bzw. zu Interventionen des sowjetischen Militärs, so in Georgien 1989, Aserbaidschan 1990 sowie in Litauen und Lettland 1991.

Die Auflösung der Sowjetunion

Zwischen 1988 und Ende 1990 erklärten alle Teilrepubliken der Sowjetunion und eine Reihe nationaler Autonomer Gebiete ihre Souveränität gegenüber dem Unionsstaat. Obwohl das noch nicht den Austritt aus der Sowjetunion bedeutete, war es ein Schlag gegen die Grundlagen des Sowjetföderalismus: Das Primat der föderalen Gesetzgebung wurde aufgekündigt, wirtschaftliche Beziehungen zwischen den Teilstaaten zerstört und Steuerzahlungen an den Staatshaushalt verweigert. Das verschärfte die akute Krise der Wirtschaft. Staatsaufträge blieben aus, Streiks legten die Produktion lahm, und das Betriebsmanagement sowie lokale Partei- und Staatsfunktionäre begannen, sich das von ihnen faktisch auch zuvor kontrollierte „Volkseigentum" spontan anzueignen. Im Oktober 1990 beschloss der

Oberste Sowjet den Übergang zur „sozialistischen Marktwirtschaft", der in den Wirren des Jahres 1991 jedoch nicht mehr vollzogen wurde.

Im März 1991 stimmten über 70% der Wähler:innen in neun Sowjetrepubliken bei einem Referendum für den Entwurf eines erneuerten Unionsvertrages.[4] Einen Tag vor seiner geplanten Unterzeichnung, am 19. August, unternahm jedoch eine Gruppe konservativer Spitzenpolitiker um den sowjetischen Vizepräsidenten einen Putschversuch. Er scheiterte bereits zwei Tage später am Widerstand der von Russlands Präsident Jelzin geführten Moskauer Bevölkerung, aber auch am Zögern der Putschisten, die vor Blutvergießen zurückschreckten. Damit waren das Schicksal sowohl der Perestrojka als auch der Sowjetunion besiegelt.

In Russland verbot Jelzin die Kommunistische Partei. Gorbatschow trat als KPdSU-Generalsekretär zurück und entließ die Regierung. Am 1. Dezember 1991 sprachen sich über 90% der Einwohner:innen der Ukraine – der zweitgrößten Sowjetrepublik – in einem Referendum für die Unabhängigkeit aus. Eine Woche später erklärten die Staatsoberhäupter von Russland, der Ukraine und Belarus die Existenz der UdSSR für beendet und gründeten die *Gemeinschaft Unabhängiger Staaten* (GUS). Am 21. Dezember traten ihr acht weitere ehemalige Sowjetrepubliken bei. Am 25. Dezember trat Gorbatschow als Präsident der Sowjetunion zurück, und am nächsten Tag erklärte der Oberste Sowjet, dass die UdSSR als Staat und Völkerrechtssubjekt zu existieren aufgehört habe.

Auf ihrem Territorium konstituierten sich souveräne Nationalstaaten in den ethno-territorialen Grenzen der Unionsrepubliken, die Jahrzehnte zuvor gezogen worden waren. Das provozierte in den 1990er Jahren etliche lokal begrenzte militärische Konflikte, Sezessionsbewegungen und Bürgerkriege, darunter in Georgien, Tadschikistan und im zu Russland gehörenden Teil des Kaukasus. Die meisten Spannungsherde kühlten bald auf das Niveau „eingefrorener Konflikte" ab, ohne allerdings jemals beigelegt zu werden (Askerov et al. 2020). Im Kontext des Krieges Russlands gegen die Ukraine erleben einige von ihnen – etwa die Territorialstreitigkeiten zwischen Armenien und Aserbaidschan sowie zwischen Tadschikistan und Kirgisistan – aktuell neue „heiße" Phasen. Sie zeigen, dass die postsowjetische Raumordnung nach wie vor fragil und in Teilen umstritten ist.

Bereits im Sommer 1991 waren auch die ökonomischen und militärischen Bündnisstrukturen des sowjetischen „äußeren Imperiums" – der RGW und der Warschauer Vertrag – formell liquidiert worden. Das staatssozialistische Gesellschaftsexperiment im östlichen Europa und die durch seine Existenz ausgelöste globale Konfrontation der beiden zivilisatorischen Alternativen der späten Moderne war damit endgültig beendet. Geschwindigkeit, Zeitpunkt und die relative Gewaltlosigkeit dieses Endes überraschten Beteiligte und Beobachter:innen.

Obwohl der Kalte Krieg durch die sowjetisch-amerikanischen Verhandlungen bereits 1988/89 beendet worden war und die UdSSR zwei Jahre später aus innenpolitischen Gründen zerfiel, wurde ihr Untergang sowohl in Russland als auch im Rest der Welt als geopolitische Niederlage Russlands angesehen – eine

---

4 Estland, Lettland, Litauen, Armenien, Georgien und Moldau boykottierten das Referendum.

Wahrnehmung, die durch die schwere Transformations- und Wirtschaftskrise der 1990er Jahre noch verstärkt wurde. Das Ende der Sowjetunion eröffnete aber auch das zweite Mal im 20. Jahrhundert die Perspektive eines Übergangs zur liberal-repräsentativen, marktwirtschaftlich verfassten Demokratie, oder breiter gefasst: zur „Westernisierung" Russlands einschließlich seiner Integration in die liberale Weltordnung. Wie und warum dieser Entwicklungspfad verlassen wurde, ist Gegenstand aller folgenden Kapitel dieses Buches.

1.4 Sozialwissenschaftliche Interpretationen

Wie lässt sich das sowjetische Einparteiregime politikwissenschaftlich angemessen beschreiben? Warum ist es nach sieben Jahrzehnten seiner Existenz innerhalb weniger Jahre ohne größere Gegenwehr zusammengebrochen? Die wissenschaftliche Diskussion darüber hält bis heute an.

Die Kontroverse über den Charakter des Sowjetsystems

Die Geschichte der „Sowjetologie", die sich nach dem Zweiten Weltkrieg im Westen als Regionalwissenschaft etabliert hatte, ist ein Lehrstück dafür, wie sehr sich akademische Kontroversen politisch aufladen können. Im geostrategischen Kontext des Kalten Krieges erwiesen sich nahezu alle Aussagen über das Sowjetsystem zwangsläufig auch als Stellungnahmen zu den Vorteilen wie auch den Problemen der liberalen Demokratie. Die Forschungsdynamik dieses „leidenschaftlichsten aller sozialwissenschaftlichen Teilbereiche" (Malia 1994: x) wurde nicht nur durch innerwissenschaftliche Entwicklungen getrieben, die seit den 1970er Jahren zu einer stärker sozialwissenschaftlichen Fundierung der Forschung führten, sondern auch durch die Konjunkturen der Ost-West-Beziehungen (Engerman 2009; Suny 2006).

In der Perspektive des *Totalitarismusdiskurses*, der sich seit den frühen 1950er Jahren herausgebildet hatte und an Hannah Arendt anknüpfte, stellten die Sowjetunion und die faschistischen Regime Deutschlands sowie Italiens zwei „in ihren wesentlichen Zügen gleiche" (Friedrich 1957: 17) Varianten einer modernen Herrschaftsordnung dar, die sich kategorial sowohl von Demokratien als auch von traditionellen Formen der Autokratie unterschieden. Diese „totalitären Diktaturen" wiesen ein Syndrom aus sechs miteinander verbundenen Merkmalen auf: „eine Ideologie, eine Partei, eine terroristische Geheimpolizei, ein Nachrichtenmonopol, ein Waffenmonopol und eine zentral gelenkte Wirtschaft" (Friedrich 1957: 19). Sie seien die historisch erste Manifestation nicht-demokratischer Regime, die ihre Legitimität aus der Zustimmung der Massen ableiteten, sich auf eine demokratische Formel zur Bestimmung ihrer Ziele bezogen und moderne Herrschaftstechnologien nutzten (Schapiro 1972: 99).

In dieser Perspektive war die Sowjetunion eine riesige Strafanstalt, die zum einen auf Indoktrination und Belohnung politischer Loyalität und zum anderen auf allgegenwärtigen Repressionen beruhte, welche von der Zwangsdisziplinierung der „freien" Bereiche der Gesellschaft bis zu höchster Brutalität in den Arbeitslagern reichten (Fainsod 1953: 479–482). Einige Beobachter sahen das KPdSU-

Regime in historischer Kontinuität zum autoritären vorrevolutionären Russland, auf dessen expansionistische Staatstradition und obrigkeitsstaatliche politische Kultur die Bolschewiki die Ideologie des Marxismus-Leninismus aufgepfropft hätten (Pipes 1995). Auch nachdem der Massenterror nach Stalins Tod als Mittel der Machtdurchsetzung aufgegeben wurde und die Ideologie ihre mobilisierende Wirkung einbüßte, bezeichneten sie viele Forscher weiterhin als totalitär (z.B. Schapiro 1972: 115–118).

Kritiker:innen des totalitarismustheoretischen Ansatzes warfen ihm normative Voreingenommenheit sowie die Gleichsetzung linker und rechter Diktaturen, analytische Schlichtheit und mangelnde empirische Unterfütterung vor. Da er kaum Interesse an der Realität des politischen Prozesses zeigte, habe er die Rolle von Terror und Ideologie ebenso über- wie die Entwicklungsfähigkeit des Sowjetsystems unterschätzt (z.B. Siegel 1998; Merkel 2010: 48–54).

Anders als das Totalitarismusmodell lehnten *modernisierungs-* und *konvergenztheoretische* Vorstellungen die These der Einzigartigkeit totalitärer Regime grundsätzlich ab. Im Gegenteil, Sowjetunion und USA wurden als gegensätzliche Varianten der modernen Industriegesellschaft verstanden. Selbst die graduelle Evolution der Sowjetunion in Richtung einer Demokratie westlichen Typs galt in dieser Perspektive als nicht ausgeschlossen (Parsons 1971: 124–128; Inkeles 1968: 427–430). Ähnliche Annahmen lagen auch der *strukturfunktionalistischen Systemtheorie* zugrunde, auf der das in den 1960er Jahren in den USA entstehende Forschungsprogramm der Vergleichenden Politikwissenschaft *(comparative politics)* aufbaute. Sie analysierte die Sowjetunion als modernes, intern ausdifferenziertes politisches System, dessen Spezifik darin bestand, alle anderen gesellschaftlichen Subsysteme zu durchdringen und ihre Autonomie einzuschränken. Von Demokratien unterschied es sich insbesondere durch das Fehlen institutioneller *checks and balances* und die eng begrenzten Artikulationsmöglichkeiten gesellschaftlicher Interessen (Almond/Powell 1966: 274–280; Brunner 1977; Lane 1978).

Diese neue Perspektive inspirierte auch dazu, genuin sozialwissenschaftliche Konzepte und Theorien auf das Sowjetsystem zu übertragen, die ursprünglich für die Analyse westlicher Gesellschaften entwickelt worden waren. In *pluralismustheoretischer* Sicht wies auch die Sowjetunion eine Vielzahl sektoraler, lokaler und anderer Interessen auf. Da unabhängige intermediäre Vereinigungen jedoch verboten waren, wurden die daraus erwachsenden Konflikte innerhalb des parteistaatlichen Institutionensystems ausgetragen (Skilling/Griffiths 1971; Hough/Fainsod 1979).

Die *korporatismustheoretische* Perspektive sah in dieser Auffassung eine Überschätzung der Autonomie von Gruppeninteressen und betrachtete den „entwickelten Sozialismus" der späten Sowjetunion vielmehr als eine spezifische Variante des Staatskorporatismus. Er sollte die KPdSU-Herrschaft sichern, aber auch – ähnlich wie der liberale (Neo-)Korporatismus westeuropäischer Demokratien – Wirtschaftswachstum und gesellschaftliche Stabilität fördern (Bunce/Echols 1980; Bunce 1983).

Eine weitere Dimension der Debatte fokussierte auf die Herrschaftsorganisation. In *bürokratietheoretischer* Sicht erschien der sowjetische Parteistaat als eine riesige, komplexe Bürokratie. Ihre Funktionsweise ähnelte demnach prinzipiell der von westlichen Großunternehmen, Militär- und Staatsapparaten, aber im Unterschied dazu hatte sie sich die gesamte Gesellschaft unterworfen und den politischen Prozess der Öffentlichkeit entzogen (Meyer 1965).

In *klientelismustheoretischer* Perspektive hingegen wurde betont, dass die Sowjetunion nur dank einer *second polity* aus Patron-Klient-Netzwerken reibungslos funktionieren konnte, welche das formale Institutionensystem ebenso unterwanderte wie am Laufen hielt. Die Netzwerke operierten als informelle Interessengruppen und Karriereseilschaften, sicherten die Verflechtung der Hierarchien von Partei und Staat, ermöglichten es Parteifunktionären, die Formulierung und Implementierung von Politik zu kontrollieren, milderten die Rigidität dysfunktionaler Regeln ab und untergruben damit das bürokratische System (Jowitt 1983; Rigby 1990a, 1990b; Willerton 1992).

Keine dieser Deutungen des Sowjetsystems war unumstritten, und aus der oft heftigen Debatte ging kein kohärentes Modell des Staatssozialismus sowjetischen Typs hervor. Im Rückblick zeigt sich aber, dass jeder dieser Versuche den Fokus auf wesentliche Aspekte sowjetischer Politik richtete. Von nachhaltiger Bedeutung war insbesondere die Erkenntnis, dass dieses System keine Form der reinen Willkürherrschaft darstellte, sondern durch formale und informelle Institutionen geprägt war. Sie hatten ein Muster der hierarchischen Herrschaftsorganisation mit ausgeprägten patron-klientelistischen Beziehungen, einem geringen Maß an rational-bürokratischer Institutionalisierung und kaum Toleranz für Widerspruch und Opposition hervorgebracht.

Auch die *neoinstitutionalistische Vergleichende Autoritarismusforschung* über das postsowjetische Russland, die den Hinterlassenschaften des Staatssozialismus *(legacies)* eine große theoretische Relevanz für die Erklärung der aktuellen Politik und das Scheitern der Demokratisierung Russlands beimisst, knüpft an diese Erkenntnisse an (Kotkin/Beissinger 2014; > Kap. 2.2, 9.1). In diesem Rahmen hat auch die Herrschaftsorganisation und Funktionsweise des KPdSU-Einparteiregimes in jüngerer Zeit erneut Aufmerksamkeit auf sich gezogen (z.B. Gill 2018; Gorlizki/Khlevniuk 2020).

Konkurrierende Erklärungen für das Ende der Sowjetunion

Möglicherweise noch vielfältiger als die Versuche, das Wesen des Sowjetsystems zu erfassen, sind die Erklärungsangebote für sein überraschend schnelles Ende. Was meist unter „Zusammenbruch" *(collapse* oder *breakdown)* subsumiert wird, bestand aus mehreren Prozessen, die sich im Zeitraum zwischen 1985 und 1991 überlagerten und gegenseitig verstärkten: die Selbstabschaffung des staatssozialistischen Einparteiregimes, der staatliche Kontrollverlust über die Wirtschaft und die territoriale Desintegration der Sowjetunion. Er wurde geprägt durch die Absichten und Entscheidungen von Politikern wie Gorbatschow und Jelzin, aber auch durch die geopolitischen Veränderungen, die der Zerfall des „Ostblocks" und das Ende des Kalten Krieges hervorriefen und die ihrerseits ein Ergebnis der Reformpolitik der Perestrojka waren.

Theoretische Deutungen unterscheiden sich danach, ob sie den Untergang der Sowjetunion für unausweichlich („gesetzmäßig") oder kontingent halten, welchen Faktoren und Prozessen sie zentrale Bedeutung beimessen und ob sie darin eine Revolution, eine „demokratische Transition", eine Reihe nationaler Unabhängigkeitsbewegungen oder alles zusammen sehen. Um ihre Vielfalt anzudeuten, skizzieren wir einige Beiträge zu dieser noch immer andauernden Diskussion.

In *totalitarismustheoretischer* Perspektive erscheint der Untergang des Sowjetsystems im Nachhinein als unausweichlich. Es sei ein von Anfang an utopisches, nicht überlebensfähiges und daher unmögliches Projekt gewesen, dem buchstäblich jeder Anlass zum Zusammenbruch gereicht hätte (Malia 1999; Pipes 2001: 147–160). Diesen lieferten schließlich die Perestrojka-Reformen, welche die verkrusteten Machtstrukturen des administrativen Kommandosystems aufweichten (Pipes 2001: 155) bzw. die Glaubwürdigkeit der ideologischen Grundlagen des Regimes endgültig zerstörten, so dass sich auch die Nomenklatura von ihm abwandte (Malia 1999: 90).

Für unvermeidlich halten die Abschaffung des Staatssozialismus sowjetischen Typs auch *(neo)modernisierungstheoretische* Erklärungen, denn der Versuch, eine ökonomisch, sozial und technologisch moderne Gesellschaft zu schaffen, habe im Widerspruch zum durch die KPdSU verfolgten antikapitalistischen und antidemokratischen Weg gestanden. Daher sei das Sowjetsystem inhärent krisenanfällig gewesen. Seine mangelnde Anpassungsfähigkeit und Lernfähigkeit habe unter den innenpolitischen und internationalen Bedingungen der späten 1980er Jahre eine selbstzerstörerische Dynamik entfaltet (Arnason 2000; Sakwa 2013).

Im Gegensatz zu deterministischen Deutungen stehen Erklärungen, die den sowjetischen Systemkollaps als keineswegs unausweichlich ansehen, sondern *„subjektive Faktoren"* dafür verantwortlich machen. Einige Sowjetunion- bzw. Russland-Experten betonen, dass dem „Gorbatschow-Faktor" bei aller Multikausalität die entscheidende Rolle für den Reformprozess und das Ende der Sowjetunion zukomme. Der sowjetische Staatssozialismus habe sich Mitte der 1980er Jahre nicht in einer finalen Krise, sondern in einem langsamen Niedergang befunden, dem Gorbatschow zu begegnen versuchte. Seine Reformen hätten bis 1989 zur grundlegenden Umgestaltung des Systems der internationalen Beziehungen geführt, das politische System der UdSSR pluralisiert und partiell demokratisiert, seien jedoch in der Wirtschafts- und Nationalitätenpolitik nicht erfolgreich gewesen. Gleichwohl hätte eine kleinere, auf neue Grundlagen gestellte Sowjetunion überleben können, hätten nicht sowohl der Radikalreformer Jelzin als auch konservative Kräfte in der sowjetischen Führung den hochkomplexen, riskanten Prozess der Systemtransformation schließlich zum Kippen gebracht (Brown 2000; Taubman 2018).

Im Kontrast dazu werden Gorbatschows zögerlicher, kompromissorientierter Führungsstil, seine ideologische Bindung und das daraus folgende fehlerhafte Design der Reformen für die Selbstzerstörung der Sowjetunion verantwortlich gemacht. Sie hätten den Raum für separatistische Populisten sowie neue Wirtschaftsakteure geschaffen, welche sich große Teile der Wirtschaft, der Steuern und der Staatsfinanzen aneigneten (Zubok 2021).

Der Untergang der kommunistischen Einparteiregime in der Sowjetunion und den ostmitteleuropäischen „Volksdemokratien" regte auch die Theorieentwicklung in der Vergleichenden Politikwissenschaft an. Gegen Ende der 1980er Jahre hatte die Analyse von Demokratisierungsprozessen in einigen südeuropäischen und lateinamerikanischen Ländern hier ein neues Paradigma hervorgebracht, das sich als Alternative zur strukturalistischen Modernisierungstheorie (Lipset 1959) verstand und die Vorstellung aufgab, dass der Übergang zur Demokratie von sozioökonomischen Faktoren getrieben werde (> Kap. 9.1). Die *Transition-to-democracy*-Schule (O'Donnell/Schmitter 1986; Przeworski 1991) argumentierte stattdessen, dass das Wechselspiel von Akteuren, ihrer *wills and skills* sowie strategischen (Fehl-)Entscheidungen von entscheidender Bedeutung für die Etablierung der Demokratie sein kann. Es löst unter Umständen Dynamiken aus, im Verlaufe derer von oben eingeleitete Liberalisierungsprozesse autoritärer Regime entgegen der Absicht ihrer Initiatoren systemsprengende Dimensionen annehmen.

In dieser Sicht provozierte die Perestrojka eine Spaltung der Eliten in reformfreudige *softliner* und konservative *hardliner*. Deren Entscheidungen und Interaktionen lösten eine kontingente Abfolge kritischer Situationen aus, im Verlaufe derer weitere Akteure entstanden und in den Prozess eingriffen. Er kumulierte im August 1991 in der Konfrontation zwischen den Putschisten und den Radikalreformern um Jelzin, die mit oppositionellen Akteuren aus der Gesellschaft ein Bündnis eingegangen waren (Bova 1991; Colomer 2000: 72–90). Der Zusammenbruch des sowjetischen Einparteiregimes wird dabei nicht als unikales historisches Ereignis verstanden, sondern als typisches Beispiel für eine *democratization by mistake*, ein international weit verbreitetes Phänomen (Treisman 2020).[5]

Ob es fruchtbar ist, Erkenntnisse über die Demokratisierung autoritärer, aber marktwirtschaftlich verfasster Regime auf die Überwindung kommunistischer Einparteiregime mit Zentralverwaltungswirtschaften zu übertragen, blieb allerdings umstritten (z.B. Bunce 2000; McFaul 2002). Einer der Einwände, der aus der vergleichenden *Revolutionsforschung* kam, richtete sich gegen die Fokussierung der Transitionsforschung auf die Eliten. Der Zusammenbruch des europäischen Staatssozialismus sei vielmehr in eine Reihe mit den „Großen Revolutionen" von 1789 und 1917 zu stellen und stehe für den historisch neuen Typ der „friedlichen Revolution". Entscheidend für den Zusammenbruch des Sowjetsystems seien nicht intraelitäre Prozesse gewesen, sondern die Mobilisierung der „politischen Gesellschaft" im Kontext von Gorbatschows Reformen und der veränderten internationalen Lage seit 1988. Das Reformlager um Jelzin habe sich ihr erst später angeschlossen (Goldstone 2001; McFaul 2002).

---

5 Etwa zwei Drittel der 316 weltweit dokumentierten Übergänge von einem autoritären zu einem demokratischen Regime seit dem Jahr 1800 sollen wesentlich auf Entscheidungen reformorientierter Eliten zurückzuführen sein, deren eigentliches Ziel darin bestanden hatte, den Zusammenbruch des Regimes abzuwenden (Treisman 2020).

Die theoretisch bedeutsamste Alternative zum voluntaristischen Transitionsparadigma innerhalb der Demokratisierungsforschung stellt jedoch das Paradigma des *Neoinstitutionalismus* dar, das auch die aktuelle Vergleichende Autoritarismusforschung dominiert (> Kap. 2.2, 9.1). In dieser Sicht ist der Kollaps des Sowjetsystems nicht allein auf strategische Entscheidungen von Eliteakteuren zurückzuführen. Wahrnehmungen, Handlungsoptionen und Entscheidungen der Akteure sind vielmehr durch formale und informelle Institutionen konditioniert. So argumentiert einer der frühesten Beiträge in dieser Perspektive (Roeder 1993), dass sowohl die Stabilität wie die strukturelle Reformunfähigkeit des Sowjetsystems in den Jahrzehnten nach Stalins Tod auf seinem institutionellen Design beruhte: Es schloss die Bevölkerung aus dem politischen Entscheidungssystem aus, ließ aber zu, dass innerhalb der Parteiführung Konflikte um die Macht sowie innerhalb der bürokratischen Apparate von Partei, Staat und Militär Interessenkonflikte ausgetragen wurden. Nur wenn sich informelle Koalitionen in der Parteiführung bzw. zwischen dieser und Teilen der bürokratischen Eliten bildeten, konnten politische Entscheidungen getroffen und implementiert werden. Bei seinen Bemühungen, diese Systemarchitektur von innen heraus zu transformieren, stand Gorbatschow daher vor der Aufgabe, alte Unterstützergruppen auszubalancieren und neue hinzuzugewinnen. Bis 1990 gelang ihm das aufgrund erheblicher taktischer Zugeständnisse bemerkenswert gut. Dann aber wandten sich sowohl die konservativen *hardliner* als auch die Reformer von ihm ab und das System kollabierte.

Weiterführende Literatur

Hildermeiers (2017) *Geschichte der Sowjetunion* ist ein Standardwerk, während Kappeler (2022a) den historischen Bogen bis in die Anfänge der russländischen Staatlichkeit spannt, um ihre multinationale Komplexität zu analysieren. Schlögel breitet in seiner *Archäologie einer untergegangenen Welt* (2017) ein eindrückliches, oft poetisches Panorama der sowjetischen Alltagswelt aus.
Zubok (2021) gibt eine aktuelle und zudem die empirisch umfassendste Rekonstruktion und Interpretation der finalen Krise und des Zusammenbruchs der Sowjetunion. Ein Überblick über neuere Studien zum Kalten Krieg und seinem Ende findet sich bei Bönker (2022).
Unbedingt gelesen haben sollte man Alexander Solschenizyns (2019 [1973]) monumentale Beschreibung des *Archipel Gulag*, der Welt der sowjetischen Straflager, sowie die *Kolyma-Erzählungen* von Warlam Schalamow (2013 [1966-1978]).

2 Das politische System: Einordnung und Überblick

Zusammenfassung

Der widersprüchliche Demokratisierungsprozess, der in Russland Ende der 1980er Jahre einsetzte, geriet bereits in den frühen 1990er Jahren ins Stocken. Mit Putins Amtsantritt setzte ein autoritärer Entwicklungstrend ein. Dieses Kapitel erläutert die theoretische Perspektive und die wichtigsten Konzepte der neoinstitutionalistischen Autoritarismusforschung, die diesem Buch zugrunde liegt. Es gibt zudem einen Gesamtüberblick über den Wandel in Politik, Wirtschaft und Gesellschaft Russlands seit 1992.

2.1 Russlands Weg in den Autoritarismus: Quantitative Messungen

War das Russland der Jelzin-Ära eine Demokratie? Brach sie zu Beginn der Putin-Ära zusammen oder wurde der Demokratisierungspfad bereits in den 1990er Jahren verlassen? Verlief die Re-Autoritarisierung des politischen Systems kontinuierlich oder in Schüben? Erste Antworten auf diese Fragen lassen sich finden, wenn man auf das Instrumentarium und die Befunde der Vergleichenden Demokratieforschung zurückgreift, deren Anliegen es ist, die Regimequalität aller Staaten der Erde systematisch und transparent zu messen.

Demokratische und autoritäre politische Systeme

In der Politikwissenschaft sind mehrere Regimetypologien in Gebrauch, die fast immer eine primäre, kategoriale Unterscheidung zwischen „Demokratie" und „Autoritarismus" (bzw. „Autokratie") treffen. Als entscheidendes Mindestkriterium von Demokratie im Sinne einer „Herrschaft des Volkes" gilt, dass die Legitimität der Machtausübung an den Willen der Wähler:innen gebunden ist. Wahlen stellen die Rechenschaftspflicht von Politiker:innen und Parteien gegenüber dem Wahlvolk her, indem dieses nach einer gewissen Zeit einen Macht- und Politikwechsel auf geregeltem und friedlichem Wege herbeiführen kann, sollte es mit den Leistungen der Regierung unzufrieden sein.

Diese Funktion der „demokratischen Methode" der Elitenselektion (Schumpeter 2020 [1942]: 355) können Wahlen aber nur dann erfüllen, wenn mindestens folgende institutionelle Bedingungen vorliegen (Dahl 1989):

- Die Kontrolle über Regierungsentscheidungen liegt in der Hand von Amtsträger:innen, die in relativ freien, fairen und regelmäßigen Wahlen bestimmt und abgesetzt werden.
- Die freie Meinungsäußerung, der ungehinderte Zugang zu alternativen, darunter regierungsunabhängigen, Informationen und die Vereinigungsfreiheit, darunter in Form politischer Parteien, sind gewährleistet.
- Das Staatsbürgerschaftsrecht ist inklusiv, d.h. (nahezu) alle Erwachsenen mit ständigem Wohnsitz im betreffenden Land verfügen über das aktive sowie passive Wahlrecht und genießen alle genannten politischen Rechte.

2 Das politische System: Einordnung und Überblick

Politische Systeme, die diese Voraussetzungen erfüllen, gelten als *minimale* bzw. *elektorale Demokratien* (Lührmann et al. 2018; Diamond 1999).[6] Alle anderen fallen in die Residualkategorie der *autoritären Regime*. Ihnen ist gemeinsam, dass die Regierenden ihre Ämter faktisch nicht auf dem Weg freier und fairer Wahlen erringen – auch wenn diese regelmäßig abgehalten werden, wie es seit Ende des 20. Jahrhunderts in fast allen autoritären Regimen der Welt üblich geworden ist.

> **Begriffe: „Regime" und „Diktatur"**
>
> Im Alltagsgebrauch sind die Wörter *Regime* und *Diktatur* eindeutig abwertend aufgeladen. Beide können das auch in der Politikwissenschaft sein, werden aber auch analytisch verwendet. In diesem Sinne folgen wir der Tradition, die Bezeichnung *Regime* synonym zu *Herrschaftsform* oder *politisches System* zu verwenden. Damit ist die Gesamtheit der – von den wichtigsten Akteuren zumindest aus strategischen Gründen akzeptierten – grundlegenden formalen und informellen Institutionen gemeint, die den Zugang zu den wichtigsten Entscheidungspositionen des Staates und den Prozess der gesellschaftlich verbindlichen politischen Entscheidungsproduktion regeln.
>
> Wegen seines unauflösbar pejorativen Beiklangs, der eine sachliche Analyse erschwert, verwenden wir das Wort *Diktatur* nicht, auch wenn es in Teilen der Vergleichenden Autoritarismusforschung als technischer Sammelbegriff für alle Formen nicht-demokratischer politischer Systeme geläufig ist.
>
> In Übereinstimmung mit einer weiteren politikwissenschaftlichen Tradition verwenden wir den Begriff des *Regimes* auch synonym zu dem der *Regierung* im breiten Sinne des angelsächsischen *government* (z.B. „Putin-Regime"). Aus dem Kontext lässt sich erschließen, was jeweils gemeint ist.

Wie hat sich die Qualität des politischen Systems Russlands verändert?

Um die Qualität politischer Regime transparent, weitgehend objektiviert und systematisch zu vermessen und globale Vergleiche zu ermöglichen, sind in der politikwissenschaftlichen Forschung mehrere Messinstrumente entwickelt worden. Wir nutzen im Folgenden die Befunde des *Varieties-of-Democracy*-Projekts (*V-Dem*, Coppedge 2023), dessen Daten auf standardisierten Befragungen ausgewiesener Länderexpert:innen beruhen. *V-Dem* hat einen *Electoral-Democracy*-Index (EDI) entwickelt, der sich aus mehreren Teilindizes zusammensetzt, welche die Qualität von Wahlen sowie der Meinungs-, Informations- und Vereinigungsfreiheit messen. Das ermöglicht es zu bestimmen, in welchem Maß ein politisches System die Eigenschaften einer elektoralen Demokratie aufweist.

---

[6] Wenn darüber hinaus auch die effektive Kontrolle der Exekutive durch die Legislative und die Judikative gewährleistet ist, die individuellen Freiheiten garantiert sind und Rechtsstaatlichkeit vorliegt, spricht man von einer *liberalen Demokratie*. Alle liberalen Demokratien sind also auch elektorale Demokratien.

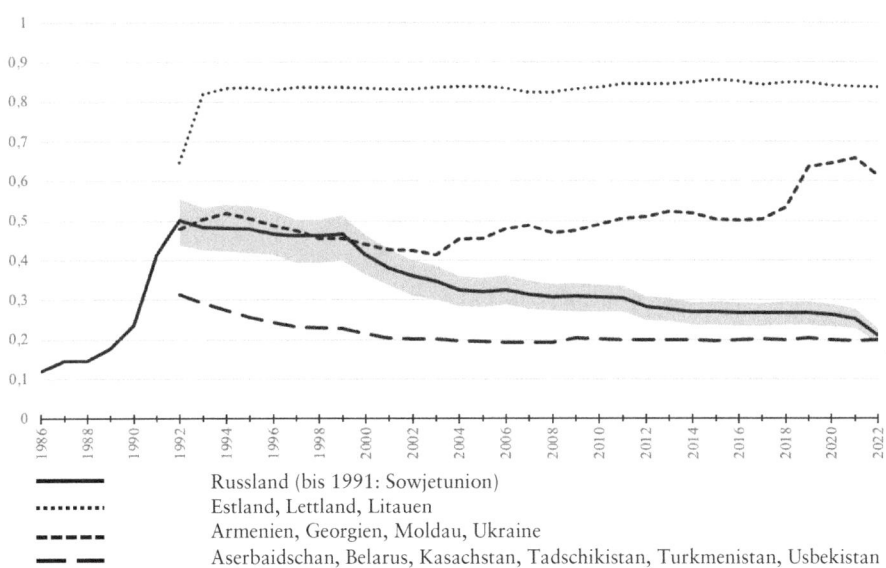

Russland (bis 1991: Sowjetunion)
Estland, Lettland, Litauen
Armenien, Georgien, Moldau, Ukraine
Aserbaidschan, Belarus, Kasachstan, Tadschikistan, Turkmenistan, Usbekistan

Abb. 2.1: Der Wandel politischer Systeme im postsowjetischen Raum
Quelle: Electoral-Democracy-Index (Coppedge 2023), eigene Darstellung

Abb. 2.1 visualisiert die Befunde des EDI für den postsowjetischen Raum. Die durchgehende schwarze Linie mit dem hellgrauen Schatten zeigt die Entwicklung der Demokratiequalität in Russland. Zu erkennen ist, dass der höchste Wert im Jahr 1992 erreicht wurde, als die Sowjetunion auseinandergebrochen war und Russland sich als souveräner Nationalstaat konstituierte. Der hohe Anstieg des EDI in den letzten Jahren der Sowjetunion – von 0,11 (1985) auf 0,5 (1992) – ging auf die Perestrojka-Reformen (> Kap. 1.3) zurück. Sie hatten zu markanten Verbesserungen der Vereinigungsfreiheit und der Qualität von Wahlen geführt, und bei der Meinungs- und Informationsfreiheit sogar zu einer Annäherung an die Durchschnittswerte liberaler Demokratien.[7]

Schon im Verlauf der 1990er Jahre verringerten sich die Demokratiewerte Russlands leicht, was überwiegend der nachlassenden Qualität von Wahlen geschuldet war. Seit dem Jahr 2000 wies der EDI dann in allen seinen Dimensionen einen klaren Abwärtstrend auf, wobei die stärksten Einbrüche in den Jahren 2000–2004, 2012–2014 und 2022 zu verzeichnen waren, d.h. in Putins erster und zu Beginn seiner dritten Amtszeit als Präsident sowie seit dem Überfall auf die Ukraine. Im Jahr 2022 betrug der EDI für Russland nur noch 0,21 und lag damit auf dem Niveau von Venezuela, Libyen und Thailand. Welche konkreten Entwicklungen sich hinter diesen Zahlen verbergen, betrachten wir in den Kapiteln 4, 5, 7 und 8 genauer.

---

[7] Die Veränderungen des EDI und seiner Teilindizes können auf der Webseite des *Varieties-of-Democracy*-Projekts online nachvollzogen werden (https://www.v-dem.net/graphingtools.html).

Abb. 2.1 ermöglicht auch einen Vergleich der Demokratiequalität zwischen den Nachfolgestaaten der Sowjetunion:

- Gruppe 1: Die drei Republiken im Baltikum, die schon bald nicht mehr zu den postsowjetischen Ländern gezählt wurden, wiesen bereits 1992 höhere Demokratiewerte als Russland auf, konsolidierten sich schnell als liberale Demokratien und traten 2004 der Europäischen Union bei.
- Gruppe 2: Die Ukraine, Moldau, Armenien und Georgien erlebten seit Ende der 1980er Jahre jeweils zwei bis drei Demokratisierungsschübe, denen stets mehr oder weniger große Demokratieverluste nachfolgten. Im Jahr 2022 galten Moldau, Armenien und Georgien als elektorale Demokratien, während die Ukraine diesen Status in den Jahren 1992–1997, 2006–2009 und 2020/21 erreicht hatte. Russland wies in den 1990er Jahren einen ähnlichen Entwicklungstrend wie diese Länder auf.
- Gruppe 3: In den vier[8] Ländern des postsowjetischen Zentralasiens sowie in Aserbaidschan und Belarus lag die Demokratiequalität zu Beginn ihrer nationalstaatlichen Unabhängigkeit deutlich unter der Russlands. Seit den frühen 2000er Jahren stagniert sie auf einem niedrigen Niveau, dem sich Russland zunehmend angenähert hat. Es liegt seit 2021 hinter Kasachstan, dem Land mit dem höchsten Wert in dieser Ländergruppe.

War Russland in den 1990er Jahren eine Demokratie?

In der Forschung ist umstritten, ob das Russland der Jelzin-Ära als Demokratie bezeichnet werden kann. Manche sehen in der „Erschießung des Parlaments" 1993 (> Kap. 2.3) das Ende der jungen russländischen Demokratie, andere verbinden es erst mit Putins Amtsantritt, den Wahlen 2003/04 oder noch späteren Ereignissen. Folgt man dem *Electoral-Democracy*-Index, der die Qualität politischer Systeme zwar kontinuierlich misst, aber auch eine kategoriale Unterscheidung zwischen Demokratie und Autoritarismus erlaubt, so erreichte Russland nur in einem einzigen Jahr (1992) den von Forscher:innen auf 0,5 festgelegten Schwellenwert für eine (elektorale) Demokratie (Lührmann et al. 2018).

Allerdings ist die Aussagekraft dieses Befundes aus mehreren Gründen beschränkt. Erstens sind Schwellenwerte zwangsläufig willkürliche Setzungen, so dass die Zuordnung von Fällen, die sehr nahe an ihnen liegen, nicht belastbar ist. Zweitens beruhen die Daten des *V-Dem*-Projekts auf Befragungen von Länderexpert:innen, die sich verständlicherweise nicht in allen Aspekten vollständig einig sind. Um die Streuung der Werte abzubilden, ist deshalb in Abb. 2.1 durch einen Schatten um die Hauptlinie das Konfidenzintervall für Russland angegeben, in dem sich 68% der erhobenen Datenpunkte finden. Dieses Intervall ist so zu interpretieren, dass selbst die alternativen Diagnosen „Das postsowjetische Russland war zu keinem Zeitpunkt eine Demokratie" und „Russland war zwischen 1992 und 1999 eine Demokratie" zutreffen können.

---

8 Kirgisistan, das fünfte zentralasiatische Land, lässt sich bis Mitte der 2000er Jahre dieser Gruppe zuordnen, weist seit den 2010er Jahren jedoch ähnliche Werte wie die Ukraine auf.

Zurückhaltung legt auch der Abgleich mit den Ergebnissen anderer Demokratie-Indizes nahe, die bei der Spezifikation des Demokratiekonzepts, seiner Operationalisierung und den Methoden der Datenerhebung eigene Wege einschlagen. Im internationalen Vergleich hat sich zwar gezeigt, dass diese Messergebnisse stark korrelieren, sie tun dies aber ausgerechnet im Fall Russlands kaum: Je nach Index ist das Land bisher entweder noch nie eine Demokratie gewesen oder erlebte eine kurze demokratische Episode, die von 1992 bis 1993, von 1992 bis 1998 oder von 1993 bis 2003 andauerte. Vereinzelt wird auch eine noch längere demokratische Phase diagnostiziert, die bis 2012 oder sogar 2017 reicht.[9]

Mit anderen Worten: Die verfügbaren Daten lassen den eindeutigen Schluss zu, dass Russland in den frühen 1990er Jahren einen Demokratisierungsprozess und danach einen langanhaltenden Trend der Re-Autoritarisierung erlebt hat. Das aktuelle Regime ist autoritär. Nicht eindeutig lässt sich jedoch die Frage beantworten, ob Anfang der 1990er Jahre die Schwelle zur elektoralen Demokratie überschritten wurde. Der ultimative Demokratietest, der in einem Machtwechsel im Präsidentenamt bestanden hätte, fand nicht statt, da Jelzin seine Wiederwahl 1996 knapp gewann (> Kap. 5.1). Daher bleibt auch offen, ob er nach einer Wahlniederlage sein Amt geräumt hätte, was damals viele bezweifelten. Entsprechend unbestimmt ist auch die Antwort auf die für die Forschung nicht triviale Frage, ob im Falle Russlands (und wenn ja, wann) von einem „Zusammenbruch der Demokratie" gesprochen werden kann.

Insgesamt bedeutet das, dass man die postsowjetische Entwicklung des Landes nicht auf die simple Formel reduzieren sollte, Jelzin habe die Demokratie eingeführt und Putin sie umgehend wieder abgeschafft. Nicht zuletzt zeigt unsere Analyse auch, dass die Antwort auf die Frage nach dem Typ des politischen Systems vom verwendeten Demokratiekonzept, seiner Operationalisierung und dem Messverfahren abhängt. Auch scheinbar „harte" Zahlen sind keineswegs die Realität, sondern produzieren lediglich Abbilder davon. Sie sind Artefakte, die der Interpretation bedürfen.

2.2 Russlands politisches System in neoinstitutionalistischer Perspektive

Bis in die frühen 2000er Jahre sahen viele Länderexpert:innen Russland als eine elektorale Demokratie an, der wesentliche Eigenschaften westlicher liberaler Demokratien (noch) fehlten (z.B. Colton/McFaul 2003; Merkel et al. 2003: 164–167). Danach verbreitete sich die Auffassung, es sei angemessener, von einem „hybriden Regime" zu sprechen, weil hier demokratische Institutionen und autoritäre Praktiken koexistierten und auf eine Weise miteinander interagierten, die eine eindeutige Zuordnung verhinderte (Levitsky/Way 2010; Hale 2010). In Putins dritter Amtszeit als Präsident (2012–2018) setzte es sich schließlich durch, das Regime als „autoritär", „personalistisch" bzw. „patronal" zu klassifizieren. Diese Konzepte sind komplementär, betonen aber je unterschiedliche Aspekte.

---

9 Zusätzlich zum EDI wurden die Indizes von Cheibub et al. (2010); Wahman et al. (2013); Geddes et al. (2014); Boix et al. (2013); BTI (2022); Vanhanen (2019); Marshall et al. (2020) sowie Freedom House (2023) ausgewertet.

2 Das politische System: Einordnung und Überblick

Elektorale oder geschlossene Autokratie?

Im politikwissenschaftlichen Mainstream wurde Russland in den 2010er Jahren weitgehend übereinstimmend als *elektorale* bzw. *kompetitive Autokratie* charakterisiert (z.B. Gel'man 2015a; Golosov 2018; Lührmann et al. 2018; White 2017; Smyth 2021). Dieser international am weitesten verbreitete Subtyp autoritärer Regime zeichnet sich dadurch aus, dass ebenso wie in Demokratien regelmäßig Wahlen stattfinden, an denen mehrere Parteien bzw. Kandidat:innen teilnehmen. Demokratische Standards werden dabei aber systematisch verfehlt. Solchen Regimen gelingt es, die wichtigste Funktion von Wahlen in Demokratien – die Auswahl des politischen Führungspersonals durch die Bevölkerung – in einem Maße zu entschärfen, dass reguläre Machtwechsel ausbleiben (Levitsky/Way 2010; Schedler 2006; Lührmann et al. 2018).

Neben Wahlen „importieren" elektorale Autokratien auch andere Basisinstitutionen moderner Demokratien und manipulieren sie ebenfalls. Wahlen, Verfassungen, Parteienpluralismus, das Rechtssystem usw. dienen aber keineswegs nur dazu, im In- und Ausland demokratische Zustände vorzutäuschen. Sie tragen vielmehr wesentlich zur Legitimation der Herrschaftsausübung bei und erfüllen auch weitere wichtige Funktionen, wie wir in den Kapiteln 3 bis 5 und 7 detailliert erläutern.

Im Laufe der Zeit zeigte das Putin-Regime immer deutlichere Tendenzen der autoritären Schließung, weshalb die Klassifizierung seines politischen Systems als elektorale Autokratie in den letzten Jahren zunehmend in Frage gestellt wurde. Gegen Ende der 2010er Jahre diagnostizierten einige Wissenschaftler:innen seine Umwandlung in ein *geschlossenes autoritäres Regime* (z.B. McFaul 2018b; Levitsky/Way 2020), da Wahlen nun allzu offensichtlich manipuliert wurden, das Regime an Flexibilität und Anpassungsfähigkeit einbüßte und zunehmend repressiver wurde.

Spätestens mit dem Überfall Russlands auf die Ukraine im Februar 2022 ist unsicher, ob die dem Konzept der „elektoralen Autokratie" eingebaute Zentralität von Wahlen den Kern von Putins Herrschaftssystem (noch) angemessen erfasst. Zwar sind sie bisher nicht abgeschafft worden, aber die Meinungs-, Versammlungs- und Vereinigungsfreiheit und mit ihr die organisierte Anti-Regime-Opposition sind inzwischen faktisch vernichtet. Auch der aggressive außenpolitische Kurs des Regimes sowie seine ideologische Legitimationsstrategie (> Kap. 6.2) entziehen sich diesem Konzept. In Kap. 9.3 gehen wir näher auf diese Begriffsdiskussion ein, die auch der Frage gilt, ob das Putin-Regime als „faschistisch" zu klassifizieren ist.

In der Forschung werden zuweilen auch andere Konzepte verwendet, um einzelne Dimensionen der Herrschaftsorganisation genauer zu analysieren. Dazu gehören *konsultativer Autoritarismus* für die Beschreibung der Beziehungsmuster zwischen dem Regime und der Gesellschaft bzw. den Funktionseliten (> Kap. 3.3 und 7) sowie *Informationsautokratie*, ein Begriff, mit dem die mutmaßliche Eigenart der meisten nicht-demokratischen Regime des 21. Jahrhunderts im Vergleich zu traditionellen „Angstautokratien" herausgearbeitet werden soll.

2.2 Russlands politisches System in neoinstitutionalistischer Perspektive

Von diesen unterscheiden sich die als elektoral-autoritäre Regime verfassten „Informationsautokratien" dank ihres spezifischen Mix an Herrschaftsinstrumenten (Guriev/Treisman 2022): Weil Wahlen gewonnen werden müssen, streben sie danach, von der Bevölkerung nicht nur hingenommen, sondern auch befürwortet zu werden. Deshalb stützen sich die Herrschenden im „Normalmodus" auf ausgefeilte, komplementäre Strategien der Informationskontrolle und -manipulation, um die Bevölkerung von ihrer Kompetenz und Gemeinwohlorientierung zu überzeugen. Kapitel 8 untersucht diese Dimensionen der Machtausübung des Putin-Regimes genauer, das bis Ende der 2010er Jahre als paradigmatischer Fall einer Informationsautokratie galt. Nachgezeichnet wird, wie die Instrumente einer Angstautokratie – Repressionen und ideologisch aufgeladene Propaganda – im vergangenen Jahrzehnt an Bedeutung gewannen.

Die bisher diskutierten typologischen Einordnungen Russlands verorten sich in einer politikwissenschaftlichen Perspektive, deren Ausgangspunkt die (liberale) Demokratie ist. Entsprechend werden autoritäre Regime als grundsätzlich defizitär gegenüber Demokratien – genauer: einem idealen Demokratiemodell – konzeptualisiert. Darin liegen auch ihre Grenzen: Mit dem Konzept der „elektoralen Autokratie" kann zwar erfasst werden, dass Wahlen in Russland zum Teil andere Funktionen erfüllen als in Demokratien (> Kap. 5.1), aber um die „reale" Funktionslogik des postsowjetischen Regimes zu verstehen, reicht das noch nicht aus. Einen fruchtbaren Zugang dazu eröffnet die Erkenntnis, dass autoritäre Regime sich nicht nur von Demokratien, sondern auch untereinander deutlich unterscheiden.

Ein personalistisches und patronales Regime

Eine anerkannte Typologie autoritärer Regime beruht auf dem Kriterium, welche Gruppe den Zugang zur Macht und den politischen Entscheidungen kontrolliert (Geddes et al. 2014). Neben Monarchien, Militär- und Parteiregimen enthält sie auch *personalistische Regime*. Dieser Regimetyp findet sich in vielen autoritär regierten Ländern der Welt, zum Beispiel in Spanien unter Francisco Franco, der Türkei unter Recep Tayyip Erdoğan sowie in den meisten Nachfolgestaaten der Sowjetunion, darunter – und bereits seit den frühen 1990er Jahren – Russland.

In personalistischen Regimen liegt die Kontrolle über die Politik, die Auswahl des politischen Führungspersonals sowie über den Sicherheitsapparat in der Hand einer kleinen Gruppe. In ihrem Zentrum steht eine einzelne Person, die nahezu monopolistisch alle wesentlichen Entscheidungen über die Politik sowie die wichtigsten Stellenbesetzungen trifft (Geddes 2003: 50–53). Auch hier handelt es sich aber nicht um eine Ein-Mann-Diktatur im engeren Sinne des Wortes. Vielmehr „personifiziert" der „nationale Führer" das Regime, wobei er existenziell auf die Loyalität und Unterstützung seines „inneren Zirkels" *(leadership group, ruling coalition)* angewiesen ist, den er mit materiellen Zuwendungen („Patronagegütern") und Machtteilhabe belohnt. Umgangssprachlich und publizistisch wird dieser enge Personenkreis in Russland auch als „Putins Politbüro" oder „kollektiver Putin" bezeichnet (> Kap. 3.3).

Personalistische Regime können elektorale Autokratien sein, also Wahlen in ihre Funktionsroutinen integriert haben. Häufig stützen sie sich auch auf formale Strukturen, etwa das Militär oder eine Partei. Im Unterschied zu „echten" Militär- und Parteiregimen bilden diese aber nicht das Zentrum der Macht. Sie sind keine eigenständigen politischen Akteure, sondern Instrumente der Machtausübung der informell organisierten regierenden Gruppe. Wenn man die Bedeutung von *Einiges Russland* als „Partei der Macht" für das Putin-Regime genauer untersucht, wird das schnell offensichtlich (> Kap. 4), während die Rolle der Geheimdienste und des Militärs *(siloviki)* weniger eindeutig ist (> Kap. 8.3).

Einen theoretisch ambitionierten Zusammenhang zwischen personalistischer Machtausübung, interpersonellen Netzwerken und politischen Institutionen stellt das Konzept des *patronalen Regimes* her (Hale 2015). Es rückt die informelle Dimension von Politik in den Mittelpunkt und ordnet sich in eine breitere sozialwissenschaftliche Diskurstradition ein, die seit längerer Zeit unter Stichworten wie „informelle Politik", „Klientelismus" und „(Neo-)Patrimonialismus" geführt wird (z.B. Weber 1972: Kap. 3; Kitschelt et al. 1999: Kap. 1; Bach/Gazibo 2012).

Ausgangspunkt ist die Beobachtung, dass sich individuelles Handeln in vielen nicht-westlichen Gesellschaften weniger an abstrakten, unpersönlichen Regelungen oder ideologischen Überzeugungen orientiert als an der Zugehörigkeit zu Vergemeinschaftungsformen, die auf persönlichen Beziehungen beruhen. Das ist nicht nur in Russland (s. auch Laruelle 2012; Ledeneva 2014; Robinson 2017) und den meisten anderen Nachfolgestaaten der Sowjetunion der Fall, sondern auch in anderen Teilen der Welt; bis vor etwa zwei Jahrhunderten – zum Teil auch länger – wiesen auch die westlichen Gesellschaften diese Form der Sozialorganisation auf.

Der patronale Charakter der Gesellschaft schlägt sich auch in der Sphäre der Politik nieder. Anders als in modernen Parteiendemokratien sind die politischen Schlüsselakteure hier nicht als Organisationen mit ausdifferenzierten Mitgliedschafts- und Führungsrollen, klar definierten Strukturen und ausformulierten Programmatiken verfasst. Sie stellen vielmehr ausgedehnte, mehr oder weniger hierarchische, die Grenzen zwischen Politik und Wirtschaft durchdringende Netzwerke („Pyramiden") dar, die um Bereicherungschancen und die Kontrolle über das politische System konkurrieren. An ihrer Spitze stehen informelle „Patrone", die Belohnungen und Bestrafungen an ihre „Subpatrone" und „Klienten" verteilen. Auch die Regeln, wer Zugang zu staatlichen Positionen und Ressourcen erhält, wie diese Positionen besetzt werden und wie verbindliche staatliche Entscheidungen getroffen werden, sind in patronalen Regimen nicht genuin unpersönlich und verrechtlicht. Sie beruhen vielmehr substanziell auf Einigungen zwischen den mächtigsten Netzwerken. Wenn Konsens darüber besteht, dass der Wettbewerb um die Macht partiell mittels Wahlen ausgetragen und entschieden wird, kann man – wie in Russland – auch von einem *elektoralen patronalen Regime* sprechen (Hale 2015: 453–454).

Die Dynamiken von Konkurrenz und Koordination der patron-klientelistischen Netzwerke werden durch die konstitutionelle Aufteilung der politischen Macht konditioniert (Hale 2015: Kap. 4): Wenn es im politischen System mit dem Präsidenten und dem Premierminister zwei relativ gleichstarke Schlüsselämter gibt, ist zu erwarten, dass der politische Prozess dauerhaft durch den Wettbewerb mehrerer „Pyramiden" um politischen Einfluss und Ressourcenzugänge geprägt ist *(competing-pyramid system)*.

Sind die Entscheidungskompetenzen hingegen – wie in Russland seit 1993 – auf den Präsidenten konzentriert, so neigen die Netzwerke dazu, sich auf diesen auszurichten und zu koordinieren, weil es kein alternatives Machtzentrum gibt. Der Präsident ist daher nicht nur das formale Staatsoberhaupt, sondern wird tendenziell auch zum „Chefpatron" einer national integrierten informellen Pyramide, die ihrerseits in der Lage ist, die Ressourcenzugänge aller anderen Netzwerke außerhalb der regierenden Koalition weitgehend zu blockieren. Ein solches *single-pyramid system* weist eine starke Personalisierungstendenz auf. Ihre Ausprägung wird auch davon beeinflusst, ob das persönliche Netzwerk des Präsidenten innerhalb der Pyramide dominant ist, wie lange er sein Amt bereits ausübt, wie effektiv die formalen Institutionen sind und ob in den Medien ein Personenkult betrieben wird (Baturo/Elkink 2021: 27–81).

In dieser Interpretation ist die politische Dynamik Russlands am zutreffendsten als Abfolge von unterschiedlichen Phasen im Lebenszyklus eines patronalen Regimes zu beschreiben: Als die unter der formalen Struktur des KPdSU-Einparteiregimes fusionierte sowjetische Machtpyramide desintegrierte, (re)organisierte sich im Kontext des Systemwechsels auch die informelle „Tiefstruktur" von Politik und Wirtschaft. Die mächtigsten politisch-ökonomischen Netzwerke entstanden auf der Grundlage neuer privater Großunternehmen im Finanz- und Rohstoffsektor sowie der regionalen und föderalen Zentren der politischen Macht (> Kap. 2.3). Nachdem die Verfassung von 1993 einen „superstarken" Präsidenten geschaffen hatte (> Kap. 3.2), setzte erneut ein Prozess der Integration in ein *single-pyramid system* ein. Unter Jelzin verlief er chaotisch und vollzog sich überwiegend im Kontext von Präsidentschaftswahlen (1995–1996, 1999–2000; > Kap. 5.1). Erst Putin konnte die wichtigsten Netzwerke – die „Regime-Eliten" – dauerhaft in eine „Machtpyramide" integrieren (> Kap. 3–5). Dieser Prozess erscheint in der Semantik der weiter vorn entfalteten Begrifflichkeit als Übergang von „elektoraler Demokratie" zu „elektoraler", gegebenenfalls auch „geschlossener", Autokratie.

Das Zusammenspiel formaler und informeller Institutionen

Der Versuch, Russlands politischen Wandel seit den frühen 1990er Jahren mithilfe theoretischer Konzepte zu beschreiben, ist kein Selbstzweck, sondern stellt den Anschluss zwischen der empirischen Russland- und der Vergleichenden Autoritarismusforschung her, in der sich gegen Mitte der 2000er Jahre ein *institutional turn* vollzog (Pepinsky 2014). Er war eine Reaktion auf die Beobachtung, dass viele Regimewechsel, die seit den späten 1980er Jahren im östlichen Europa, in Afrika und Asien stattgefunden hatten, nicht zur Etablierung von Demokratien geführt hatten.

Die neuen Regime zeichneten sich vielmehr dadurch aus, dass sie autoritäre Herrschaftspraktiken mit formal-demokratischen Institutionen und einer demokratischen Rhetorik kombinierten. Obwohl sie damit scheinbar Unvereinbares zusammenbrachten, „kippten" sie überraschenderweise nicht in Richtung eines demokratischen oder geschlossen-autoritären politischen Systems, wie Politikwissenschaftler:innen angenommen hatten. Das warf die Frage auf, wie demokratische Institutionen zum langfristigen Überleben hybrider bzw. elektoral-autoritärer Regime beitragen. Mit ihr befasst sich die neoinstitutionalistische Perspektive, die sich als Mainstream in der Autoritarismusforschung etablierte.

Die zunächst sehr abstrakte Antwort auf diese Frage lautet: Formal-demokratische Institutionen, welche die Handlungsspielräume politischer Akteure definieren, können auch für nicht-demokratische Regime funktional sein, denn sie schaffen Mechanismen und Arenen, die es ermöglichen, ihre Stabilitätsbedrohungen einzuhegen. Sie bieten einen Rahmen, innerhalb dessen sich die Eliten koordinieren und ihre Rivalitäten austragen können, die moderate Opposition durch Beteiligung an der Macht kooptiert sowie die Anti-System-Opposition marginalisiert wird, und der Bevölkerung die Legitimität der bestehenden Herrschaftsordnung glaubhaft gemacht werden kann (z.B. Geddes 2003; Gandhi/Przeworski 2006; Svolik 2012).

> **Zwei Grundprobleme autoritärer Regime**
>
> Die Stabilität autoritärer Regime ist in theoretischer Hinsicht durch zwei endogene Probleme bedroht: Erstens sollte ein autoritärer Herrscher permanent der Gefahr einer gegen ihn gerichteten Massenmobilisierung ausgesetzt sein, falls die Bürger:innen eine Präferenz für eine demokratische Ordnung haben. Um sie abzuwenden, muss er also das „Problem der autoritären Kontrolle" der Bevölkerung und potenzieller Gegeneliten *(problem of authoritarian control)* erfolgreich bearbeiten. Neben Repressionen und ideologischer Indoktrinierung stehen ihm unter Umständen auch Instrumente wie paternalistische Wohltaten und (kontrollierte und manipulierte) Wahlen zur Verfügung.
> Zweitens kann ein autoritärer Herrscher nicht allein regieren, sondern benötigt die Unterstützung anderer ressourcenstarker Akteure. Die Mitglieder dieser mehr oder weniger großen „regierenden Koalition" *(ruling coalition)* werden für ihre Loyalität und ihre Dienste mit (materiellen, Status- usw.) Vorteilen belohnt, die sie an der autoritären Machtausübung beteiligen. Die Beziehung zwischen den Regime-Insidern ist jedoch durch das „Problem der autoritären Machtaufteilung" *(problem of authoritarian power-sharing)* belastet, denn die Person oder kleine Gruppe an der Spitze des Staates sollte stets versucht sein, ihre Macht auf Kosten ihrer Verbündeten zu vergrößern. Diese wiederum können das nur verhindern, wenn sie dem Herrscher glaubhaft androhen können, dass sie ihn in diesem Falle stürzen würden.
> Da es keine unabhängige Instanz gibt, die intraelitäre Absprachen durchsetzen könnte, kann dieses Problem nicht durch eine „einfache" gegenseitige Verpflichtung auf Kooperation behoben werden *(commitment problem)*. Es lässt sich aber auf institutionellem Wege entschärfen, indem die für den Regime-Erhalt wichtigsten Elitengruppen in hochrangige Beratungs- und Entscheidungsgremien, politische Parteien und Parlamente kooptiert werden (Svolik 2009, 2012).

2.2 Russlands politisches System in neoinstitutionalistischer Perspektive

Politische Institutionen in autoritären, zumal hochgradig informell verfassten Regimen stellen eine besondere Herausforderung für die neoinstitutionalistische Forschung dar. Zum einen werden formale Institutionen als Ergebnis dezisionistischer Entscheidungen von Akteuren angesehen, die diese manipulieren, um bestimmte Outcomes zu erreichen (> Exkurs auf S. 104). Das bedeutet, dass Institutionen epiphänomenal sein können, also selbst keine (starke) kausale Wirkung haben, sondern in ihrer Existenz durch die gleichen kausalen Faktoren erklärt werden müssen wie das betreffende Outcome selbst (Pepinsky 2014). So ist die herausgehobene Stellung des Präsidenten in der Verfassung Russlands in erster Linie das Ergebnis des von Jelzin gewaltsam verkürzten Prozesses der Verfassungsgebung im Jahr 1993. Der Verfassungstext „bewirkt" jedoch nicht zwangsläufig auch die reale Machtfülle des Präsidenten, wie der Vergleich zwischen Putin und seinem politisch viel schwächeren Amtsvorgänger zeigt.

Zum anderen ist der Fokus auf formale Institutionen zu eng und muss um informelle, intransparente Institutionen und Praktiken erweitert werden, die ihre Wirkung „korrigieren" oder verstärken. Um beim Beispiel der Verfassung von 1993 zu bleiben: Sie entfaltet ihre machtzentralisierende Wirkung nur, wenn der Präsident von den Elitennetzwerken gleichzeitig als glaubwürdiger und langfristig gesetzter „Chefpatron" der informellen „Machtpyramide" wahrgenommen wird. Ist das nicht (mehr) der Fall, gewinnen Wahlen – eine andere formale Institution – an Bedeutung, weil sie informelle Koordinationsdynamiken innerhalb der Eliten fördern (> Kap. 3.2, 5.1).

Die politikwissenschaftlichen Konzepte, mit denen wir weiter oben das politische System Russlands klassifiziert haben, räumen formalen und informellen Institutionen einen je unterschiedlichen Stellenwert ein und betonen unterschiedliche Aspekte.

- Das Konzept der *elektoralen Autokratie* lenkt den Blick auf Ähnlichkeiten und Unterschiede im Vergleich zur Demokratie. Es kreist letztlich um die Frage der Demokratisierung des politischen Systems, entweder mittels Wahlen oder infolge von Bevölkerungsprotesten gegen die autoritäre Aushöhlung demokratischer Institutionen.
- Das Konzept des *personalistischen Regimes* fokussiert auf den inneren Machtzirkel. Russland stellt einen typischen Fall der aktuell am weitesten verbreiteten Form autoritärer Regime dar, deren Demokratisierungsaussichten als besonders gering angesehen werden (Geddes et al. 2014).
- Das Konzept des *patronalen Regimes* nimmt den Zusammenhang zwischen formalen und informellen Institutionen systematisch in den Blick und lenkt die Aufmerksamkeit auf die Koordinationsdynamiken der Regime-Eliten, die in bestimmten Phasen durch Rivalität und Wettbewerb geprägt sein können. Wahlen und Bevölkerungsproteste können unter Umständen zum Regime-Zusammenbruch führen, stehen aber nicht in unmittelbarem Zusammenhang mit einer künftigen Entwicklung in Richtung Demokratie.

Alle drei Konzepte stellen bei der Suche nach Antworten auf bestimmte Fragen theoretische Alternativen dar, können sich bei anderen Fragen aber auch ergänzen. Wir greifen in den einzelnen Kapiteln dieses Buches auf sie zurück, um das Erkenntnispotenzial der skizzierten Perspektiven für das Verständnis von Politik in Russland zu nutzen.

Patronale Regimedynamiken und die Qualität politischer Systeme

Ein anschauliches Beispiel dafür, wie die gleichen Daten aufgrund unterschiedlicher theoretischer Zugänge etwas anderes bedeuten können, liefert die „Übersetzung" der Befunde der Demokratiemessung (Abb. 2.1 auf S. 47) in die Perspektive der patronalen Politik. In der postsowjetischen Ländergruppe mit den konstant niedrigsten Demokratiewerten (Gruppe 3) sind bemerkenswerterweise all jene Regime zu finden, in denen sich bereits in den 1990er Jahren eine stabil integrierte Machtpyramide herausbildete und bis heute erhalten geblieben ist: Die Präsidenten von Belarus und Tadschikistan sind seit 1994 unverändert im Amt; in Aserbaidschan (2003), Turkmenistan (2006 und 2022), Usbekistan (2016) und Kasachstan (2019) haben sich zwar personelle Wechsel an der Spitze des Regimes vollzogen, aber keine Regimewechsel im Sinne der Einführung neuer politischer Spielregeln.

Russland und die Länder der Gruppe 2 waren hingegen über das ganze erste postsowjetische Jahrzehnt durch den Machtkampf zwischen konkurrierenden Elitennetzwerken geprägt. Erst seit den frühen 2000er Jahren gingen die Entwicklungspfade deutlich auseinander: Während sich in Russland unter Putin ein *single-pyramid system* konsolidierte und die Demokratiewerte sanken, blieben die anderen Länder auch weiterhin durch den Wettbewerb „konkurrierender Pyramiden" geprägt, die sich an der Macht abwechseln. Seinem Messkonzept entsprechend bildet der *Electoral-Democracy*-Index diesen Zustand als Verbesserung der Demokratiequalität ab. Gleichwohl sind Durchbrüche in Richtung einer liberalen Demokratie nach westlichem Vorbild bisher nirgends erfolgt; am ehesten lässt sich bei der zweiten Ländergruppe von *patronalen elektoralen Demokratien* sprechen. Für die Überwindung des patronalen Charakters der Politik sind Abwahl und Austausch des politischen Führungspersonals offenbar nicht ausreichend.

Die Dynamik des politischen Systems Russlands

Im Laufe seiner nahezu dreißigjährigen Existenz durchlief das politische System Russlands mehrere Entwicklungsphasen, die durch Veränderungen seiner Legitimationsgrundlagen und seiner politischen Strukturen geprägt waren. Henry Hale, Maria Lipman und Nikolai Petrow erklären diese Wandlungs- und Anpassungsdynamik, die auch im Mittelpunkt unseres Buches steht, aus dem Zusammenspiel von Dynamiken der patronalen Netzwerke mit den jeweiligen institutionellen Arrangements. Deren Wechselwirkung produziert häufige Krisen, auf die das Regime mit institutionellen und ideologischen „Rekalibrierungen und Improvisationen" reagierte (Hale et al. 2019: 171), die sein Überleben bisher stets sicherten.

Systematisch gesehen sind es drei Faktoren, die permanenten Veränderungsdruck erzeugen (Hale et al. 2019; Petrov et al. 2014). Erstens sind interpersonelle Netzwerke komplexe, sich ständig verändernde Gebilde, innerhalb derer und zwischen denen offen oder verdeckt Rivalitäten um Macht und Ressourcen ausgetragen werden. Das stellt hohe Anforderungen an den jeweiligen „Chefpatron" als Manager der Regime-Eliten, ihrer Interessen und Konflikte. Zweitens wird die

Netzwerkkoordination durch formale Institutionen beeinflusst, speziell die Verfassung, aber auch durch Schwankungen in der Popularität des Präsidenten. Das bedeutet, dass das Regime auch die Unterstützung der Bevölkerung immer wieder neu sichern muss, um stabil zu bleiben. Drittens ist der Regierungsalltag durch (mindestens) drei *Governance-Dilemmata* belastet, die kontinuierlich Bedarf an Nachjustierungen erzeugen. Sie sind der Kombination aus demokratischen Institutionen und autoritären Praktiken geschuldet:

- Wahlen legitimieren die Herrschaftsausübung, helfen bei der Auswahl des geeigneten Personals für öffentliche Ämter, kanalisieren Unzufriedenheit usw. Sie bergen aber auch politische Unsicherheit und das Risiko des Machtverlusts.
- Um die Entstehung und Artikulation von Widerspruch und Opposition zu behindern, beschränkt das Regime den Zugang zu Informationen, indem es z.B. die Medien und den Wahlprozess sowie seine Ergebnisse kontrolliert und manipuliert. Gleichzeitig benötigt es aber zuverlässige Informationen, um sein Überleben und die Qualität des Regierens zu sichern.
- Die Anpassungsfähigkeit des Regimes an sich verändernde Umstände wird durch flexible politische Institutionen gewährleistet, die – wie etwa die Legislative – vielfältige, unterschiedliche und veränderliche gesellschaftliche Interessen repräsentieren. Sie dienen dem Regime, weil sie Arenen der friedlichen Konfliktbearbeitung darstellen und sogar Fehlentscheidungen der Exekutive bzw. des Präsidenten ausbremsen können, welche die Stabilität des Staates bedrohen. Aber sie bringen ebenfalls Unsicherheit in den politischen Prozess, wenn und solange sie nicht vollständig durch das Regime kontrolliert werden.

Die Notwendigkeit, mit diesen Dilemmata umzugehen, ist voller autoritärer Versuchungen, fördert Innovationen, birgt ein hohes Fehlerrisiko und ruft zwangsläufig neue Probleme hervor, die ebenfalls bearbeitet werden müssen (Petrov et al. 2014). Je älter das Putin-Regime wurde, desto mehr neigte es dazu, diese Dilemmata zugunsten einer höheren Sicherheit des Regimes aufzulösen, womit es sein Entwicklungspotenzial verengte und schwächte. Die dramatischste Folge dieses Prozesses ist die Entscheidung Wladimir Putins, eine „militärische Spezialoperation" auszulösen und sie in einen umfassenden Krieg gegen die Ukraine umzuwandeln, als der erwartete schnelle Erfolg ausblieb (> Kap. 9).

Damit haben wir wichtige Grundzüge des Spannungsfelds skizziert, innerhalb dessen die politischen Entwicklungen im postsowjetischen Russland interpretiert werden können – einerseits als gescheiterte Demokratisierung, Etablierung, Konsolidierung und Schließung eines autoritären Regimes, andererseits als Entstehung, Reorganisation, Stabilisierung und Verkrustung einer um ein hochpersonalisiertes Machtzentrum integrierten Pyramide mächtiger politisch-ökonomischer Netzwerke der Regime-Eliten. In der zweiten Hälfte dieses Kapitels geben wir einen kurzen Überblick über die wichtigsten Entwicklungen Russlands seit 1991, bevor sich die verbleibenden Kapitel des Buches mit den einzelnen Teilbereichen des politischen Systems und ihrem Wandel näher befassen.

2.3 Die Jelzin-Ära (1991–1999)

Die Sowjetunion hatte sich im Ergebnis der Perestrojka nicht reformieren können und war zum Jahresende 1991 als quasi-imperialer Staat und politisch-ökonomisches System zusammengebrochen (> Kap. 1.3). Die Russländische Föderation konstituierte sich als souveräner Nationalstaat, der die internationalen Verpflichtungen der UdSSR übernahm, darunter ihren ständigen Sitz im Sicherheitsrat, ihre Atomwaffen und die Staatsschulden des Russländischen Imperiums, die seit 1918 nicht bedient worden waren. Die Tragweite der gesellschaftlichen Umwälzungen – denen sich Anfang der 1990er Jahre auch die anderen postsozialistischen Länder im östlichen Europa gegenübersahen – war historisch beispiellos. Während sich der moderne Nationalstaat, der Kapitalismus und die Demokratie in Westeuropa meist nacheinander und im Verlauf mehrerer Jahrhunderte herausgebildet hatten, standen in dieser Region alle drei Prozesse ebenso dringend wie gleichzeitig auf der Tagesordnung und mussten als „politisches Projekt" der Eliten vollzogen werden.

Nach Auffassung prominenter Sozialwissenschaftler sah sich das holistische Umbauprojekt einem *Dilemma der Gleichzeitigkeit* ausgesetzt, das seine Erfolgsaussichten vital bedrohte: Erstens war abzusehen, dass der Übergang von der Zentralverwaltungs- zur Marktwirtschaft ein bisher unbekanntes Maß an sozioökonomischer Ungleichheit hervorbringen würde. Weil zweitens aber die Masse der Reformverlierer:innen dank der Demokratisierung effektive Partizipationsrechte erhalten hatte, musste auch damit gerechnet werden, dass sie die Wirtschaftsreformen blockieren würden. Kollektive Akteure wie Parteien und Verbände, welche rivalisierende Interessen organisieren und repräsentieren konnten, gab es jedoch noch kaum, weshalb zu befürchten stand, dass die Bevölkerung durch populistisch agierende autoritäre Führer ethnonationalistisch oder fundamentalistisch mobilisiert würde.

Diese Gefahr erschien drittens in solchen Ländern besonders groß, in denen neue Nationalstaaten mit einer ungefestigten oder umstrittenen Identität der politischen Gemeinschaft gegründet worden waren (Elster 1993; Offe 1991; Kuzio 2001). In dieser Hinsicht war Russlands Situation singulär, standen Gesellschaft und Staat doch vor der Herausforderung, sich von ihrer Identifizierung mit der Sowjetunion zu lösen, deren imperiales Zentrum sie gebildet hatten (> Kap. 1.1, 6.2).

Wirtschaftsreformen und ihre Auswirkungen

Jelzin und sein innerer Machtzirkel lösten das Dilemma der Gleichzeitigkeit auf, indem sie sich der Überforderung entzogen, ein kohärentes Reformprogramm zu entwerfen und zu implementieren. Stattdessen priorisierten sie Wirtschaftsreformen gegenüber sowohl der Staats- als auch der nationalen Identitätsbildung, und sie verletzten demokratische Spielregeln, wenn es ihnen für den Machterhalt unvermeidbar erschien.

In Übereinstimmung mit den Empfehlungen des *Internationalen Währungsfonds* und der *Weltbank* leitete die Jelzin-Gajdar-Regierung zum 1. Januar 1992 Wirtschaftsreformen ein, die neoliberalen Grundsätzen folgten und als „Schocktherapie" wirkten: Die staatliche Preisbindung für die meisten Konsum- und Produktionsgüter wurde aufgehoben, die Privatisierung der Staatswirtschaft verkündet und Maßnahmen zur makroökonomischen Stabilisierung eingeleitet. Damit versuchte die kleine Gruppe der Radikalreformer, den wirtschaftlichen Kollaps zu vermeiden, der aus ihrer Sicht unmittelbar bevorstand. Auch wenn dieser Kurs der radikalen Marktliberalisierung aufgrund des Widerstands der Legislative bereits im Herbst 1992 aufgeweicht wurde, bewirkte er einen grundlegenden Strukturwandel der Volkswirtschaft. Im Jahr 1996 waren bereits über 77% der großen und mittleren Staatsbetriebe privatisiert, auf die über 88% der gesamten Industrieproduktion entfielen. Sie gelangten dabei häufig in die Hände ihres bisherigen Managements. Auch etwa 82% der Dienstleistungs- und Einzelhandelsbetriebe waren privatisiert worden. Noch immer waren jedoch etwa 40 der insgesamt 67 Mio. Arbeitskräfte im staatlichen Sektor beschäftigt (Blasi et al. 1997: 26).

Im Zentrum der nächsten Privatisierungsphase stand die Maximierung der Staatseinnahmen. Bei den korrupten „Kredite-für-Aktien"-Auktionen (1995–1997) gelangten die größten und strategisch bedeutendsten Firmen des Energie- und Rohstoffsektors in die Hände einer kleinen Gruppe finanzstarker einheimischer Unternehmer (Treisman 2010). Diese sogenannten „Oligarchen" – darunter etwa Michail Chodorkowski (geb. 1963) und Roman Abramowitsch (geb. 1966) – hatten seit Ende der 1980er Jahre in neu entstehenden Wirtschaftssektoren wie Banken und Finanzen, Medien und (Außen-)Handel große Gewinne gemacht, wobei sie sich oft auf Ressourcen stützen konnten, auf die sie dank ihrer Positionen in der KPdSU bzw. deren Jugendorganisation Zugang hatten. Im Tausch für Kredite überließ ihnen der Staat nun Rohstoffunternehmen als Pfand. Als er sie nach Fristablauf nicht zurückkaufen konnte, gingen diese – weit unter Wert – in den Besitz der Oligarchen über.

Zwischen 1991 und 1996 wies die Wirtschaft ein Negativwachstum auf. Kaum zeigten sich erste Anzeichen der Erholung, stürzte das Land 1998 in eine schwere Finanzkrise, konnte seine Staatsschulden nicht mehr bedienen und musste den Rubel abwerten; viele der Großunternehmer gingen geschwächt aus ihr hervor. Insgesamt sank das Bruttoinlandsprodukt (BIP) pro Einwohner zwischen 1991 und 1998 um 39% und damit stärker als in den meisten anderen postsozialistischen Ländern. Allerdings umfasst diese Zahl weder den Output der schnell wachsenden Schattenwirtschaft noch sektorale Unterschiede. So sank die Produktion von Rüstungsgütern und nicht wettbewerbsfähigen Konsumgütern, während sich Einzelhandel und Dienstleistungen entwickelten (Shleifer/Treisman 2005: 154–155).

Die Umgestaltung der Volkswirtschaft führte zu tiefgreifenden Veränderungen in der Sozialstruktur. Die Hyperinflation der frühen 1990er Jahre, der Wandel des Arbeitsmarkts, sinkende Löhne sowie ausbleibende Lohn- und Rentenzahlungen verschlechterten die Situation der meisten Menschen. Im Jahr 1995 lebten ca. 35% der Haushalte – und damit 41% der Bevölkerung – unterhalb der offiziellen Armutsgrenze (Klugman/Braithwaite 1998: 44). Hingegen stieg der Anteil der 10% einkommensstärksten Haushalte am Einkommen der Gesamtbevölkerung von 20–25% in der Sowjetzeit auf 45–50% in den 1990er Jahren

(Novokmet et al. 2018: 212). In den späten 1990er Jahren erreichte das Ausmaß der sozialen Ungleichheit dem *Gini*-Index zufolge, mit dem die *Weltbank* die Einkommensverteilung misst, ein Niveau, das weit über dem von Deutschland und den meisten anderen europäischen Staaten lag und sich dem der USA annäherte. Entgegen der durch das „Dilemma der Gleichzeitigkeit" genährten Befürchtungen kam es zwar zu vielen Arbeitsniederlegungen und anderen Formen sozioökonomischer Proteste, aber nicht zu landesweiten politischen Protesten von Reformverlierer:innen (> Kap. 7.4).

Die 1990er Jahre waren auch durch eine akute demografische Krise gekennzeichnet. Bis zum Jahr 2000 hatte sich die Lebenserwartung bei Frauen auf 72,3 Jahre, bei Männern sogar auf 58,9 Jahre verringert (Statista 2023), die Geburtenrate hatte sich halbiert. Über eine Million Menschen wanderten aus, hauptsächlich nach Deutschland, Israel und in die USA. Dieser Bevölkerungsrückgang wurde allerdings durch die Immigration von ca. 5,6 Mio. russischsprachigen Menschen aus den anderen Nachfolgestaaten der Sowjetunion mehr als ausgeglichen. Innerhalb Russlands kam es zu einer erheblichen Migration von Norden nach Süden und von Osten nach Westen sowie zur verstärkten Abwanderung vom Land in die Städte (World Bank 2005: 18–24).

Das Entscheidungsjahr 1993

Bestimmend für die Politik der frühen 1990er Jahre war der tiefe Konflikt zwischen „Demokraten" bzw. „Reformern" und „Konservativen". Letztere dominierten im Kongress der Volksdeputierten, dem laut geltender Verfassung „höchsten Organ der Staatsmacht", speziell im Obersten Sowjet, seinem permanenten Führungsgremium. Die „Demokraten" hingegen hatten ihr institutionelles Gravitationszentrum im neu geschaffenen und konstitutionell noch wenig konturierten Amt des Präsidenten, in das Boris Jelzin gewählt worden war. Im Konflikt zwischen diesen beiden Lagern ging es daher nicht nur um konkrete Reforminhalte, sondern auch darum, wie die Macht zwischen den politischen Institutionen in der künftigen Verfassung aufgeteilt sein würde.

> **Boris Jelzin**
>
> Boris Jelzin (1931–2007) entstammte einer Bauernfamilie aus dem Ural. Nach einem Ingenieurstudium und einer längeren Tätigkeit im staatlichen Wohnungsbau schlug er eine erfolgreiche Parteikarriere ein: Er war zwischen 1976 und 1985 Erster Sekretär des KpdSU-Gebietskomitees Swerdlowsk (heute – wie auch vor 1924 – Jekaterinburg), seit 1978 Abgeordneter des Obersten Sowjets der UdSSR, später auch Mitglied seines Präsidiums, und seit 1981 Mitglied des Zentralkomitees der KpdSU. Kurz nach dem Beginn der Perestrojka wurde er Sekretär des ZK der KpdSU für Bauwesen, Ende 1985 zusätzlich Erster Sekretär des Moskauer Stadtkomitees sowie Kandidat des KpdSU-Politbüros. Er profilierte sich als Radikalreformer, geriet dabei in einen persönlichen Konflikt mit Gorbatschow und wurde Ende 1987 durch diesen aus fast allen Parteiämtern entfernt.

2.3 Die Jelzin-Ära (1991–1999)

> Im März 1989 begann sein politisches Comeback, als er mit mehr als 91% der Stimmen in seinem Moskauer Wahlkreis in den sowjetischen Kongress der Volksdeputierten gewählt wurde, wo er sich der parlamentarischen Opposition anschloss (> Kap. 1.3). Ein Jahr später wurde er zudem Abgeordneter des Kongresses der Volksdeputierten Russlands, der ihn im Mai 1990 zu seinem Vorsitzenden wählte; im Juli 1990 trat er aus der Kommunistischen Partei aus. Als im Juni 1991 in Russland zum ersten Mal ein Präsident gewählt wurde, siegte Jelzin bereits im ersten Wahlgang mit 57,3% der Stimmen. Seine zweite Amtszeit (1996–1999) war durch seinen physischen Verfall und sich mehrende Anzeichen überschattet, dass er dem Amt nicht mehr gewachsen war.

Die Konfrontation zwischen der Gruppe um Jelzin und dem Kongress der Volksdeputierten führte im Dezember 1992 zu einem Regierungs- und Kurswechsel, eskalierte aber dennoch weiter. Auf die Drohung des Präsidenten im März 1993, das Parlament zu entlassen und den Ausnahmezustand zu verhängen, antwortete der Kongress mit einem Impeachment-Verfahren, dem nur wenige Stimmen zum Erfolg fehlten. Als Jelzin ihn schließlich am 21. September 1993 verfassungswidrig auflöste, verbarrikadierten sich viele Abgeordnete im Parlamentsgebäude und riefen den bisherigen Vizepräsidenten zum Präsidenten aus, wobei sie durch paramilitärische Gruppen des rechtsextremen Lagers unterstützt wurden.

Bei der gewaltsamen Auflösung des Konflikts Anfang Oktober 1993, bei der Jelzin das Militär einsetzte, sollen offiziell mindestens 123 – Gerüchten zufolge bis zu 1.500 – Personen zu Tode gekommen sein (Sakwa 2021: 105). Sowohl Liberale in Russland als auch westliche Beobachter:innen sahen in dieser „Erschießung des Parlaments", die mit demokratischen Regeln des Konfliktaustrags nicht vereinbar war, den tragischen Ausweg aus einem unauflösbaren Verfassungskonflikt und unterstützten dieses Vorgehen.

Aus dieser Situation der Stärke heraus konnte Jelzin im Dezember 1993 seine Version der neuen Verfassung durchsetzen. Sie konstituierte den Präsidenten als Staatsoberhaupt „jenseits" der drei Staatsgewalten aus Exekutive, Legislative und Judikative und schuf damit die rechtlichen Voraussetzungen für die Konzentration der politischen Macht in den Händen einer einzelnen Person, die nicht demokratiekompatibel war (> Kap. 3.1–3).

Geschwächter Staat, liberal-patrimonialer Kapitalismus und patronale Politik

Im kollektiven Gedächtnis der Bevölkerung Russlands sind die 1990er Jahre als „wildes Jahrzehnt" verankert. Sie stehen für einen radikalen gesellschaftlichen Wandel, der auf eine schnelle „Westernisierung" zielte, aber Wirtschaft, Staat und das normative Orientierungssystem an den Rand des Zusammenbruchs sowie Millionen Menschen in die Armut trieb, während sie eine schmale Schicht von Superreichen hervorbrachte. Sie waren eine Blütezeit des organisierten Verbrechens und der allgemeinen Kriminalität, aber auch einer anarchischen Freiheit, die Kreativität und Innovativität förderte.

Der Umbruch entfaltete sich im Kontext einer fragilen Staatlichkeit. Die infrastrukturelle Staatskapazität, d.h. die Fähigkeit des Staates, seine Hoheitsrechte auf dem gesamten Territorium auszuüben und politische Entscheidungen zu implementieren, war schwer beschädigt. Die ohnehin geringen Steuereinnahmen sanken infolge der restriktiven Haushaltspolitik, des industriellen Niedergangs, des ineffizienten Systems der Steuereintreibung und aufgrund ausbleibender Zahlungen der Regionen an das föderale Budget. Die Einnahmeausfälle konnten auch nicht durch Erlöse aus dem Rohstoffexport kompensiert werden, denn der Ölpreis war bis 1999 niedrig und der Staat hatte zudem nur wenig Zugriff auf sie. Öffentliche Dienstleistungen wurden in nur geringem Maße bereitgestellt, Lohn- und Gehaltszahlungen im Staatssektor verzögerten sich oft monatelang (z.B. Levitsky/Way 2010: 186–197; Taylor 2011).

Im Sog der Desintegration der Sowjetunion drohte auch Russland der Zerfall. Jelzins Regierung begegnete dieser Gefahr einerseits mit Verhandlungen, die in bilaterale Verträge zwischen dem Zentrum und den Regionen mündeten. Andererseits ging sie seit Ende 1994 mit militärischer Gewalt gegen separatistische Bestrebungen im Nordkaukasus vor. Dieser Erste Tschetschenienkrieg endete 1996 mit einer faktischen Niederlage der Zentralmacht (> Kap. 3.4). Auch in der internationalen Arena agierte Russland in den 1990er Jahren aus einer Position der Schwäche heraus, was seinem Selbstbild als Rechtsnachfolger und „Fortsetzerstaat" der Sowjetunion widersprach. Nach einer kurzen prononciert pro-westlichen Phase schwenkte es in seiner Außenpolitik bald auf einen Kurs um, dem die Vorstellung einer „multipolaren" Weltordnung zugrunde lag (> Kap. 9.2).

Der Staat der Jelzin-Zeit war weder fähig noch willens, die rechtliche Infrastruktur zu schaffen, welche die Entwicklung der Marktwirtschaft in geordnete Bahnen lenkte, die privaten Eigentumsrechte garantierte und die Vertragsdurchsetzung sicherte. Die Rechtsentwicklung verlief chaotisch, Gesetze und Dekrete unterschiedlicher Provenienz überschnitten sich und konfligierten. Polizei, Justiz und Verwaltung waren unterfinanziert, ineffizient und endemisch korrupt. In vielen Bereichen der Wirtschaft entwickelten sich illegale Märkte, die durch mafiöse Strukturen und private Sicherheitsdienste reguliert wurden, welche mit staatlichen Organen verflochten waren (Volkov 2002; Stykow 2006: Kap. 4.3).

In den 1990er Jahren entstand auf diesem Wege ein *hybrider liberal-patrimonialer Kapitalismus*. Die Prinzipien des marktförmig regulierten Kapitalismus, auf deren Einführung die wirtschaftsliberalen Reformen zielten, wurden durch ererbte und neu entstehende patron-klientelistische Beziehungen zwischen Staat und Unternehmern sowie zwischen Kapital und Arbeit unterminiert (Becker/Vasileva 2017). Charakteristische Merkmale dieses Wirtschaftstyps waren ein hohes Maß an dezentralisierter Korruption und *state capture*, d.h. das „Kapern" des Staates durch einflussreiche Unternehmer, um marktverzerrende Vorteile wie Steuererleichterungen, subventionierte Kredite und unentgeltliche Nutzungsrechte an staatlichem Eigentum zu erlangen (Rochlitz et al. 2020).

Der patrimoniale Kapitalismus in Russland fand seine politische Entsprechung in der Etablierung eines *patronal-elektoralen Regimes* (Hale 2015: Kap. 5), in dem mächtige politisch-ökonomische Netzwerke zunächst heftig um die Besetzung des

Präsidentenamts konkurrierten *(competing-pyramid system)*. Sie hatten sich auf der Grundlage dreier Reformprozesse herausgebildet:

- Im Verlaufe der Privatisierung und der volkswirtschaftlichen Restrukturierung waren – wie weiter oben skizziert – bis Ende der 1990er Jahre *große Unternehmenskonglomerate* entstanden, die jeweils nicht nur Teile des Finanz- und Rohstoffsektors, sondern auch die wichtigsten nationalen Fernsehkanäle kontrollierten (> Kap. 8.1). Aufgrund der Verfügung über diese Ressourcen konnten ihre Eigentümer bzw. Manager, die „Oligarchen", weitreichenden politischen Einfluss auf Teile des Staates geltend machen.
- Die Dezentralisierung der Föderation hatte es den Gouverneuren ermöglicht, Einfluss auf die politischen Institutionen und den Privatisierungsprozess vor Ort zu nehmen. So entstanden *regionale „politische Maschinen"*, d.h. komplexe hierarchische Strukturen verflochtener Netzwerke, die staatliche und wirtschaftliche Ressourcen sowie lokale Medien kontrollierten (> Kap. 3.4). Die bedeutendste dieser regionalen Machtpyramiden war die des Moskauer Bürgermeisters Juri Luschkow (1936–2019).
- Dank der „superpräsidentiellen" Verfassung von 1993 wurde die Institution des Präsidenten zur Basis von Jelzins persönlichem Netzwerk, der *„Familie"*. Sein Zentrum bildeten Jelzins Tochter Tatjana, ihr (künftiger) Ehemann sowie der Chef der Präsidialadministration. Auch einige Oligarchen wie Boris Beresowski (1946–2013) und Roman Abramowitsch sowie liberale Politiker wie Anatoli Tschubais und Michail Kassjanow wurden ihm zugerechnet.

Diese informellen Netzwerke nahmen als Schattenakteure am institutionalisierten politischen Wettbewerb teil. Bei Parlamentswahlen unterstützten sie (oft mehrere) Parteien und Direktkandidat:innen, die als ihre Interessenvertreter:innen in die Legislativen einzogen (> Kap. 4.1). Die Präsidentschaftswahl 1996 brachte schließlich die Entscheidung im Konkurrenzkampf zwischen zwei großen Netzwerkkoalitionen um die Schlüsselposition des politischen Systems. Dank der Unterstützung der meisten Oligarchen und des Seitenwechsels einiger Gouverneure setzte sich Jelzins Machtpyramide gegen die seines kommunistischen Herausforderers durch. Im Kampf um seine Nachfolge bei der Präsidentschaftswahl im Jahr 2000 siegte Jelzins persönliches Netzwerk, geführt von Regierungschef Wladimir Putin und unterstützt von einem Teil der Oligarchen und Gouverneure (> Kap. 5.1).

2.4 Die Putin-Ära (seit 2000)

Mit Wladimir Putins Aufstieg zum Präsidenten reorganisierte sich das postsowjetische patronale Regime. Er nahm sich der bis dahin vernachlässigten Dimension der Staatsbildung an, was in der Innenpolitik von einer zunehmend autoritären Machtausübung und in der Außenpolitik vom selbstbewussten Auftreten als internationale Großmacht begleitet wurde. Das Regime überstand einen zeitweiligen personellen Wechsel im Präsidentenamt, befindet sich aber spätestens seit Beginn der vierten Amtszeit Putins (2018) in einer Phase des Niedergangs, den es durch massive innen- und außenpolitische Aggressivität aufzuhalten versucht. Sein Machtanspruch durchdringt inzwischen nahezu alle Dimensionen der Politik.

2 Das politische System: Einordnung und Überblick

Grundzüge der politischen Entwicklung

Ein Blick zurück aus dem Jahr 2023 mag die Re-Autoritarisierung des politischen Systems Russlands als geradlinig verlaufenen Prozess erscheinen lassen, den Putin seit seinem Amtsantritt gezielt vorantrieb. Realitätsnäher ist jedoch die weiter oben skizzierte Perspektive, die ihn als Resultat eines experimentellen, oft improvisierenden Umgangs der Regime-Eliten mit den Spielregeln der Politik, ihren Akteuren und den Legitimationsstrategien ihrer Herrschaft interpretiert (> Kap. 9.1).

Anders als Jelzin investierte Putin von Anfang an in die formale Institutionalisierung von politischen Spielregeln und die Schaffung loyaler Organisationen, um die Subpatrone der wichtigsten Netzwerke an sich zu binden und die Machtpyramide stärker zu integrieren. Dabei handelte es sich nicht um die Umsetzung eines strategischen Plans. Vielmehr reagierte das Regime flexibel auf Krisenerscheinungen, die aus dem Zusammenspiel des patronalen sozialen Kontexts mit formalen und informellen institutionellen Arrangements erwuchsen. Konstant blieben dabei stets der Wille des inneren Machtzirkels, insbesondere seines „Chefpatrons", an der Spitze der Machtpyramide zu bleiben, an Wahlen festzuhalten und sie so zu gestalten, dass sie keinen Machtwechsel herbeiführten, sowie die patronalen Herrschaftspraktiken selbst (Hale et al. 2019: 171).

> **Wladimir Putin**
>
> Wladimir Putin, 1952 in einer Arbeiterfamilie geboren, wuchs im Leningrad (heute St. Petersburg) der Nachkriegszeit auf, studierte Jura und trat 1975 in den sowjetischen Geheimdienst KGB ein; von 1985 bis 1990 war er als Mitarbeiter des KGB-Auslandsnachrichtendienstes in Dresden stationiert. Zwischen 1990 und 1996 arbeitete er zunächst in der Verwaltung seiner früheren Universität, dann als Berater und seit 1994 als Erster Stellvertreter seines ehemaligen Professors Anatoli Sobtschak (1937–2000), der 1991 zum Leningrader Oberbürgermeister gewählt worden war.
> 1996 wechselte Putin auf Vermittlung von einflussreichen Reformpolitikern nach Moskau – ebenso wie etliche andere Mitglieder von Sobtschaks persönlichem Netzwerk, darunter Dmitri Medwedew (geb. 1965), der dritte Präsident Russlands (2008–2012). Putin stieg zunächst innerhalb der Präsidialverwaltung auf. 1998 wurde er zum Chef des Föderalen Sicherheitsdienstes (FSB), der Nachfolgeorganisation des KGB, ernannt. Während dieser Zeit erwarb er (mit einer Dissertationsschrift, deren Autorschaft umstritten ist) einen Doktortitel in Volkswirtschaftslehre und bewies mehrfach höchste Loyalität gegenüber Jelzin und dessen Netzwerk, der „Familie". Im Sommer 1999 wurde er von diesem als Kandidat für die höchste Position im Staat ausgewählt und zum Regierungschef ernannt. Als Jelzin am Silvesterabend 1999 aus gesundheitlichen Gründen zurücktrat, übernahm Putin kommissarisch dessen Amt, bevor er sich drei Monate später erstmals zur Wahl stellte.

Die erste Amtszeit Putins (2000–2004) war durch politische Interventionen und institutionelle Reformen geprägt, deren Ziele in der Zentralisierung der informellen Machtpyramide, der Stärkung der Position ihres Chefpatrons sowie in der Wiederherstellung der Handlungsfähigkeit des Staates bestanden. Zu den ersten Schritten gehörte, die Oligarchen als eigenständige politische Akteure zu vernichten und kooperationsbereite Großunternehmer in die Machtpyramide zu integrieren. Höhepunkte in diesem Prozess waren einerseits die Herstellung der staatlichen Kontrolle über die wichtigsten Fernsehkanäle (2000/01) sowie die Verhaftung (2003) und Verurteilung des Unternehmers Michail Chodorkowski zu einer langjährigen Haftstrafe, andererseits die Senkung von Unternehmenssteuern und Verbesserungen der Rahmenbedingungen ihrer wirtschaftlichen Tätigkeit im Tausch gegen Loyalität und den Verzicht auf jegliches politisches Engagement (> Kap. 8.4). Ebenso wichtig war die Föderalismusreform, die – neben der Niederschlagung des tschetschenischen Separatismus im Zweiten Tschetschenienkrieg (1999–2009) – den zentrifugalen Tendenzen innerhalb Russlands ein Ende setzte und die Gouverneure in die Machtpyramide kooptierte (> Kap. 3.4).

Gegen Ende der ersten und in der zweiten Amtszeit Putins (2004–2008) wurde das Parteiensystem durch Reformen des Parteien- und Wahlrechts und den Aufbau der Regimepartei *Einiges Russland* (ER) in einer „geordneten" Form institutionalisiert. Während die loyale Opposition in das von ER dominierte Parteienkartell eintrat, wurde die Anti-Regime-Opposition auf nationaler Ebene in den außerparlamentarischen Raum abgedrängt. Die Dominanz der Regimepartei in der Staatsduma transformierte diese in einen „verlängerten Arm" der präsidialen Macht (> Kap. 4 und 5). Gleichzeitig begann das Regime auch, in den intermediären Raum einzugreifen und dessen Institutionalisierung zu steuern (> Kap. 7). Seit 2003/04 wurden auch Reformen der lokalen Selbstverwaltung, des öffentlichen Dienstes, der Verwaltung und des Staatshaushalts, des Justizwesens und des Strafrechts durchgeführt, um die Staatstätigkeit effizienter, transparenter und professioneller zu machen.

Präsident Dimitri Medwedew (2008–2012) rief einen Kurs der wirtschaftlichen und gesellschaftlichen Modernisierung Russlands aus, führte Reformen der Polizei und des Militärs durch, startete eine Antikorruptionskampagne und bekannte sich zu einem höheren Maß als sein Patron zu politischen Freiheiten und Wettbewerb. Damit wurde der Autoritarisierungstrend des politischen Systems temporär gestoppt. In seine Amtszeit fallen auch Ereignisse wie der kurze Krieg gegen Georgien (August 2008) sowie der Versuch eines „Resets" der Beziehungen zu den USA. Medwedews Amtsausübung endete in einer Regimekrise. Die Wahlfälschungen der Parlamentswahl 2011 und seine „Rochade" mit Putin, die diesen im Jahr 2012 erneut ins Präsidentenamt brachte, riefen monatelange Massenproteste vor allem in Moskau und St. Petersburg hervor (> Kap. 7.4).

Bis zum Überfall auf die Ukraine am 24. Februar 2022 waren die dritte (2012–2018) und vierte (seit 2018) Amtszeit Putins durch Bemühungen geprägt, Verfallsanzeichen des Regimes zu bekämpfen, die sich im Niedergang der Popularität des Präsidenten und nachlassender politischer Anpassungsfähigkeit des Regimes äußerten. Das Regime vollzog eine „konservative Wende", die sich in der Innenpolitik u.a. in immer deutlicheren Anzeichen für die Manipulation von Wahlen, zunehmender Repressivität gegenüber regimekritischen zivilgesellschaftlichen Organisationen und der politischen Opposition sowie der Ideologisierung des offiziellen Diskurses äußerte, der die Einzigartigkeit Russlands als „Staatszivilisation" propagierte (> Kap. 5, 6 und 8).

2 Das politische System: Einordnung und Überblick

In der Außenpolitik ging es auf Konfrontationskurs mit dem Westen und forderte die internationale Ordnung offen heraus, die nach dem Kalten Krieg entstanden war. Im Jahr 2014 annektierte Russland die Krim, kontrollierte seitdem faktisch zwei separatistische Territorialgebilde in der Ostukraine und startete am 24. Februar 2022 eine Invasion in die Ukraine, deren Ende und Ergebnisse zum Zeitpunkt der Drucklegung des Manuskripts für dieses Buch nicht abzusehen sind (> Kap. 9.2).

Gegen Mitte der zweiten Dekade des 21. Jahrhunderts verfügte das postsowjetische Russland über ein komplexes politisches System, das einerseits die Vereinbarung zwischen den wichtigsten Elitengruppen über eine Machtteilung institutionalisiert hatte. Die wichtigsten formalen Elemente dieses *power-sharing arrangements* waren die hochbürokratische exekutive „Machtvertikale", das Kartell regimeloyaler Parteien, die Duma und die vielfältigen Konsultations- und Kommunikationsgremien, die bei den Staatsorganen aller Ebenen gebildet worden waren (> Kap. 3–5).

Andererseits beruhte die Stabilität des Regimes auch auf der breiten Akzeptanz der Bevölkerung, die sich kaum für Politik interessierte, größtenteils regimekonform wählte und zivilgesellschaftliches Engagement meist im Rahmen des staatlich kontrollierten und geförderten intermediären Bereichs verwirklichte. Seit 2012 lud das Regime den impliziten „Gesellschaftsvertrag" mit der Bevölkerung zunehmend ideologisch und emotional auf, um Legitimitätsverluste abzufangen, die aus seiner nachlassenden sozioökonomischen Performanz erwachsen waren. Parallel dazu gewannen politische Repressionen an Bedeutung. Seit Beginn des Angriffskrieges gegen die Ukraine operiert es weiterhin unverändert in seiner bisherigen Logik, alle Dimensionen seiner Herrschaftsausübung sind aber deutlich gröber und roher geworden. Die Arrangements des inneren Machtzirkels um Putin mit den Regime-Eliten einerseits und der Bevölkerungsmehrheit andererseits scheinen bisher (Sommer 2023) weitgehend intakt geblieben zu sein (> Kap. 6–8, 9.3).

Wirtschaftsentwicklung und *crony capitalism*

Putins Aufstieg an die Spitze des Regimes fiel mit der Erholung der Wirtschaft nach der Krise von 1998 zusammen. Zudem begannen die Weltmarktpreise für Erdöl und Erdgas, die in der Jelzin-Ära einen Tiefpunkt erreicht hatten, schnell und sehr stark zu steigen. Zusammen mit dem Aufschwung der Rohstoffförderung, deren Einnahmen knapp die Hälfte der föderalen Staatseinnahmen ausmachte (IEA 2022), begann auch eine schnelle Erholung nahezu aller anderen Wirtschaftssektoren. In der Wirtschaftspolitik fand die Rückkehr zu einem neoliberalen Reformkurs statt, verbunden mit Steuer- und Bodenreformen. Aufgrund der wachsenden Einkünfte konnten der Staatshaushalt konsolidiert, die Auslandsschulden zurückgezahlt, erhebliche Kapitalreserven geschaffen und die Finanzierung von Reformen gesichert werden. Nicht zuletzt zog diese Dynamik ausländische Investoren an.

Zwischen 1999 und 2008 wuchs Russlands Wirtschaft jährlich durchschnittlich um fast 7%. Nach einem starken Einbruch 2009 im Zusammenhang mit der globalen Finanzkrise 2008, von dem sie sich schnell weitgehend erholte, verlangsamte sich das jährliche Wachstum seit 2012 und betrug bis 2020 nur noch durchschnittlich knapp 1% pro Jahr (Solanko 2023: 234). In den Jahren 2015/16 und 2020 kam es zu Rezessionen aufgrund sinkender Ölpreise, westlicher Wirtschaftssanktionen nach der Krim-Annexion und schließlich auch der Corona-Pandemie.

Bis in die frühen 2010er Jahre verbesserte sich der Lebensstandard der Bevölkerung vor allem in den großen Städten erheblich. Eine relativ breite urbane Mittelschicht entstand. Beschäftigung, Löhne und Konsum, darunter von importierten Luxusgütern, stiegen. Die Lebenserwartung erhöhte sich bis 2020 auf 76,4 Jahre für Frauen und 66,2 Jahre für Männer (Statista 2023). Die soziale Ungleichheit nahm wieder etwas ab. Dem *Gini*-Index zufolge blieb sie deutlich größer als etwa in Deutschland und vielen postsozialistischen Ländern, liegt aber unter dem Niveau der USA und der meisten Länder Lateinamerikas.

Aus politökonomischer Sicht wandelte sich die Volkswirtschaft in der Putin-Ära von einem hybriden liberal-patrimonialen Kapitalismus in einen *hybriden patrimonialen Staatskapitalismus* (Becker/Vasileva 2017), in dem Staatsunternehmen und private Unternehmen mit starken politischen Verflechtungen den Ton angeben. In Putins erster Amtszeit wurden Fiskal- und Steuerreformen implementiert, das System der Steuereinnahmen zentralisiert und die infrastrukturellen Kapazitäten des Staates verbessert. Der Privatisierungstrend in der Rohstoffwirtschaft wurde umgekehrt. Die Kontrollpakete von Aktiengesellschaften wie dem Gaskonzern *Gazprom* und dem Mineralölkonzern *Rosneft* gingen wieder an den Staat. Auch in weiteren Sektoren wie Atomkraft, Maschinenbau, Luft- und Raumfahrt wurden Staatskonzerne geschaffen. Die Wirtschaft wird als Rentenextraktionsökonomie beschrieben, die Putin und seinem inneren Machtzirkel die Abschöpfung von Erträgen ermöglicht, ohne die Wertschöpfungsmaschine zu zerstören (Batinti/Kopstein 2022). In diesem Zusammenhang wird auch von einer „autoritären Kleptokratie" bzw. einem nepotistischen *crony capitalism* (Åslund 2019) gesprochen, dessen Ressourcen auf Korruption und Rentengewinnen beruhen.

> **Korruption in Russland**
>
> Die wahrgenommene Korruption des Staatsapparates, d.h. der Missbrauch öffentlicher Ämter für private Vorteile, erreicht in Russland höhere Werte als in Brasilien, Indien und China. Mit ähnlichen Werten wie Mali, Liberia und Pakistan gehört Russland zum korruptesten Viertel aller Länder weltweit; im postsowjetischen Vergleich belegt es einen Platz in der unteren Mitte (CPI 2022). In Umfragen gibt ein Drittel der Bevölkerung an, im vergangenen Jahr Bestechungsgelder an Behördenangestellte gezahlt zu haben (Transparency International 2017: 7–8).
> Antikorruptionsmaßnahmen wurden überwiegend während der Präsidentschaft Medwedews eingeleitet und erzielten in den frühen 2010er Jahren einige Erfolge auf lokaler Ebene (Rochlitz et al. 2020). Die Aufrechterhaltung von systemischer Korruption ist jedoch zentral für die Reproduktion und Stabilität des Regimes. Sie ermöglicht einerseits die Selbstbereicherung der Eliten, was ihr individuelles Interesse an seinem Überleben stärkt. Andererseits sind die Regime-Insider

> dadurch tendenziell kontrollierbar, denn Bestechlichkeit kann bei Bedarf auch als Vorwand für politische Repressionen genutzt werden (> Kap. 8.2). Seit Februar 2022 weitet das Regime die Spielräume für die illegale Bereicherung der Eliten offenbar weiter aus, um sich ihrer Loyalität zu versichern (> Kap. 9.3).

Einige Autoren sind der Auffassung, dass „Oligarchen" im Sinne einer kleinen Gruppe reicher Großunternehmer auch in der Putin-Ära über großen politischen Einfluss verfügen, wenngleich nicht in Bezug auf außenpolitische Entscheidungen. Sie seien in formale konsultative Gremien mit dem Staat sowie in mächtige politisch-ökonomische Netzwerke eingebunden, und die einschlägigen Ministerien berücksichtigten ihre Interessen (Matveev 2019). Anderen Interpretationen zufolge ist das *state capture* in den 1990er Jahren hingegen durch *business capture* abgelöst worden, d.h. durch die Unterordnung der Privatwirtschaft unter die Interessen der den Staat kontrollierenden Elitengruppe (Rochlitz et al. 2020). Während etliche Großunternehmer, darunter einige Oligarchen der Jelzin-Ära, nicht über direkte Zugänge zur Politik verfügen, hätten sich zwei neue Gruppen privilegierter Wirtschaftsakteure herausgebildet, die sich partiell überlappen (Markus 2023): „Putins Freunde" (> Exkurs auf S. 87), deren Existenz vollständig von der Gunst des Präsidenten abhängt, und die „Siloarchen", deren Basis die staatlichen und parastaatlichen Sicherheitsapparate *(siloviki)* darstellen (> Kap. 8.3).

Hybride Formen des Kapitalismus sind typisch für Schwellenländer. Unter den BRICS-Staaten, die ein ähnliches Entwicklungsniveau aufweisen, fällt Russland durch seine hochzentralisierte autoritäre Politik, einen großen monopolistischen Staatssektor und seinen besonders stark ausgeprägten *crony capitalism* auf (Åslund 2019: 229). Es ist das einzige dieser Länder, in dem sich seit Ende der 1990er Jahre sowohl die De-Liberalisierung als auch der Patrimonialismus verstärkt haben (Becker/Vasileva 2017).

Fasst man diesen Kurzdurchlauf durch die postsowjetische Entwicklung Russlands zusammen, so lässt sich festhalten, dass der Übergang zur Marktwirtschaft partiell gelungen ist, die Demokratisierung früh abgebrochen und ein neues autoritäres Regime etabliert wurde. Die postimperiale Nationalstaatsbildung scheiterte nicht nur, sondern mündete zudem in einen imperialistischen Krieg. Er bedroht die staatliche Existenz nicht nur der Ukraine, sondern auch der Russländischen Föderation selbst, hat die internationale Ordnung zerstört, die nach 1945 geschaffen und in den frühen 1990er Jahren umgestaltet worden war und lässt die Zukunft des Regimes als ungewiss erscheinen.

Aus der Perspektive von „Gesellschaftsentwürfen" oder „zivilisatorischen Projekten" betrachtet, bedeutet die postsowjetische Entwicklung Russlands, dass – ein Jahrhundert nach der bolschewistischen Oktoberrevolution von 1917 – ein weiterer Versuch seiner Westernisierung an sein Ende gekommen ist und in überschaubarer Zeit kaum Chancen für einen dritten Versuch bestehen (> Kap. 9.4).

> **Weiterführende Literatur**
>
> In englischer Sprache gibt es mehrere politikwissenschaftliche Gesamtdarstellungen des politischen Systems Russlands. Wir schätzen besonders Slider/Wegren (2023), Wengle (2023), Frye (2021), Sakwa et al. (2019) und Treisman (2018b). Empfehlenswert ist auch das umfassende *Routledge Handbook of Russian Politics and Society* (Gill 2023). Wer sich für eine theoretisch anspruchsvolle und empirisch gesättigte Interpretation aller patronalen Regime im postsowjetischen Raum interessiert, sollte unbedingt zu Hale (2015) greifen. Eine Analyse der politischen Ökonomie Russlands unter Putin bietet Miller (2018).
>
> Für sachliche und kompetent aufbereitete Informationen, Erläuterungen und Interpretationen empfehlen wir das mit dem *Grimme Online Award* ausgezeichnete Portal *дekóder* (https://www.dekoder.org/de), auf dem Journalist:innen und Wissenschaftler:innen versuchen, Russland zu entschlüsseln. Es enthält allgemeinverständlich aufbereitete wissenschaftliche Analysen und Übersetzungen von Recherchen und Reportagen aus unabhängigen russländischen (Exil-)Medien (s. Literaturhinweise in Kap. 8). Zugänglich geschriebene Einschätzungen aktueller Entwicklungen finden sich auch in den *Russland-Analysen* (https://www.laender-analysen.de/russland-analysen/), die ein gemeinsames Projekt mehrerer deutschsprachiger wissenschaftlicher Institutionen sind; das *Russian Analytical Digest* ist eine englischsprachige Partnerpublikation (https://css.ethz.ch/publikationen/russian-analytical-digest.html).
>
> Populärwissenschaftliche Darstellungen der Politik in Russland sind in ihren Darstellungen oft voreingenommen und polemisch, weshalb es uns aus politikwissenschaftlicher Sicht schwerfällt, sie als Lektüre zu empfehlen; die wohl größte Reichweite im deutschsprachigen Publikum haben in den letzten Jahren die investigativen Berichte von Masha Gessen (2018) und Catherine Belton (2022) erzielt.
>
> Eine kenntnisreiche, klare und sachliche Analyse findet sich in *Russlands Weg* des ehemaligen deutschen Botschafters Rüdiger von Fritsch (2020). Nicht nur für Außenpolitik-Interessierte sind seine Erklärungen und Einblicke in die Arbeit als Diplomat in einer Phase der Beziehungen zwischen beiden Ländern aufschlussreich, in der sich die Spannungen zwischen Russland und dem Westen verstärkten, ein Krieg jedoch noch kaum vorstellbar war.

3 Der institutionelle Kern des Regimes: Die „Machtvertikale" des Präsidenten

Zusammenfassung

Dieses Kapitel skizziert zunächst die konstitutionellen Grundlagen des Regierungssystems und befasst sich mit der Frage, was die Verfassung Russlands für den realen politischen Prozess bedeutet. Sie schuf das Amt eines Präsidenten, dessen Macht kaum durch *checks and balances* eingehegt wird, was den institutionellen Ausbau der „Machtvertikale" in der Putin-Ära ermöglichte. Danach werden die wichtigsten Elemente der Exekutive analysiert, d.h. die Beziehungen zwischen Staatsoberhaupt und Regierung, die formal institutionalisierten und informellen Netzwerke des Präsidenten auf der föderalen Entscheidungsebene sowie die Beziehungen zwischen dem Zentralstaat und den Regionen.

3.1 Konstitutionelle Grundlagen des politischen Systems

Die Verfassung des postsowjetischen Russland, die im Dezember 1993 in Kraft trat, schrieb die konstitutionellen Grundlagen eines politischen Systems fest, in dessen Zentrum der Präsident steht. Sie enthält ein normatives Bekenntnis zu Demokratie, Föderalismus und Rechtsstaatlichkeit, birgt aber bereits „auf dem Papier" das Potenzial für die autoritäre Konzentration und Zentralisierung der politischen Macht.

Verfassungsgebung und -wandel

Nachdem sich Russland am Jahresende 1991 als selbständiger Nationalstaat konstituiert hatte, galt die sowjetrussische Verfassung von 1978 zunächst in revidierter Form weiter. Seit Ende 1989 waren nicht nur der Führungsanspruch der Kommunistischen Partei gestrichen, sondern auch die Prinzipien der Gewaltenteilung, des Föderalismus sowie das Amt eines Präsidenten eingeführt worden. Dennoch blieb der im März 1990 aus relativ freien Wahlen hervorgegangene Kongress der Volksdeputierten in der Tradition des sowjetischen Konstitutionalismus (> Kap. 1.2) weiterhin das „höchste Organ der Staatsgewalt".

Das hatte eine „Doppelherrschaft" von ihm und Boris Jelzin zur Folge, der im Juni 1991 zum ersten Präsidenten Russlands gewählt worden war. Die beiden Staatsorgane verfolgten unterschiedliche Vorstellungen nicht nur über Inhalt und Tempo der Wirtschaftsreformen, sondern auch hinsichtlich der Architektur des neuen politischen Systems. Im Herbst 1993 mündete ihr Konflikt in eine akute Verfassungskrise, die Jelzin mit einem blutigen Staatsstreich zu seinen Gunsten beendete (> Kap. 2.3). Die Wahl zur Staatsduma im Dezember 1993 verband er mit einem Verfassungsreferendum, um diesen Schritt nachträglich plebiszitär legitimieren zu lassen. Offiziellen Angaben zufolge beteiligten sich daran 54,8% der Wahlberechtigten, von denen 58,4% mit „Ja" stimmten; allerdings ist nicht zweifelsfrei geklärt, ob das erforderliche Quorum (50% der Wahlberechtigten) tatsächlich erreicht wurde (Filippov/Ordeshook 1997: 756–757).

Dieser Entstehungskontext ist wichtig für das Verständnis der Verfassung von 1993. Zum einen spiegelt sie den *Konsens der Eliten über die Etablierung eines demokratischen politischen Systems* wider. In der Präambel verankerte sie das „multinationale Volk der Russländischen Föderation" in seinen historischen Traditionen und gleichzeitig als „Teil der Weltgemeinschaft". Russland wurde als „demokratischer föderaler Rechtsstaat mit republikanischer Regierungsform" (Art. 1), „Sozialstaat, dessen Politik auf die Schaffung der Bedingungen für ein würdiges Leben und die freie Entwicklung des Menschen gerichtet ist" (Art. 7) und säkularer Staat (Art. 14) konstituiert.

In den ersten beiden Kapiteln, die nur im Zusammenhang mit der Erarbeitung einer völlig neuen Verfassung geändert werden dürfen, wurden viele Prinzipien festgeschrieben, die zur Grundausstattung moderner Demokratien gehören, darunter die Menschenrechtsbindung des Staates, das Prinzip der Volkssouveränität sowie der Gewaltenteilung zwischen Legislative, Exekutive und Judikative, die Akzeptanz von politischem und Parteienpluralismus und die Absage an jegliche offizielle Ideologie. Garantiert werden auch umfassende individuelle Rechte und Freiheiten entsprechend der geltenden internationalen Normen, darunter Persönlichkeits- und Freiheitsrechte, wirtschaftliche, kulturelle und soziale Rechte.

Zum anderen enthält die Verfassung auch einen *Kompromiss über die Kompetenzverteilung zwischen Präsident und Parlament*, der aufgrund der situativen Dominanz Jelzins im Spätherbst 1993 allerdings von ihm oktroyiert werden konnte und daher deutlich zugunsten seines Amtes ausfiel. Formal scheinbar eine „semipräsidentielle" Mischform aus präsidentiellem und parlamentarischem Regierungssystem stattet sie das Amt des Präsidenten mit einer enormen Machtfülle aus; wir kommen darauf weiter unten in diesem Kapitel zurück. Jelzins Argumentation, diese Machtkonzentration sei angesichts der Herausforderungen der Systemtransformation temporär angemessen, wurde auch von vielen westlichen Beobachter:innen geteilt: Nur eine „kompakte Exekutive", die auch gesetzgeberisch tätig werden könne, ohne sich langwierigen Debatten in einem polarisierten Parlament aussetzen zu müssen, sei dieser komplexen Managementaufgabe gewachsen (Holmes 1993).

Die Verfassung wurde im Verlauf von fast drei Jahrzehnten nur zweimal – 2008 und 2014 – punktuell geändert, bevor es im Frühjahr 2020 in auffälliger Hast und auf prozedural fragwürdige Weise zu einer umfassenden Revision kam. Bereits zwei Monate nachdem Putin sie angekündigt hatte, passierte das Änderungsgesetz im März 2020 beide Kammern der Föderalversammlung.[10] Nahezu gleichzeitig wurde es von den Regionalparlamenten sowie dem Verfassungsgericht gebilligt, und Ende Juni 2020 fand eine verfassungsrechtlich nicht vorgesehene Abstimmung statt, die der Reform plebiszitäre Legitimität verschaffen sollte. Offiziell stimmten ihr knapp 78% der Wähler:innen bei einer Wahlbeteiligung von ca. 68% zu. Nach Ansicht von Experten lagen die wahren Werte jedoch deutlich

---

10 In der Duma stimmten 283 Abgeordnete mit „Ja", dazu kamen 43 Enthaltungen von Mandatsträgern der Kommunistischen Partei. Im Föderationsrat gab es 160 Ja- und eine Nein-Stimme sowie drei Enthaltungen; auch hier gehörten drei der vier Abweichler der KPRF an.

niedriger – mit „Ja" stimmten demnach 65,4%, und die Wahlbeteiligung erreichte nur ca. 43% (Špil'kin 2020, > Kap. 5.2).

Die Verfassungsrevision enthält über 200 Textveränderungen in ca. 40 Verfassungsartikeln, die man vier Schwerpunkten zuordnen kann: Erstens wurde die *Zentralisierung der Macht* beim Präsidenten weiter vorangetrieben. Seine Position gegenüber der Regierung und der Judikative wurde insbesondere durch die Nachjustierung von Ernennungs- und Abberufungsrechten ihres Führungspersonals gestärkt, meist zu Lasten der Legislative. Gegenüber der föderalen und der lokalen Ebene erhielt das Staatsoberhaupt weitere Gestaltungs- und Kontrollrechte. Zweitens wurden einige Regelungen getroffen, um für Putin *persönliche Optionen* für die Zeit nach dem Ende seiner vierten Amtsperiode im Jahr 2024 zu eröffnen und rechtlich abzusichern. Auf beide Aspekte gehen wir weiter unten näher ein.

Die Verfassungsrevision schrieb drittens eine Reihe *sozioökonomischer Rechte* der Bürger:innen und sozialstaatlicher Verpflichtungen des Staates fest (> Kap. 6.4). Viertens wurden „patriotische Änderungen" (Goode 2021b) vorgenommen, um Russlands – so Putin (2020) – „uneingeschränkte Souveränität" zu stärken. Dazu gehören so scheinbar unterschiedliche Dinge wie die konstitutionelle Verankerung der Suprematie des nationalen Rechts, die Betonung der historischen Kontinuität Russlands, die Festschreibung von „traditionellen Werten", etwa der „Ehe als Gemeinschaft von Mann und Frau", sowie das Verbot von ausländischen und Doppelstaatsbürgerschaften für hohe Staatsbeamte und Parlamentsmitglieder (> Kap. 6.2).

Viele Beobachter:innen sahen in dieser Reform den Auftakt zu einer weiteren Phase der autoritären Schließung des Regimes (z.B. Partlett 2021; Pomeranz 2021). Sie kodifizierte die schon seit Langem sichtbar gewordene Abwendung von demokratischen Werten, die insbesondere in der Präambel und den ersten beiden Kapiteln der Verfassung von 1993 zu finden sind. Während das Verfassungsgericht Russlands keinerlei Einwände erhob, stellten internationale Jurist:innen die Konformität etlicher Neuregelungen mit der Verfassung von 1993 sowie dem Völkerrecht infrage. Das betrifft insbesondere die gestärkte Position des Präsidenten gegenüber den subnationalen Ebenen der Föderation und der lokalen Selbstverwaltung, die Suprematie des nationalen Rechts sowie einige Grundwerte (Venice Commission 2020: 756–757, 2021).

Die obersten Staatsorgane Russlands

Die Verfassung von 1993 stellt das Amt des *Präsidenten* in den Mittelpunkt des politischen Systems. Als Staatsoberhaupt vertritt er das Land nach innen und außen, ist Oberbefehlshaber der Streitkräfte, „Garant der Verfassung" sowie der „Rechte und Freiheiten des Menschen und Bürgers". Er hat die nötigen „Maßnahmen zum Schutz der Souveränität, Unabhängigkeit und Integrität" Russlands zu ergreifen und gewährleistet die „koordinierte Arbeitsweise und das Zusammenwirken" der Staatsorgane sowie „den inneren Frieden und die Eintracht" des Landes (Art. 80). Seine legislativen Kompetenzen und konstitutionell verbrieften

Vollmachten gegenüber der Regierung und der Legislative machen ihn zu einem der stärksten Präsidenten weltweit (Fortin 2013; Doyle/Elgie 2016).

Die Amtszeit des Präsidenten wurde ursprünglich auf vier Jahre festgelegt, seit 2012 beträgt sie sechs Jahre. Ein und dieselbe Person darf dieses Amt nicht länger als zwei Wahlperioden bekleiden. In der Verfassung von 1993 enthielt diese Festlegung einen Zusatz („in Folge"), der es Putin erlaubte, sich nach zwei Amtszeiten (2000–2004, 2004–2008) und einer „Pause", die er auf der Position des Regierungschefs verbrachte, 2012 und 2018 erneut zum Staatsoberhaupt wählen zu lassen. Die Reform von 2020 strich diesen Zusatz, so dass künftige Präsidenten höchstens zwei Wahlperioden im Laufe ihres Lebens absolvieren können. Da aber gleichzeitig festgelegt wurde, dass die Amtszeiten aller bisherigen Präsidenten nicht mitgezählt werden („Nullifizierung"), können Putin (wie auch sein zeitweiliger Nachfolger Medwedew) theoretisch ebenfalls noch weitere zwei Mal gewählt werden.

Als *„Parlament"* sowie *„repräsentatives und legislatives"* Staatsorgan sieht die Verfassung die *Föderalversammlung* vor. Sie ist im Verhältnis zur Exekutive bzw. dem Präsidenten in einer schwachen Position. Zwar verfügt sie über mehr Kompetenzen als die Legislativen nahezu aller anderen eindeutig autoritären Regime in der postsowjetischen Region, aber sie ist schwächer ausgestattet als zwei Drittel aller Vertretungskörperschaften weltweit (Fish/Kroenig 2009: 756–757). Die erste Kammer der Föderalversammlung, die *Staatsduma*, hat 450 Mitglieder, welche seit 2011 alle fünf (zuvor: vier) Jahre neu gewählt werden.

Die zweite und schwächer ausgestattete Kammer, der *Föderationsrat*, wird durch je einen Repräsentanten der Legislative bzw. Exekutive der Regionen gebildet und soll sichern, dass die Interessen der Gliedstaaten („Föderationssubjekte") bei der Gesetzgebung ausreichend berücksichtigt werden. Seit 2014 kann der Präsident zusätzlich weitere (maximal 30) Senatoren als „Repräsentanten der Föderation" zu Mitgliedern ernennen, und auch Ex-Präsidenten können auf Wunsch Mitglied des Oberhauses werden.[11]

Die *exekutive Gewalt* wird laut Verfassung von der Regierung ausgeübt, die aus einem Vorsitzenden – alltagssprachlich als Premierminister bezeichnet –, seinen Stellvertretern sowie den Ministern besteht. Sie trägt Züge eines Präsidialkabinetts, denn sie legt ihre Ämter vor einem neugewählten Präsidenten nieder, der die Richtlinienkompetenz in der Innen- und Außenpolitik innehat. Die Reform von 2020 betraute den Präsidenten auch explizit mit der „allgemeinen Leitung" der Regierung. Der Premierminister ist ihm gegenüber nun „persönlich verantwortlich" für die Erfüllung der Regierungsaufgaben (Art. 110, 113). Gleichzeitig wurde die bereits von Jelzin eingeführte Praxis konstitutionalisiert, dem Präsidenten unter Berufung auf seine besondere Verantwortung für die Politikfelder Innen- und Außenpolitik, Sicherheit und Verteidigung auch die dafür zuständigen „Machtministerien" direkt zu unterstellen (s. Abb. 3.1).

---

11 Bisher hat Putin von diesem Recht noch keinen Gebrauch gemacht; Ex-Präsident Medwedew hat auf den Status eines Senators verzichtet (Stand: Juli 2023).

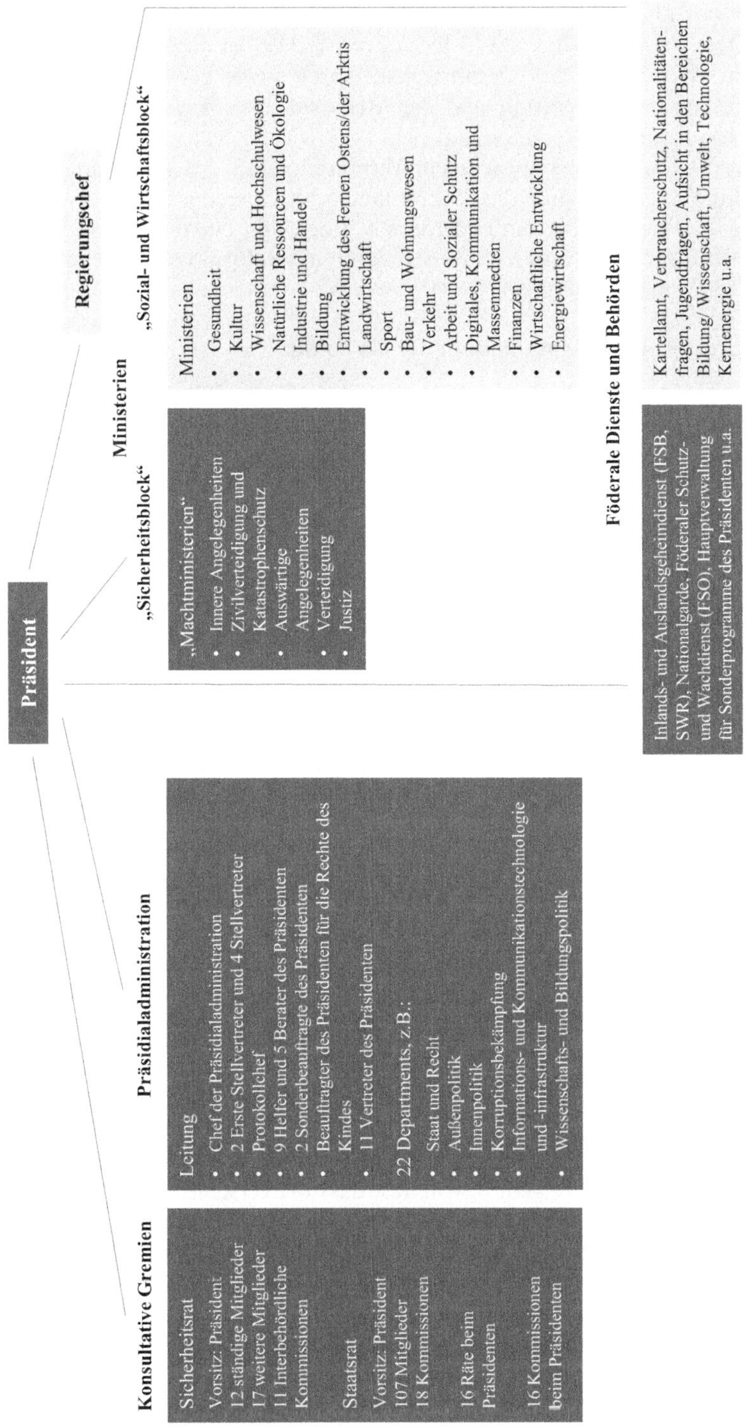

3.1 Konstitutionelle Grundlagen des politischen Systems

Präsident

Regierungschef

Ministerien

"Sicherheitsblock"

"Sozial- und Wirtschaftsblock"

"Machtministerien"
- Innere Angelegenheiten
- Zivilverteidigung und Katastrophenschutz
- Auswärtige Angelegenheiten
- Verteidigung
- Justiz

Ministerien
- Gesundheit
- Kultur
- Wissenschaft und Hochschulwesen
- Natürliche Ressourcen und Ökologie
- Industrie und Handel
- Bildung
- Entwicklung des Fernen Ostens/der Arktis
- Landwirtschaft
- Sport
- Bau- und Wohnungswesen
- Verkehr
- Arbeit und Sozialer Schutz
- Digitales, Kommunikation und Massenmedien
- Finanzen
- Wirtschaftliche Entwicklung
- Energiewirtschaft

Präsidialadministration

Leitung
- Chef der Präsidialadministration
- 2 Erste Stellvertreter und 4 Stellvertreter
- Protokollchef
- 9 Helfer und 5 Berater des Präsidenten
- 2 Sonderbeauftragte des Präsidenten
- Beauftragter des Präsidenten für die Rechte des Kindes
- 11 Vertreter des Präsidenten

22 Departments, z.B.:
- Staat und Recht
- Außenpolitik
- Innenpolitik
- Korruptionsbekämpfung
- Informations- und Kommunikationstechnologie und -infrastruktur
- Wissenschafts- und Bildungspolitik

Konsultative Gremien

Sicherheitsrat
Vorsitz: Präsident
12 ständige Mitglieder
17 weitere Mitglieder
11 Interbehördliche Kommissionen

Staatsrat
Vorsitz: Präsident
107 Mitglieder
18 Kommissionen

16 Räte beim Präsidenten

16 Kommissionen beim Präsidenten

Föderale Dienste und Behörden

Inlands- und Auslandsgeheimdienst (FSB, SWR), Nationalgarde, Föderaler Schutz- und Wachdienst (FSO), Hauptverwaltung für Sonderprogramme des Präsidenten u.a.

Kartellamt, Verbraucherschutz, Nationalitätenfragen, Jugendfragen, Aufsicht in den Bereichen Bildung/Wissenschaft, Umwelt, Technologie, Kernenergie u.a.

Abb. 3.1: Die Struktur der föderalen Exekutive
Quelle: Eigene Darstellung (Stand: Juni 2023)

Die *Judikative* ist als Verfassungs-, Zivil-, Verwaltungs- und Strafgerichtsbarkeit organisiert. Dem Verfassungsgericht (> Exkurs auf S. 219) ist die Normenkontrolle zugewiesen, es entscheidet in Organstreitverfahren sowie bei Kompetenzstreitigkeiten zwischen der Föderation und den Regionen bzw. zwischen Letzteren, verfügt über das Recht der Verfassungsauslegung sowie der (eingeschränkten) Gesetzesinitiative und wirkt an Impeachment-Verfahren gegen den Präsidenten mit. Seine elf Richter:innen wie auch die Richter:innen des Obersten Gerichts werden auf Vorschlag des Präsidenten vom Föderationsrat gewählt. Die richterliche Unabhängigkeit wird formal garantiert, ist jedoch durch die Reform von 2020 in Frage gestellt worden (Venice Commission 2021).

3.2 Die Verfassung als Betriebsanleitung für die Politik

Was bedeuten konstitutionelle Regeln für die politische Realität? Weil in autoritären Regimen oft gegen Verfassungen verstoßen wird und sie den Bürger:innen keinen effektiven Schutz gegenüber staatlichen Übergriffen bieten, hielt die Forschung sie lange Zeit für weitgehend bedeutungslos. Seitdem aber elektorale Autokratien zur weltweit häufigsten Form nicht-demokratischer Regime geworden sind, hat sich die Auffassung durchgesetzt, dass sie – neben anderen formal-demokratischen Institutionen wie Wahlen und Parlamenten – wichtig für ihre Stabilität sind (Ginsburg/Simpser 2014; Przeworski 2014). Ähnlich wie Verfassungen in Demokratien beschreiben sie Staatsziele (Verfassung als *blueprint*), sind „Werbetafeln", welche Informationen über das politische System und Absichtserklärungen der regierenden Eliten enthalten, um die Legitimität ihrer Machtausübung zu untermauern (Verfassung als *billboard*), oder formulieren institutionell nicht abgesicherte und daher oft nicht eingelöste Versprechen (Verfassung als *windowdressing*). Auf diese Rollen bezieht sich beispielsweise die Konstitutionalisierung von Grundwerten des Staates und der Ausbau sozialer Rechte, die mit der Verfassungsreform 2020 vollzogen wurden.

Am wichtigsten sind Verfassungen jedoch im Sinne einer „Betriebsanleitung" *(operating manual)* für das politische System und seine Interaktionen mit der Bevölkerung. In dieser Rolle legen sie fest, wie das Führungspersonal eines Landes ausgewählt wird und wie die Entscheidungsbefugnisse sowie Verantwortlichkeiten zwischen den politischen Institutionen und Akteuren verteilt sind.

Ein semipräsidentielles Regierungssystem?

Eine erste Interpretation der Verfassung als Betriebsanleitung fokussiert auf die konstitutionelle Regelung der Beziehungen von Exekutive und Legislative. Die Vergleichende Regierungslehre geht davon aus, dass die verschiedenen Typen von Regierungssystemen viele Aspekte der Politik je spezifisch beeinflussen, angefangen bei einzelnen Politikinhalten über die Leistungsfähigkeit des politischen Systems bis hin zu den Überlebenschancen junger Demokratien. Die einschlägige Forschung klassifiziert Russlands Regierungssystem mehrheitlich als semipräsidentiell (z.B. Elgie 2011; Shugart/Carey 1992; Steinsdorff 1995; Schleiter/Morgan-Jones 2008). Für die Diskussion über die Vorzüge, besonders aber die mutmaßlichen

Nachteile dieses Typs wurde Russland dadurch zu einem wichtigen Referenzfall (z.B. Sedelius/Linde 2018).

> **Typologie: Regierungssysteme**
>
> Die Politikwissenschaft unterscheidet üblicherweise zwei Grundtypen von demokratischen Regierungssystemen (z.B. Shugart/Carey 1992; Cheibub et al. 2010): In *parlamentarischen* Regimen besteht die Exekutive aus einem Premierminister an der Spitze eines Kabinetts, das gegenüber dem Parlament kollektiv rechenschaftspflichtig ist. Durch den Mechanismus des Misstrauensvotums ist gesichert, dass die Regierung ihrer Tätigkeit nur nachgehen kann, solange sie von der Mehrheit des Parlaments getragen wird. Ist das nicht mehr der Fall, können Neuwahlen nötig werden.
> Im Unterschied dazu sind Exekutive und Legislative in *präsidentiellen* Regierungssystemen als autonome Staatsorgane konzipiert und haben fixe Amtszeiten. Der Präsident ist Chef der Exekutive und führt das Kabinett (monistische Exekutive). Er geht ebenso aus allgemeinen Wahlen hervor wie die Legislative und kann von ihr nicht aus politischen Gründen abgesetzt werden.
> *Semipräsidentielle* Regierungssysteme kombinieren Merkmale der beiden Grundtypen. Hier gibt es sowohl einen gewählten Präsidenten als auch eine Regierung, die vom Vertrauen des Parlaments abhängt (duale Exekutive). In der *präsident-parlamentarischen* Variante kann das Kabinett darüber hinaus auch einseitig vom Präsidenten entlassen werden (z.B. Island), in der *premier-präsidentiellen* Variante (z.B. Frankreich) hingegen nicht.

Orientiert man sich an den eindeutigen und sparsamen Definitionskriterien dieser Typologie, so weist die Verfassung Russlands tatsächlich wesentliche Merkmale der *präsident-parlamentarischen Variante des Semipräsidentialismus* auf:

- Präsident und Staatsduma sind direkt gewählt, also autonom legitimiert. Das Staatsoberhaupt kann durch die Legislative nur im Zuge eines Impeachment-Verfahrens wegen Hochverrats oder eines anderen schweren Verbrechens abgesetzt werden (Art. 93), nicht aber aus politischen Gründen.
- Neben dem Präsidenten gibt es eine Regierung, die dem Parlament gegenüber verantwortlich ist. Der Regierungschef legt (seit 2008) jährlich Rechenschaft vor der Duma ab, und beide Kammern haben das in der Verfassung (seit 2020) verbriefte Recht der parlamentarischen Anfrage an die Regierung. Entscheidend für die typologische Einordnung ist, dass die Regierung durch das Misstrauensvotum der Duma gestürzt werden kann (Art. 81, 96, 103, 117).
- Auch der Präsident hat das Recht, die Regierung abzusetzen (Art. 83).

Liest man die Verfassung genauer, wird jedoch deutlich, dass einige ihrer Regelungen der semipräsidentiellen Logik widersprechen. Erstens ist die Regierung, wie oben erläutert, unübersehbar als *Präsidialkabinett* konstruiert. Eine Kohabitation, bei der dem Präsidenten ein Premierminister aus dem gegnerischen politischen Lager gegenübersteht, ist ausgeschlossen, weil die Regierungsbildung nichts mit parlamentarischen Mehrheiten zu tun hat. Vielmehr wählt der Präsident den Regierungschef aus und ernennt ihn, nachdem die Duma ihr Einverständnis zur Kandidatur erteilt hat. Sollte sie das dreimal verweigern, erfolgt die Ernennung trotzdem – und der Präsident muss (vor 2020) bzw. darf (seit 2020) die Duma auflösen und Neuwahlen ansetzen.

Zweitens hat ausnahmslos der Präsident das „letzte Wort" über die *Weiterexistenz der Regierung*. Er kann sie einerseits unilateral entlassen oder ihren Rücktritt annehmen, entscheidet andererseits aber sogar, welchen Effekt ein parlamentarisches Misstrauensvotum hat: Beim ersten Mal entlässt er die Regierung oder reagiert gar nicht. Sollte aber innerhalb von drei Monaten ein zweites Misstrauensvotum erfolgreich sein, liegt es an ihm, ob die Regierung zurücktritt, denn er darf stattdessen auch die Duma auflösen und Neuwahlen ausschreiben. Diese beiden Optionen stehen ihm ebenfalls zur Verfügung, sollte der Regierungschef im Parlament an der Vertrauensfrage scheitern. Das semipräsidentielle Prinzip der Verantwortung der Regierung gegenüber dem Parlament ist also verfassungstheoretisch außer Kraft gesetzt.

Ein dritter Einwand, der gegen die gängige Klassifizierung des Regierungssystems Russlands geltend gemacht werden kann, ist *methodologischer* Natur. Er besteht darin, dass die klassische Typologie konzeptionell überdehnt (Sartori 1970) wird, wenn man sie auf diesen Fall anwendet. Sie wurde ursprünglich aus der Abstraktion dreier paradigmatischer Fälle – USA, Großbritannien und Frankreich – entwickelt. Ihre implizite Grundannahme besteht darin, dass sie den institutionellen Variantenreichtum systematisiert, mit dem das Prinzip der horizontalen Gewaltenkontrolle *(horizontal accountability)* verwirklicht wird. Es gilt als wesentliche Ergänzung zum Prinzip der „vertikalen" Kontrolle von Amtsträger:innen durch Wahlen (O'Donnell 1998; Merkel et al. 2003).

Die russländische Verfassung kodifiziert dieses Prinzip jedoch nicht (Partlett 2012; Stykow 2019): Die Teilung in gesetzgebende, ausführende und rechtsprechende Gewalt (Art. 10) impliziert zwar organschaftliche Arbeitsteilung, zielt aber nicht auf ein wirksames System der Gewaltenhemmung bzw. *checks and balances*. Der Präsident genießt vielmehr einen Sonderstatus, der ihn – so die offizielle Verfassungsinterpretation – „außerhalb" der drei Staatsgewalten stellt: Er ist weder ausschließlich Exekutivchef (wie in präsidentiellen Regierungssystemen) noch Teil einer dualen Exekutive (wie in parlamentarischen und semipräsidentiellen Regierungssystemen).

Diese Konstruktion widerspricht dem Prinzip der Gewaltenteilung des westlichen Konstitutionalismus, in das *alle* Institutionen der öffentlichen Gewalt eingebunden sind. Aus normativer Sicht erscheint sie daher als fehlerhaft (Venice Commission 2021: 18). Analytisch und methodologisch korrekt ist es, die Typologie der Regierungssysteme nicht auf diesen Fall anzuwenden, weil sie ihn im Grundsatz verfehlt. Konzeptionelle Alternativen wie der Begriff des „Superpräsidentialismus" (Holmes 1993) erfassen sowohl die exzessive Kompetenzausstattung des Präsidenten Russlands als auch seine konstitutionelle Suprematie: Er kontrolliert einerseits die Exekutive einschließlich der Verwaltungsbürokratie und ist andererseits auch als Hüter des Staates bzw. Gemeinwesens konzipiert, der befugt ist, gegenüber allen Staatsgewalten tätig zu werden.

Wo liegen die historischen Wurzeln dieses Verfassungsdenkens? Technisch gesehen erscheint es als Resultat der eklektischen Kombination von Elementen westlicher Verfassungen durch die „Verfassungsväter" Russlands, speziell der USA (1787) und der Fünften Französischen Republik (1958) (Ludwikowski 1998; Sharlet 1998). Es steht aber vor allem in Kontinuität mit dem sowjetischen Konstitutionalismus (> Kap. 1.2). Dieser führte seinerseits – trotz seines Bruchs mit der autokratischen Zarenherrschaft – eine Reihe von Traditionen fort, die in der Forschung einer spezifischen Rechtskultur Russlands zugeschrieben werden, darunter die Vorstellungen des „starken Herrschers" und der „einheitlichen Staatsgewalt" (> Kap. 8.2).

Eine patronal-präsidentialistische Verfassung

Die Perspektive der „patronalen Politik", welche den politischen Prozess aus den überwiegend informellen Interaktionen politisch-ökonomischer Elitennetzwerke erklärt (> Kap. 2.2), ermöglicht es, die Verfassung als „Betriebsanleitung" des Regimes besser zu verstehen. Sie löst den scheinbaren Widerspruch auf, dass patronale Regime typischerweise erheblichen Aufwand mit der Verfassung treiben, obwohl sie in der Praxis häufig dagegen verstoßen. Tatsächlich kommt einer Verfassung in solchen Regimen weniger die Aufgabe zu, verbindliche Regeln zu setzen. Entscheidend ist vielmehr, dass sie die Vorstellungen und Erwartungen der Eliten über die strukturellen Bedingungen des politischen Prozesses prägt und ihr Verhalten beeinflusst, weil sie wichtige Informationen über die mutmaßliche Allokation der politischen Macht enthält (Hale 2015: Kap. 4): Bei welchen Ämtern sind die wichtigsten Kompetenzen und Ressourcen verortet? Sind sie auf eine einzige Schlüsselposition konzentriert oder auf mehrere verteilt? Müssen Wahlen gewonnen werden?

Auf der Grundlage dieser Informationen entscheiden kleine und große Elitennetzwerke, in welche informelle „Machtpyramide" sie sich integrieren, mit wem sie sich verbünden oder in den Wettbewerb treten. Formale Regeln – die das informelle Kräfteverhältnis zum Zeitpunkt ihrer Setzung abbilden – beeinflussen also die Situationsdeutungen und die Koordination informeller Netzwerke. Das hat reale Auswirkungen auf die Politik.

Unter den Bedingungen einer „präsidentialistischen" Verfassung wie der Russlands tendieren die Eliten dazu, sich in die Machtpyramide des Staatsoberhaupts zu integrieren *(single-pyramid system)*, denn der Präsident hat gegenüber anderen informellen Patronen zunächst mindestens einen symbolischen, konstitutionell verankerten Machtvorteil. Selbst Netzwerke, die „eigentlich" neutral sind, werden sich so entscheiden, weil sie damit den direkten Zugang zum politischen Zentrum erhalten, der für die Interessenverfolgung in patronalen Regimen so wichtig ist. Da alle Akteure dieses Verfassungsdesign ähnlich interpretieren, wird die Macht des Amtsinhabers auch ganz real und eigendynamisch gestärkt, denn die wichtigsten Elitengruppen des Landes treffen infolgedessen überwiegend die gleiche Entscheidung.

Die wichtigsten Bedingungen für die Stabilität patronaler Regime bestehen darin, dass der Präsident sein Amt glaubhaft ausfüllt und einen unbegrenzten Zeithorizont hat. Wenn regelmäßig Wahlen abgehalten werden, bedarf der Amtsinhaber also einerseits hoher Popularität (> Kap. 6.1). Daher hat er ein starkes Motiv, neben seinen eigenen Bedürfnissen und denen der Eliten auch die Interessen großer Teile der Bevölkerung hinreichend zu berücksichtigen, die Außenwirkung seiner Person zu steuern sowie wirtschaftliche und andere Krisen abzuwenden. Andererseits belasten auch eine eingeschränkte Gesundheit oder konstitutionell vorgesehene Amtszeitbeschränkungen die Überlebensperspektive eines patronalen Regimes, denn sie veranlassen die Eliten, ihre Koordinationsentscheidungen zu überdenken und sich eventuell neu zu positionieren.

Damit wird auch nachvollziehbar, warum das autoritäre Potenzial der Verfassung in den 1990er Jahren weniger deutlich hervortrat als später: Einerseits entfaltete es sich erst allmählich und in Wechselwirkung mit den informellen Dynamiken der Elitenkoordination. Andererseits konnte Jelzin, dessen Pyramide sich bei den Wahlen 1996 schließlich durchgesetzt hatte, aus gesundheitlichen Gründen sein Amt schon bald nicht mehr ausfüllen. Bereits zwei Jahre vor dem formalen Ende seiner zweiten und letzten Amtszeit war er zu einer „lahmen Ente" – einem real schwachen, zudem unpopulären Präsidenten – geworden, um dessen Nachfolge der Wettbewerb zwischen verschiedenen Segmenten innerhalb der Elite entbrannte (> Kap. 5.1).

Auch der Sinn der Verfassungsreform 2020 erschließt sich nun besser: Erstens konstitutionalisierte sie die faktische, einfachgesetzliche und informelle Stärkung des Präsidentenamtes, die sich im Verlauf der vergangenen zwei Jahrzehnte vollzogen hatte, indem sie das Verhältnis zwischen Staatsoberhaupt, Regierung und Legislative präzisierte und die Suprematie des Präsidenten rechtlich weiter ausgestaltete. Sie markierte mit der Judikative und dem föderalen Staatsaufbau auch die beiden Richtungen der weiteren Expansion des präsidentiellen Machtanspruchs.

Zweitens zielte die Reform darauf, die elektoralen Risiken für das Überleben des Regimes zu reduzieren. Die Verfassungsreform von 2008 hatte die Amtszeit des Präsidenten und der Staatsduma von vier auf sechs bzw. fünf Jahre verlängert, was Wahlen zu den beiden Staatsorganen seltener machte und sie zudem zeitlich und politisch voneinander entkoppelte. Im Jahr 2020 folgte mit der „Nullifizierung" der bisherigen Amtszeiten Putins dann die Eliminierung der technischen Gründe für seine Verwandlung in eine „lahme Ente" – ein Schritt, den die autoritären Regime in der postsowjetischen Nachbarschaft bereits Anfang der 2000er Jahre gegangen waren. Putin hatte ihn 2007 explizit abgelehnt, als sich diese Frage das erste Mal stellte. Mit der Verfassungsänderung von 2020 wurde nun der personalistische Charakter des Regimes abschließend institutionalisiert, da sie jegliche formalen Beschränkungen für Putin als Präsident aufhob. Damit überließ sie die Lösung der Frage nach seinem Amtsnachfolger der Logik der patronalen Politik (> Kap. 9.4).

Schließlich traf die Verfassungsreform auch Vorkehrungen für den Fall, dass Putin das Amt des Präsidenten zu räumen bereit wäre. So konstitutionalisierte sie den Staatsrat (> Kap. 3.3), der allerdings in seiner jetzigen Gestalt kaum geeignet wäre, einem Ex-Präsidenten weiterhin politische Einflussnahme zu ermöglichen. Zudem sichert sie ehemaligen Amtsinhabern lebenslang volle Immunität zu, die sie nur im Falle von „Hochverrat oder anderen schweren Verbrechen" einbüßen, was in derselben komplizierten Prozedur festzustellen wäre, die auch für das Impeachment des aktiven Staatsoberhaupts gilt (Art. 92–1, 93). Der Wert dieser Regelung ist allerdings zu vernachlässigen, da seine Einhaltung in einem patronalen Regime nicht mit konstitutionellen Mitteln garantiert werden kann.

3.3 Der Präsident im föderalen Machtzentrum

Aus der bisherigen Analyse geht klar hervor, dass die Suprematie des Präsidenten sowohl konform mit der formalen Verfassung ist als auch die wichtigste informelle Bedingung der Regimestabilität darstellt. Allgemein wird angenommen, dass Putin auch die wichtigsten außen- und innenpolitischen Entscheidungen persönlich trifft, es lässt sich aber nicht genau bestimmen, welche Entscheidungen er an nachgeordnete Funktionsträger delegiert und wie stark diese – oder andere Akteure jenseits der formalen Regierungsstrukturen – seine Entscheidungen beeinflussen. Unstrittig ist in der Forschung jedoch, dass die zentralstaatliche Macht durch ein weitverzweigtes institutionelles und interpersonelles Netzwerk ausgeübt wird, das auf den Präsidenten fokussiert, hierarchisch strukturiert, aber inkohärent ist und im Detail häufig umgebaut wird. Diese Konstellation bietet veränderliche Entscheidungs- und Gestaltungsspielräume für Akteure auf unterschiedlichen Ebenen der Exekutive und in sich überlappenden Arenen, in denen Rivalitäten ausgetragen werden und Aushandlungsprozesse zwischen unterschiedlichen Interessen stattfinden.

Präsident und Regierung

Das schwierige Verhältnis zwischen dem Präsidenten und der fragmentierten Duma in den 1990er Jahren schlug sich auch in relativ häufigen Konflikten um die Bildung, Umbildung und Entlassung der Regierung nieder. Dennoch kam es weder zu einem Rücktritt des Kabinetts infolge eines Misstrauensvotums noch zur Auflösung des Parlaments. Entweder gab die Duma in letzter Minute nach oder Jelzin verzichtete darauf, seine konstitutionellen Spielräume voll auszureizen (Morgan-Jones/Schleiter 2004).

3 Der institutionelle Kern des Regimes: Die „Machtvertikale" des Präsidenten

Tab. 3.1: Regierungsvorsitzende (seit 1990)

Regierungschef	Amtszeit	Beendigung	Partei
Präsidentschaften Jelzins			
Iwan Silajew	6.1990 – 9.1991	Rücktritt	KPdSU
Boris Jelzin	11.1991 – 6.1992	Ende der Ämterkopplung	–
Jegor Gaidar (geschäftsführend)	11.1991 – 12.1992	Legislative verweigert Zustimmung zur Ernennung	–
Wiktor Tschernomyrdin	12.1992 – 8.1996	Technischer Rücktritt	Unser Haus Russland (seit 1994)
	8.1996 – 3.1998	Entlassung durch Jelzin	
Sergei Kirijenko	3.1998 – 8.1998	Entlassung durch Jelzin	–
Jewgeni Primakow	9.1998 – 5.1999	Entlassung durch Jelzin	–
Sergei Stepaschin	5.1999 – 8.1999	Entlassung durch Jelzin	–
Wladimir Putin	8.1999 – 5.2000	Technischer Rücktritt	Einheit
Präsidentschaften Putins und Medwedews			
Michail Kassjanow	5.2000 – 2.2004	Entlassung durch Putin	–
Michail Fradkow	3.2004 – 9.2007	Rücktritt	–
Wiktor Subkow	9.2007 – 5.2008	Technischer Rücktritt	–
Wladimir Putin	5.2008 – 5.2012	Technischer Rücktritt	–
Dmitri Medwedew	5.2012 – 5.2018	Technischer Rücktritt	Einiges Russland
	5.2018 – 1.2020	Rücktritt	
Michail Mischustin	Seit 1.2020	–	–

Quelle: Eigene Zusammenstellung

In der Putin-Ära hat sich das Bild gewandelt (s. Tab. 3.1). Regierungschefs wechseln viel seltener als zuvor und Personalfragen rufen keine Kontroversen zwischen dem Präsidenten und der Duma mehr hervor. Technische Rücktritte, also die Niederlegung der Ämter vor einem neugewählten Präsidenten, sind der Normalfall geworden; sie stehen im Zusammenhang mit Putins Wechseln zwischen den Ämtern des Regierungschefs und des Staatsoberhaupts. Auch in den übrigen drei Fällen entsprachen sie seinem Wunsch: Im Jahr 2004 wurde der Austausch des Regierungschefs von ihm, 2007 und 2020 dann von den beiden scheidenden Amtsinhabern mit der Notwendigkeit begründet, dem Präsidenten freie Hand für die Verwirklichung seiner unmittelbaren Ziele zu geben.

Anders als in semipräsidentiellen und parlamentarischen Demokratien beruhen Regierungen in Russland nicht auf parlamentarischen Mehrheiten und sind auch keine Parteienregierungen, sondern „technokratische" Kabinette. Selbst wenn einige Minister der Präsidentenpartei *Einiges Russland* angehören,[12] agieren sie nicht als deren Repräsentanten, sondern sind aufgrund ihrer persönlichen Eigenschaften ausgewählt worden. Diese Partei stellt also keine Regierungspartei im politikwissenschaftlichen Sinne des Wortes dar (> Kap. 4.2).

Eine Besonderheit der *Kompetenzverteilung innerhalb der Regierung* besteht darin, dass der Regierungschef nur die Ministerien des „Sozial- und Wirtschaftsblocks" leitet. Seine Personalwünsche müssen durch die Duma gebilligt werden, bevor der Präsident die Ernennung vornimmt (s. Abb. 3.1 auf S. 75). Der „Sicherheitsblock" hingegen ist direkt dem Präsidenten unterstellt, wozu die „Machtministerien" für Verteidigung, Inneres, Auswärtige Angelegenheiten, Justiz und Zivilverteidigung sowie eine Reihe föderaler Behörden gehören, darunter die Geheimdienste (> Kap. 8.3). Über die Besetzung dieser Ämter entscheidet das Staatsoberhaupt selbständig, nachdem es sich mit dem Föderationsrat konsultiert hat, der aber – anders als etwa der US-Senat in formal ähnlichen Fällen – nicht explizit zustimmen muss.

Der *Präsident* verfügt laut Verfassung über umfassende legislative Kompetenzen, insbesondere das Recht, Gesetze zu initiieren, suspensive Vetos einzulegen und eigenständige Rechtsakte in Form von Dekreten und Anordnungen zu erlassen. Seitdem *Einiges Russland* die Duma kontrolliert, spielen diese Instrumente jedoch eine deutlich geringere Rolle als zuvor (> Kap. 4.3). Die wichtigste Gelegenheit, die von ihm festgelegten Richtlinien der Innen- und Außenpolitik öffentlich zu kommunizieren, bieten seine jährlichen „Botschaften an die Föderalversammlung". Sie tragen programmatischen Charakter, setzen aktuelle politische Schwerpunkte und enthalten imperative Aufträge an die Regierung. Faktisch sind sie auch für die Legislative bindend, wie etwa Putins Rede vom 15. Januar 2020 illustriert, mit der er den Auftakt zur Verfassungsrevision gab.

Der Präsident befasst sich auch in erheblichem Maße mit der operativen Steuerung der Politik. Zu den bereits von Jelzin eingeführten Instrumenten, mit denen er „per Hand" gestaltend eingreift, gehören insbesondere die Instruktionen (*poručenija*), die seit 2020 Verfassungsrang haben. Es handelt sich um jährlich 2500 bis weit über 3000 Entscheidungen, von denen ca. ein Drittel der Geheimhaltung unterliegen. Als Belege für Mikromanagement geben sie einen besonders aufschlussreichen Einblick in das präsidiale Politikverständnis.

Zum einen sind die auf der Webseite des Präsidenten veröffentlichten Arbeitsaufträge, die auch Termine und konkrete Verantwortlichkeiten enthalten, keineswegs nur an die Regierung oder die Präsidialadministration adressiert, sondern auch an Regionaloberhäupter, die Vorsitzenden der beiden Parlamentskammern, die Chefin der Zentralbank, den Generalstaatsanwalt und bei Bedarf auch an Staatsunternehmen und sogar intermediäre Organisationen. Zum anderen entstehen viele dieser Instruktionen im Kontext von sorgfältig organisierten Treffen des Präsidenten mit den konsultativen Räten, regionalen und lokalen Öffentlichkeiten, staatlichen und nicht-staatlichen Akteuren sowie im Ergebnis von Pressekonferenzen.

---

12 Im Sommer 2023 traf das auf rund ein Viertel der 30 männlichen und drei weiblichen Mitglieder der Regierung zu; der Regierungschef war parteilos.

Damit illustrieren sie das Bemühen, problemrelevante gesellschaftliche Interessen auf kontrollierbare Art und Weise in den Prozess der Politikformulierung einzubeziehen. Gleichzeitig verdeutlichen diese Instruktionen ein weiteres Mal, dass Gewaltenteilung in diesem System als Arbeitsteilung unter präsidialer Führung – und keineswegs als *checks and balances* – verstanden wird.

Präsidialadministration, Räte und Konsultationsgremien

Die *Präsidialadministration* mit ihren ca. 2.500 Beschäftigten wird von vielen Beobachter:innen für die reale Schaltzentrale der Macht gehalten. Manche assoziieren sie mit einer Art feudaler Gefolgschaft, deren Angehörige sich des Vertrauens des Präsidenten erfreuen, Außenstehenden bei Bedarf – gegebenenfalls gegen Vergütung – Zugang zu ihm vermitteln, wichtige Politikfelder und Probleme „kuratieren" und in der Lage sind, dabei auch ihre individuellen Präferenzen in politische Entscheidungen einfließen zu lassen (Galeotti 2020). Sie funktioniert auch als Informationsfilter für Putin und als sein wichtigstes Sprachrohr. Während der Pressesprecher mit der Öffentlichkeit und den Medien interagiert, kommunizieren der Chef und die Direktorate dieses Apparats mit der Exekutive, der Legislative, den Geheimdiensten sowie mit nicht-staatlichen Akteuren, etwa Parteien, gesellschaftlichen Organisationen und der Russisch-Orthodoxen Kirche. Die Präsidialadministration tritt dabei auch als Kontrollbehörde, Verhandlungspartnerin und Vermittlerin in Interessenkonflikten auf.

Der *Sicherheitsrat* und der *Staatsrat* sind zwei weitere Verfassungsorgane, die den Präsidenten bei der Wahrnehmung seiner Aufgaben unterstützen sollen (Schulmann/Galeotti 2021).[13] Beiden Räten gehören neben dem Präsidenten der Leiter der Präsidialadministration, der Regierungschef, der Duma-Vorsitzende und die Vorsitzende des Föderationsrates an, also die Spitzenfunktionäre der föderalen Exekutive und Legislative. Hinzu kommen im *Sicherheitsrat* die oberste Führungsebene des „Sicherheitsblocks" in der Regierung, der Generalstaatsanwalt sowie die Oberhäupter der Städte Moskau und St. Petersburg, seit 2020 auch Ex-Präsident und Ex-Premierminister Medwedew.

Im *Staatsrat*, der ursprünglich als Ersatz für den Föderationsrat geschaffen wurde, um den Gouverneuren einen direkten Zugang zum Präsidenten zu ermöglichen, ohne sie unmittelbar an der Gesetzgebung zu beteiligen (> Kap. 3.4), haben alle Regionaloberhäupter einen Sitz. Seit 2012 gehören ihm auch die Vorsitzenden der fünf Duma-Fraktionen, der Gewerkschaften und des Unternehmerdachverbands an, um die (offiziell anerkannte) Interessenvielfalt Russlands in ihrer regionalen, politischen und sozioökonomischen Dimension abzubilden.

In den 2010er Jahren wurde mitunter spekuliert, diese Räte könnten in der Tradition des Politbüros oder des Zentralkomitees der KPdSU (> Kap. 1.2) die „wahre Regierung" Russlands darstellen. Inzwischen ist aber unübersehbar geworden,

---

13 Sie wurden 1992 bzw. 2000 per Präsidialdekret geschaffen und haben seit 1993 bzw. 2020 Verfassungsrang. Eine der 30 Mitglieder des Sicherheitsrates ist eine Frau – Walentina Matwijenko, die Vorsitzende des Föderationsrates. Im 108-köpfigen Staatsrat gibt es neben ihr zwei weitere Frauen: die einzige Gouverneurin des Landes sowie eine Repräsentantin der Kommunalebene (Stand: Juli 2023).

dass sie keine Organe einer „kollektiven Führung" darstellen. Bestenfalls könnten sie als inklusive Gremien der Elitenintegration in der Nach-Putin-Ära eine institutionelle Aufwertung erfahren.

Ein weiterer wichtiger Bestandteil der Regime-Architektur sind die ca. 30 *Kommissionen und Räte* beim Präsidenten, die seit 2004 eingerichtet wurden und sich mehr oder weniger regelmäßig mit der Präsidialadministration bzw. Putin treffen. Auch auf der Ebene des Regierungschefs und der Ministerien gibt es eine große Zahl solcher Konsultationsgremien. Durch ihre personelle Zusammensetzung bündeln sie Expertise in bestimmten Politikfeldern, darunter auf dem Gebiet der internationalen Beziehungen, des Militärs, von Wissenschaft und Bildung usw. (Stykow 2006: Kap. 8.3); in Kapitel 7.3 analysieren wir beispielhaft den *Rat für zivilgesellschaftliche Entwicklung und Menschenrechte*.

Worin bestehen die Funktionen dieser zahlreichen Räte? Erstens sind sie als beratende Gremien des Präsidenten angelegt. Sie sollen ihn dabei unterstützen, problemadäquate Entscheidungen zu treffen, ermöglichen also die kontrollierte Mitwirkung bei der Politikformulierung im autoritären, hochpersonalisierten Entscheidungssystem. Tendenziell stellen sie institutionelle Strukturen für die (staats-)korporatistische Interessenrepräsentation und -aushandlung zur Verfügung (*konsultativer Autoritarismus*; > Kap. 7.1). Man kann sie als „institutionelle Substitute" intermediärer Organisationen ansehen (Petrov et al. 2014), die in Demokratien die gesellschaftliche Interessenvielfalt artikulieren, öffentlich repräsentieren und in den politischen Prozess einspeisen.[14] Sie gewähren einem ausgewählten Spektrum an Interessen einen institutionalisierten, jederzeit widerrufbaren und an Bedingungen gebundenen Zugang zum politischen Entscheidungszentrum.

Damit stellen sie ein Instrument für die Bearbeitung eines der Governance-Dilemmata autoritärer Regime (> Kap. 2.2) zur Verfügung: Diese benötigen einerseits für ihre Regierungstätigkeit zuverlässige Informationen über die Interessen und Bedürfnisse der Gesellschaft. Andererseits verursachen sie selbst einen Mangel daran, weil sie zwecks Vermeidung von öffentlicher Kritik die unkontrollierbare Organisation und Artikulation von Interessen einschränken.

Im günstigen Fall könnten konsultative Gremien dazu beitragen, dieses Dilemma zu entschärfen. Ihr Potenzial variiert allerdings nicht nur je nach Politikfeld, sondern hängt auch davon ab, wer ihre Mitglieder sind. Sie werden nicht von den Interessengruppen bestimmt, die sie repräsentieren, sondern vom Präsidenten bzw. der Präsidialadministration ausgewählt. Tendenziell setzen hochinstitutionalisierte, zunehmend repressive personalistische Regime jedoch weniger auf deren Kompetenz als auf Loyalität (Egorov/Sonin 2023), was Informationsverengungen und -verzerrungen und damit auch schlecht informierte politische Entscheidungen wahrscheinlicher macht.

---

14 Ähnliche Phänomene sind *Einiges Russland* und ihre Satellitenparteien, die einen „autoritären Ersatz" für demokratische Parteien darstellen (> Kap. 4.2), sowie parastaatliche „gesellschaftliche Organisationen" (GONGOs), die NGOs nachahmen (> Kap. 7.3).

Dieses Problem scheint auf das Putin-Regime in immer größerem Ausmaß zuzutreffen. So wurden die Entscheidungen über die „Wiedervereinigung" der Krim mit Russland und den Überfall auf die Ukraine offenbar von Putin persönlich getroffen, der dafür nur wenige und einseitige Informationen erhielt bzw. abweichende Signale nicht zur Kenntnis nehmen wollte (Dylan et al. 2022; FT 2022). Die Sitzung des Sicherheitsrats am 21. Februar 2022 illustrierte seine Dysfunktionalität als Beratungs- und Unterstützungsgremium des Präsidenten auf eklatante Art und Weise: Die gesamte Führungselite des Regimes unterstützte Putins Entscheidung, die beiden ostukrainischen „Volksrepubliken" als souveräne Staaten anzuerkennen, ohne jeglichen Einspruch, was einen der Kriegsvorwände gegen die Ukraine schuf (> Kap. 9.2).

Eine weitere Funktion konsultativer Räte, die sie vermutlich besser erfüllen, besteht in der Kooptation und Vernetzung der Funktionseliten. Die Bestellung in diese Gremien verschafft ihnen Prestige und Kommunikationsgelegenheiten, ermöglicht den Informationsaustausch sowie die Aushandlung von Situationsdeutungen und Interessen. Regionale Akteure wie Think Tanks oder Lobbygruppen erhalten zudem über den Staatsrat Zugänge zu Regierungskreisen in der Hauptstadt, die ihnen anderenfalls verschlossen wären (Schulmann/Galeotti 2021).

Wichtig sind die konsultativen Gremien auch dafür, das routinemäßige Funktionieren des Regimes und die unbestrittene Führung durch den Präsidenten zu inszenieren. Auf der erwähnten Sicherheitsratssitzung am 21. Februar 2022 beispielsweise demonstrierte jedes einzelne Mitglied seine Loyalität gegenüber Putin. Gleichzeitig übernahmen sie die kollektive Verantwortung für den Überfall auf das Nachbarland knapp drei Tage später.

Das persönliche Netzwerk Putins

Da es eine zentrale Eigenschaft patronaler Regime ist, dass ihre Institutionen nicht im Sinne des Bürokratiemodells von Weber (1972: 551–579) unpersönlich, regelförmig, nachvollziehbar und berechenbar funktionieren, sondern durch informelle Spielregeln und Akteure überlagert werden, stellt sich auch die Frage nach der Zusammensetzung und dem politischen Einfluss der Angehörigen von Putins persönlichem Unterstützungsnetzwerk.

Diese Frage ist kaum unter strenger Einhaltung sozialwissenschaftlicher Standards zu beantworten, weil informelle Netzwerke, die auf gegenseitigen patron-klientelistischen Abhängigkeiten und langjährig gewachsenem Vertrauen beruhen, nicht öffentlich einsehbar sind. Der Machtwechsel im Präsidentenamt, der im Jahr 2000 von Jelzin zu Putin stattfand, zog einen Personalaustausch in vielen Führungspositionen des Staates und der Wirtschaft nach sich. Putins bis dahin entstandenes persönliches Netzwerk etablierte sich als dominante Gruppe innerhalb der informellen Machtpyramide. Dadurch trug es dazu bei, dass er seine konstitutionell angelegte Machtfülle viel umfassender als sein Amtsvorgänger realisieren konnte.

Eine Untersuchung von Alexander Baturo und Johan Elkink (2021: Kap. 3) gewährt einen kleinen Einblick in die – in Kapitel 2.2 abstrakt beschriebenen – informellen Netzwerkdynamiken des patronalen Regimes: Putin konnte die Nachfolge Jelzins antreten, weil dieser ihn im Jahr 1999 in seinen inneren Machtzirkel, die „Familie" (> Kap. 2.3), kooptiert hatte. Nachdem er im Sommer 1999 Regierungschef geworden war, beförderte er Personen in einflussreiche Ämter, auf deren Loyalität er vertraute, weil sie durch langjährige Bekanntschaft mit ihm verbunden waren; aufgrund seiner Biografie waren darunter viele Angehörige der Sicherheitskräfte (*siloviki,* > Kap. 8.3). So gelang es ihm, seine formale Position informell zu stärken und die Netzwerke von Rivalen im Kampf um die „reale" Macht zurückzudrängen.

Wladimir Putins Weggefährten

Aufgrund der Etappen seiner Biografie rekrutierte sich Putins ursprüngliche „Seilschaft" aus vier Gruppen. Zur Illustration nennen wir einige Personen, die nach seinem Amtsantritt in hohe politische Ämter aufstiegen oder heute zu den regimenahen „Oligarchen" gezählt werden (> Kap. 2.4):

- Kommilitonen im Jura-Studium an der Leningrader Staatlichen Universität (1970–75), darunter Alexander Bastrykin (geb. 1953), seit 2001 im Justiz- bzw. Innenministerium tätig, seit 2011 Vorsitzender des Staatlichen Ermittlungskomitees;
- Kollegen aus den Sicherheitsdiensten, die er in Leningrad (1975–84), Dresden (1985–90) bzw. Moskau (1998–99) kennengelernt hatte, z.B. Nikolai Patruschew (geb. 1951), seit Sommer 1999 Direktor des Inlandsgeheimdienstes FSB und seit 2008 Sekretär des Sicherheitsrates, sowie Sergei Tschemesow (geb. 1952), seit Herbst 1999 Spitzenmanager in (Rüstungs-)Exportfirmen und seit 2007 CEO des Rüstungskonzerns *Rostech*;
- Kollegen aus dem Apparat des St. Petersburger Bürgermeisters (1991–96), darunter neben Dmitri Medwedew auch Igor Setschin (geb. 1960), stellvertretender Leiter der Präsidialadministration (1999–2008), später stellvertretender Regierungschef und seit 2012 CEO des Mineralölkonzerns *Rosneft* – dessen Aufsichtsratsvorsitzender Gerhard Schröder, Bundeskanzler a.D., von September 2017 bis Mai 2022 war –, Alexei Miller (geb. 1962), seit 2001 CEO des Erdgasförderers *Gazprom*, sowie Juri Kowaltschuk (geb. 1951), größter Einzelaktionär von *Rossija*, der „Bank der Freunde Putins", welcher aktuell das föderale Fernsehen, größere Teile des Zeitungsmarkts und eine Reihe populärer Internetmedien kontrolliert;
- weitere Bekannte aus seiner Zeit in Leningrad bzw. St. Petersburg, wie etwa die Unternehmer Gennadi Timtschenko (geb. 1952) sowie Arkadi und Boris Rotenberg (geb. 1951 bzw. 1957), die als „Könige der Staatsaufträge" gelten.

Putins persönliches Netzwerk, das 1999 nur eines von vielen und keineswegs das mächtigste war, wuchs schnell. Bereits im Jahr 2000 war es einflussreicher als das des Moskauer Bürgermeisters Luschkow, seit Ende 2003 auch als das Jelzins. Anfang 2007 dominierte es schließlich innerhalb der „regierenden Koalition", d.h. der Gruppe der höchsten Funktionsträger in der Präsidialadministration, der Regierung, den beiden Kammern der Föderalversammlung und der *siloviki*.

Die Geschwindigkeit und das Ausmaß, mit dem die Gefolgsleute Putins wichtige Positionen in staatlichen und staatsnahen Bereichen besetzten, variierten: Seit Frühjahr 2001 dominierten sie in den Sicherheitsapparaten, seit März 2004 in der Regierung, und seit 2008/09 besetzten sie mehr als die Hälfte der wichtigsten Positionen in den Regionen und der Staatswirtschaft, speziell im Energiesektor. Putins Netzwerk gewann auch in der privaten Wirtschaft an Einfluss, erlangte dort aber keine Dominanz. In der Leitung der Präsidialadministration war der Anteil von Putin-Vertrauten bemerkenswerterweise dann am größten, als er selbst lediglich Regierungschef war (2008–12).

Auch das ist ein Hinweis darauf, dass er der Chefpatron der informellen Machtpyramide blieb, als Medwedew formal die höchste Position im Staat innehatte. Dieser übernahm nie die Kontrolle über den inneren Machtzirkel. Auch aus seiner formal subordinierten Position heraus wurde Putin eindeutig nicht nur als Medwedews Patron, sondern auch weiterhin als Chefpatron der föderalen Machtpyramide wahrgenommen. Das ermöglichte ihm im Jahr 2012 die formale Rückkehr an die Spitze des Staates, ohne auf Widerstand innerhalb der Eliten zu stoßen und ungeachtet dessen, dass es zu Protesten der Bevölkerung kam (> Kap. 7.4). Mit der zunehmenden Personalisierung des Regimes sind Erkenntnisse über die Zusammensetzung des inneren Machtzirkels unsicherer geworden, um so mehr als sich Putin seit der Coronavirus-Pandemie auf einen kleinen Kreis von Personen zurückgezogen hat, von denen nur wenige öffentlich sichtbar sind.

3.4 Föderalismus vs. „Machtvertikale": Die Integration der Regionen

Schon aufgrund der Größe und sozioökonomischen Heterogenität Russlands scheint eine föderale Staatsorganisation zwingend zu sein. Anders als im Westen, in dem im Laufe der Geschichte die Idee des Bundesstaates entwickelt wurde, blieb das Ideal hierarchisch organisierter Zentrum-Peripherie-Beziehungen jedoch historisch und theologisch-philosophisch tief verwurzelt (Chebankova 2009).

Die zahlreichen Reformen dieser Beziehungen spiegeln daher zum einen das fortwährende Experimentieren mit verschiedenen institutionellen Varianten der Organisation Russlands als eines funktionsfähigen und regierbaren Nationalstaats im Spannungsfeld von Bundesstaatlichkeit und Unitarismus wider. Zum anderen sind sie Ausdruck der Dynamik des patronalen Regimes, das den Zustand einer national integrierten, informellen „Machtpyramide" – und damit seiner Konsolidierung – nur erreichen konnte, indem es auch die regionalen Eliten der formal institutionalisierten „Machtvertikale" der Exekutive unterordnete.

Konstitutionelle Grundlagen des Föderalismus

Im Sog der Auflösung der Sowjetunion schien auch Russland zunächst vom Zerfall bedroht. Es hatte vom sowjetischen Pseudoföderalismus einen Mix aus ethno- und territorial-administrativen Verwaltungsstrukturen geerbt (> Kap. 1.1), und die Vorstellungen über die künftige Staatsorganisation reichten vom Einheitsstaat über eine Föderation aus rein territorial konstruierten Gliedstaaten bis hin zu einer Konföderation souveräner Nationalstaaten. Einige ethnische Regionen strebten – von Jelzin zunächst unterstützt – nach größerer Autonomie. Im Frühjahr 1992 wurde ein Föderationsvertrag unterzeichnet, der den Republiken einen privilegierten Status einräumte und ihren Sezessionismus einhegte; lediglich Tatarstan und Tschetschenien beteiligten sich nicht daran.

Die Verfassung von 1993 schuf dann jedoch einen kooperativen unitarischen Föderalismus und nahm die Zugeständnisse des Zentrums wieder weitgehend zurück. Die ursprünglich 89 „Föderationssubjekte", alltagssprachlich als „Regionen" bezeichnet, sind formal gleichberechtigt. Den ethnischen Republiken kommen aber einige Rechte zu, die den administrativ-territorialen Gebietseinheiten nicht gewährt werden.

> **Die Subjekte der Russländischen Föderation**
>
> Das administrativ-territoriale Prinzip liegt den 46 Gebieten (*oblasti*), neun Regionen (*kraja*) sowie Moskau und St. Petersburg als „Städten von föderaler Bedeutung" zugrunde. 21 Republiken, vier Autonome Kreise und ein Autonomes Gebiet sind hingegen nach dem nationalstaatlichen bzw. ethno-territorialen Prinzip verfasst, die jeweilige Titularethnie stellt aber nur in neun Republiken die absolute Bevölkerungsmehrheit. Unter den offiziell 193 ethnischen Gruppen im Land ist die russische Ethnie am größten. Ihr rechnen sich etwa 80% der Bevölkerung zu.
> Seit 1993 wurden einige Föderationssubjekte zusammengelegt, so dass Russland heute aus 83 Regionen besteht. Offiziell werden jedoch 89 Regionen mit ca. 147 Mio. Einwohner:innen angegeben, weil Russland auf Teile des ukrainischen Staatsgebiets Anspruch erhebt: Im März 2014 wurden die Halbinsel Krim („Republik") sowie die Stadt Sewastopol („Stadt von föderaler Bedeutung") völkerrechtswidrig annektiert; im September 2022 wurden vier weitere administrativ-territoriale Einheiten in die Föderation „aufgenommen", die nur zum Teil von Russland kontrolliert werden („Volksrepublik Donezk", „Volksrepublik Lugansk", „Oblast Cherson", „Oblast Saporoschje").
> Die Regionen sind sozioökonomisch sehr heterogen. Die Republik Sacha (Jakutien) ist fast so groß wie Indien, wird aber von weniger Menschen bewohnt als Köln. Fast ein Fünftel der Bevölkerung lebt in Moskau (13 Mio.), dem Moskauer Gebiet (8,5 Mio.) und St. Petersburg (5,6 Mio.). Das höchste regionale Bruttoinlandsprodukt (BIP) pro Kopf der Bevölkerung weisen die vier bevölkerungsarmen, aber rohstoffreichen Autonomen Kreise und das Gebiet Sachalin auf, die in Sibirien bzw. dem Fernen Osten liegen, gefolgt von Moskau. Diese Regionen produzieren das Doppelte bis Zwölffache des durchschnittlichen regionalen BIP. Auf nur ein Fünftel bis ein Drittel des regionalen BIP kommen hingegen die fünf ärmsten Republiken im Nordkaukasus (INID 2021).
> Auch die Unterschiede hinsichtlich der politischen Regime der Föderationssubjekte sind bemerkenswert groß: Regionen mit einem vergleichsweise lebhaften Wettbewerb findet man überwiegend im (Nord-)Westen des Landes, während die ethnischen Republiken im Nordkaukasus und an der Wolga mehrheitlich hegemonial-autoritär regiert werden (> Kap. 5.4).

Die Verfassung weist die Gesetzgebungskompetenz überwiegend dem Zentralstaat zu. Er ist für Regelungsbereiche wie Staatsaufbau und Staatsbürgerschaftsrecht, föderales Budgetrecht, Steuern und Abgaben, Infrastruktur- sowie Außen- und Verteidigungspolitik alleinzuständig. Zu den Gemeinschaftsaufgaben gehören Politikfelder wie beispielsweise Bildungs-, Wissenschafts-, Kultur- und Gesundheitspolitik sowie Verwaltungsrecht und Umweltschutz, die sich teilweise mit den zentralstaatlichen Zuständigkeiten überlappen; im Jahr 2020 wurden sie um Landwirtschaft, Jugend-, Familien- und Erziehungspolitik erweitert. Eigenständige regionale Kompetenzen sind implizit und liegen in jenen Bereichen, die nicht unter die föderale oder gemeinsame Jurisdiktion fallen (Art. 71–73).

Innerhalb der Föderation bildet der Präsident aufgrund seiner exekutiven und legislativen Eingriffsrechte den Mittelpunkt der Macht. Die Verfassung stellt ihn außerhalb des Systems nicht nur der horizontalen Gewaltenteilung, wie wir weiter oben diskutiert haben, sondern auch der vertikalen Gewaltenteilung. Die Beschreibung seiner Aufgaben (Art. 80) erlaubt es ihm, als Repräsentant der föderalen Ebene aufzutreten, aber gleichzeitig auch als Sachwalter der Interessen des Gesamtstaates, was seine Gestaltungsspielräume weiter vergrößert (Heinemann-Grüder 2000: 181–183).

In Bezug auf die Bundeskompetenzen und die Gemeinschaftsaufgaben konstituiert die Verfassung von 1993 ein „einheitliches System der exekutiven Gewalt" aus föderalen und regionalen Exekutiven (Art. 77). Die Verfassungsreform von 2020 dehnte diese – alltagssprachlich als „Machtvertikale" *(vertikal' vlasti)* bezeichnete – Steuerungshierarchie auch auf die kommunale Ebene aus. Sie führte das aus der sowjetischen Zeit bekannte Konzept des „einheitlichen Systems der öffentlichen Gewalt" (Art. 132) (wieder) ein, dem alle Staatsorgane bis auf die Ebene der örtlichen Selbstverwaltung angehören. Damit begann eine weitere Phase der Zentralisierung und Entföderalisierung der Beziehungen zwischen Zentrum und Regionen.

Die wichtigsten Schritte in diesem diskontinuierlichen Prozess, der durch eine Reihe institutioneller Experimente und Neujustierungen geprägt war, werden im Folgenden skizziert.

Von der autoritären Dezentralisierung zur Re-Zentralisierung

Die Verfassung von 1993 hatte die Grundzüge der Föderation fixiert, aber viele Aspekte nicht reguliert. So waren die Mechanismen des Zusammenwirkens der staatlichen Ebenen nicht spezifiziert worden, was insbesondere den politischen Schwergewichten unter den Regionen Verhandlungsspielräume eröffnete. In den Jahren 1994–1998 schlossen die Zentralregierung und über die Hälfte der Föderationssubjekte bilaterale Verträge ab, mit denen Kompetenzen zwischen den Ebenen abgegrenzt und politische sowie ökonomische Privilegien gewährt wurden. Die Regionen engagierten sich in einer lebhaften eigenständigen Gesetzgebungstätigkeit, welche die föderale Rechtsprechung partiell ignorierte. Im Ergebnis dessen enthielten 42 der 46 bilateralen Verträge, 19 der 21 Republiksverfassungen und ein Viertel der 300.000 subnationalen Rechtsakte Ende der 1990er Jahre verfassungswidrige Festlegungen (Ross 2010: 168–170).

Dieses Arrangement kombinierte den Verfassungs- mit einem asymmetrischen Vertrags- und Verhandlungsföderalismus. Sein Vorteil bestand darin, dass sezessionistische Bestrebungen eingehegt werden konnten. Er wurde mit großen regionalen Disparitäten und einem „segmentierten Regionalismus" bezahlt, der den Zusammenhalt des Staates, den gemeinsamen Wirtschafts- und Rechtsraum sowie die Kohärenz Russlands als internationaler Akteur untergrub (Sakwa 2021: Kap. 13). Politisch lässt sich das Ergebnis dieses Prozesses als „autoritäre Dezentralisierung" beschreiben, die das Scheitern sowohl der Nationalstaatsbildung als auch des Demokratisierungsprozesses anzeigte (Golosov 2011: 626).

Die Schwäche des föderalen Zentrums hatte nicht nur die Autonomie der Regionen gestärkt, sondern auch in vielen von ihnen zur Herausbildung subnationaler autoritärer Regime geführt (> Kap. 5.4). Als 1995 direkte Wahlen der Gouverneure[15] eingeführt wurden, gelang es den meisten Akteuren, die sich zuvor in den Regionalparlamenten durchgesetzt hatten, auf die Spitzenposition in den regionalen Exekutiven zu wechseln. Dabei stützten sie sich auf regionale „politische Maschinen". Das waren informelle Netzwerke, deren Ressourcen aus dem jeweiligen regionalen Privatisierungsprozess, illegalen Transaktionen und Verflechtungen mit Moskauer oligarchischen Netzwerken stammten, aber auch aus den vom Zentralstaat gewährten Subventionen, Steuer- und Regulierungsprivilegien (Hale 2006: 166–173).

Jelzin gelang es, im Tausch für seinen Verzicht auf Interventionen in regionale Angelegenheiten die Loyalität vieler Gouverneure und ihre Unterstützung bei seiner Wiederwahl im Jahr 1996 zu gewinnen. Gegen Ende seiner zweiten Amtszeit schlossen sich jedoch eine Reihe von ihnen einer oppositionellen Allianz an. Sie schwenkte erst nach der Duma-Wahl 1999 zu einer Koalition der Regime-Eliten um, die Putin im Frühjahr 2000 zu seiner Präsidentschaft verhalf (> Kap. 5.1).

Am Tag nach seinem Amtsantritt verkündete der neue Präsident eine Föderalreform, die auf die effektive Institutionalisierung der exekutiven „Machtvertikale" zielte, also eines kohärenten, auf strikt hierarchischen Weisungsstrukturen beruhenden Systems der Politikimplementierung und -kontrolle (Putin 2004). Formal im Zuge einer Reorganisation der Präsidialadministration durchgeführt, wurde in einem ersten Schritt mit den *Föderalen Bezirken* eine präsidiale Kontrollebene in den föderalen Staatsaufbau eingezogen. An die Spitze dieser Bezirke, die jeweils mehrere benachbarte Regionen zusammenfassen,[16] wurden Bevollmächtigte Vertreter des Präsidenten *(polpredy)* berufen, die in die Leitung der Präsidialadministration eingegliedert und zu Mitgliedern des Sicherheitsrats ernannt wurden. Ihre wichtigste Aufgabe bestand darin, die Tätigkeit der föderalen Behörden in der Region zu koordinieren und die Kontrolle des Präsidenten über die Gouverneure herzustellen.

Zweitens erlangte das Zentrum bis zum Jahr 2002 die Kontrolle über die *regionalen Ebenen der föderalen Machtapparate* (Polizei, Militär, Sicherheitsorgane, Staatsanwaltschaft usw.) zurück, die bis dahin in die regionalen und lokalen Netz-

---

15 Einer etablierten sprachlichen Konvention folgend bezeichnen wir damit die „Höchsten Amtspersonen" aller Föderationssubjekte. Offiziell heißen sie seit Ende 2021 einheitlich „Leiter *(glava)* des Föderationssubjekts"; zuvor nannten sich viele von ihnen „Gouverneur", in einigen Republiken auch „Präsident".
16 Ursprünglich wurden mit Nordwest-, Zentral- und Südrussland, Wolga, Ural, Sibirien und dem Fernen Osten sieben Bezirke gebildet. Südrussland änderte seine Gestalt, als 2011 ein achter Bezirk, der Nordkaukasus, herausgelöst und 2016 die Halbinsel Krim sowie die Stadt Sewastopol angeschlossen wurden.

werke integriert waren. Dabei wurde das Personal der Bundesbehörden vor Ort erheblich aufgestockt (Petrov/Slider 2023: 69–70).

Drittens wurde die zweite Kammer der Föderalversammlung, der *Föderationsrat*, reformiert. Laut Verfassung gehört ihm je ein Repräsentant aller regionalen Exekutiven und Legislativen an, ihr Bestellungsmodus ist dort jedoch nicht geregelt. Zunächst wurden seine Mitglieder direkt gewählt, und seit 1996 bestanden sie aus den Gouverneuren und den Vorsitzenden der Regionalparlamente. Seitdem er 2002 den Status eines permanenten Staatsorgans erhielt, werden die Mitglieder des Föderationsrats, die Senatoren, – meist unter Aufsicht der Präsidialadministration – je zur Hälfte von den Regionalparlamenten gewählt bzw. von den Gouverneuren ernannt. Infolge dieser Reform repräsentiert die zweite Kammer inzwischen weniger die Interessen der Regionen als die der politisch-ökonomischen Netzwerke, denen die Senatoren angehören.

Im Ergebnis dieser Veränderungen wurde der Föderationsrat zu einem zuverlässigen Partner des Zentrums. Hatte er zwischen 1996 und 1999 fast ein Viertel der ihm vorgelegten Gesetze zurückgewiesen, waren es in den ersten anderthalb Jahren nach der Reform noch drei, später nur noch ein Prozent (Remington 2003: 675–677; Hutcheson 2018: 51). Durch die Reform verloren die Gouverneure die wichtigste Plattform für das Lobbying regionaler Interessen, ihren unmittelbaren Einfluss auf den Gesetzgebungsprozess und sogar ihre parlamentarische Immunität. Als Kompensation und „Ersatzinstitution" wurde der weiter oben erwähnte konsultative *Staatsrat* geschaffen, dem sie ebenso wie die Präsidentenvertreter in den Föderalbezirken angehören. Ein analoger „Rat der Legislatoren" aus den Vorsitzenden der Regionalparlamente entstand beim Föderationsrat.

Viertens wurde die *Rechtsharmonisierung* vorangetrieben. Bis Mitte 2001 waren 94% der regionalen Gesetze in Übereinstimmung mit dem föderalen Recht gebracht worden. Die bilateralen Verträge über die Kompetenzabgrenzungen zwischen Zentrum und Regionen liefen aus oder wurden gekündigt. Auch die bisherige Vielfalt der regionalen und kommunalen Governance-Strukturen wurde reduziert (Wollmann/Gritsenko 2009).

Neben der administrativen, politischen und rechtlichen Zentralisierung vollzog sich fünftens eine *fiskalische Reorganisation* des Föderalismus. Mit Inkrafttreten der neuen Steuergesetzgebung wurden seit 2002 nahezu alle Einnahmen aus den föderalen Steuern vollständig an den zentralen Staatshaushalt abgeführt, und von der Einkommensteuer blieben schließlich nicht mehr 50% bei den Regionen, sondern nur noch 30% (Sakwa 2021: 382). Dieser Schritt machte sie von Haushaltstransfers aus dem Zentrum abhängig und ermöglichte die Finanzierung einer vom Zentrum koordinierten Politik der Regionalentwicklung. Im Gegenzug entwickelten viele Gouverneure in den folgenden Jahren effektive Lobbystrategien, um über ihre Repräsentanten und Bündnispartner in der Regierung, der Staatsduma und anderen Institutionen föderale Ressourcen in ihre Region zu lenken (Petrov/Nazrullaeva 2018; Sharafutdinova/Turovsky 2017).

Die Integration der regionalen Eliten in das Regime

Während man die Föderalreformen der frühen 2000er Jahre als „nicht-autoritäre Zentralisierung" (Golosov 2011) interpretieren kann, die den Staat rekonstituierte, die institutionelle Zweigleisigkeit aus ethno- und administrativ-territorialen Strukturen abschwächte, welche den Nationsbildungsprozess belastete (Shevel 2011: 184), und möglicherweise sogar einer spezifischen Vorstellung von Demokratie folgte (Sakwa 2021: 375), vollzog die *Abschaffung der Gouverneurswahlen* im Jahr 2004 die Wende zu einer autoritären Zentralisierungspolitik. Die Regionaloberhäupter wurden von nun an vom Präsidenten ernannt und damit unmittelbar in die „Machtvertikale" integriert. Dieser Schritt war ein zentrales Element der weitreichenden institutionellen Umgestaltung des politischen Systems, die um die Mitte der 2000er Jahre vollzogen wurde und auch das Parteiensystem und den intermediären Raum erfasste (> Kap. 4 und 7).

Allerdings wurde diese Änderung nicht konfrontativ vollzogen. Zwar büßten die Regionaloberhäupter ihre Autonomie ein, der neue Bestellungsmodus verschaffte ihnen aber auch Vorteile. Die Beschränkung ihrer Amtszeit auf zwei Wahlperioden entfiel, und ihre Legitimation leitete sich nun unmittelbar vom Staatsoberhaupt ab. Das entkoppelte die Gouverneure nicht nur partiell vom Willen der Wähler:innen, sondern vereinfachte auch ihre Beziehungen zu den Regionalparlamenten, mit denen viele von ihnen früher im Konflikt gestanden hatten, weil diese es vorzogen, dem Präsidenten gegenüber nicht als oppositionell zu erscheinen. Zudem vergrößerte sich der Umfang ihrer formalen Vollmachten gegenüber anderen regionalen und lokalen Akteuren (Golosov/Konstantinova 2016; Goode 2007).

Erst in diesem Kontext konnte auch die Partei *Einiges Russland* zu einer nationalen „Partei der Macht" werden, weil sie die föderalen und regionalen Eliten organisatorisch zusammenführte (> Kap. 4.1). Statt sich ausschließlich auf eigene „politische Maschinen" zu stützen, wurde es nun für die Gouverneure lukrativ, ihre Ressourcen auch in die Partei des Präsidenten einzubringen – Ende 2007 waren ihr fast alle Regionaloberhäupter beigetreten, lediglich fünf taten es nicht (Reuter 2017: 155–158, 210). Als wichtiger Nachweis ihrer Kompetenz galt es nun, Supermehrheiten bei nationalen und regionalen Wahlen zu sichern (Reuter/Turovsky 2022).

Die in den Jahren 2000–2004 implementierten Reformen schwächten – wie gewünscht – die Regionalautonomie, zeitigten aber auch ungewollte Nebenwirkungen. Die ernannten Gouverneure regierten weder effizienter noch stabiler als ihre gewählten Vorgänger, und sie wurden auch durch die Bevölkerung und die regionalen Eliten nicht stärker akzeptiert als zuvor (Moses 2014). Da das Regime auf Wahlerfolge fokussiert war, spielten Managementfähigkeiten bei der Personalauswahl eine nachgeordnete Rolle, was längerfristig zu Lasten der sozioökonomischen Entwicklung ging (Rochlitz 2016). Die Präsidialadministration wurde so zur Geisel der Gouverneure, die im eigenen Interesse oft verzerrte Informationen über die Situation in den Regionen lieferten (Gel'man 2009: 18). Infolgedessen blieben wachsende soziale und interethnische Spannungen längere Zeit unbemerkt oder wurden in ihrer Tragweite unterschätzt (Goode 2010: 238–240).

Schon im Jahr 2012 wurden die *Gouverneurswahlen* wieder eingeführt. Die scheinbare Rückkehr zu einem demokratischen und gleichzeitig föderalismusverträglichen Verfahren war eine der Reformen, mit denen das Regime schnell und flexibel auf die große Protestwelle von 2011/12 reagierte (> Kap. 7.4). Die Präsidialadministration verknüpfte sie jedoch mit einer „autoritären Korrektur", um das mit Wahlen verbundene Risiko beherrschbar zu machen (Golosov 2012; Moses 2014). Zum einen wurden einige anspruchsvolle „Filter" in den Prozess der Personalauswahl eingebaut, um ihn ihrer Kontrolle zu unterwerfen, bevor die Wähler:innen ihre Stimme abgaben (Blakkisrud 2014). Zum anderen etablierte sich die Praxis, neue Gouverneure bereits einige Monate vor der Wahl kommissarisch zu ernennen, um ihnen einen Amtsbonus gegenüber Rivalen zu verschaffen (Petrov/Nazrullaeva 2018: 116). Bemerkenswerterweise gelingt es, wenngleich selten, auch der regimeloyalen Opposition, solche Ämter zu erobern: Anfang 2023 gehörten (nur) 66 der insgesamt 89 Gouverneure *Einiges Russland* an. Weitere 16 Regionaloberhäupter waren parteilos, elf von ihnen wurden allerdings von ER unterstützt. Drei der übrigen vier Parteien, die in der Duma vertreten sind, stellten zusammen sieben Amtsinhaber.

Seit der zweiten Hälfte der 2000er Jahre bildete sich ein neues Muster in der Zusammensetzung der Gouverneure heraus, das nach 2014 noch deutlicher hervortrat: Viele von ihnen stammen inzwischen aus anderen Föderationssubjekten, föderalen Behörden oder Staatsunternehmen und wechseln im Laufe der Zeit zwischen den Ämtern bzw. Regionen. Sie sind also auch in landesweite Netzwerke integriert und können im Wahlkampf auf die Unterstützung der in sie eingebundenen Großunternehmen zurückgreifen. Während diese Firmen früher im Wettbewerb um die regionalen Patrone standen, weist ihnen die Präsidialadministration inzwischen bestimmte Föderationssubjekte zu, in denen sie „soziale Verantwortung" durch ihre Investitionen übernehmen (Ivanov/Petrov 2021: 182–183).

Diese Entwicklungen zeigen, dass der formal-institutionelle Wandel der Staatsorganisation mit informellen Prozessen der Elitenintegration in Wechselwirkung steht. Wie die Abschaffung der Gouverneurswahlen 2004 verdeutlicht, förderten die institutionellen Reformen, die auf die Ausdehnung der *formalen* exekutiven „Machtvertikale" und die Schaffung einer nationalen Regimepartei zielten, auch die landesweite Integration von regionalen Subpatronen in die *informelle* „Machtpyramide" des Regimes.

Spätere formale Regeländerungen wirkten in die gleiche Richtung. So schaffte das Ende 2021 von der Duma verabschiedete Verwaltungsgesetz die 2015 eingeführte Begrenzung der Amtszeiten von Gouverneuren auf zwei Wahlperioden wieder ab, was in ihrem Interesse lag. Gleichzeitig machte es sie zu Beamten sowohl des regionalen als auch des föderalen Staatsdienstes. Sie sind nun noch stärker vom Präsidenten abhängig, denn dieser kann sie ohne nähere Begründung entlassen, sollte er das (im Gesetz nicht näher spezifizierte) „Vertrauen" in sie verlieren. Die Bedeutung dieser Regelung lässt sich leichter ermessen, wenn man sich dem Gedankenexperiment aussetzt, sie auf die Beziehungen zwischen Bund und Ländern in Deutschland oder den USA anzuwenden.

In der Realität wird die strikte Governance-Hierarchie oft informell unterlaufen, aber auch das föderale Machtzentrum lockert sie zuweilen, speziell in Krisensituationen. Während der Covid-19-Pandemie trat dies zum ersten Mal deutlich hervor, als die Verantwortung für ihre Bekämpfung an die Gouverneure delegiert wurde. Ihre Zuständigkeiten wurden zu diesem Zweck zeitweilig ausgedehnt, ohne sie allerdings mit zusätzlichen Finanztransfers für die Umsetzung von Maßnahmen zu flankieren. Damit fiel die Verantwortung für den möglichen Zusammenbruch der lokalen Wirtschaft und des Gesundheitssystems an die Regionaloberhäupter. Die gleiche Strategie wandte das Regime im Herbst 2022 für die „Teilmobilmachung" von Reservisten für die Kriegsfront an (> Kap. 9.3). Mit einer derartigen situativen Dezentralisierung in Krisensituationen werden die Kosten und das mit einschränkenden Maßnahmen verbundene Risiko des Popularitätsverlusts den Regionalregierungen aufgebürdet.

Dieser Logik scheint auch die Schaffung „spezialisierter militarisierter Einheiten" bei den Gouverneuren im Juli 2023 zu folgen (Meduza 2023), die als Reaktion auf den Aufstand der „Gruppe Wagner" (> Exkurs auf S. 262) zu interpretieren ist. Dass Putin die Gewaltressourcen des Staates zu vergrößern versucht, dessen Gewaltmonopol dabei aber noch weiter fragmentiert (> Kap. 8.3), ist nach dieser Krise durchaus überraschend. Womöglich hält er die Subordinations- und Loyalitätsbeziehungen innerhalb der in den vergangenen zwei Jahrzehnten geschmiedeten „Machtvertikale" für hinreichend belast- bzw. kontrollierbar.

Die Republik Tschetschenien

Eine Sonderstellung innerhalb der Föderation nimmt die im Nordkaukasus gelegene Republik Tschetschenien ein. Anders als alle anderen ethno-regionalen Gebilde konnte sie nur mit militärischer Gewalt im Bestand des Staates gehalten werden. Die Herrschaftsstruktur dieser Republik verkörpert den Extremfall einer territorial-basierten „politischen Maschine" (> Kap. 2.3). Ihr Chefpatron, Gouverneur Ramsan Kadyrow, spielt zudem eine eigenständige Rolle im Zusammenhang mit dem Krieg Russlands gegen die Ukraine.

Die sezessionistische ethnonationalistische Bewegung, die hier im Gefolge der Auflösung der Sowjetunion entstanden war und einen unabhängigen Staat ausgerufen hatte, wurde durch den Zentralstaat militärisch bekämpft. Im Verlaufe des Ersten Tschetschenienkriegs (1994–1996) gewannen islamistische Führer die Oberhand (Wilhelmsen 2005). Auf ihre Invasion in die Nachbarrepublik Dagestan im August 1999 reagierte die föderale Regierung mit einem Luftkrieg, der sich unter dem neuen Premierminister Wladimir Putin bald in einen Landkrieg verwandelte. Den Anlass für diesen Zweiten Tschetschenienkrieg lieferten mehrere Sprengstoffanschläge auf Wohnhäuser in Moskau und weiteren Städten, bei denen insgesamt über 300 Menschen ums Leben kamen.[17]

---

[17] Ob diese Anschläge auf das Konto von „tschetschenischen Terroristen" oder des Geheimdiensts FSB gehen und welche Rolle Präsident Putin dabei gespielt haben könnte, bleibt bis heute umstritten.

3 Der institutionelle Kern des Regimes: Die „Machtvertikale" des Präsidenten

In diesen Kriegen starben Schätzungen zufolge weit mehr als 100.000 Menschen; beiden Seiten wurden durch internationale Organisationen schwere Menschenrechtsverletzungen vorgeworfen. Das Framing auch moderater tschetschenischer Führer als „(islamistische) Terroristen" und „religiöse Extremisten" erlaubte es Putin, Verhandlungen zu verweigern, wofür er spätestens nach dem 9. September 2001 auch auf Verständnis im Westen zählen konnte.

Während die militärische Phase des Zweiten Tschetschenienkriegs bereits im Frühjahr 2000 endete, war die Armee noch bis 2009 im Rahmen einer „militärischen Spezialoperation" in einen Guerillakrieg verwickelt. An mehreren Orten des Landes, meist in Moskau oder Städten im Nordkaukasus, sprengten sich Selbstmordattentäter:innen auf Straßen, in U-Bahnen, Zügen und Flugzeugen in die Luft oder versuchten, durch Geiselnahmen den Truppenabzug aus Tschetschenien zu erzwingen. Im Moskauer „Dubrowka"-Theater (2002) und in einer Schule im nordossetischen Beslan (2004) wurden solche Terrorakte durch Spezialkräfte beendet, was offiziellen Angaben zufolge mehr als 130 bzw. 330 Menschenleben kostete. Die Beslan-Ereignisse lieferten den Anlass, das Reformpaket zu verkünden, mit dem die Gouverneurswahlen abgeschafft, das Verhältniswahlsystem eingeführt und die „Gesellschaftskammer" geschaffen wurden (> Kap. 5, 7.3). Gleichzeitig verstärkte der Präsident seinen Zugriff auf den „Sicherheitsblock" in der Regierung.

Bei der Befriedung der Region spielte Achmat Kadyrow (1951–2004), der Mufti Tschetscheniens, eine Schlüsselrolle. Er war 1999 auf die Seite der Zentralregierung übergelaufen, was ihm zur Belohnung die Position des Verwaltungschefs einbrachte. Nach seinem Tod bei einem Bombenanschlag wurde sein Sohn Ramsan (geb. 1976) Oberhaupt der Republik. Er regiert mit Hilfe seines persönlichen Netzwerks, brutaler Repressionen und der paramilitärischen Sicherheitsgruppe „Achmat", die formal der Nationalgarde angehört und auch durch ihren Einsatz im Krieg gegen die Ukraine in die Schlagzeilen geraten ist.

In der Republik, in der heute ca. 95% der 1,5 Mio. Einwohner:innen der tschetschenischen Ethnie angehören, gilt in vielen Bereichen das islamische bzw. Gewohnheitsrecht, das oft im Widerspruch zur föderalen Gesetzgebung steht. Seinen Einfluss auf die tschetschenische Diaspora in anderen Teilen Russlands und im Ausland nutzt Kadyrow offenbar dazu, Auftragsmorde auch außerhalb der Republik ausführen zu lassen, darunter an Anna Politkowskaja (1958–2006), die als Journalistin über den Krieg in Tschetschenien berichtete, und an Boris Nemzow (1959–2015), einem Führer der liberalen Opposition.

Im Gegensatz zu den meisten anderen Gouverneuren genießt Kadyrow eine von Putin unabhängige Legitimität. Bei Wahlen gelingt es ihm stets, Mehrheiten von über 90% der Stimmen für sich, den Präsidenten und die Partei *Einiges Russland* zu sichern. Während er die Lage in der Republik unter Kontrolle hält, öffentlich seine Loyalität zu Putin bekundet und die Zugehörigkeit Tschetscheniens zu Russland betont, entzieht er sich weitgehend der Integration in die informelle Machtpyramide des Regimes. Faktisch verfügt er über eine Art „Privatstaat", in dem das föderale Gewaltmonopol nur eingeschränkt gilt (Halbach 2018). Um die hart erkämpfte Stabilität in der Region zu sichern, duldet die Zentralregierung das Fortbestehen dieser eigenmächtigen regionalen Machtpyramide jedoch nicht nur, sondern weist der Republik auch enorme Mittel aus dem föderalen Budget zu. Während 2020 im Durchschnitt knapp 40% der Einnahmen aus dem zentralen Staatshaushalt stammten, bezog Tschetschenien aus dieser Quelle fast 90% seines Budgets (Melnikov 2022).

> **Weiterführende Literatur**
>
> Eine deutschsprachige Übersetzung der im Jahr 2020 revidierten Verfassung von 1993 findet sich in Heft 1/2021 der Zeitschrift *Osteuropa Recht*. Auch für Politikwissenschaftler:innen erhellend sind die verfassungsjuristischen Stellungnahmen der *Europäischen Kommission für Demokratie durch Recht (Venedig-Kommission)* des *Europarates* zur Verfassungsreform 2020, speziell ihr Interimsgutachten vom 23.3.2021 (Venice Commission 2021).
> Die Webseiten der Staatsorgane sind informativ; viele Inhalte sind auch auf Englisch zugänglich:
>
> | | | |
> |---|---|---|
> | Präsident | http://www.kremlin.ru/ | http://en.kremlin.ru/ |
> | Regierung | http://government.ru/ | http://government.ru/en/ |
> | Föderalversammlung | | |
> | ■ Staatsduma | http://duma.gov.ru/ | http://duma.gov.ru/en/ |
> | ■ Föderationssowjet | http://council.gov.ru/ | http://council.gov.ru/en/ |
>
> Die wohl detaillierteste aktuelle Zusammenschau der wichtigsten Informationen über die Verfassung und ihren Wandel, das Amt des Präsidenten, die Regierung und die Dynamik des Föderalismus findet sich bei Sakwa (2021, mehrere Kapitel). Klimovich/Kropp (2022) geben einen Überblick über die Prozesse und Dimensionen der Föderalisierung und Dezentralisierung und illustrieren, wie das autoritäre Regime von der Aufrechterhaltung einer Mehrebenenstruktur profitiert. Zum Konflikt des Zentralstaats mit Tschetschenien empfehlen wir die ausführliche und ausgewogene Studie von Hughes (2007).

4 Parteiensystem, Parteien und Parlament

> **Zusammenfassung**
>
> Die Parteienlandschaft der 1990er Jahre war durch ein hohes Maß an Wettbewerb geprägt, aber Parteien waren keine Schlüsselakteure der Politik. Zwischen 2003 und 2007 gelang es dem Präsidenten und seinem inneren Machtzirkel, das Parteiensystem, den politischen Wettbewerb und die Tätigkeit der Legislative weitgehend unter Kontrolle zu bringen. Nachdem wir die wichtigsten Etappen dieses Prozesses rekonstruiert haben, werden *Einiges Russland* als „Partei der Macht" sowie die wichtigsten Parteien der regimeloyalen Opposition porträtiert und die Funktionsweise der Staatsduma skizziert. Abschließend folgt ein Überblick über die nicht im Parlament vertretenen Oppositionsparteien.

4.1 Vom fluiden zum dominanten Mehrparteiensystem

Die moderne repräsentative Demokratie verdankt ihre Existenz dem Wettbewerb politischer Parteien und wird daher oft als „Parteiendemokratie" bezeichnet. Folgerichtig wurde zu Beginn der 1990er Jahre allgemein erwartet, dass sich auch in den postsozialistischen Ländern schnell kompetitive Mehrparteiensysteme institutionalisieren würden. Tatsächlich zeigte sich jedoch bald, dass lebens- und handlungsfähige, programmatisch ausgerichtete Parteien ein voraussetzungsvolles Phänomen sind.

Der gut erforschte „Fall Russland" illustriert das eindrücklich. Er zeigt zudem exemplarisch, dass die Institutionalisierung eines Mehrparteiensystems „von oben" wesentlich für die Konsolidierung eines elektoral-autoritären Regimes sein kann. Durch die geschickte Ausgestaltung der Spielregeln und gezieltes Sponsoring von erwünschten Organisationen wurden potenzielle Wettbewerber um die politische Macht entweder kooptiert und zur Anerkennung der bestehenden Herrschaftsverhältnisse veranlasst oder als unversöhnliche Anti-Regime-Opposition marginalisiert.

Das fluide Parteiensystem der 1990er Jahre

Wenn man den Parteienwettbewerb, wie es in der Politikwissenschaft üblich ist, analog zum Wettbewerb auf ökonomischen Märkten betrachtet, so fällt auf, dass der elektorale Markt auf der Angebotsseite über den gesamten Zeitraum der 1990er Jahre hinweg extrem fragmentiert und instabil blieb. Um die Gunst der „Konsumenten", d.h. der Wähler:innen, konkurrierten viele neue „Anbieter", die um Stimmen für ihre „Produkte" warben, d.h. Programme, Ideologien oder Patronagegüter. Nur wenige von ihnen überlebten bis zur nächsten Wahl.

Warum konsolidierte sich das Parteiensystem nicht? Die Gründe dafür waren vielfältig und verstärkten einander. Zum einen war der neuentstehende elektorale Markt durch das Erbe der Sowjetunion strukturell und sozialpsychologisch belastet. Nach dem Einparteiregime existierten kaum Ressourcen für eine sich von unten entfaltende Bildung von Parteien. Zudem reagierten viele Bürger:innen ablehnend auf diesen Typ einer politischen Organisation, der an eine nur kurze

4 Parteiensystem, Parteien und Parlament

Tradition am Anfang des 20. Jahrhunderts anknüpfen konnte. Historisch verwurzelte gesellschaftliche Konfliktlinien *(cleavages)*, die das Elektorat in soziale Großgruppen mit definierten Interessen oder Werten ausdifferenzierten und so eine „natürliche" Nachfrage nach Programmparteien generieren konnten, waren nach 70 Jahren Sowjetmacht ebenfalls nicht zu erwarten (Evans/Whitefield 1993).

Zweitens erschwerte der Entstehungskontext des elektoralen Marktes seine Strukturierung: Wahlen wurden eingeführt, bevor sich Parteien etabliert hatten, und die Transformation zur Marktwirtschaft brachte soziale Gruppen hervor, die sich ihrer kollektiven Interessen nicht bewusst waren (McFaul 2001: 316). Das unterschied die Situation grundlegend von der Westeuropas, wo sich politische Parteien und Interessengruppen bereits jahrzehntelang formiert hatten, bevor sich das allgemeine Wahlrecht im frühen 20. Jahrhundert durchsetzte und die Demokratisierung vorantrieb.

Wähler:innen und Parteien wussten daher wenig voneinander, die meist kurze Lebensdauer Letzterer erschwerte es Ersteren, Parteipräferenzen auszubilden, und das wiederum beeinträchtigte die Profilierung der neuen Parteien (Moser 2001: 499). Von den insgesamt 81 Parteien, die im Zeitraum von 1993 bis 2003 bei den Duma-Wahlen antraten, taten 53 dies nur ein einziges Mal. Lediglich drei Parteien haben von 1993 bis heute durchgängig an allen Wahlen teilgenommen – die *Kommunistische Partei* (KPRF), die nationalistische *Liberal-Demokratische Partei* (LDPR) und die sozialliberale *Jabloko*. Offenbar lag das Problem stärker auf der Angebots- als auf der Nachfrageseite, denn bereits Mitte der 1990er Jahre ließen große Teile des Elektorats relativ stabile, sozioökonomisch fundierte ideologische Präferenzen und die Identifikation mit einer der größeren Parteien erkennen (Whitefield/Evans 1999; Hale 2006: Kap. 3).

Das Design der politischen Institutionen war ein dritter Faktor, der die Entwicklung des Parteiensystems bremste. Das Präsidialsystem (> Kap. 3.2) stimulierte die Parteienentwicklung nicht, weil die Zusammensetzung der Regierung nicht von den parteipolitischen Kräfteverhältnissen im Parlament abhing, der Präsident nicht durch die Duma zur Verantwortung gezogen werden konnte und sein Amt personenzentriert konzipiert war (z.B. Myagkov/Ordeshook 2001: 354–355).

Das Grabenwahlrecht für die Staatsduma wirkte ebenfalls nicht parteienfördernd. Zwar wurde die Hälfte der Sitze nach Parteilisten entsprechend des Verhältniswahlrechts mit fünfprozentiger Sperrklausel vergeben, für die andere Hälfte – wie auch für die Wahl des Präsidenten, der Gouverneure und fast aller Regionalparlamente – galt jedoch die relative Mehrheitswahl. Diese Regeln waren vom deutschen personalisierten Verhältniswahlrecht inspiriert, aber im Unterschied dazu wurden die Ergebnisse beider Segmente nicht miteinander verrechnet. Da Parteien als Organisationen zu schwach waren, den Nominierungsprozess der Kandidat:innen zu kontrollieren, funktionierte die Mehrheitswahl als Personenwahl, kam also nicht zwingend Parteien zugute. Schließlich erlaubte das permissive Wahlrecht nicht nur Parteien, sondern auch Wahlvereinigungen und Wahlblöcken die Teilnahme am elektoralen Wettbewerb (s. Tab. 4.1).

Tab. 4.1: (Neue) Parteien bei Duma-Wahlen (1993–2021)

Wahl	1993	1995	1999	2003	2007	2011	2016	2021
Beteiligung von Parteien (bis 1999 „Wahlvereinigungen und -blöcke")								
berechtigt	167	273	139	44	15	7	74	32
zugelassen	13	43	26	23	11	7	14	14
erstmals teilgenommen	13	35	19	14	3	1	3	3
mindestens ein Mandat gewonnen	28	23	14	12	4	4	6	8
Mandate (offizielles Wahlergebnis)								
neue Parteien	71,3%	19%	39,6%	63,3%	8,4%	-	0,2%	2,8%
Bewerber:innen ohne Parteibindung	28,7%	17,2%	23,3%	15%	-	-	0,2%	1,1%

Erläuterung: Die gezackte Linie markiert, dass die folgende Wahl nach wesentlich veränderten Spielregeln ablief (s. Text).
Quelle: Hutcheson (2018: 91); ZIK (2021a)

Diese Gegebenheiten begünstigten die Etablierung informeller Konkurrenten von Parteien, worin ein weiterer Grund für die Unterinstitutionalisierung des Parteiensystems zu sehen ist (Hale 2006). Es handelte sich um „Parteisubstitute", die ambitionierten Politikern dank ihrer Ressourcen effektiver zu Wahlsiegen verhelfen konnten als Parteien im traditionellen Sinne. Sie bestanden aus klientelistischen Netzwerken in Gestalt regionaler „politischer Maschinen" (> Kap. 3.4) und politisierten Unternehmenskonglomeraten, also den typischen Akteuren patronaler Politik. Im ungeordneten Privatisierungsprozess der sowjetischen Zentralverwaltungswirtschaft und dem Dezentralisierungsprozess der Föderation der 1990er Jahre entstanden, waren sie zu wichtigen informellen Akteuren geworden (> Kap. 2.3).

Solche Netzwerke standen hinter vielen, wenn nicht den meisten unabhängigen Abgeordneten in den Parlamenten und hinter erfolgreichen Gouverneursbewerbern. Anders als Parteien verfügten sie weder über einen „Markennamen" noch über Wahlprogramme, strebten keine langfristige Institutionalisierung ihrer Beziehungen zu Mitgliedern oder Wähler:innen an und nahmen nicht als Organisationen am Wettbewerb um die Besetzung politischer Ämter teil. Ihnen fehlten also all jene Eigenschaften, die Parteien ihren Wähler:innen gegenüber rechenschaftspflichtig machen und damit ihre Legitimität als Schlüsselakteure repräsentativer Demokratien überhaupt erst begründen.

Als das „ultimative Parteisubstitut" agierte der innere Machtzirkel um Jelzin selbst (Hale 2006: 193–195). Bei Präsidentschaftswahlen griff er auf die Ressourcen des Staates zurück und mobilisierte die Unterstützung mächtiger regionaler und ökonomischer Netzwerke, während er vor Parlamentswahlen kurzfristig in die Schaffung pro-präsidentieller „Parteien der Macht" – die liberale Partei *Russlands Wahl* (1993) bzw. die zentristischen Parteien *Unser Haus Russland* (1995) und *Einheit* (1999) – investierte. Aus dem Stand heraus gelang es diesen zwar stets, jeweils stärkste oder zweitstärkste Partei zu werden, bald nach der jeweiligen Wahl büßten sie ihre Bedeutung jedoch wieder ein. Die Präsidialadministration förderte sie nur halbherzig, weil Jelzin auf die Wahrung seiner Autonomie bedacht war (Reuter 2017: Kap. 3). In der technischen Sprache der neoinstitutionalistischen Autoritarismusforschung (> Kap. 2.2) bedeutet das, dass der Präsident (noch) nicht bereit war, sich gegenüber den Regime-Eliten in Form einer Präsidentenpartei langfristig auf kooperatives Verhalten zu verpflichten (Hale 2006: 205–209).

Der Aufstieg von *Einiges Russland* zur „Partei der Macht"

In der kurzen Zeitspanne zwischen Anfang und Mitte der 2000er Jahre verwandelte sich die nur schwach institutionalisierte, fluide Parteienlandschaft Russlands in ein stabiles Mehrparteiensystem, in dessen Zentrum seitdem *Einiges Russland (Edinaja Rossija, ER)* steht.

Die Ursache dieser Transformation lag im Strategiewechsel der neuen regierenden Gruppe um Wladimir Putin. Die Konsolidierung der exekutiven „Machtvertikale", die im vorigen Kapitel im Mittelpunkt stand, implizierte auch in anderen Bereichen einen deutlichen Bruch mit der Politik Jelzins: Der neue Präsident und seine Berater begannen erstens, in eine auf Dauer angelegte, landesweit organisierte „Partei der Macht" zu investieren, um die elektorale und legislative Arena unter ihre Kontrolle zu bringen. Zweitens trieben sie institutionelle Reformen voran, die diese Partei zu einem Instrument der Elitenintegration und der Steuerung der Staatsduma machten. Drittens dehnten sie ihre Gestaltungsansprüche auch auf die Zivilgesellschaft aus (> Kap. 7).

Dieser Kurswechsel zeugt weniger von speziellen individuellen Vorlieben Putins als von der hohen Anpassungs- und Lernfähigkeit des noch jungen Regimes. Die Parlamentswahl 1999 hatte gezeigt, dass die Logik des elektoralen Wettbewerbs das Überleben des Regimes bedrohen konnte, wenn sich Teile der Eliten gegen die pro-präsidentielle „Wahlmaschine" verbündeten und eine eigene Partei ins Rennen schickten (> Kap. 5.1). Dem sollte künftig durch eine institutionalisierte Regimepartei vorgebeugt werden, die in der Lage war, alle Segmente der Eliten zu integrieren. Ende 2001 wurde daher *Einiges Russland* gegründet, nachdem sich zuvor in der Duma die vier pro-präsidentiellen Fraktionen zu einer gemeinsamen Koalition zusammengeschlossen hatten.

Auch das Parteienrecht wurde reformiert, was die Parteisubstitute beseitigte: Seit 2003 durften nur noch Parteien Wahllisten aufstellen, die auch formal registriert waren. Das setzte eine Mitgliederbasis von mindestens 50.000 Personen in mindestens der Hälfte der Regionen voraus (2004). Verboten wurde es, regionale Parteien zu gründen sowie solche, die sich auf ethnische, religiöse, berufliche oder Geschlechtszugehörigkeiten beriefen. Das reduzierte ihre Zahl enorm (s. Tab. 4.1). Um den Einfluss politisierter Unternehmenskonglomerate zurückzudrängen, wurde zudem die private Parteienfinanzierung limitiert. Parteien, die bei Duma-Wahlen mehr als drei Prozent der Stimmen gewannen, erhielten stattdessen deutlich höhere staatliche Zuwendungen (Hutcheson 2018: 119–122).

Von der tatkräftigen Mobilisierung des Elektorats durch die Gouverneure profitierend, ging *Einiges Russland* aus der Wahl im Dezember 2003 als klarer Sieger hervor, verfehlte jedoch knapp die Duma-Mehrheit. Dank einer großen Zahl unabhängiger Abgeordneter, die noch vor der konstituierenden Parlamentssitzung in die Fraktion der Regimepartei eintraten, gelangte sie dennoch in den Besitz der Zweidrittelmehrheit.

Die Konsolidierung von ER als Regimepartei wurde in der zweiten Hälfte der 2000er Jahre abgeschlossen, nahm also noch längere Zeit in Anspruch. Der Grund dafür liegt im *commitment*-Problem elektoral-autoritärer Regime, das wir in Kapitel 2.2 diskutiert haben: Die Institutionalisierung der Partei war erst gesichert, als sowohl die regionalen Eliten als auch die Führungsgruppe um Putin bereit waren, sich auf diese Form eines *power-sharing agreements* festzulegen. Wie wurde diese Zustimmung erreicht?

Ende der 1990er Jahre waren die Gouverneure gegenüber dem inneren Machtzirkel noch dominant gewesen. Dank des Wirtschaftsaufschwungs, der 1999 einsetzte, steigender Erlöse aus dem Erdölexport und von Steuerreformen erwarb das föderale Machtzentrum jedoch schrittweise das ökonomische und politische Kapital, um die Autonomie der Regionaleliten zu schwächen und sie von Finanztransfers aus dem Zentrum abhängig zu machen. Zwar blieb es weiterhin auf deren Unterstützung angewiesen, um Wahlen zu gewinnen und Politik zu implementieren, aber die Gouverneure waren nun nicht mehr stark genug, sich der Kooperation mit dem Regime und ihrer Kooptation zu verweigern. Ihrer Loyalität noch immer nicht sicher, lehnte Putin es aber ab, der seit 2003 mehrfach geäußerten Erwartung der ER-Führung nachzukommen, sich mit ihr die Kontrolle über die Exekutive zu teilen und die Partei in die Kabinettsbildung einzubeziehen (Reuter 2017).

Erst mit zwei weiteren technokratischen Reformschritten wurde die Kooptation der regionalen Eliten in die „Machtpyramide" des Putin-Regimes erfolgreich vollzogen (Golosov 2017: 192–194; Gandhi et al. 2020): Einerseits stärkte die Abschaffung der Gouverneurswahlen (2004) die Motivation der Regionaloberhäupter, Loyalität zum Präsidenten zu beweisen, darunter durch einen Parteibeitritt. Andererseits gewann die Führung von *Einiges Russland* durch den Wechsel vom Graben- zum Verhältniswahlsystem (2005) die Kontrolle über die Kandidatennominierung nicht nur für die nationale Parteiliste, sondern auch für die territorialen Wahlkreise. Erst zu diesem Zeitpunkt sandte Putin schließlich eindeutige Signale seiner Verbundenheit mit ER. Dieses (und nur dieses einzige) Mal führte er ihre Liste bei der Parlamentswahl 2007 an und war in seiner Zeit als Premierminister (2008–2012) auch Parteivorsitzender – allerdings ohne ER als Mitglied beizutreten.

4 Parteiensystem, Parteien und Parlament

Das dominante Mehrparteiensystem (seit Mitte der 2000er Jahre)

Seit Mitte der 2000er Jahre hat Russland ein „hegemoniales" bzw. „dominantes" Parteiensystem, wie es charakteristisch für elektorale Autokratien ist (Reuter 2017: 7–10; Magaloni/Kricheli 2010). Diese unterscheiden sich von Einparteiregimen, wie es sie zum Beispiel in der Sowjetunion gab und weltweit aktuell in lediglich sechs Ländern, indem sie einige Parteien der Opposition zur elektoralen und legislativen Arena zulassen.

Offenbar war in der Präsidialadministration immer wieder einmal erwogen worden, die Parteienlandschaft in Richtung eines Zweiparteiensystems zu „komprimieren". Solche Überlegungen sind zumindest für 1995 (McFaul 2001: 242–244) und 2010/11 (Zygar' 2021: 236–250) belegt, aber jedes Mal setzte sich die Idee eines moderaten Parteienpluralismus schließlich durch. Während die Regimepartei *Einiges Russland* das unbestrittene Zentrum des Parteiensystems bildet, stecken KPRF und LDPR die Grenzen des regimekonformen und damit „zulässigen" politischen Spektrums ab. Die „Zwischenräume" zwischen diesen beiden Parteien und ER werden durch kleinere Organisationen aufgefüllt. Dieses „Parteienkartell" (Hutcheson 2018) ist das Resultat einerseits des Wechselspiels von institutionellem Engineering und gezieltem Parteiensponsoring durch die Präsidialadministration. Andererseits bedurfte der Erfolg dieses Projekts auch der strategischen Entscheidung einiger Oppositionsparteien, sich auf Loyalität gegenüber dem Regime zu verpflichten, um an der Macht beteiligt zu werden.

Begriff: *Institutional engineering*

Politische Institutionen, die „Spielregeln" der Politik, konditionieren die Handlungs- und Entscheidungsräume von Akteuren und geben ihnen dadurch Orientierung. Während sich informelle Institutionen evolutionär herausbilden und verändern, können formale Spielregeln wie Verfassungen und Wahlsysteme dezisionistisch geschaffen, beseitigt oder reformiert werden. Mit „institutionellem Engineering" wird versucht, gezielt Anreize zu schaffen, die das Verhalten der „Mitspieler" (aufgrund von Belohnungen oder Strafen) so verändern, dass die Designer dieser Institutionen ihre Ziele besser erreichen können (Sartori 1994: ix). Versuche des institutionellen Engineerings gibt es in allen politischen Systemen, am prominentesten in Bezug auf Verfassungen *(constitutional engineering)* und Wahlsysteme *(electoral engineering)*. Ob sich die Vorstellungen der Akteure über das jeweilige institutionelle Design durchsetzen lassen, hängt jedoch immer vom politischen Kräfteverhältnis und von eventuell konkurrierenden Vorstellungen anderer relevanter Akteure ab (Rahat 2011).

Typischerweise trägt institutionelles Engineering experimentellen Charakter, da die gewünschten Wirkungen nicht (vollständig) erzielt werden, unerwünschte Nebenwirkungen auftreten oder der Handlungskontext sich so verändert, dass weitere Anpassungen nötig werden. Russland bietet in der Putin-Ära viele Anschauungsbeispiele für permanente Eingriffe der Präsidialadministration in das Wahl- und Parteiensystem, die Verfassung, die Ausgestaltung der exekutiven „Machtvertikale" und die Beziehungen zwischen Staat und Zivilgesellschaft, die wir in den jeweiligen Kapiteln diskutieren.

Nachdem die drei wichtigsten wahlrelevanten Gesetze zwischen 1993 und 2003 bereits 33-mal modifiziert worden waren, nahm das Umschreiben der Spielregeln in der Staatsduma im Zeitraum 2003–2016 mit 154 Änderungen noch einmal deutlich an Fahrt auf (Hutcheson 2018: 71). Wenngleich nicht alle möglichen Effekte von Reglängeänderungen vorab berechnet werden können, weil sie in komplexe Bedingungsgefüge eingreifen, ist anzunehmen, dass diesem geradezu exzessiven Nachjustieren des Parteien- und Wahlrechts politisches Kalkül zugrunde lag. So beförderte der Wechsel zum reinen Verhältniswahlrecht für die Staatsduma-Wahlen 2007 und 2011 die Institutionalisierung von *Einiges Russland*. Zudem schuf er das Parteienkartell, indem er den beiden größeren Parteien in der Legislative – der KPRF und der LDPR – den Status von Juniorpartnern der Regimepartei verschaffte (s. Tab. 4.2). Kleinere Parteien, darunter die liberale Anti-Regime-Opposition, verschwanden hingegen aus der parlamentarischen Arena, da sie allein die Sperrklausel nicht überwinden konnten, Wahlbündnisse aber nicht mehr zugelassen waren.

Viele Regelungen aus dem Zeitraum 2001–2005 wurden zwischen 2012 und 2014 erneut geändert. Das war Ausdruck einer „autoritären Pluralisierung" des Parteiensystems (Wilson 2016), mit der das Regime nach der Protestbewegung von 2011/12 (> Kap. 7.4) auf die „Übersteuerung" des Parteienwettbewerbs reagierte, welche die Zahl der zugelassenen Parteien auf ganze sieben reduziert hatte. Noch einschneidender als die Senkung der Mindestmitgliederzahl für Parteien auf 500 Personen, die eine Registrierungswelle neuer Organisationen provozierte (s. Tab. 4.1 auf S. 101), war dabei die Wiedereinführung des Grabenwahlsystems im Jahr 2014. Anders als in den 1990er Jahren bewirkte es nun die Maximierung von Mandaten für *Einiges Russland*, da die Gouverneure erfolgreich diszipliniert worden waren und ihre Ressourcen zugunsten der Regimepartei mobilisierten. Das sicherte ihr bei den Parlamentswahlen 2016 und 2021 jeweils 90 bzw. 88 % der Direktmandate. Nicht zuletzt wurde damit kompensiert, dass ER im Proporzsegment, das die loyale Opposition begünstigte, jeweils eher knappe Mehrheiten erzielte (> Kap. 5.2).

Auf dem Feld des Parteiensponsorings ging die Präsidialadministration seit Beginn der 2010er Jahre dazu über, langfristig nicht nur in *Einiges Russland* zu investieren, sondern auch in Gebilde, die in der Forschung meist als „Satellitenparteien", „Projektparteien" (Sakwa 2021: 233–236) oder „sekundäre Parteien der Macht" (Hutcheson 2018: 39–40) bezeichnet werden (s. Tab. 4.2). Sie zielen einerseits auf die Elektorate der KPRF bzw. der (nicht in der Duma vertretenen) liberalen Parteien, können andererseits aber auch als Gegengewichte zu ER angesehen werden. Ihre Existenz schützt den inneren Machtzirkel außerdem vor zu starker Abhängigkeit von der „Partei der Macht", weil stets ein potenzieller Ersatz für sie bereitsteht. Solche Projektparteien sind die einzigen neuen Parteien, denen es seit 2003 gelang, die Sperrklausel im Proporzsegment zu überwinden. Die Patronage der Präsidialadministration ist inzwischen systematisch und dauerhaft geworden, was sie organisatorisch stabilisiert hat. Flexibler und kurzfristiger bleibt hingegen das Engagement der Präsidialadministration für „Spoilerparteien", einen weiteren Parteientyp, dessen einziger Zweck darin besteht, der Opposition Stimmen abzujagen (> Kap. 5.2).

Tab. 4.2: Mandatsanteile der wichtigsten Parteien bei Duma-Wahlen (1993–2021)

Wahl	1993	1995	1999	2003	2007	2011	2016	2021
Parteien der Regime-Eliten (Mandate in %)								
a) „Partei der Macht"	14,9%	12,3%	16,2%	49,9%	70%	52,9%	76,2%	72%
b) „Projektparteien"	4,3%	0,2%	6,6%	8,3%	8,4%	14,2%	5,1%	8,9%
c) konkurrierende „Partei der Macht"	-	-	15,1%	-	-	-	-	-
Oppositionsparteien (Mandate in %)								
KPRF	10,8%	35%	25,1%	11,6%	12,7%	20,4%	9,3%	12,7%
LDPR	14,4%	11,4%	3,8%	8,1%	8,9%	12,4%	8,7%	4,7%
Jabloko	6,1%	10%	4,4%	0,9%	-	-	-	-

Parteien der Regime-Eliten: a) Partei der Macht: 1993 Russlands Wahl, 1995 Unser Haus Russland, 1999 Einheit, 2003–2021 Einiges Russland; b) *Projektparteien*: 1993 Partei der russländischen Einheit und Eintracht, 1995 Ivan-Rybkin-Block, 1999 Union der Rechten Kräfte, 2003 Heimat, 2007–2016 Gerechtes Russland, 2021 Gerechtes Russland und Neue Leute; c) *konkurrierende Partei der Macht*: 1999 Vaterland – Ganz Russland (> Kap. 5.1).
Quelle: Berechnet nach Hutcheson (2018: 15–25), eigene Darstellung

4.2 *Einiges Russland* und die systemische Opposition

Im Falle Russlands ist es wenig ergiebig, das traditionelle Ordnungsschema programmatisch-ideologischer Parteienfamilien anzuwenden, um das politische Spektrum zu ordnen, denn der Parteienwettbewerb findet nicht anhand ideologischer Konfliktlinien statt. Die primäre Unterscheidung zwischen Parteien besteht vielmehr darin, wie nahe sie dem Regime stehen. Neben der Regimepartei *Einiges Russland* gibt es eine loyale „systemische" Opposition, die wir hier und im nächsten Unterkapitel diskutieren, sowie eine „außersystemische" Opposition, deren wichtigste Organisationen Gegenstand von Kapitel 4.4 sind.

Einiges Russland als „Partei der Macht"

Einiges Russland wird im Russischen als *partija vlasti (party of power)* bezeichnet. Das bedeutet nicht „Partei *an* der Macht" *(ruling party)*, sondern „Partei der Macht" *(party of the authorities)*, was wörtlich zu verstehen ist: Es handelt sich nicht um einen eigenständigen Kollektivakteur mit den für Parteien in Demokratien typischen Funktionen der Beteiligung am Wettbewerb um die politische Macht und der Wahrnehmung von Regierungsverantwortung. ER ist weder eine „Regierungspartei" wie in parlamentarischen Regierungssystemen, da Zusammensetzung und Existenz des Kabinetts nicht von ihr bestimmt werden (> Kap. 3.2–3), noch eine „Präsidentenpartei" wie in (demokratischen) Präsidialregimen, weil das Staatsoberhaupt stets überparteiliche Distanz zu ihr wahrt.

Das Verhältnis zwischen Putin und „seiner" Partei folgt vielmehr der Logik des patronal-personalistischen Regimes (> Kap. 2.2): Als Chef der informellen Machtpyramide unterwirft er sich nicht der Kontrolle durch die Parteiführung und macht sich nicht davon abhängig, wie populär ER ist; er könnte sie sogar fallenlassen, sollte dies Nutzen versprechen. Das gilt selbst für die Zeit, als er gleichzeitig Regierungschef und Parteivorsitzender war (2008–2012), denn er nahm beide Funktionen wahr, ohne ER formal beizutreten. Die Zusammenlegung beider Ämter in dieser Zeit versorgte ihn vielmehr mit einer zusätzlichen Überlebensgarantie, da die von ihm kontrollierte ER-Mehrheit in der Duma in einem theoretisch möglichen Konflikt mit Präsident Medwedew eine wichtige Ressource gewesen wäre.

Damit ist *Einiges Russland*, ähnlich wie etwa die *Nationaldemokratische Partei* Ägyptens (1978–2011) und Kasachstans *Amanat* (seit 1999, darunter bis 2022 unter der Bezeichnung *Nur-Otan*), als Werkzeug des inneren Machtzirkels des Regimes anzusehen. Keinesfalls stellt sie eine Staatspartei wie die KPdSU dar, welche die Besetzung der politischen Schlüsselpositionen im Staat kontrollierte (> Kap. 1.2). Wir bezeichnen sie deshalb als „Regimepartei".

Einiges Russland ist eine Organisation der herrschenden Elitenkoalition, die von der Präsidialadministration in enger Abstimmung mit dem Vorsitzenden der Staatsduma gesteuert wird. Sie erfüllt eine Reihe wichtiger Funktionen für das Regime: Als seine *Wahlmaschine* hat sie die regionalen politischen Maschinen der 1990er Jahre integriert und stellt im Wahlkampf einen wiedererkennbaren Markennamen sowie umfangreiche Ressourcen zur Verfügung. Ihre dominante Position in der Parteienlandschaft gewährleistet, dass das mit Wahlen verbundene Bestandsrisiko des Regimes überschaubar bleibt (> Kap. 5).

In der legislativen Arena ist die Partei der „verlängerte Arm" des Regimes, denn sie *kontrolliert den Gesetzgebungsprozess* und verschafft ihren Mitgliedern *Zugang zu individuellen Gratifikationen*, welche aus ihrem Abgeordnetenstatus erwachsen. Auch für die *Kooptation der regionalen und lokalen Eliten* bleibt ER ein wichtiges Instrument, denn die Partei ist ein bedeutendes Forum der Zuteilung von politischem Einfluss, materiellen Vergünstigungen und Karrierechancen, darunter der Beförderung auf Führungspositionen in den Regionalparlamenten. Die Aufgabe, die Chefs der regionalen Exekutiven in das intraelitäre Arrangement der Machtteilung einzubinden, hat *Einiges Russland* seit Ende der 2000er Jahre weitgehend erfüllt; aufgrund der nach der Verfassungsreform 2020 vollzogenen expliziten dienstrechtlichen Unterstellung unter den Präsidenten (> Kap. 3.4) lässt sich die Loyalität der Gouverneure bei Bedarf inzwischen auch ohne ihre Vermittlung sichern.

In geringerem Maße dient *Einiges Russland* auch der *Mobilisierung der Bevölkerung*, darunter zwischen den Wahlen. Die Partei hat eine umfassende Infrastruktur aufgebaut, um Mitglieder und Sympathisant:innen für die Kooperation mit den lokalen Staatsorganen zu gewinnen. Das Binnenleben der Partei gilt jedoch als

4 Parteiensystem, Parteien und Parlament

hierarchisch und formalisiert. Zudem definieren sich ihre Funktionäre und Mitglieder, die überwiegend in staatsnahen Tätigkeitsfeldern aktiv sind, nicht über gemeinsame politische Ansichten.

Einiges Russland positioniert sich diffus als patriotisch-konservative Kraft in der Mitte des politischen Spektrums. Sie präsentiert sich als Partei der nationalen Einheit und als Verkörperung des Staates. Bis in die Mitte der 2010er Jahre verband sie einen wirtschaftsliberalen mit einem etatistischen Diskurs, der gleichzeitig sowohl anti-westlich wie pro-westlich war (Laruelle 2009: Kap. 4; Bluhm 2023: Kap. 7). Das unterschied sie von fast allen politischen Konkurrenten und machte sie für viele Wähler:innen attraktiv, unabhängig von ihren Ansichten in der hochkontroversen „nationalen Frage" (Hale 2016b). Auch nach 2012 entwickelte die „Partei der Macht" kein eigenes programmatisches Profil, sondern folgte der „konservativen Wende" des Regimes (> Kap. 6.2).

Im aktuellen ER-Parteistatut werden die Wohlfahrt aller Menschen, sozialer Frieden, die Souveränität Russlands und die Entwicklung von Bildung, Wissenschaft, Wirtschaft, Infrastruktur, Verteidigungsfähigkeit und Sicherheit des Landes als Grundwerte genannt. Um diese Ziele zu erreichen, solle die Partei ein „Team von Gleichgesinnten" und eine „Partei der Mehrheit des Volkes" sein, also „aller Bürger:innen, die den Präsidenten und seinen strategischen Kurs unterstützen". Sie vertrete deren Interessen gegenüber den Staatsorganen und kontrolliere die Implementierung der vom Präsidenten gestellten Aufgaben „kompromisslos und effektiv" (ER 2021). ER sieht sich also selbst weder als eigenständiger korporativer Akteur noch als eine Organisation, die im politischen Wettbewerb mit anderen Parteien steht. Mit ihrem Selbstbild ähnelt sie vielmehr den parastaatlichen Strukturen im intermediären Bereich (> Kap. 7.3).

Einiges Russland **in Zahlen**

Mit ca. 2,3 Mio. Mitgliedern (April 2020) und noch weit mehr eingetragenen Sympathisant:innen ist ER die mit Abstand größte Partei Russlands.[18] Sie hat ein landesweit verankertes Netz an regionalen und lokalen Organisationseinheiten mit bezahlten und ehrenamtlichen Mitarbeiter:innen, einen mehreren Millionen zählenden Kreis eingetragener Unterstützer:innen sowie mit der *Jungen Garde* eine eigene Jugendorganisation.
Ende 2022 gehörten 72% der Duma-Abgeordneten sowie mindestens 75% des – nicht nach parteipolitischem Prinzip strukturierten – Föderationsrates der „Partei der Macht" an. In 84 von 85 Regionalparlamenten verfügte sie über die größte Fraktion. Seit 2012 sind 80–90% der Bürgermeister der 186 größten Städte Russlands Mitglied von ER, ebenso die meisten Gouverneure. Allerdings sank deren Anteil von 94% (2007, 2011) auf 67% (2017) bzw. 71% (2021); Ende Dezember 2022 waren es 74%. In der föderalen Regierung und den Führungspositionen der Präsidialadministration gehören ER weniger als ein Drittel der Funktionsträger an.

---

18   Die hier und im Folgenden angegebenen Mitgliederzahlen von Parteien beruhen auf Eigenangaben und geben keine realistische Auskunft darüber, wie viele Menschen tatsächlich aktive Parteimitglieder sind.

Obwohl die Popularität von *Einiges Russland* seit längerer Zeit sinkt, ist die Partei auch in den frühen 2020er Jahren eine der wichtigsten Säulen des Putin-Regimes geblieben. Ob sie ihre Rolle längerfristig weiterspielen wird, darunter nach einem Wechsel im Amt des Präsidenten, hängt weniger von ihr selbst ab als davon, ob der jeweilige Amtsinhaber sie für seine Position als Chefpatron des Regimes als nützlich ansehen wird.

Die systemische Opposition

Neben der „Partei der Macht" lassen sich zwei Arten von Opposition unterscheiden (z.B. Gel'man 2015b): die Fundamental- oder „Anti-Regime"-Opposition, der wir uns im letzten Teil dieses Kapitels zuwenden, und die loyale „systemische" Opposition, die wir im Folgenden charakterisieren. Diese tritt mehr oder weniger kritisch gegenüber der Regierung und dem politischen System insgesamt auf, ist aber in das Regime integriert und loyal zu Putin. Ihr gehören zwei „Dinosaurier" des Parteiensystems an, die an allen Wahlen seit 1993 teilgenommen haben, sowie wechselnde kleinere „Projektparteien", die unter der Patronage der Präsidialadministration stehen.

Die bereits Ende 1989 gegründete *Liberal-Demokratische Partei* (LDPR), die eigenen Angaben zufolge fast 300.000 Mitglieder zählt, vertritt ungeachtet ihres Parteinamens illiberale, imperial-nationalistische Positionen und wird meist der populistischen rechtsradikalen Parteienfamilie zugerechnet (Mudde 2007). Sie fordert u.a. freie Wahlen, die Aufwertung des Parlaments, die Abschaffung des Föderalismus, „Ruhe und Ordnung" in der Innenpolitik, die Verteidigung „traditioneller Werte", die „Rückkehr aller früheren Territorien der UdSSR" auf dem Wege von Referenden und eine aggressive anti-westliche Außenpolitik (LDPR o.J.).

Weit wichtiger für ihre Identität war allerdings ihr Vorsitzender und Chefpatron Wladimir Schirinowski (1946–2022), dessen sowjetische Biografieabschnitte von Geheimdienstgerüchten umweht sind. Als „Russlands Donald Trump" zog er mit häufig wechselnden, oft bizarren Auftritten und Forderungen drei Jahrzehnte lang beständige Aufmerksamkeit auf sich. Seit seinem Tod ist das Schicksal der Partei, die in einigen Regionen ein eigenständiges Profil entwickelt hat, ungewiss. Ihre Bestandsaussichten hängen weitgehend von Nützlichkeitserwägungen ab, die innerhalb der Präsidialadministration angestellt werden.

Die *Kommunistische Partei der Russländischen Föderation* (KPRF) mit ihren offiziell etwa 162.000 Mitgliedern ist eine von mehreren Nachfolgeorganisationen der sowjetischen Staatspartei KPdSU und die wichtigste der heutigen Oppositionsparteien. Nachdem sie durch Jelzin im August 1991 verboten worden war, gründete sie sich im Jahr 1993 neu, wobei sich die Anhänger eines imperial-nationalistischen „patriotischen Sozialismus" um Gennadi Sjuganow (geb. 1944) gegen orthodox-leninistische und sozialdemokratische Strömungen durchsetzten (March 2002).

Nach einer polarisierten Konfrontation mit dem antikommunistischen pro-präsidentiellen Lager positioniert sich die KPRF seit den 2000er Jahren als „konstruktive Opposition". Sie hat eine auf gemischten Eigentumsformen beruhende

Wirtschaft akzeptiert und kritisiert die Regierung für ihre „liberal-oligarchische" Sozial- und Wirtschaftspolitik. In ihrem Programm nennt sie noch immer die friedliche „Errichtung der demokratischen Macht der Werktätigen und breiten patriotischen Kräfte, geführt durch die KPRF" als unmittelbares Ziel (KPRF o.J.).

Innerhalb sowohl der Partei als auch ihres Elektorats vollzieht sich seit Jahren ein Generationswechsel, der offenbar auch innerparteiliche Auseinandersetzungen über politisch-programmatische Fragen hervorruft, während die Parteiführung um Sjuganow am Status quo festhält. Der Angriffskrieg gegen die Ukraine hat den Konflikt zwischen der konservativen Parteiführung, die sowjetische Werte und einen aggressiven Patriotismus propagiert, mit jüngeren und eher pro-europäischen Mitgliedern weiter verstärkt (Kynev 2023).

Der systemischen Opposition zugerechnet werden auch kleinere Parteien, die ebenso wie *Einiges Russland* unter der Patronage der Präsidialadministration entstanden sind („Projektparteien"). Ihrer programmatischen Substanz nach werden sie ähnlich wie die KPRF in der Forschung mitunter als „sozialpopulistisch" bezeichnet (March 2017). Die Partei *Heimat (Rodina)*, die ethnonationalistische und xenophobe Positionen mit Forderungen nach der Enteignung der Oligarchen und der Herstellung der demokratischen Kontrolle über den Staat kombinierte, wurde bei der Duma-Wahl 2003 aus dem Stand zur drittstärksten Partei. Nachdem sie zunehmend eigenständig agiert und begonnen hatte, ER offen herauszufordern, wurde sie im Jahr 2006 jedoch demontiert (Laruelle 2021: 126–128). Ein Teil von ihr vereinigte sich mit zwei weiteren „Projektparteien" zur „linkszentristischen" Partei *Gerechtes Russland (Spravedlivaja Rossija, GR)*, die sich als Alternative zur KPRF versteht; 2021 traten ihr zwei weitere linksnationalistische Parteien bei. Seit der Wahl 2007 stellt die Partei (nun als *Gerechtes Russland – Patrioten – Für die Wahrheit*) in der Regel die viertstärkste Duma-Fraktion. Ihr sollen ca. 160.000 Mitglieder angehören.

Die erst 2020 offiziell registrierte Partei *Neue Leute (Novye Ljudi)* gilt hingegen als „rechtszentristische" Schöpfung der Präsidialadministration. Als erste neue Partei seit anderthalb Jahrzehnten zog sie 2021 mit 5,6% der Stimmen über das Listensegment in die Staatsduma ein und erzielte überraschend Mandate in 20 Regionalparlamenten. Sie ist wirtschaftsliberal ausgerichtet und soll Stimmen des urbanen, bürgerlichen Milieus anziehen, dessen politische Interessen bislang kaum repräsentiert sind – unter anderem, weil eine Reihe früherer Versuche der Präsidialadministration, in Kooperation mit Repräsentant:innen des „Business" wirtschaftsliberale Parteien zu etablieren, bisher stets nach kurzer Zeit scheiterten.

Kooperation und Wettbewerb innerhalb des Parteienkartells

Dass das Regime ein gewisses Maß an politischem Pluralismus und Wettbewerb zulässt, ist aus politikwissenschaftlicher Sicht nicht überraschend. Potenzielle Gegeneliten können neutralisiert und kooptiert werden, indem ihnen Zugang zur elektoralen und legislativen Arena gewährt wird. Im Tausch für Loyalität eröffnen sich ihnen Einfluss-, Repräsentations- und individuelle Karrierechancen, weshalb sie Interesse am Fortbestand des Regimes entwickeln, sich mit ihm arrangieren und durch ihre Existenz seine Legitimität stärken (Gandhi/Przeworski 2007). In Russland bildet sich diese erfolgreiche Kooptation in der Herausbildung des „Parteienkartells" ab, dem *Einiges Russland* und die Parteien der systemischen Opposition angehören (Hutcheson 2018: 105–122).

> **Begriff: Kartellpartei**
>
> Das Konzept der „Kartellpartei" stammt aus der Forschung über westeuropäische Parteiensysteme und impliziert einen Parteityp, der sich von der „Volks"- oder „Allerweltspartei" in der Blütezeit der repräsentativen Parteiendemokratie kategorial unterscheidet: Statt auf tiefe Wurzeln in der Gesellschaft und eine aktive Mitgliedschaft stützt sie sich überwiegend auf staatliche Ressourcen, wird von den Parteieliten dominiert, die öffentliche Ämter bekleiden und kooperiert mit anderen Kartellparteien, um den Eintritt neuer Parteien in den elektoralen Markt zu verhindern (Katz/Mair 1995).

Alle in der Staatsduma vertretenen Parteien weisen Merkmale von Kartellparteien auf. Mit Ausnahme der KPRF verfügen sie nicht über eine aktive, einflussstarke Mitgliedschaft, sondern werden von ihrer jeweiligen Führung dominiert und leben von staatlichen Zuwendungen. Ein Beleg dafür ist die massive Vergrößerung und Zusammensetzung der Parteibudgets seit der im Jahr 2001 erfolgten Einführung der staatlichen Parteienfinanzierung: 2002 bestanden die Haupteinnahmequellen der Parteien in Mitgliedsbeiträgen bei der KPRF (55%), Firmenspenden bei ER (97%) bzw. privaten Spenden bei der LDPR (99%) (Hutcheson 2018: 113).

2017 hingegen lag der Anteil der Mitgliedsbeiträge an den Parteibudgets überall bei Werten im niedrigen einstelligen Bereich, bei GR und der LDPR sogar nahe Null. Entscheidend waren staatliche Zuweisungen geworden. Sie machten bei GR 73%, bei ER und KPRF ca. 80% und bei der LDPR sogar knapp 97% des Haushalts aus. Hinzu kamen weitere Staatsgelder für parteinahe Organisationen und Einrichtungen, kostenlose Nutzungsrechte für Immobilien sowie Unternehmensspenden. Hinter Letzteren verbirgt sich wahrscheinlich eine indirekte staatliche Finanzierung korrupten Ursprungs, denn sie stammen von Firmen, welche bei Ausschreibungen für größere Staatsaufträge erfolgreich gewesen waren. Bezeichnenderweise kamen sie zu über 90% *Einiges Russland* zugute, deren Gesamteinnahmen insgesamt mehr als doppelt so hoch waren wie die der anderen drei Parlamentsparteien zusammen (Golos 2018).

Die Beziehungen innerhalb des Parteienkartells sind nicht nur durch Kooperation, sondern auch durch begrenzten Wettbewerb geprägt. Die Ergebnisse sowohl von Präsidentschaftswahlen, an denen (meist) die Parteivorsitzenden der systemischen Opposition als „Herausforderer" Putins teilnehmen, als auch von Parlamentswahlen zeigen, dass der Abstand zwischen dem Wahlsieger und dem Zweitplatzierten stets sehr groß ist.

Es gibt aber auch einen gewissen Korridor für Stimmenwanderungen zwischen den Wettbewerbsteilnehmern (> Kap. 5.1). Die in Wahlprogrammen formulierten sozioökonomischen Positionen zeigen einen Trend zur Konvergenz, aber es sind auch Nuancen zu erkennen, die unterschiedliche Gruppen im Elektorat ansprechen: *Einiges Russland* besetzt die politische Mitte in den Dimensionen „Markt vs. Staat" und Sozialpolitik. Etwas weiter links davon positioniert sich die KPRF, ist also etatistischer, ökonomisch paternalistischer und sozialkonservativer. Die beiden übrigen Parteien – LDPR und GR – sind zwischen diesen beiden Parteien verortet, liegen aber etwas näher an ER (Hutcheson 2018: 115–118).

Der Anteil der Wähler:innen, die sich mit einer bestimmten Partei identifizieren, hat sich seit Ende der 1990er Jahre auf unter 30% fast halbiert (Hutcheson/McAllister 2017: 460). Das ging überwiegend zu Lasten der LDPR, während die anderen Parteien je nach konkreter Situation davon profitieren konnten. Ein Vergleich der Zahl der absoluten Stimmen für *Einiges Russland* und die Kommunistische Partei bei den Wahlen von 2007, 2011 und 2021 zeigt, dass besonders gute Ergebnisse für eine der beiden Parteien jeweils mit besonders schlechten für die andere einhergehen (s. Tab. 4.2 auf S. 106).

Die Elektorate der Parteien weisen gewisse soziodemografische Unterschiede auf, die jedoch instabil sind (Hutcheson 2018: 203–208). *Einiges Russland* wird häufiger von Frauen und Menschen mit höherem Einkommen bzw. Angehörigen der urbanen Mittelklasse gewählt, hat sich aber auch zunehmend in ländliche Regionen sowie Gebiete mit hohen nichtrussischen bzw. muslimischen Bevölkerungsanteilen ausgedehnt, die zuvor traditionelle Hochburgen der KPRF waren. Diese hatte lange überwiegend die Stimmen von Älteren und sozial Benachteiligten angezogen, wird neuerdings aber auch verstärkt von jüngeren Menschen, Gebildeten und Stadtbewohner:innen gewählt, die weniger auf klientelistische Güter angewiesen sind und bessere Zugänge zu kritischen Medien, politischen Informationen und Kommunikationsgelegenheiten haben. Damit sind sich die Elektorate der Kommunisten und der sozialliberalen Partei *Jabloko* (> Kap. 4.4) ähnlicher geworden, was wiederum die Erfolgsaussichten Letzterer weiter geschmälert hat (White 2020; Volkov 2021b: 63–68).

Die Parteien der systemischen Opposition treten mitunter als Organisatoren von Protestaktionen auf. So standen sie im Zeitraum 2012–2015 hinter jedem vierten oder fünften statistisch erfassten derartigen Ereignis, meist auf lokaler Ebene. Am häufigsten gelang es der KPRF, die über die größten Organisationsressourcen verfügt, ihre Anhänger:innen zu mobilisieren, darunter zu traditionellen Anlässen wie dem 1. Mai oder sowjetischen Gedenk- und Feiertagen, aber auch zugunsten von Reformen der Sozial-, Kommunal- und Infrastrukturpolitik sowie gegen die NATO oder gegen die Welthandelsorganisation (Semenov 2020). Die nationalen Parteiführungen lehnen eine Zusammenarbeit mit der außersystemischen Opposition grundsätzlich ab. Einige Parteiorganisationen auf regionaler und lokaler Ebene zeigten sich aber in den vergangenen Jahren offen für Kooperationen bei der Protestmobilisierung. Auch hier war die KPRF aktiver als andere Parteien (Armstrong et al. 2020; Semenov et al. 2016).

Wie in anderen autoritären Regimen auch sieht sich die Opposition in Russland seit vielen Jahren zwei Risiken ausgesetzt: Wenn sie sich zu wenig als Alternative präsentiert, könnte sie überflüssig werden, weil ihre Wähler:innen entweder zur „Partei der Macht" oder zu anderen Parteien abwandern; dies droht seit einigen

Jahren besonders der LDPR. Tritt sie jedoch „zu oppositionell" auf, riskiert sie den Ausschluss aus dem Parteienkartell. Ein relativ erfolgreiches Abschneiden bei einer Wahl – auch wenn es wie bei der KPRF 2021 zu großen Teilen „unverdient" zustande gekommen sein dürfte (> Kap. 5.3) – kann die betreffende Parteiführung daher vor ein existenzielles Problem stellen. Einerseits werden dadurch innerparteiliche Auseinandersetzungen über die Ziele der Partei und ihre Positionierung im Parteiensystem provoziert, andererseits könnte sich das Regime auch zu einem Strategiewechsel veranlasst sehen und gegen die Konkurrenz vorgehen.

Beides ist am deutlichsten bei der KPRF als stärkster Oppositionspartei zu beobachten. Zwischen 2019 und 2021 verlor sie ca. 40 Abgeordnete in den Regionalparlamenten, weil verwaltungs- oder strafrechtliche Verfahren gegen sie angestrengt worden waren (Kynev 2021a: 3), und im Wahlkampf 2021 zog sie den größten Anteil an negativer Berichterstattung über Parteien in den offiziellen Medien auf sich (Golos 2021).

Die nationalen Führungen aller Parteien der systemischen Opposition unterstützen die sogenannte „militärische Spezialoperation" gegen die Ukraine. Wie die Regionalwahlen Ende 2022 zeigten, kostete das allerdings insbesondere die KPRF Stimmen. Ihr Elektorat war in den letzten Jahren heterogener geworden und umfasste ein Spektrum von Stalinist:innen bis zu Wähler:innen mit liberalen Ansichten. Nun verlor sie Kriegsbefürworter:innen an *Einiges Russland*, während Kritiker:innen entweder der Wahl fernblieben oder sich für andere Parteien mit einer weniger militaristischen Rhetorik entschieden. Der Wahlkampf der *Neuen Leute* beispielsweise stand unter der Losung der „kleinen Schritte", während die Partei *Gerechtes Russland* soziale Themen betonte (Kynev 2023).

4.3 Das Parteienkartell in der Staatsduma

Die Entwicklung der Föderalversammlung, des laut Verfassung „repräsentativen und legislativen Staatsorgans" der Russländischen Föderation, folgte dem gleichen Pfad wie die anderen Elemente des politischen Systems Russlands: Beide Kammern, die in den 1990er Jahren eigenständige institutionelle Akteure waren, mit denen der Präsident und die Exekutive rechnen mussten, sind im Verlauf der ersten Hälfte der 2000er Jahre zu Instrumenten des Putin-Regimes geworden.

Vom Gegenspieler zur legislativen Maschine des Präsidenten

Die Innenpolitik der frühen 1990er Jahre war durch die Konfrontation zwischen Legislative und Exekutive geprägt gewesen. Erst ihre gewaltsame Beilegung im Herbst 1993 hatte es Jelzin ermöglicht, die Suprematie des Präsidenten in der Verfassung festzuschreiben und die Mitwirkung des Parlaments bei der Bildung, Kontrolle und Ablösung der Regierung institutionell einzuschränken (> Kap. 3.2). Jedoch konnte er die seinem Amt eingeschriebenen Kompetenzen zum einen aufgrund seiner politischen Schwäche nicht voll ausschöpfen, zumal er selbst Strategien der personalisierten Machtausübung bevorzugte.

Zum anderen produzierte das Grabenwahlsystem unter den Bedingungen des kaum institutionalisierten und polarisierten Parteiensystems keine klaren parlamentarischen Mehrheiten (s. Tab. 4.2 auf S. 106). Die Duma bestand aus mehreren Parteifraktionen und überparteilichen Gruppen unabhängiger Mandatsträger:innen, deren Größe stark schwankte, weil viele Abgeordnete, zum Teil mehrmals im Laufe der Legislaturperiode, zwischen ihnen wechselten. Die formalen Parlamentsstrukturen überlagerten sich zudem mit informellen Vereinigungen, in denen sich regionale, sektorale und andere Interessen fraktionsübergreifend vernetzten.

So blieb auch die Duma über Jahre hinweg eine unterinstitutionalisierte und unüberschaubare Arena. In der Forschung dominiert dennoch die Auffassung, dass die beiden Kammern der Föderalversammlung in den 1990er Jahren dank ihrer institutionellen Autonomie reale Gegengewichte zum Präsidenten darstellten und sich in gewissem Umfang die Macht mit ihm teilten (Steinsdorff 2002; Chaisty/Schleiter 2002; Remington 2007).

Bei der Gesetzgebung spielte die Duma in den 1990er Jahren sogar eine größere Rolle, als aufgrund der Verfassung zu erwarten gewesen war. Ungeachtet ihres geringen Prestiges war sie eine ebenso produktive wie innovative Legislative. Der Ausgang des Gesetzgebungsprozesses war aber oft ungewiss. Gesetze entstanden typischerweise im Ergebnis informeller und intransparenter Aushandlungen, im Rahmen derer sie durch wirtschaftliche Interessengruppen oder die Präsidialadministration häufig buchstäblich gekauft wurden. Gegen nahezu die Hälfte der 1996 bis 1999 angenommenen Gesetze legten der Präsident, der Föderationsrat – in dem sich regionale Interessen koordinierten – oder auch beide Akteure ihr Veto ein, so dass sie überarbeitet werden mussten. Nur 70% aller verabschiedeten Gesetze wurden schließlich vom Präsidenten unterzeichnet, der zudem häufig seine eigenständigen legislativen Kompetenzen nutzte und Dekrete *(ukazy)* erließ, um seine Ziele unter Umgehung der Duma zu erreichen.

> **Beispiele: Nicht-legislative Abstimmungen in der Duma (1990er Jahre)**
>
> Konflikte zwischen dem Präsidenten und der Duma beschränkten sich nicht auf konkrete Politikinhalte. Auch in der Frage, wer die Kontrolle über die Regierung ausübt, kam es zu Auseinandersetzungen. Zwischen 1994 und 2005 initiierten Abgeordnete sechs Misstrauensvoten gegen die Regierung, nur 1995 fand sich jedoch auch eine parlamentarische Mehrheit dafür. Jelzin reagierte darauf mit dem Austausch dreier Minister, was die Duma als Kompromiss akzeptierte. Faktisch konnte der Präsident in den 1990er Jahren nur einzelne Kabinettsposten einseitig neu besetzen, während er Wechsel im Amt des Premierministers stets mit der Duma abstimmen musste (Morgan-Jones/Schleiter 2004).
> Im Mai 1998 strengte die KPRF sogar ein Amtsenthebungsverfahren gegen Jelzin an. Jedoch erhielt keiner der im April 1999 vorgelegten fünf Anklagepunkte die erforderliche Zweidrittelmehrheit. Sie lauteten: Vorbereitung, Unterzeichnung und Implementierung des Vertrags zur Auflösung der Sowjetunion Ende 1991, Staatsstreich gegen den Kongress der Volksdeputierten Russlands 1993, Auslösung und Durchführung des Ersten Tschetschenienkriegs 1994–96, Schwächung der Verteidigungsfähigkeit und Sicherheit Russlands sowie Herbeiführung einer schweren demografischen Krise durch die Wirtschaftsreformen seit 1992.

Bald nach Putins Amtsantritt änderte sich die Rolle der Föderalversammlung im politischen System. Das vollzog sich ohne formelle Änderung der Verfassung. Im Zusammenhang mit den Bemühungen, die Regionaleliten in das Regime zu kooptieren und zu disziplinieren, wurde im Jahr 2002 der Bestellungsmodus des Föderationsrates geändert (> Kap. 3.4). Er verwandelte sich in ein permanentes Staatsorgan, in dem nicht mehr die Chefs der regionalen Legislativen und Exekutiven (Gouverneure) vertreten waren, sondern von ihnen entsandte Repräsentant:innen. Damit büßte er seine institutionelle Autonomie ein. Statt die Interessen der Regionen bei der föderalen Entscheidungsproduktion zu repräsentieren, mutierte er zum Repräsentanten des Zentrums in den Regionen (Ross/Turovsky 2013).

Für die Reorganisation der Staatsduma und ihre Transformation in die „legislative Maschine" der Präsidialadministration wiederum war die Schaffung der Regimepartei *Einiges Russland* entscheidend, die wir im ersten Teil dieses Kapitels rekonstruiert haben. Ursprünglich hatte sich die Duma durch ihre nicht-majoritären Gremien und Prozeduren ausgezeichnet. So wurden die Leitungspositionen der parlamentarischen Ausschüsse entsprechend der Fraktionsstärke aufgeteilt. Die Agendakontrolle lag beim Rat der Duma, dem die Chefs der größten Fraktionen und Gruppen als Vizesprecher angehörten.

Mit dem Zusammenschluss der pro-präsidentiellen Fraktionen im Jahr 2000 vollzog sich jedoch eine Majorisierung der Gremien, die ihren Höhepunkt nach der Wahl 2003 erreichte, welche *Einiges Russland* – wenn auch erst durch Fraktionsübertritte – eine Supermehrheit der Mandate eingebracht hatte. Sie übernahm den Vorsitz im Rat der Duma, sieben der zehn Stellvertreterposten sowie die Leitung aller Ausschüsse (Hutcheson 2018: 47). Das Parlament sei – so der Chef der 300 Mitglieder zählenden ER-Fraktion, bisherige Innenminister und neue Duma-Vorsitzende – „nicht der Ort, an dem politische Gefechte ausgetragen oder politische Bekenntnisse und Ideologien verfochten werden sollen, sondern ein Ort der konstruktiven und effektiven gesetzgeberischen Tätigkeit" (Duma 2003).

Die Dominanz der Fraktion *Einiges Russland* blieb in den darauffolgenden Wahlperioden bestehen. Im Zuge der Institutionalisierung des Parteienkartells erhielt die systemische Opposition aber später wieder Zugriff auf parlamentarische Ausschüsse. Im 2021 gewählten Parlament stellt die Regimepartei den Parlamentssprecher und sieben seiner elf Stellvertreter:innen sowie 17 der 32 Ausschussvorsitzenden, also weit weniger als ihr nach dem Mandatsanteil (70%) zustünde. Die anderen Parteien sind im Rat der Duma durch je einen Stellvertreter repräsentiert und haben die Leitung von fünf (KPRF), vier (LDPR und *Gerechtes Russland*) bzw. zwei *(Neue Leute)* parlamentarischen Ausschüssen inne.

Mehr als eine Abstimmungsmaschine?

In der Putin-Ära wurde die legislative Tätigkeit zur mit Abstand wichtigsten Funktion der Duma, während die Regierungskontrolle kaum noch eine Rolle spielt – auch wenn die Verfassungsänderungen von 2008 und 2020 die Kompetenzen des Parlaments formal leicht gestärkt haben (> Kap. 3.2). Der parlamentarische Modus der Gesetzgebung, bei dem Präsident und Legislative reibungslos kooperieren, ist zum Normalmodus geworden, womit Präsidialdekrete als normative Rechtsakte in den Hintergrund gerückt sind.[19] Präsidiale Vetos wurden hingegen zur Ausnahme: von 35 im Zeitraum 2000–2003 sank ihre Zahl auf vier in den Jahren 2008–2011 und drei in den zehn Jahren danach.

An jedem Sitzungstag werden oft Dutzende Gesetze behandelt, von denen die meisten drei Lesungen durchlaufen müssen. Als die Duma im Zuge der „konservativen Wende" des Regimes 2012 (> Kap. 6.2) – oft auf Eigeninitiative ehrgeiziger Abgeordneter – begann, einen Überschuss an Gesetzesentwürfen zu moralischen und sozialen Themen zu produzieren, brachte ihr das den Ruf eines „durchgeknallten Druckers" ein. Hatte sie in der Legislaturperiode 1996–1999 jährlich durchschnittlich 416 Gesetzesentwürfe behandelt, so waren es 2016–2021 mit 1295 Dokumenten dreimal so viele. Die Zahl der verabschiedeten Gesetze verdoppelte sich von 261 auf 534. Im ersten Kriegsjahr 2022 stieg sie um weitere 20% auf 653, womit der parlamentarische Aktivismus, auch dank beschleunigter und verkürzter Verfahren, einen Allzeitrekord aufstellte. Die Bilanz von mehr als 460 verabschiedeten Gesetzen 2023 allein bis zur Sommerpause deutet darauf hin, dass sich dieser Trend fortsetzt, wenn nicht gar beschleunigt.[20]

> **Beispiele: Abstimmungsverhalten in der Staatsduma (2021–2022)**
>
> Am 4. Mai 2021 brachten fünf Abgeordnete – drei Mitglieder der ER-Fraktion, je einer aus den Fraktionen von KPRF und GR – eine Gesetzesvorlage in die Duma ein, welche die auch rückwirkende Aberkennung des passiven Wahlrechts von Personen vorsah, die in „extremistischen Organisationen" tätig gewesen waren (> Kap. 5.3). Nach drei Lesungen und Überarbeitungen stimmten drei Wochen später 294 Abgeordnete mit „Ja", darunter 290 Mitglieder der Fraktion *Einiges Russland*. Ihnen standen 38 Gegenstimmen und acht Stimmenthaltungen gegenüber, darunter von vier Fünfteln der Abgeordneten der Kommunistischen Partei. Am 2. Juni wurde das Gesetz vom Föderationsrat mit 146 Stimmen bei einer Gegenstimme und einer Enthaltung gebilligt, und am 4. Juni unterschrieb es der Präsident. Die Absicht der KPRF-Fraktion, das Verfassungsgericht dagegen anzurufen, scheiterte, weil die dafür nötigen 90 Abgeordnetenunterschriften nicht zusammenkamen.
>
> Ohne auch nur eine einzige Gegenstimme oder Enthaltung passierte die Duma hingegen am 22. Februar 2022 mit 400 Ja-Stimmen die Ratifizierung der „Verträge über Freundschaft, Zusammenarbeit und gegenseitigen Beistand" mit den separatistischen „Volksrepubliken" in der Ukraine; (nur) drei KPRF-Abgeordnete zeigten sich öffentlich beunruhigt, als sie zwei Tage später verstanden, dass sie damit faktisch den Einmarsch in die Ukraine legalisiert hatten. Ebenso einstimmig verschärfte die Duma am 4. März 2022 ein drei Jahre zuvor mit 322 zu 78 Stimmen angenommenes „Gesetz über die Verbreitung von Falschinfor-

---

19 Jelzin erließ zwischen 1992 und 1994 jährlich ca. 1800 Dekrete. Danach schwankte ihre Zahl um einen Mittelwert von etwa 1000 und sank seit 2013 auf ca. 500 Dekrete pro Jahr. Seit den frühen 2000er Jahren ist nur noch etwa ein Viertel davon auch tatsächlich normativer Natur (Remington 2014: 108). Unter den Bedingungen des Krieges steigt die Zahl der Dekrete offenbar wieder an; 2022 waren es ca. 1000, im ersten Halbjahr 2023 knapp 500.

20 Zur Einordnung: Der Deutsche Bundestag hat es in der gesamten Wahlperiode 2017-2021 auf 796 behandelte Gesetzesvorhaben und 547 verabschiedete Gesetze gebracht. Unter ihnen waren vier, denen der Bundesrat die Zustimmung versagte, so dass schließlich 99,3% von ihnen in Kraft traten.

mationen im Internet", das noch am selben Tag auch die zweite Kammer der Föderalversammlung einstimmig passierte. Es hatte die unmittelbare (Selbst-)Abschaltung aller verbliebenen oppositionellen Medien zur Folge, die zunächst versucht hatten, in ihrer Berichterstattung auch auf Informationen aus ukrainischen und internationalen Quellen zurückzugreifen (> Kap. 8.4).

Welche Funktionen repräsentative und gesetzgebende Körperschaften in autoritären Regimen erfüllen, wird in der Forschung kontrovers diskutiert (Gandhi et al. 2020: 1360–1366). An Einfluss verloren hat eine Perspektive, die sie als lediglich mehr oder weniger deviante Formen genuin demokratischer Institutionen betrachtet, welche von autoritären Herrschern so manipuliert werden, dass sie ihnen nicht gefährlich werden können (z.B. Schedler 2013). In einer zweiten Interpretation erscheinen autoritäre Legislativen als bedeutungslos, da sich ihre Funktion auf das pure „Abstempeln" *(rubber-stamping)* politischer Vorgaben der Exekutive beschränkt (Brancati 2014: 317).

Eine dritte Sichtweise hält sie hingegen für wichtige Säulen der autoritären Herrschaft, deren Strukturen und Aktivitäten zwar formal denen ihrer Pendants in Demokratien ähneln, aber der besonderen Logik autoritärer Politik folgen (> Kap. 2.2). Hier werden Legislativen als Institutionen gedeutet, die relativ transparente politische Aushandlungen zwischen dem inneren Machtzirkel und den Regime-Eliten ermöglichen. Sie signalisieren also, dass sich die regierende Gruppe auf eine Beteiligung ihrer wichtigsten Unterstützergruppen an der Macht verpflichtet hat und sind damit ein wesentliches Instrument der Kooptation der loyalen Opposition (Boix/Svolik 2013; Reuter/Gandhi 2011).

Auch das Parlament Russlands ist mit gutem Recht als „Stempelmaschine" bezeichnet worden (z.B. Remington 2007: 123; Ross/Turovsky 2013). Es gibt aber auch Beobachtungen, die dieser These widersprechen: In der Realität wird ein erheblicher Teil der Gesetzesentwürfe nicht durch die Regierung oder den Präsidenten, sondern durch die Abgeordneten eingebracht. Viele Regierungsvorlagen werden zudem im Gesetzgebungsprozess erheblich modifiziert, und es gibt nur sehr wenige Gesetze, welche die Duma einstimmig passieren (Noble/Schulmann 2018).

Modifikationen von Gesetzesentwürfen im parlamentarischen Prozess deuten nicht zwingend auf Konflikte zwischen der Präsidialadministration und den Abgeordneten hin oder gar darauf, dass die Interessen der Wähler:innen berücksichtigt würden. Vielmehr signalisieren sie einerseits Zugeständnisse an die systemische Opposition, was die Duma zu einer für autoritäre Regime typischen Arena der Umverteilung von Privilegien und ökonomischen Renten macht (Gandhi 2008; Lust-Okar 2006) und möglicherweise sogar sozialem Protest vorbeugt (Reuter/Robertson 2015). Andererseits können dadurch aber auch Entscheidungsprozesse weitergeführt und abgeschlossen werden, über die innerhalb der Exekutive keine Einigung erzielt wurde. Die Duma erscheint damit als wichtige Arena für die Austragung und Beilegung politischer Konflikte zwischen rivalisierenden bürokratischen – zuweilen auch ökonomischen – Interessengruppen innerhalb des zentralen Staatsapparats (Noble/Schulmann 2018; Noble 2020).

4 Parteiensystem, Parteien und Parlament

Ob und wie sich solche Konflikte auch unter Kriegsbedingungen im Parlament manifestieren oder andere Formen angenommen haben, ist bisher nicht erforscht.

4.4 Die außerparlamentarische Opposition

Die Opposition in Russland wird üblicherweise danach unterschieden, ob sie „systemisch" oder „außersystemisch" ist, was zweierlei bedeuten kann. Erstens beziehen sich diese Adjektive darauf, ob die betreffende Organisation innerhalb oder außerhalb des institutionalisierten Raums der Politik (auf nationaler und regionaler Ebene) agiert, also „parlamentarisch" oder „außerparlamentarisch" ist. Andererseits stehen sie für die politische Unterscheidung zwischen „loyaler" und „Anti-Regime"-Opposition. Weil außerparlamentarische Parteien nicht zwangsläufig auch Anti-Regime-Parteien sein müssen und sich programmatische sowie institutionelle Positionen im Zeitverlauf ändern, fallen eindeutige und stabile Zuordnungen schwer. Verallgemeinernd kann gesagt werden, dass Anti-Regime-Parteien jeglicher Couleur seit der zweiten Hälfte der 2000er Jahre nicht mehr in der Staatsduma vertreten sind und es ihnen seit Mitte der 2010er Jahre meist nicht einmal mehr gelingt, sich offiziell als Partei registrieren zu lassen.

Liberale Parteien zu Beginn der 2020er Jahre

Die beiden Strömungen des Liberalismus in Russland – „rechte" wirtschaftsliberale Parteien wie *Russlands Wahl* und später die *Union der Rechten Kräfte* einerseits sowie „demokratische" sozialliberale Parteien wie *Jabloko* andererseits – erzielten in der 1993 gewählten Staatsduma zusammen etwa ein Fünftel der Mandate. 1995 und 1999 waren es nur noch ca. ein Siebtel der Parlamentssitze, 2003 lediglich acht Direktmandate. Seitdem haben sie den Einzug in das nationale Parlament stets verfehlt, sieht man von einem Direktmandat ab, das die *Wachstumspartei* 2021 errang, deren Wurzeln unter anderem bis auf die *Union der Rechten Kräfte* zurückreichen. Versuche, wirtschaftsliberale Parteien zu gründen, wurden nach kurzer Zeit immer wieder aufgegeben, obwohl oder weil sie im Verdacht standen, „Kremlprojekte" zu sein.

Die organisatorisch stabilste und noch immer bedeutendste Partei des liberaldemokratischen Lagers ist die Partei *Jabloko* („Apfel"[21]). Sie ist neben der KPRF und der LDPR der dritte „Dinosaurier" des russländischen Parteiensystems, zählt eigenen Angaben zufolge ca. 28.000 Mitglieder (2022) und hat an allen Parlamentswahlen seit 1993 teilgenommen. In den 1990er Jahren erhielt sie 6–8 % der Stimmen, seit 2007 stets weniger als 2 % (s. Tab. 4.2 auf S. 106). Ende 2021 war sie mit einigen Mandaten in fünf Regionalparlamenten sowie mehreren Stadtversammlungen von Moskau und St. Petersburg vertreten.

Jabloko tritt für ein „Europäisches Russland" ein, das rechts- und sozialstaatlich sowie marktwirtschaftlich verfasst ist, stellt umwelt- und klimapolitische Forderungen auf, erkennt die Souveränität aller Nachbarländer an und strebt nach

---

21 Seinem Ursprung nach hat dieser Name nichts mit Obst zu tun, sondern ist eine Abkürzung aus den Familiennamen dreier Politiker – Jawlinski, Boldyrew, Lukin –, die sich 1993 als Wahlallianz zusammengeschlossen hatten.

einer Normalisierung der Beziehungen Russlands mit der EU und den USA. Über die angemessene Strategie zur Umsetzung ihrer Ziele werden innerhalb der Partei Auseinandersetzungen geführt, die vermutlich auch Generationenkonflikten geschuldet sind. Sie führten wiederholt zum Ausschluss von jungen und ambitionierten Politikern, so etwa von Alexei Nawalny (2007), Ilja Jaschin (2008) und Maxim Katz (2020).

Seit Ende 2021 finden innerparteiliche Reformen statt, um *Jabloko* von einer „Massen"- in eine „Kaderpartei" zu transformieren. Dafür wurde eine zweijährige Probemitgliedschaft eingeführt, die Amtszeit der regionalen Parteichefs auf acht Jahre begrenzt und Vorwahlen als Methode der Nominierung von Bewerber:innen für öffentliche Wahlämter etabliert. Aus den beiden stärksten Regionalabteilungen in Moskau und St. Petersburg wurden Hunderte, darunter aktive und kritische, Mitglieder ausgeschlossen. Damit verfolgt die Parteiführung vermutlich Machtinteressen, aber auch die kontroverse Debatte über die beste Überlebensstrategie unter autoritären Bedingungen dürfte dabei eine Rolle spielen.

Die Parteiführung von *Jabloko* erkannte 2014 die Annexion der Krim und die Unabhängigkeit der separatistischen „Volksrepubliken" in der Ostukraine nicht an. Seit dem Überfall Russlands auf das Nachbarland tritt sie für eine unverzügliche Waffenruhe als Voraussetzung für einen vertraglichen Waffenstillstand und die Aufnahme von Verhandlungen zur friedlichen Regulierung des Konflikts ein. Die Existenz beider Länder und Nationen sei bedroht, keine Seite könne einen Sieg erzielen. Die Abwendung vom Vorrang der Menschenrechte und den europäischen Werten bedeute eine zivilisatorische Bedrohung Russlands (Jabloko 2023). Bei den Regional- und Kommunalwahlen 2022 und 2023 verlangte die Partei von ihren Kandidat:innen, eine offensive Anti-Kriegs-Position zu vertreten. Dutzende Parteiaktivist:innen wurden wegen vorgeblicher „Diskreditierung der Armee" oder der „Verbreitung extremistischer Symboliken" verfolgt und verurteilt.

Die zweite liberaldemokratische Partei von Bedeutung war die *Partei der Volksfreiheit* (PARNAS). 2010 von prominenten Reformpolitikern der 1990er Jahre gegründet, bezog sie sich symbolisch auf die vorrevolutionäre *Konstitutionell-Demokratische Partei* (1905–1917) und vereinte sich 2012 mit der *Republikanischen Partei Russlands*. Sie sah Russland als Teil der „europäischen Zivilisation" und forderte politische Reformen sowie die Bekämpfung der Korruption. In ihrer programmatischen Plattform bezeichnete sie sich als zukunftsorientiert, patriotisch, demokratisch, liberal, rechtsverbunden und sozial (PARNAS 2015). Auch sie sprach sich gegen den Krieg aus, und viele ihrer Funktionäre verließen Russland nach Kriegsausbruch. Die Führung von PARNAS war stärker auf Kooperation innerhalb der liberalen außerparlamentarischen Opposition orientiert als die von *Jabloko* und wurde vom Regime konsequenter bekämpft als diese. Das äußerte sich zum Beispiel darin, dass die Partei und ihre Kandidat:innen zu Wahlen auf allen Ebenen meist nicht zugelassen wurden (> Kap. 5.3). PARNAS war weder in der Staatsduma noch in den Regionalparlamenten vertreten und wurde im Frühjahr 2023 vom Obersten Gericht liquidiert.

Die geringe gesellschaftliche Bedeutung liberaler Politikangebote ist einerseits die Folge der durch das Regime kontrollierten Rahmenbedingungen des politischen Wettbewerbs, einschließlich des öffentlichen Diskurses, in dem der politische Liberalismus durch das Regime als fremde, „unpatriotische" Ideologie diskreditiert wird (> Kap. 6.2). Andererseits gibt es im Elektorat nur eine geringe Nachfrage danach. Nicht zuletzt hängt das damit zusammen, dass ihre prominentesten Vertreter Mitverantwortung für die Wirtschaftsreformen der „wilden 1990er Jahre" tragen – einen Zeitraum, der keine attraktive Alternative zur Stabilität des Putin-Regimes darstellt: *Jabloko*-Gründer Grigori Jawlinski (geb. 1952) arbeitete in den Jahren 1990/91 als stellvertretender Regierungs- und Behördenchef. Die beiden (Ko-)Vorsitzenden von PARNAS Boris Nemzow (geb. 1959, ermordet 2015) und Michail Kassjanow (geb. 1957) waren Vizepremier (1997/98) bzw. (stellvertretender) Finanz- (1995–2000) und Premierminister (2000–2004).

Dass es bisher keine stabilen Bündnisse liberaler Parteien gegeben hat, liegt an den individuellen Ambitionen ihrer Spitzenpolitiker, die Kompromisse erschweren, aber auch an programmatischen Unterschieden sowie unvereinbaren, zudem wechselnden Vorstellungen über die angemessene Strategie gegenüber dem Regime (> Kap. 5.3). Der Grundkonflikt besteht darin, dass eine Positionierung als „konstruktive" Opposition Zugeständnisse und mindestens punktuelle Kooperationsbereitschaft verlangt, während Fundamentalkritik zwar politische Autonomie gewährt, aber mit politischer Marginalisierung bezahlt wird (Gel'man 2005: 38–43; Hutcheson 2018: 42–45).

Hybride Organisationen des demokratischen Lagers

Nach der Protestbewegung „Für faire Wahlen" 2011/12 (> Kap. 7.4) experimentierten mehrere Politiker:innen der liberalen Anti-Regime-Opposition mit Investitionen in Bewegungsorganisationen. Diese agierten also einerseits wie zivilgesellschaftliche NGOs, die ihre Anhänger unter Bezug auf konkrete Themen mobilisieren, versuchten andererseits aber auch, wie (nicht formal registrierte) Parteien bei Wahlen anzutreten, indem sie Bewerber:innen für Direktmandate aufstellten.

Eine der größten Organisationen dieser Art war die 2012 von Maxim Katz (geb. 1984) gegründete Stiftung *Stadtprojekte*, die an der Schnittstelle zwischen zivilgesellschaftlicher, parteipolitischer und staatlicher Sphäre operierte und Anfang 2022 mehr als 30.000 Mitglieder in über 162 Städten zählte. Sie war auf öffentlich sichtbare, langfristige Aktivitäten zur Verbesserung der städtischen Infrastruktur orientiert, die sie gemeinsam mit der lokalen Bevölkerung entwickelte. Ihr Ziel bestand darin, durch Aktionen für lebenswerte Städte nicht nur Handlungsdruck bei den örtlichen Staatsorganen zu erzeugen – wobei sie insbesondere in Moskau recht erfolgreich war –, sondern auch die Gesellschaft von unten zu politisieren.

Im Jahr 2019 begann die Stiftung, auch Wahlbewerber:innen zu unterstützen, indem sie administrativen und juristischen Beistand für sie organisierte. 2020 errangen sieben ihrer Repräsentant:innen Mandate in den Stadtparlamenten der Gebietshauptstädte Tomsk und Samara; für die Kommunalwahlen in Moskau

2022 waren 1.000 Kandidaturen geplant. Kriegsbedingt stellten die *Stadtprojekte* Anfang März 2022 ihre Tätigkeit ein.

In noch stärkerem Maße faktisch eine Partei war Alexei Nawalnys *Volksallianz*. Sie war als Bewegungsorganisation aus den Protesten 2011/12 hervorgegangen und versuchte – später auch unter den Labels *Fortschrittspartei* bzw. *Russland der Zukunft* – neun Mal erfolglos, die amtliche Registrierung zu erlangen. Das Ziel ihres Gründers bestand darin, eine Struktur aufzubauen, die je nach den konkreten Bedingungen entweder in der elektoralen Arena auftrat oder lokale soziale Bewegungen unterstützte (Greene/Robertson 2019: 222). Nawalnys De-facto-Partei bekannte sich zu politischem Liberalismus und Sozialstaatlichkeit, der Bekämpfung der Korruption und zu Reformen des politischen Systems, um die Macht vom Präsidenten auf das Parlament zu verlagern. 2019 hatte sie eigenen Angaben zufolge 100.000 Mitglieder in 56 Regionalverbänden.

> **Alexei Nawalny**
>
> Alexei Nawalny, 1976 in der Nähe von Moskau geboren, wurde bereits während seines Jura- bzw. Finanzwirtschaftsstudiums unternehmerisch tätig. Seine politische Laufbahn begann er im Jahr 2000 in der Partei *Jabloko*, in der er zuletzt Mitglied des Parteivorstands war, bevor er im Jahr 2007 wegen nationalistischer Äußerungen ausgeschlossen wurde.
>
> Aufgrund seiner Erfahrungen als Minderheitsaktionär begann er, sich als Korruptionsbekämpfer und Blogger zu engagieren. Hohe Bekanntheit erlangte er mit der 2011 gegründeten, spendenfinanzierten *Stiftung für Korruptionsbekämpfung* (FBK), darunter durch die Publikation investigativer Dokumentarfilme wie über den „Palast für Putin" (2021, ca. 126 Mio. *YouTube*-Aufrufe bis April 2023). Im Jahr 2013 wurde Nawalny als – von PARNAS unterstützter – unabhängiger Kandidat für das Amt des Moskauer Bürgermeisters mit 27,2% der Stimmen überraschend Zweiter nach dem Amtsinhaber. Er wurde in mehr als einem Dutzend Strafverfahren belangt und erlitt im August 2020 eine Vergiftung, deren Umstände einen Mordanschlag des Geheimdienstes FSB nahelegen. Nach seiner Rückkehr von der Behandlung in Deutschland (Januar 2021) wurde er zu langjähriger Lagerhaft verurteilt (> Exkurs auf S. 222).
>
> Nawalny ist innerhalb Russlands liberaler Opposition umstritten. Kritisiert werden insbesondere seine nationalistischen Positionen (> Exkurs auf S. 123), sein streng zentralistischer Führungsstil und seine konfrontativen Positionen. Meinungsumfragen zeigen, dass er ein bekannter Politiker ist: Hatten 2013 59% noch nie von ihm gehört, waren es 2021/22 nur 13–14%. Seine Tätigkeit wird aber von deutlich mehr als der Hälfte der Befragten abgelehnt (57% im Januar 2023) und nur von sehr wenigen positiv bewertet – auf dem Höhepunkt im September 2020 waren es 20%, im Januar 2023 lediglich 9% (Levada-Centr 2023a).

Seit 2016 entstand im Rahmen der zentralisierten, hochprofessionell geführten Wahlkampagne zur Vorbereitung der geplanten Kandidatur Nawalnys bei der Präsidentschaftswahl 2018 ein landesweites Netzwerk aus Wahlkampfbüros („Nawalnys Stäbe"). Diese faktischen Parteistrukturen waren eng mit lokalen zivilgesellschaftlichen Aktivist:innen verflochten (Dollbaum et al. 2018). Auch nachdem ihm die Wahlbewerbung verweigert worden war, setzten seine Büros ihre Arbeit in über der Hälfte der Regionen fort. Freiwillige und festangestellte Mitarbeiter:innen deckten lokale Korruptionsfälle auf, organisierten Protestaktionen und Wahlbeobachtungen, bewarben die Strategie des „Smart Voting" (> Kap. 5.3) und beteiligten sich an lokalen und regionalen Wahlen; im Herbst 2020 gelang sogar der Einzug in einige Stadtversammlungen.

Alle mit Nawalny in Verbindung stehenden Organisationen wurden im Frühjahr 2021 für „extremistisch" erklärt und verboten; neben der *Stiftung für Korruptionsbekämpfung*, die bereits seit 2019 als „ausländischer Agent" gelistet worden war, betraf das auch die Regionalbüros. Zu diesem Zeitpunkt hatte Nawalnys Partei Meinungsumfragen zufolge gute Chancen, mit etwa 7% der Stimmen in die Staatsduma einzuziehen (Volkov 2021a: 69). Nawalnys Stiftung führt seine Arbeit seitdem aus dem Ausland fort. Sie nutzt seine Online-Kanäle auch, um Anhänger:innen und ein breiteres Publikum über den Krieg Russlands gegen die Ukraine zu informieren sowie von ihrer politischen Agenda zu überzeugen. Zudem versucht sie, Freiwillige für (Untergrund-)Aktionen in Russland zu mobilisieren.

Rechte nationalistische Organisationen und lagerübergreifende Bündnisse

Seit den frühen 1990er Jahren waren am rechten äußeren Rand des Parteiensystems unzählige instabile, konkurrierende Organisationen entstanden, die genetisch mit dem rechtsnationalen, antisemitischen Untergrund der späten Sowjetunion verbunden waren (Tolz 2003). Sie verbanden eine Reihe faschistischer Stilelemente mit mehr oder weniger artikulierten Ideologien im breiten Spektrum nationalkonservativer, nationalbolschewistischer, neonazistischer und monarchistischer Strömungen (Laruelle 2019b: Kap. 7). Einige dieser Gruppen beteiligten sich an Bündnissen gegen Jelzins Reformpolitik, darunter die *Front der Nationalen Rettung*, der auch die KPRF angehörte. Mitglieder dieser Front verteidigten im Oktober 1993 den Obersten Sowjet gegen die von Jelzin eingesetzten Truppen (> Kap. 2.3).

Innerhalb des sich permanent reorganisierenden nationalistischen Lagers lässt sich eine primäre analytische Unterscheidung danach treffen, ob die Akteure den Fokus auf die Nation oder den Staat legen. Quer dazu liegt eine weitere Trennlinie in Bezug auf die Vorstellungen darüber, was das Wesen des russischen/russländischen Volks und seines Staates ausmacht (> Exkurs auf S. 163): Wird die Nation als rassisch überlegen angesehen, ausschließlich durch ethnische Russ:innen konstituiert oder als „ostslawische" Gemeinschaft verstanden? Wird Russland als Nationalstaat oder als (wiederherzustellendes) Imperium angesehen? Nationalistische Positionen finden sich zudem keineswegs nur im rechten Lager, sondern im gesamten parteipolitischen Spektrum.

Externe Beobachter:innen können sich in diesem komplexen Feld nur schwer orientieren, nicht zuletzt auch deshalb, weil Ideologen und Politiker zwischen Argumenten zu wechseln pflegen und sich im Laufe der Zeit nicht nur die Bedeutung der einzelnen Strömungen, sondern auch deren Verhältnis zum Regime verändert hat. Dieses wiederum sieht sich dadurch herausgefordert, dass nationalistische Organisationen einerseits die Unzufriedenheit eines Teils der Bevölkerung kanalisieren und daher für seine Stabilität nützlich sind – andererseits aber potenziell unkontrollierbar sind und auf Ideen rekurrieren, die das Regime für seine eigene Legitimation nutzt (Laruelle 2019b: 170; Verkhovsky 2018: 155–156; > Kap. 6.2). Seine Strategie ihnen gegenüber ist daher vielschichtig und ambivalent. Sie kombiniert harsche Repressionen mit selektiver Protektion.

Zu Beginn der 2000er Jahre kooptierte das Regime die KPRF und die LDPR als gemäßigte „linksimperiale" bzw. (rhetorisch radikale) „rechtsimperiale" Parteien (Laruelle 2009: Kap. 3), während es die zersplitterte äußerste Rechte aus dem Raum der institutionalisierten Politik verdrängte. So wurde die extremistische *Russische Nationale Einheit* (RNE), eine rassistisch-ethnonationalistische Partei im Jahr 2000 verboten; sie war Mitte der 1990er Jahre die viertgrößte Partei Russlands gewesen und hatte die Unterstützung von ca. 10% der Bevölkerung genossen. 2007 ereilte dieses Schicksal auch die imperial-nationalistische *Nationalbolschewistische Partei Russlands* (NBP), die ihre Registrierung bereits 1998 verloren hatte. Mit ihrem gegenkulturellen Repertoire und einer eklektischen Ideologie hatte sie nicht nur den rechten, sondern auch den linken Rand des politischen Spektrums nachhaltig geprägt (Laruelle 2019b: Kap. 7).

Mitte der 2000er Jahre gewannen ultranationalistische Gruppierungen an Zuspruch. Sie veranstalteten seit 2005 xenophobe „Russische Märsche", welche vergleichsweise großen Zulauf aus der Bevölkerung erhielten (> Kap. 7.4). Einige dieser Organisationen wurden als extremistisch eingestuft und aufgelöst. Gruppen wie die 2011 verbotene ethnonationalistische *Bewegung gegen illegale Immigration* (DPNI) stellten Verbindungen zur gewaltbereiten rechten Skinhead-Jugendszene her und versuchten gleichzeitig, sich nach dem Vorbild des französischen *Front National* und der italienischen *Lega Nord* als Parteien am rechten Rand des Parteiensystems dauerhaft zu institutionalisieren (Laruelle 2019b: 166).

Als gegen Mitte der 2000er Jahre auch die Liberalen weitgehend aus der außerparlamentarischen Arena entfernt worden waren, kam es zu Versuchen, lagerübergreifende Anti-Regime-Koalitionen zu schmieden. 2006 gründete Eduard Limonow, der Vorsitzende der NBP, mit liberalen Politikern wie Michail Kassjanow und Ex-Schachweltmeister Garri Kasparow das Bündnis *Das andere Russland*, um die Straße zu mobilisieren. Das letzte Mal traten Akteure aus diesem breiten politischen Spektrum gemeinsam auf, als sich nach der Duma-Wahl 2011/12 die landesweite Protestbewegung „Für faire Wahlen" entfaltete (> Kap. 7.4).

Demokratische nationalistische Strömungen
In der zweiten Hälfte der 2000er Jahre entwickelte sich innerhalb der ethnonationalistischen Strömung ein als „nationaldemokratisch" bezeichnetes Segment, das manche Beobachter:innen an den deutschen romantischen Nationalismus des 19. Jahrhunderts erinnerte. Ihre Repräsentanten vertraten demokratische, pro-westliche, zum Teil auch liberale, Positionen und hofften auf eine – idealerweise elektorale – „anti-autoritäre Revolution". Auch durch ihre größere

Intellektualität und die Ablehnung von Gewalt unterschieden sie sich vom rechtsnationalistischen Spektrum, waren aber ebenfalls dezidiert fremden- und migrationsfeindlich eingestellt (Laruelle 2019b: Kap. 8; Kolstø 2022: 126–129, 193–203; Verkhovsky 2018: 147–150).

Eine der ersten nationaldemokratischen Organisationen war die *Nationale Russische Befreiungsbewegung NAROD* (2007–2009), deren Ko-Gründer Alexei Nawalny zeitweise Kontakte zu den Veranstaltern der „Russischen Märsche" unterhielt und sich an diesen bis 2012 beteiligte. Er hat sich bis heute nicht klar von diesen früheren Positionen distanziert, darunter seiner zweideutigen Haltung zur Krim-Annexion, an der er nur ihre Form entschieden kritisierte; den Krieg im Donbass 2014 verurteilte er ebenso wie den Überfall Russlands auf die Ukraine 2022. In der Forschung wird darauf hingewiesen, dass Nawalnys Bedeutung als Politiker nicht auf seinem früheren Engagement in der nationalistischen Bewegung beruht, sondern auf seinem Auftreten als Demokrat und Kämpfer gegen Korruption (Verkhovsky 2018: 148).

Gegen Mitte der 2010er Jahre provozierte die „ukrainische Frage" eine Spaltung des rechtsnationalistischen Lagers. Die Annexion der Krim (2014) war unter Ethnonationalisten umstritten, traf aber auf die volle Zustimmung der imperialen Nationalisten. Den Krieg im Donbass lehnten einige wenige ethnonationalistische Politiker ab, während die Mehrheit das Putin-Regime kritisierte, weil es die Separatisten ihrer Auffassung nach nur zögerlich unterstützte. Mehrere Tausend ihrer Anhänger kämpften als Freiwillige auf der Seite der „Volksrepubliken Lugansk und Donezk". So wurden die ukrainischen Streitkräfte durch Mitglieder neonazistischer Gruppierungen aus Russland verstärkt, da diese den „Euromaidan" als „nationale Revolution" gegen ein korruptes Regime ansahen (Kolstø 2022: Kap. 9; Verkhovsky 2018).

Der Überfall Russlands auf die Ukraine im Februar 2022 verursachte eine erneute Spaltung. Bei der Mehrheit der extremen Rechten stieß er auf Zustimmung, auch wenn am Verlauf der „militärischen Spezialoperation" vielfach Kritik geübt wurde. Viele ihrer Aktivisten engagierten sich bei der Hilfe für Kriegsflüchtlinge und die Bevölkerung in den besetzten Gebieten, unterstützten die Armee oder beteiligten sich teilweise selbst an den Kämpfen. Dadurch konnten sie ihre Kontakte in das militärische Milieu und in die Bevölkerung ausbauen und ihre Ansichten weiter verbreiten, wobei sie davon profitierten, dass sich die offizielle Rhetorik und Ideologie ihren Positionen angenähert hatten. Beobachter:innen sehen darin Anzeichen für die Überwindung der langjährigen Krise des rechtsextremen Lagers.

Gleichzeitig zog seit Anfang 2023 auch das zahlenmäßig schwächere Lager der nationalistischen Gegner der „Spezialoperation" einige Aufmerksamkeit auf sich. Das im Sommer 2022 gegründete *Russische Freiwilligenkorps*, dem überwiegend Neonazis angehören, behauptet, Teil der „Internationalen Legion" der ukrainischen Territorialverteidigung zu sein. Gemeinsam mit der *Legion „Freiheit Russlands"*, die aus Überläufern des russländischen Militärs auf die ukrainische Seite bestehen soll, reklamierten sie mehrere Angriffe auf Dörfer im Grenzgebiet Russlands (Al'perovič 2022, 2023).

> **Weiterführende Literatur**
>
> Aus der sehr breiten Forschungsliteratur zum Thema „Parteien und Parteiensystem" sind Hutcheson (2018: Kap. 2, 4–5), auch für seine exzellente Dokumentation von Daten und Quellen, und Reuter (2017) zu empfehlen, der *Einiges Russland* und seine gescheiterten Vorläufer in vergleichender Perspektive analysiert.
>
> Dollbaum, Lallouet und Noble (2021) beleuchten Alexei Nawalnys politischen Werdegang vom Minderheitsaktionär zum prominentesten Regimekritiker Russlands, der das bislang ausgereifteste Projekt einer Anti-Regime-Partei verfolgte. Sie analysieren die Bedingungen für seine Erfolge und die Widersprüche in seinem politischen Wirken.
>
> Aufschlussreiche Analysen der heterogenen Landschaft nationalistischer – rechtsextremer ebenso wie demokratischer – Bewegungen und Parteien bieten zum Beispiel Laruelle (2019b: Kap. 7–9), Kolstø (2022), Verkhovsky (2018). Für einen Überblick über linksradikale und -extremistische Parteien, die wir in diesem Kapitel nicht berücksichtigt haben, s. Fröhlich (2018) und March (2023).

5 Wahlen und Wahlmanipulation

Zusammenfassung

Seit 1991 haben in Russland regelmäßig Präsidentschafts- und Parlamentswahlen stattgefunden. Während sie auch in den 1990er Jahren in vielerlei Hinsicht gegen die Standards des fairen Wettbewerbs verstießen, sind die Anzeichen für Manipulationen seit dem Jahr 2004 immer deutlicher geworden. Dieses Kapitel untersucht die Funktionen von Wahlen, die vielfältigen Strategien und Formen von Wahlbetrug sowie die Gegenstrategien, mit denen die Anti-Regime-Opposition experimentiert, um verbliebene Spielräume zu nutzen. Anhand von Beispielen gehen wir auch auf den Variantenreichtum des elektoralen Autoritarismus auf der regionalen Ebene ein.

5.1 Wahlen und ihre Funktionen

Wahlen sind auch in Russland Ereignisse, die den politischen Kalender auf der nationalen, regionalen und lokalen Ebene strukturieren. Im Zeitraum bis 2021 fanden sieben Präsidentschafts- und acht Parlamentswahlen statt, von denen einige für die weitere Entwicklung des politischen Systems entscheidende Weichen stellten. Sie geben Auskunft über das Ausmaß des politischen Wettbewerbs, die Dynamiken der Elitenkoordination und über die Fähigkeit des Regimes, die genuine Ergebnisunsicherheit zu minimieren, die Wahlen in Demokratien innewohnt.

Überblick: Präsidentschafts- und Parlamentswahlen 1990–2021

In den letzten Jahren der Sowjetunion hatten Wahlen ihren plebiszitären Charakter verloren und waren zu einer Arena des politischen Wettbewerbs geworden (> Kap. 1.2). Im März 1990 traten bei den legislativen Wahlen Russlands in fast allen Wahlkreisen mindestens zwei Kandidat:innen gegeneinander an. Mit den „Demokraten" und den „Kommunisten" formierten sich danach im neuen Parlament zwei gegensätzliche Lager, zu denen sich je etwa 40% der Abgeordneten bekannten. Im Juni 1991 setzte sich bei der Wahl des ersten Präsidenten Russlands unter sechs Bewerbern der „Demokrat" und ehemalige KPdSU-Spitzenfunktionär Boris Jelzin bereits im ersten Wahlgang durch (s. Tab. 5.1).

5 Wahlen und Wahlmanipulation

Tab. 5.1: Ergebnisse von Präsidentschaftswahlen 1991–2018

Wahl	Wahlsieger (Stimmen)		Zweitplatzierter (Stimmen)		Stimmendifferenz	Wahlbeteiligung
1991	B. Jelzin	57,3%	N. Ryschkow (KPdSU)	16,9%	40,4%	76,6%
1996*	B. Jelzin	53,8%	G. Sjuganow (KPRF)	40,3%	13,5%	68,9%
2000	W. Putin	52,9%	G. Sjuganow (KPRF)	29,2%	23,7%	68,7%
2004	W. Putin	71,3%	N. Charitonow (KPRF)	13,7%	57,6%	64,4%
2008	D. Medwedew	70,3%	G. Sjuganow (KPRF)	17,7%	52,6%	69,8%
2012	W. Putin	63,6%	G. Sjuganow (KPRF)	17,2%	46,4%	65,3%
2018	W. Putin	76,7%	P. Grudinin (KPRF)	11,8%	64,9%	67,5%

* Stimmenergebnis der Stichwahl; erster Wahlgang: Jelzin 35,3% – Sjuganow 32,0%
Quellen: TASS (2018); ZIK (2021b)

Die polarisierte Konfrontation der beiden Lager prägt den elektoralen Wettbewerb bis in die zweite Hälfte der 1990er Jahre. Das zeigte sich sowohl bei der Präsidentschaftswahl 1996, in der Jelzin erst in der Stichwahl gewann, als auch bei Parlamentswahlen. Der *Kommunistischen Partei der Russländischen Föderation* (KPRF), die im Jahr 1993 nur 12,4% der Stimmen erhalten hatte, gelang es 1995 und 1999, fast ein Viertel der Stimmen zu erzielen (s. Tab. 5.2). Parteien des fragmentierten liberal-demokratischen Lagers verloren hingegen an Zuspruch. Hatten für ihre erfolgreichste Partei 1993 *(Russlands Wahl)* noch 15,5% der Wähler:innen gestimmt, waren es 1995 nur 6,9% *(Jabloko)* und 1999 8,5% *(Union der Rechten Kräfte)*.

Ende der 1990er Jahre schwächte sich diese ideologische Konfliktlinie ab. Der bevorstehende Wechsel im Präsidentenamt provozierte einen Machtkampf zwischen rivalisierenden Gruppen innerhalb der Regime-Eliten, deren Parteien sich in der programmatisch konturlosen, „Stabilität" und „Kontinuität" betonenden politischen Mitte des politischen Wettbewerbs positionierten. Diese „zentristischen" Parteien vereinigten 1999 deutlich über 40% auf sich.

Tab. 5.2: Duma-Wahlen 1993–2021 (Stimmenanteile im Proporzsegment)

Wahl	1993	1995	1999	2003	2007	2011	2016	2021
„Partei der Macht" (1993, 1995 liberal, dann zentristisch)	15,5%	10,1%	23,3%	37,6%	64,3%	49,3%	54,2%	49,8%
KPRF (kommunistisch)	12,4%	22,3%	24,3%	12,6%	11,6%	19,2%	13,3%	18,9%
Weitere Parteien mit mehr als 5% der Stimmen								
Andere Regime-Parteien (1993 liberal, dann zentristisch)	6,7%	1,1%	21,7%*	9%	7,7%	13,2%	6,2%	12,8%
LDPR (nationalistisch)	22,9%	11,2%	6%	11,4%	8,1%	11,7%	13,1%	7,6%
Jabloko (liberal)	7,9%	6,9%	5,9%	4,3%	1,6%	2,3%	2%	1,3%
Wahlbeteiligung	54,3%	64,8%	61,9%	55,8%	63,8%	60,2%	47,9%	51,7%

* Darunter 8,5% für die liberale *Union der Rechten Kräfte*
Erläuterung: Die gezackte Linie markiert, dass die folgende Wahl nach wesentlich veränderten Spielregeln ablief. Informationen zu den Parteien und Angaben zur Mandatsverteilung > Kap. 4.
Quelle: berechnet nach Hutcheson (2018: 91); ZIK (2021a)

Seit den Wahlen 2003/04 setzte eine autoritäre Schließung des politischen Wettbewerbs ein, was sich sowohl in der Verengung des ideologischen Spektrums als auch in übergroßen Stimmenmehrheiten für das Regime abbildete. Der Abstand, der Putin bzw. Medwedew sowie *Einiges Russland* seitdem von ihrem jeweils stärksten Konkurrenten trennt, lässt die Opposition aussichtslos erscheinen. ER hält seit 2007 – außer in der Legislaturperiode 2011–2015 – die verfassungsändernde Mehrheit und wird von der KPRF und der LDPR sowie von Satellitenparteien flankiert, welche die linken *(Gerechtes Russland)* bzw. rechten (*Neue Leute*, seit 2021) Ränder der politischen Mitte besetzen. Keine der parlamentarischen Parteien stellt das Regime in Frage, Anti-Regime-Parteien scheitern entweder an der 5%-Sperrklausel oder werden zu Wahlen gar nicht erst zugelassen. Nachdem weitere linke Parteien neben der KPRF sowie rechtsradikale Parteien bereits in der zweiten Hälfte der 1990er Jahre keine bedeutende Rolle mehr im Parteienspektrum gespielt hatten, fielen 2007 auch die Liberalen aus dem Parlament heraus.

Innerhalb des Kartells der Duma-Parteien, auf das stets etwa 90% aller abgegebenen Stimmen entfallen, gibt es jedoch weiterhin eine gewisse Konkurrenz (> Kap. 4.2). Die größte Rivalin der Regimepartei ist noch immer die KPRF, auch wenn sie in das Regime integriert ist und keine unmittelbare Bedrohung mehr darstellt. Ihr relativer Erfolg bei der Duma-Wahl 2021 war bemerkenswert: Selbst den offiziellen Ergebnissen zufolge erhielten die Kommunisten 3,6 Mio. Stimmen mehr als 2016; damit erzielten sie ihr drittbestes Ergebnis im Verhältniswahlsegment nach 1999 und 1995. Als Gründe für das gute Abschneiden gelten ihre

Unterstützung für die Proteste gegen die Rentenreform 2018 (> Kap. 6.4) und ihre Wahlkampfstrategie, mit der sie die Stimmen von Protestwähler:innen – u.a. aus dem Corona-skeptischen Milieu – anzogen, die traditionell die LDPR begünstigt hatten (Zavadskaya/Rumiantseva 2022). Zudem profitierte die KPRF offenbar mehr als alle anderen Parteien von der „Smart-Voting"-Strategie Alexei Nawalnys (> Kap. 5.3).

Die „Partei der Macht" hingegen verlor 2021 fast 500.000 Stimmen gegenüber 2016, Wahlforensiker gehen sogar von über 3,5 Mio. aus (s. Tab. 5.4 auf S. 143). Damit manifestierte sich auch auf nationaler Ebene der Popularitätsverlust von *Einiges Russland,* der sich bereits seit 2019 bei regionalen und lokalen Wahlen gezeigt hatte (Kynev 2020a). Einige Kandidat:innen für subnationale Parlamente bzw. das Amt des Gouverneurs gingen dazu über, offiziell als unabhängige Bewerber:innen zu kandidieren, um von diesem Trend nicht beschädigt zu werden, während sie im Wahlkampf weiterhin die Ressourcen der Regimepartei nutzten.

Wie das Parteiensystem so umgestaltet und „gezähmt" wurde, dass es verlässlich zum reibungslosen Ablauf des politischen Alltags des Regimes beiträgt, ist Gegenstand von Kapitel 4. Hier geht es nun um die Rolle, die Wahlen und Wahlbetrug dafür spielen.

Russland als elektorale Autokratie: Funktionen von Wahlen

In Demokratien entscheiden die Bürger:innen mit ihrem Votum, wer die politischen Schlüsselämter besetzt und bis zu den nächsten Wahlen befugt ist zu regieren. Die Einführung freier und fairer Wahlen wird in der Forschung daher traditionell mit dem Systemwechsel von einem autoritären zu einem demokratischen politischen System identifiziert. Vermutet wird auch, dass kompetitive Wahlen, auch wenn sie demokratischen Standards nicht genügen, die allmähliche Demokratisierung eines elektoral-autoritären Regimes vorantreiben können (Edgell et al. 2018). Das gilt besonders dann, wenn das Regime noch jung ist, denn das statistische Risiko von elektoral herbeigeführten Machtwechseln ist bei den ersten drei Wahlen am höchsten. Überlebende elektoral-autoritäre Regime haben offenbar gelernt, den politischen Wettbewerb institutionell so einzuschränken, dass er keine existenzielle Bedrohung mehr für sie darstellt (Bernhard et al. 2020).

Das scheint auch für Russland zuzutreffen. Für die Besetzung der mächtigsten Position im Staat – das Präsidentenamt – sind Wahlen spätestens seit Mitte der 2000er Jahre nicht mehr als „demokratische Methode" der Elitenselektion (Schumpeter 2020 [1942]: 355) anzusehen. Bei Duma-Wahlen erreicht die Regimepartei *Einiges Russland* seit 2007 zuverlässig die parlamentarische Mehrheit. Im Laufe der Zeit entwickelte das Regime ein vielfältiges Arsenal an subtilen und weniger subtilen Instrumenten der elektoralen Manipulation, mit deren Hilfe es gelingt, Wahlen nicht nur zu gewinnen, sondern übergroße Mehrheiten bei einer angemessen hohen Wahlbeteiligung zu erlangen.

Warum betreibt das Putin-Regime diesen Aufwand, statt Wahlen abzuschaffen? Dass damit nichts weiter als demokratische Zustände gegenüber der Bevölkerung und der internationalen Staatengemeinschaft vorgetäuscht werden sollen, ist eine einfache Antwort, die jedoch den Kern verfehlt. Wie in anderen elektoralen Autokratien auch erfüllen Wahlen in Russland vielmehr essenzielle Funktionen für die kontinuierliche Regimereproduktion (Gandhi/Przeworski 2007; Gandhi/Lust-Okar 2009; Simpser 2013).

Erstens sind sie ein wichtiges Bindeglied zwischen dem Regime und der Bevölkerung:

- Indem die Wähler:innen Zustimmung zum Präsidenten und zu *Einiges Russland* äußern, verleihen sie dem Regime und seiner Herrschaft prozedural („rational-legal") begründete Legitimität (> Kap. 6.2). Präsidentschaftswahlen kommt dabei – in Übereinstimmung mit der patronalen Regimelogik – die größte Bedeutung zu, denn sie legitimieren den „Chefpatron" der informellen Machtpyramide als Inhaber des formal höchsten Staatsamtes. Im Ergebnis dessen kann sich Putin unmittelbar auf seine Verbindung zum Wahlvolk berufen – was auch ein maßgeblicher Grund ist, warum Supermehrheiten für ihn wichtig sind.
- Wahlen informieren das Regime über das Ausmaß seiner Unterstützung in der Bevölkerung bzw. seine Fähigkeit, diese zu mobilisieren. Sie zeigen daher auch Probleme und Unzufriedenheit an, auf die es gegebenenfalls reagieren kann.
- Wahlen geben Gelegenheit, die Bevölkerung durch Wahlgeschenke jeglicher Art klientelistisch an das Regime zu binden und zu mobilisieren, ohne es zu politisieren.
- Da Wahlen ein gewisses, sorgfältig kuratiertes Spektrum an politischen Alternativen offerieren, können sie der Kanalisierung von Unzufriedenheit in der Bevölkerung dienen. Das gilt besonders für legislative Wahlen, weil sie der loyalen Opposition Chancen verschaffen, Mandate zu gewinnen.

Zweitens schwächen Wahlen die Opposition:

- Überwältigende Zustimmungsraten signalisieren die Entschlossenheit und Fähigkeit des Regimes, das Elektorat zu mobilisieren und Wahlen zu gewinnen. Das entmutigt die organisierte Opposition, aber auch unzufriedene Bürger:innen.
- Indem sie den Verzicht auf fundamentale Gegnerschaft mit Kooptation in die Regime-Elite belohnen, spalten Wahlen die Opposition in das loyale Lager der „systemischen" Parteien und die Fundamentalopposition, die dieses Angebot ablehnt.
- Wahlen spalten und schwächen auch die Anti-Regime-Opposition. Ihre Parteien finden typischerweise keinen Konsens über die beste elektorale Strategie: Sollen sie Wahlen boykottieren, einen (welchen?) gemeinsamen Kandidaten unterstützen oder durch ihre Teilnahme dem Regime zu größerer prozeduraler Legitimität verhelfen und sich zudem gegenseitig Konkurrenz machen?

Drittens sind Wahlen von großer Bedeutung für die Beziehungen zwischen dem inneren Machtzirkel und den politischen Eliten:

- Die Existenz von *Einiges Russland* und die Kooptation der loyalen Opposition in das Parteienkartell verschaffen dem Regime und den Eliten anlässlich von Wahlen regelmäßig Gelegenheit, sich der anhaltenden Gültigkeit ihres Arrangements der Machtteilung zu versichern (> Kap. 2.2).
- Wahlen erlauben die Bewertung der Leistungsfähigkeit von individuellen Amtsträger:innen anhand der Zustimmung des Elektorats, die sie in ihrem Zuständigkeitsbereich mobilisieren können.
- Um Mandate in den (sub)nationalen Legislativen sowie um Ämter in den lokalen Staatsorganen entfaltet sich unter Umständen ein echter Wettbewerb zwischen Angehörigen der Regime-Eliten, der häufig bereits im Prozess der Kandidatennominierung ausgetragen wird. Daher können Wahlen auch als Instrument der Personalrekrutierung in öffentliche Ämter funktionieren.
- Noch wichtiger ist, dass Wahlen regelmäßig wiederkehrende Anlässe für die Koordination der Eliten schaffen, weil diese ihre Strategien an Annahmen über den mutmaßlichen Wahlsieger ausrichten. In einem intakten *single-pyramid system* (> Kap. 3.2) bestätigen nationale Wahlen daher den konsolidierten Zustand der informellen Netzwerkkoalition, die sich um den Präsidenten als Chefpatron gebildet hat. Im Falle einer Regimekrise würden sie hingegen zur Arena des Machtkampfs zwischen konkurrierenden Gruppen.

Dem Aspekt der Elitenkoordination gehen wir nun etwas ausführlicher nach, denn er steht für das größte Risiko, das Wahlen in einem patronalen Regime innewohnt. Ob sie kompetitiv sind, gibt nicht nur Auskunft über die Existenz einer relevanten parteibasierten Opposition, sondern auch über die Geschlossenheit der national integrierten, informellen Machtpyramide. Zwar fördert die Verfassung tendenziell die Koordination aller großen politisch-ökonomischen Elitennetzwerke um den Präsidenten, anlässlich von Präsidentschaftswahlen stellt sich aber regelmäßig die Frage, ob ein personeller Wechsel im Amt zu erwarten ist. Je nachdem, welche Erwartungen die Netzwerke entwickeln, droht unter Umständen eine Spaltung der Eliten und die Desintegration des Regimes. Einzelne oder alle Gruppen könnten womöglich entscheiden, nicht den aktuellen Chefpatron bzw. einen von ihm ausgewählten Nachfolger zu unterstützen, sondern stattdessen einen ihrer Auffassung nach aussichtsreicheren Alternativkandidaten.

Wesentlich für derartige Entscheidungen sind speziell zwei Faktoren: die Popularität des Präsidentschaftskandidaten in der Bevölkerung und, wenn es sich um den Amtsinhaber handelt, sein Zeithorizont. Wenn er unpopulär geworden oder gesundheitlich eingeschränkt ist oder wenn seine in der Verfassung vorgesehene maximale Amtsdauer sich ihrem Ende zuneigt, läuft er Gefahr, als „lahme Ente" zu gelten. In solchen Fällen ist zu erwarten, dass sich im Vorfeld von Wahlen nicht nur die „außersystemische" Opposition belebt, sondern auch innerhalb der heterogenen nationalen Machtpyramide Konkurrenz um die Besetzung des Präsidentenamtes ausbricht (Hale 2015: Kap. 4). Wahlen entscheiden dann möglicherweise, ob das herrschende Regime überlebt. Eine Analyse der Wahlen 1996, 1999/2000, 2008 und 2011/12 illustriert diese theoretischen Überlegungen und verdeutlicht auch die Bedeutung der Präsidentschaftswahl 2024, sollte sie regulär stattfinden.

Die Logik patronaler Politik: Wahlen und die „Nachfolgefrage"

Jelzins Popularität lag fünf Monate vor der Präsidentschaftswahl 1996 im einstelligen Bereich, schwer beschädigt durch die Wirtschaftskrise und ihre sozialen Folgen sowie den Krieg in Tschetschenien. Er widerstand jedoch dem Rat seiner Umgebung, die Wahl auszusetzen (McFaul 2001: 289–304). In den Meinungsumfragen führte der KPRF-Vorsitzende Gennadi Sjuganow, der von einer eigenen politisch-ökonomischen „Pyramide" einschließlich einer temporären Koalition konservativer Kräfte unterstützt wurde. Hinter ihm standen einige Banken mit starkem Rückhalt in der alten Großindustrie, eine Reihe „roter Gouverneure" und vermutlich die Mehrheit der Duma-Abgeordneten; selbst einige Oligarchen spendeten Geld für seine Wahlkampagne, um sich für den Fall seines Sieges abzusichern.

Durch den Einsatz buchstäblich aller formalen und informellen Ressourcen des Präsidenten erwies sich Jelzins „Wahlmaschine" dennoch letztlich als stärker (Hale 2015: 135). Im Tausch für günstige Bedingungen bei der Privatisierung des Rohstoffsektors (> Kap. 2.3) finanzierten die wichtigsten Oligarchen seinen Wahlkampf, stellten die von ihnen kontrollierten nationalen Medien in seinen Dienst und organisierten Spin-Doktoren („Polittechnologen"), die mit ausgefeilten Überzeugungs- und Manipulationstechniken versuchten, die Öffentlichkeit und damit die Entscheidung der Wähler:innen zu beeinflussen. Von größter Bedeutung war, dass einige Gouverneure, die Sjuganow unterstützt hatten, im zweiten Wahlgang auf Jelzin umschwenkten, nachdem ihnen umfangreiche Finanztransfers aus dem föderalen Staatshaushalt überwiesen worden waren. Auch das Elektorat erhielt generöse Wahlgeschenke: Die Mindestrenten verdoppelten sich, und viele Sparer:innen, deren Einlagen der Hyperinflation von 1992 zum Opfer gefallen waren, wurden entschädigt (Treisman 1996; McFaul 2001: 289–304).

Die Präsidentschaftswahl 2000, bei der die geschwächte Koalition um die KPRF erneut unterlag, wurde faktisch bereits drei Monate zuvor in der Duma-Wahl 1999 entschieden (Hale 2015: 267–269): Unabhängig von ihrer konkreten Präferenz waren zwar alle Netzwerke in Jelzins lose integrierter Machtpyramide bereit gewesen, einen gemeinsamen Kandidaten zu unterstützen, aber von der Präsidialadministration kam (zu) lange kein eindeutiges Signal für einen geeigneten „Erben" des Chefpatrons. Daraus entwickelte sich eine Situation „konkurrierender Pyramiden". Diverse Koalitionen von Oligarchen, regionalen politischen Maschinen und Politikern organisierten sich in Form mehrerer Wahlbündnisse. Als Favorit in dieser intra-elitären Auseinandersetzung schälte sich im August 1999 *Vaterland – Ganz Russland* heraus, eine Allianz, die vom Moskauer Bürgermeister Juri Luschkow und dem Ex-Premierminister Jewgeni Primakow geführt wurde. Beobachter:innen räumten diesem beste Chancen auf das Präsidentenamt ein.

Erst in dieser brisanten Situation legte sich Jelzin auf Empfehlung seiner Berater auf Investitionen in eine eigene Partei und die Personalie Putin fest. Sein neuer Premierminister wurde dank des erfolgreichen Verlaufs des Zweiten Tschetschenienkriegs, des endlich einsetzenden Aufschwungs der Wirtschaft im Gefolge steigender Weltmarktpreise für Erdöl und der Entschiedenheit seines persönlichen

Auftretens innerhalb kürzester Zeit von einem nahezu unbekannten zum mit Abstand populärsten Politiker des Landes (s. Abb. 6.1 auf S. 154). Als die von ihm geführte Partei *Einheit* bei der Duma-Wahl im Dezember 1999 den zweiten Platz hinter der KPRF und deutlich vor *Vaterland – Ganz Russland* belegte (s. Tab. 5.2 auf S. 129), gab die intraelitäre Konkurrenz auf. In Übereinstimmung mit der Verfassung übernahm Putin als Regierungschef nach Jelzins vorgezogenem Rücktritt zu Silvester 1999 die Amtsgeschäfte des Präsidenten, was ihm für die Wahl im März 2000 einen Bonus einbrachte. Unterstützt von den meisten Gouverneuren und zwei der drei führenden oligarchischen Medienkonglomerate, besiegte er seinen kommunistischen Herausforderer bereits im ersten Wahlgang.

Da sich Putin größter Popularität unter der Bevölkerung erfreute, stellte sich die Frage eines personellen Wechsels im Amt 2004 weder für die Regime-Eliten noch für die Opposition. Er stand jedoch für 2008 aufgrund der konstitutionellen Beschränkung auf zwei Amtszeiten an. Im Vorfeld der Präsidentschaftswahl kam es dieses Mal dank Putins anhaltender Popularität jedoch nicht zum formalen Auseinanderbrechen der Machtpyramide. Mehrere Netzwerke versuchten, seine Entscheidung über den Nachfolger informell zu beeinflussen bzw. ihn zu einer (zu diesem Zeitpunkt verfassungswidrigen) dritten Amtszeit zu bewegen. Indem er stattdessen bei der Duma-Wahl 2007 – das erste und einzige Mal – die Parteiliste von *Einiges Russland* persönlich anführte (> Kap. 4.1), machte er sie zu einer Art Plebiszit über die Regimekontinuität. Als das Ergebnis eindeutig zu seinen Gunsten ausfiel, veranlasste er die Nominierung Medwedews als des von ihm ausgewählten Präsidentschaftskandidaten. Dieser trug ihm umgehend das Amt des künftigen Premierministers an. Diese „Rochade" verhinderte die Gegenmobilisierung von Gruppen, die mit Putins Personalentscheidung unzufrieden waren und sicherte Medwedews Wahlsieg (Hale 2015: 276–281; Sakwa 2011).

In der Zeit des „Tandems" (2008–2012) wurde Putin trotz seiner formal subordinierten Position als Premierminister weiterhin als Chefpatron des föderalen *single-pyramid systems* wahrgenommen, das nun gewissermaßen „zwei Spitzen" aufwies, da Medwedew das formal höchste Staatsamt bekleidete. Auch dieses Mal blieb die Nachfolgefrage lange offen. Zudem wurde im Laufe des Jahres 2011 deutlich, dass Putin in Meinungsumfragen nur noch knapp vor Medwedew führte, beide Politiker an Popularität verloren hatten und auch die Zustimmung für *Einiges Russland* gesunken war. In dieser Situation begannen einige Elitennetzwerke, ihre Erwartungen an eine zweite Amtszeit Medwedews zu knüpfen, während andere auf die Rückkehr Putins ins Präsidentenamt setzten (Hale 2015: 282–289).

Als das Tandem sechs Wochen vor der Duma-Wahl 2011 die Absicht eines erneuten Ämtertausches verkündete und außerdem behauptete, dies bereits 2007 abgesprochen zu haben, waren Teile des Elektorats empört. Sowohl die „systemische" als auch die Anti-Regime-Opposition aktivierten ihre Tätigkeit. In dieser Situation griff das Regime zu Stimmenfälschungen in einem vorher unbekannten Ausmaß, um den Wahlsieg von *Einiges Russland* zu sichern (s. Tab. 5.4 auf S. 143). Dieses Vorgehen provozierte mit der Bewegung „Für faire Wahlen" die größten Massenproteste seit der Perestrojka (> Kap. 7.4). Die Elitennetzwerke konsolidierten sich daraufhin wieder um Putin. Keines von ihnen verbündete sich mit „der Straße", was das Überleben des Regimes ernsthaft gefährdet hätte, wie die Erfahrungen der „Bunten Revolutionen" (> Exkurs auf S. 187) in einigen Nachbarländern wenige Jahre zuvor gezeigt hatten.

Das Regime hielt sich zunächst mit Gewalt zurück, ging Zugeständnisse ein, installierte Videokameras für die Wahlbeobachtung bei der Präsidentschaftswahl 2012, kündigte Reformen des Wahl- und Parteienrechts an und investierte massiv in den Wahlkampf. Putin präsentierte sich darin einerseits als „Führer der Nation", der die „wilden 1990er" beendet und die wirtschaftliche und außenpolitische Wiedergeburt des Landes herbeigeführt hatte. Andererseits rückte er „konservative Werte" in den Mittelpunkt, die in der Mehrheit der Bevölkerung auf Zustimmung stießen (> Kap. 6.2). Das sicherte seine Wiederwahl, die er 2018 unter dem Kampagnenmotto „Starker Präsident – starkes Russland!" ein weiteres Mal und unangefochten gewann.

Für künftige Situationen, in denen ein Amtswechsel im Präsidentenamt zu erwarten steht, sorgte die Verfassungsreform 2008 vor, indem sie die Zeitpunkte der Parlaments- und Präsidentschaftswahlen entkoppelte und die Wahlperioden der beiden Staatsorgane auf fünf bzw. sechs Jahre verlängerte. Damit verloren die Duma-Wahlen an Bedeutung. Sie können nicht mehr – wie in den Jahren 2000 und 2007 – als „Vorwahlen" (Primaries) fungieren und auf Präsidentschaftswahlen ausstrahlen, was sie auch als Mechanismus der Elitenkoordination zum Teil außer Kraft setzte. Aufgrund der autoritären Schließung des Regimes erfüllen Wahlen seit der zweiten Hälfte der 2010er Jahre auch einige andere Funktionen in geringerem Maße als noch in den 2000er Jahren, so etwa die der Informationsbeschaffung über die Stimmungen in der Bevölkerung und der Kanalisierung von Unzufriedenheit.

5.2 Unfairer Wettbewerb: Wie werden Wahlen gewonnen?

Elektoral-autoritäre Regime unterscheiden sich von Demokratien insbesondere durch die unfairen Wettbewerbsbedingungen, denen die Opposition ausgesetzt ist. Diese spielt auf einem „uneven playing field", weil das Regime die staatlichen Institutionen für seine Zwecke instrumentalisiert und sich durch Zugänge zu Ressourcen, Medien und Justiz systematische Vorteile verschafft (Levitsky/Way 2010: 9–12). Auch in intakten Demokratien werden von Zeit zu Zeit elektorale Spielregeln verändert, um bestimmte Wirkungen zu erzielen, die im Interesse einiger, aber nie aller politischer Parteien liegen, und auch dort engagieren sich Parteien in Wahlkämpfen, um die Bürger:innen zu Wahlentscheidungen zu bewegen, die sie von sich aus anders oder gar nicht treffen würden, und nicht alle Akteure erhalten die gleiche mediale Aufmerksamkeit. In elektoralen Autokratien nehmen die Verzerrungen aber ein Ausmaß an, das die Opposition substanziell und systematisch benachteiligt.

Verzerrung der Wettbewerbsbedingungen

Wie der Überblick am Anfang des Kapitels nahelegt, gelang es dem Putin-Regime um die Mitte der 2000er Jahre, die Kontrolle über nationale Wahlen zu erlangen. Dies gelang ihm zum Teil mit groben Fälschungen der Abstimmungsergebnisse, worauf wir weiter unten eingehen, aber noch effektiver und wichtiger waren politische, juristische und repressive Methoden, mit denen es das Spektrum der Mitspieler in der elektoralen Arena und ihre Erfolgschancen reduzierte. Weil Putin die Oligarchen zwang, ihr politisches Engagement einzustellen (> Kap. 8.4), versiegten die wesentlichsten Finanzierungsquellen der Opposition bereits in den frühen 2000er Jahren. Zudem trockneten Interventionen in die Zivilgesellschaft das gesellschaftliche Unterfutter regimekritischer Parteien immer weiter aus (> Kap. 7).

Ein dritter wichtiger Schritt war die „Neuformatierung" des Parteiensystems, bei der fundamentaloppositionelle Parteien aus der institutionalisierten Politik verdrängt und das Kräfteverhältnis innerhalb des Parteienkartells zugunsten von *Einiges Russland* verschoben wurde (> Kap. 4). Von zentraler Bedeutung dafür waren Reformen des Wahlsystems, auf die wir jetzt etwas näher eingehen wollen. Sie sind ein Lehrbuchbeispiel für institutionelles Engineering (> Exkurs auf S. 104) und demonstrieren, wie groß die Wirkungen scheinbar technischer Details sein können – was wiederum aus neoinstitutionalistischer Perspektive ein hochinteressantes Problem darstellt (> Kap. 9.1).

Wahlsysteme sind überall auf der Welt Gegenstand gezielter Manipulationen. Ihr Ergebnis stellt kaum je alle Teilnehmer:innen am politischen Wettbewerb zufrieden, denn sie verursachen immer mehr oder weniger große Verzerrungseffekte bei der Umrechnung von Stimmen in Mandate. Daher sind sie zwischen den politischen Parteien eines Landes meist umstritten. In Russland sind die treibende Kraft solcher Reformen jedoch nicht Parteien, sondern die Präsidialadministration. Wechsel zwischen Wahlsystemen haben hier weder mit veränderten parlamentarischen Mehrheiten noch mit öffentlichen Reformdebatten zu tun. Sie gehen vielmehr auf das strategische Kalkül der Präsidialadministration zurück, die jeweils unerwünschte Nebeneffekte des aktuell gültigen Wahlrechts korrigiert oder neue Instrumente entwickelt, um die Opposition einzuschränken.

Die wichtigsten Etappen dieses inkrementellen *electoral engineering* haben wir in Kapitel 4.1 ausführlich erläutert, weil es für die Herausbildung des dominanten Parteiensystems von zentraler Bedeutung war. Im Folgenden illustrieren wir, wie grundlegende – prinzipiell „unverdächtige", auch in Demokratien verbreitete – elektorale Spielregeln dazu beitragen, Wahlsiege der Regimepartei zu sichern. In Kapitel 5.3 beleuchten wir dann auch einige detailliertere Regelungen des Wahl- und Parteienrechts, die gezielt und selektiv gegen die Anti-Regime-Opposition eingesetzt werden.

Mit dem 1993 per Dekret eingeführten Grabenwahlsystem für die Staatsduma hatten der Präsident und seine Berater einerseits das normative Ziel verfolgt, die Entwicklung von Parteien voranzutreiben. Deshalb wurde die Hälfte der Mandate nach dem Prinzip der Verhältniswahl vergeben. Es begünstigt Parteien als Organisationen, weil ihre Apparate die Auswahl der Kandidat:innen kontrollieren, die unter einem gemeinsamen Markenlabel auftreten. Andererseits lagen der Entscheidung über das neue Wahlsystem machtpolitische Überlegungen zugrunde.

Sie gingen davon aus, dass prominente Reformpolitiker mithilfe des relativen Mehrheitswahlrechts Direktmandate erzielen könnten, das für die zweite Hälfte der Parlamentssitze galt. Dieses Kalkül ging zwar in der Realität nicht auf, aber in den 1990er Jahren war Jelzin zu schwach, das Wahlrecht gegen den Widerstand der Staatsduma zu ändern.

Erst nachdem *Einiges Russland* die parlamentarische Mehrheit errungen hatte, wurde es möglich, das Majorzsegment abzuschaffen (2005), so dass nun alle Duma-Mandate nach dem Prinzip der Verhältniswahl vergeben wurden. Das primäre Ziel dieser Reform bestand darin, den Gouverneuren den Beitritt zu *Einiges Russland* nahezulegen und die Parteibindung aller Wahlbewerber:innen bzw. Mandatsträger zu sichern. Sie wirkte aber auch der Fragmentierung des Parteiensystems entgegen: Kleine Parteien waren zwar bei den drei vorangegangenen Wahlen meist an der Sperrklausel gescheitert, hatten aber mitunter Direktmandate im Majorzsegment erzielt, was nun nicht mehr möglich war. Das Verbot von Wahlbündnissen, das speziell die Chancen von Parteien der liberalen und der rechtsnationalistischen Anti-Regime-Opposition minimierte, verringerte zudem nicht nur die Zahl relevanter Parteien, sondern verengte auch das politische Spektrum (> Kap. 4.4).

Im Jahr 2014 erfolgte eine weitere Kehrtwende, mit der das Grabenwahlsystem erneut eingeführt wurde. Die „Partei der Macht" profitierte nun davon, da sie dank der erfolgreichen Integration der Gouverneure (> Kap. 3.4) auch im Majorzsegment zuverlässig erfolgreich geworden war. Der Wechsel benachteiligte vor allem die KPRF. Wie groß dieser Effekt ist, lässt die Gegenüberstellung der Ergebnisse der beiden erfolgreichsten Parteien bei den Duma-Wahlen 2011 und 2021 in Tab. 5.3 erkennen. Zwar erzielten *Einiges Russland* mit jeweils knapp unter 50% und die Kommunist:innen mit etwas unter 20% in beiden Jahren nahezu die gleichen Stimmenanteile im Proporzsegment, ihr endgültiges Kräfteverhältnis nach Mandaten unterscheidet sich jedoch verblüffend deutlich. Weil das Grabenwahlsystem keine Ausgleichsmandate vorsieht, wurde das erhebliche Übergewicht, das die Regimepartei im Mehrheitswahlsegment erlangt hatte, nicht korrigiert.[22] Trotz der knapp verfehlten einfachen Mehrheit nach Stimmen bei der Listenwahl erlangte sie auf diesem Wege wieder die verfassungsändernde Supermehrheit.

---

22 Der wesentliche Unterschied des Grabenwahlsystems gegenüber dem personalisierten Verhältniswahlrecht, nach dem der Deutsche Bundestag gewählt wird, besteht darin, dass Listen- und Direktmandate nicht verrechnet werden

Tab. 5.3: „Einiges Russland" und KPRF: Wahlergebnisse 2011 und 2021

	Verhältniswahl(segment)		Mehrheitswahl-segment: Anteil an Mandaten	Gesamtergebnis	
	Stimmen	Anteil an Mandaten		Mandate	Anteil
Duma-Wahl 2011 (450 Mandate nach Verhältniswahl mit 7%-Hürde)					
ER	49,3%	52,9%	-	238	52,9%
KPRF	19,2%	20,4%	-	92	20,4%
Duma-Wahl 2021 (225 Mandate nach Parteilisten, 5%-Hürde + 225 Direktmandate)					
ER	49,8%	56%	88%	324	72%
KPRF	18,9%	21,3%	4%	57	12,7%

Quelle: Hutcheson (2018: 24); ZIK (2021a)

Manipulationen von Wahlentscheidungen der Bürger:innen

Eine andere wesentliche Dimension, den elektoralen Wettbewerb zu verzerren, besteht in der Einflussnahme auf die Präferenzbildung und das Abstimmungsverhalten der Bevölkerung. Zu den traditionell wichtigsten Methoden gehören erstens *Einschränkungen der Informations- und Meinungsfreiheit* und konzertierte Kampagnen der staatlich kontrollierten Medien. Die offizielle Medienberichterstattung begünstigt die „Partei der Macht", wie zum Beispiel eine Analyse der fünf beliebtesten nationalen Fernsehkanäle vor der Duma-Wahl 2021 belegt: Im Wahlkampf 2021 widmeten ihre Nachrichtensendungen der Partei *Einiges Russland* etwa 50–80% mehr Sendezeit als den anderen Mitgliedern des Parteienkartells und sogar ca. 800% mehr als der liberalen Partei *Jabloko*. Zudem wurde über die KPRF mehrheitlich negativ berichtet, über ER jedoch überwiegend positiv (Golos 2021). Die asymmetrische Berichterstattung ist auch deshalb wirksam, weil es unter den Bedingungen der „Informationsautokratie" (> Kap. 8.1) zwar durchaus regimekritische Medien gibt, diese aber eine begrenzte Reichweite haben bzw. nur vom politisch interessierten und eher oppositionell gesinnten Teil des Publikums gezielt konsumiert werden.

Nicht weniger wichtig, um Bürger:innen mehr oder weniger subtil zur „richtigen" Wahlentscheidung zu veranlassen, ist der *Einsatz „administrativer Ressourcen"* von Inhabern öffentlicher Ämter und des Managements staatlicher Unternehmen. Damit werden beispielsweise öffentliche Veranstaltungen finanziert, die Wahlkampfzwecken dienen, ohne als solche deklariert zu sein. Sie dienen auch zum unmittelbaren *Stimmenkauf*, indem Einzelpersonen oder ganzen Wahlkreisen Zugang zu klientelistischen Gütern und Leistungen verschafft oder versprochen wird. Das führt häufig zu einer Entkopplung zwischen den wahren Präferenzen von Wähler:innen und ihrem tatsächlichen Abstimmungsverhalten.

> **Begriff: „Administrative Ressource"**
>
> „Administrative Ressource" ist ein Sammelbegriff für die finanziellen, medialen, regulativen und sonstigen Ressourcen, die Funktionsträger:innen des Staates aufgrund ihrer Amtsposition zur Verfügung stehen und mit denen sie „Probleme" aller Art lösen können. Sie werden zum Beispiel eingesetzt, um sich selbst oder den Angehörigen des eigenen persönlichen Netzwerks private Vorteile zu verschaffen („Korruption"), politischen Gegenspielern oder Rivalen in anderen Bereichen durch die gezielte Einflussnahme auf Gerichte, Sicherheitsstrukturen, Unternehmen oder Medien zu schaden und auch, um die Wettbewerbsbedingungen von Wahlen zu verzerren. Auch in westlichen Demokratien gibt es Politiker:innen, die staatlichen Ämtern verdankte Positionsressourcen für individuelle Zwecke oder zur Verbesserung der Wahlchancen ihrer Partei verwenden, aber in Russland ist der zweckentfremdende Zugriff darauf Ausdruck der alltäglichen Normalität patronaler Politik.

Die administrative Mobilisierung kann auch als Ersatz für die politische Mobilisierung der Wähler:innen eingesetzt werden, indem diese unmittelbar zur gewünschten *Stimmabgabe genötigt* werden (Kynev 2020b: 7–9; Rogov 2018). Am Arbeitsplatz geschieht das am häufigsten. Dass sie Druck seitens ihrer Vorgesetzten ausgesetzt gewesen waren, gaben einer Untersuchung nach den Duma-Wahlen 2011 zufolge 25% der Arbeitnehmer:innen an; 15% glaubten sogar, dass ihre Wahlentscheidung sich auf ihre persönliche materielle Situation auswirken könnte (Frye et al. 2014, 2019). Betroffen sind vor allem Gruppen, deren Lebensunterhalt vom Staat abhängt, also neben Beschäftigten des öffentlichen Sektors und Militärangehörigen auch Rentner:innen und Studierende. Insbesondere Lehrer:innen werden von den lokalen Behörden veranlasst, ihren Beitrag zum „richtigen" Wahlergebnis zu leisten, indem sie Wahlagitation betreiben oder sich als Mitglieder von Wahlkommissionen unmittelbar an Fälschungen beteiligen (Forrat 2018).

Die Kehrseite der administrativen Mobilisierung von Stimmen für das Regime besteht in der gezielten *Demobilisierung von regimekritischen Wähler:innen*. Seit dem Jahr 2013 sind nationale und subnationale Wahlen – außer der des Präsidenten – auf den „Einheitlichen Wahltag" am zweiten Septembersonntag zusammengelegt. Das verschob die heiße Phase des Wahlkampfs in die Sommerferien, wenn sich große Teile der Stadtbevölkerung in ihren Ferienhäusern, den „Datschen", aufhalten. Parteien reagierten darauf mit der Reduzierung von Kampagnenaktivitäten, Wähler:innen erhielten infolgedessen weniger Informationen und die Wahlbeteiligung sank – was den Anteil administrativ mobilisierter Stimmen am Gesamtvolumen aller Stimmen vergrößerte (Kynev 2017b: 209–210).

Nicht zuletzt wird durch die Manipulation des Teilnehmerfeldes bei Wahlen versucht, schlecht informierte Wähler:innen zu verwirren und sie versehentlich dazu zu bringen, für Parteien oder Kandidat:innen zu stimmen, die als *„Spoiler"* aussichtsreicherer, aber unerwünschter Konkurrenten operieren. Oft werden sie von örtlichen ER-Funktionären oder sogar der Präsidialadministration gesponsert.

5 Wahlen und Wahlmanipulation

> **Beispiele: Spoiler-Parteien und -Kandidaten**
>
> Die größte der kleinen linken Parteien, die das Elektorat der KPRF ansprechen sollen, die *Kommunisten Russlands*, errang bei Duma-Wahlen nur 2,3% (2016) bzw. 1,3% (2021) der Stimmen. Spoiler wie sie schwächen die KPRF aber auch, weil sie deren Führung kritisieren, Abtrünnige aufnehmen und lokales Protestpotenzial binden (March 2015: 106). Auch *Gerechtes Russland* sieht sich mehreren Konkurrent:innen mit ähnlich klingenden Namen ausgesetzt, im Jahr 2021 den *Rentnern für Gerechtigkeit* und der Partei *Für Freiheit und Gerechtigkeit*. Zusammen erhielten diese beiden Parteien etwas über 3% der Stimmen.
>
> Der spektakulärste Spoiler-Fall 2021 betraf einen bekannten *Jabloko*-Politiker, der für Direktmandate in der Staatsduma und die St. Petersburger Legislative kandidierte. Gleich zwei Doubles traten gegen ihn an, um seine Erfolgsaussichten zu beschneiden. Beide teilten mit ihm das Datum ihres Geburtstags, nahmen kurz vor der Registrierung zur Wahl exakt dessen Vor- und Familiennamen an und verwendeten auf den Wahlplakaten sehr ähnliche, weil manipulierte Porträtfotos. Nur die Patronyme der drei Kandidaten unterschieden sich voneinander.

Wahlfälschungen und ihr Ausmaß

Direkte Manipulationen der Stimmabgabe am Wahltag kommen durch administrative Wählermobilisierung, den Einwurf zusätzlicher und bereits ausgefüllter Stimmzettel in die Wahlurne *(ballot-box stuffing)*, die wiederholte Stimmabgabe in mehreren Wahllokalen sowie die Fälschung von Ergebnisprotokollen durch die lokalen oder übergeordneten Wahlkommissionen zustande. Auch auf dem Wege der vorzeitigen oder mobilen Stimmabgabe – Briefwahl ist im Wahlrecht nicht vorgesehen – ist unmittelbare Wahlfälschung möglich, da es kein Monitoring dafür gibt. Seit dem Jahr 2020 dauern Abstimmungen meist drei Tage, was den Zeitraum verlängert, in dem Manipulationen stattfinden können. Neue Gelegenheiten dafür schuf auch die Einführung der elektronischen Stimmabgabe. Das legen die Ergebnisse der Duma-Wahl 2021 in Moskau nahe, bei der fast zwei Millionen Wähler:innen das E-Voting nutzten: Nach der Auszählung der „Papierstimmen" hatte die Opposition Aussicht auf acht der 15 Duma-Direktmandate. Als schließlich nach unerklärlich langer Verzögerung auch das elektronische Stimmergebnis hinzugezählt worden war, blieb nicht ein einziges davon übrig.

Die Fälschung von Wahlergebnissen ist der letzte Schritt im großangelegten, partiell orchestrierten Prozess der Wahlmanipulation. Sie ist eindeutig und auch nach russländischem Recht illegal, wird aber selten gerichtlich verfolgt – von 2011 bis 2021 wurden lediglich 173 Personen wegen Vergehen wie *ballot-box stuffing* und Unterschriftenfälschung verurteilt, darunter 94 auf Bewährung und niemand zu Haftstrafen (Toročešnikova 2021).

Wie groß ist das Ausmaß solcher Fälschungen? Hat es im Zeitverlauf zugenommen? Diese Fragen sind nur schwer zu beantworten, denn die Möglichkeiten der Wahlbeobachtung sind immer weiter eingeschränkt worden.

> **Wahlbeobachtung in Russland**
>
> Neben der *Organisation für Sicherheit und Zusammenarbeit in Europa* (OSZE), die zwischen 1996 und 2018 (außer 2007 und 2008) Missionen entsandte, haben sich auch in Russland mehrere NGOs auf Wahlbeobachtung spezialisiert. Die größte unter ihnen ist *Golos* („Stimme"), gegründet im Jahr 2000 und seit 2013 als informelle Bewegung zum Schutz der Rechte der Wähler:innen organisiert. Obwohl sie als „ausländischer Agent" (> Kap. 7.2) unter erschwerten Bedingungen tätig ist, unterhält sie Büros in der Mehrheit der Regionen und hat allein im Jahr 2021 ca. 20.000 ehrenamtliche Wahlbeobachter:innen ausgebildet.
> Deren Tätigkeitsbedingungen haben sich seit 2016 verschlechtert. Sie dürfen am Wahltag nur noch ein einziges Wahllokal besuchen. Auch werden sie nicht mehr von NGOs bestellt, sondern können nur noch durch Parteien, Kandidat:innen oder eine der Gesellschaftskammern nominiert werden. Letztere sind staatlich bestellte Konsultationsgremien (> Kap. 7.3), denen oft vorgeworfen wird, Wahlbeobachtung lediglich zu simulieren (Lyubarev 2018: 370).
> Die Aufzeichnungen der Videokameras, die nach den Protesten 2011/12 (> Kap. 7.4) in vielen Wahllokalen zur Überwachung der Stimmabgabe installiert worden waren, konnten zunächst öffentlich im Internet verfolgt werden. Seit 2021 erhalten nur noch die teilnehmenden Parteien und Kandidat:innen sowie die Wahlkommissionen Zugang zu ihnen.

Eine Alternative zur Wahlbeobachtung bietet die forensische Datenanalyse. Dabei werden offizielle und öffentlich zugängliche Wahlergebnisse mit elaborierten statistischen Methoden systematisch ausgewertet, um zu überprüfen, wie korrekt sie den Willen der Wähler:innen abbilden. Gesucht wird zunächst nach Abweichungen von mathematisch zu erwartenden „natürlichen" Mustern der Stimmenverteilung. Wenn Anomalien auftauchen, werden sie danach beurteilt, ob sie plausibel mit normalen Praktiken wie dem strategischen Abstimmungsverhalten der Wähler:innen erklärt werden können oder aber eher auf Manipulationen zurückzuführen sind, d.h. auf administrative Mobilisierung oder Fälschungen bei der Stimmabgabe und -auszählung sowie Ergebnisprotokollierung. Anders als die Wahlbeobachtung liefert die Forensik daher keine unumstößlichen Beweise, weil statistische Anomalien nur eine Art „Fingerabdruck am Tatort" sichtbar machen.

Systematische Stimmenfälschungen scheinen auf nationaler Ebene erst mit der Präsidentschaftswahl 2004 eingesetzt zu haben. Ein Indiz dafür ist beispielsweise die seitdem nachweisbare überzufällig große Anzahl von Wahllokalen, aus denen eine hohe Wahlbeteiligung von (genau) 75, 80, 85 usw. Prozent der Wahlberechtigten oder ein Stimmenanteil von (genau) 75, 80, 85 usw. Prozent für den Wahlsieger – also *Einiges Russland* oder den Präsidenten – vermeldet wird (s. Abb. 5.1). Solche „Spitzen" sind anomal. Sie gelten als Indiz dafür, dass nicht der Zufall, sondern Menschen mit ihrer Vorliebe für „schön gerundete" Zahlen am Werk waren, als die Wahlprotokolle erstellt wurden. Obgleich die Befunde

5 Wahlen und Wahlmanipulation

darauf hindeuten, dass es gewisse Vorgaben des föderalen Zentrums für die Höhe der Wahlbeteiligung und das Abstimmungsergebnis gibt, wird diese Form des Wahlbetrugs insgesamt wohl nicht zentral gesteuert (Kobak et al. 2016). Sie wird vielmehr von vielen Tausenden Personen vor Ort ausgeführt, die über gewisse Handlungsspielräume verfügen. Dafür sprechen die bemerkenswerten regionalen Unterschiede, auf die wir am Ende dieses Kapitels eingehen.

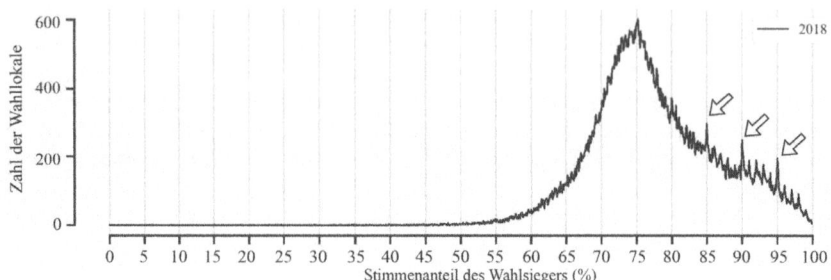

Abb. 5.1: Anomale Wahlergebnisse der Präsidentschaftswahl 2018
Quelle: Kobak et al. (2018), bearbeitet

Die bisher vorliegenden Befunde über Stimmenanomalien legen nahe, dass es bereits in den 1990er Jahren erhebliche Irregularitäten bei nationalen Wahlen gab, diese allerdings selbst für den umstrittenen Sieg Jelzins bei der Präsidentschaftswahl 1996 höchstwahrscheinlich nicht entscheidend waren (Myagkov et al. 2009). Massive Wahlfälschungen beschränkten sich damals auf einige innerrussische Republiken mit überdurchschnittlich vielen Wahlbezirken, in denen eine unglaubwürdig hohe („sowjetische") Wahlbeteiligung mit einem überdurchschnittlich hohen Stimmenanteil für den Wahlsieger einherging. Zudem kamen sie im ersten Wahlgang überwiegend Jelzins kommunistischem Herausforderer zugute.

Die Zahl auffälliger Wahlbezirke scheint bis 2003 nur graduell, in den Jahren 2004 und 2007 jedoch schlagartig zugenommen zu haben. Sie konzentrieren sich noch immer besonders auf die ethnischen Republiken im Nordkaukasus sowie Zentral- und Südrussland. So wurden bei den Duma-Wahlen 2007 und 2011 in 59 bzw. 54% aller Wahlbezirke Baschkortostans, Dagestans, Tatarstans und Tschetscheniens statistische Anomalien festgestellt (Moser/White 2017: 90), und bei der Parlamentswahl 2021 fiel auf, dass 47% der Stimmen für *Einiges Russland* aus Regionen stammten, in denen zusammen nur 25,1% der Wahlberechtigten des Landes leben (Kynev 2021a: 14).

Einen Eindruck vom mutmaßlichen Ausmaß der Stimmenfälschungen seit dem Jahr 2000 vermittelt Tabelle 5.4. Zu erkennen ist, dass der Anteil anomaler Stimmen im Laufe der Jahre deutlich zugenommen hat. Auffällig ist auch, dass Präsidentschaftswahlen offenbar in weit geringerem Umfang betroffen sind als die Verfassungsabstimmung 2020 sowie Parlamentswahlen. Bei der Wahl 2021 erreichte der Anteil an Stimmen, die zugunsten von *Einiges Russland* allein im Proporzsegment hinzugefügt wurden, einen Rekordwert und machte knapp die

Hälfte aus. Auch ohne „Zugaben" wäre ER jedoch mit einer relativen Mehrheit von knapp einem Drittel der Stimmen stärkste Partei vor der KPRF geblieben, die den korrigierten Berechnungen zufolge statt der offiziell 18,9% über 25% der Stimmen erhielt.

Tab. 5.4: *Hinweise auf Wahlfälschungen bei Duma- und Präsidentschaftswahlen*

Wahl bzw. Abstimmung		Wahlsieger bzw. Ja-Stimmen			
		Erhaltene Stimmen		Anteil an allen gültigen Stimmen	
		Amtliche Angabe	Anomale Stimmen (Anteil)	Amtliche Angabe	Forensisch bereinigte Angabe
2000	Präsident	38,4 Mio	2,9 Mio (8%)	52,8%	50,9%
2003	Staatsduma*	22,8 Mio	4,1 Mio. (18%)	37,6%	30,1%
2004	Präsident	49,6 Mio	8,3 Mio. (17%)	71,3%	67,4%
2007	Staatsduma	44,7 Mio	12,3 Mio. (28%)	64,3%	56,6%
2008	Präsident	52,5 Mio	14,4 Mio. (27%)	70,3%	63,2%
2011	Staatsduma	32,4 Mio	14,6 Mio. (45%)	49,3%	34,9%
2012	Präsident	45,6 Mio	10,5 Mio. (23%)	63,6%	57,4%
2016	Staatsduma*	28,5 Mio	12,1 Mio. (43%)	54,2%	40,5%
2018	Präsident	56,4 Mio	10,4 Mio. (18%)	76,7%	72,9%
2020	Verfassung	57,7 Mio	26,9 Mio. (47%)	78,2%	65,4%
2021	Staatsduma*	28,1 Mio	13,7 Mio. (48,8%)	49,8%	32,9%

* Stimmen im Proporzsegment
Quelle: Arutjunov/Špil'kin (2022: 358–361)

Angesichts dieser Zahlen kann man davon ausgehen, dass die realen Stimmenanteile der Wahlsieger aufgrund von Ergebnisfälschungen immer unter den offiziell gemeldeten Ergebnissen lagen. Weder Putin noch Medwedew hätten aber bisher eine Wahl verloren, und auch *Einiges Russland* wurde stets stärkste Partei – jedoch könnten sowohl ihre parlamentarische Zweidrittelmehrheit im Jahr 2021 als auch, was noch wichtiger ist, ihre einfache Mehrheit im Jahr 2011 das Ergebnis von Fälschungen gewesen sein.

5.3 Anti-Regime-Opposition: Benachteiligung und Gegenstrategien

Die Anti-Regime-Opposition sieht sich nicht nur verzerrten Wettbewerbsbedingungen ausgesetzt, sondern auch einem sich ständig erweiternden Arsenal an Instrumenten, mit denen sie gezielt und selektiv an der Wahlteilnahme gehindert wird.

Politisch motivierte Ausschlüsse von der Wahl

Zu den groben Methoden der Behinderung der Opposition gehört, ihre Wahlbüros zu durchsuchen, technische Geräte und Wahlkampfmaterial zu beschlagnahmen und Wahlveranstaltungen auf bürokratischem Wege, mit spontanen Polizeirazzien oder durch Druck auf ihre kommerziellen Kampagnendienstleister zu torpedieren. Auch die Androhung von Strafverfolgung sowie Einschüchterungsversuche führen dazu, dass Oppositionspolitiker:innen von einer Kandidatur bei Wahlen absehen.

Subtilere und selektiv anwendbare Instrumente, um unerwünschte Wettbewerber:innen an der Wahlteilnahme zu hindern, stellen das *Parteien- bzw. Wahlrecht* bereit. So verfügt das Justizministerium über juristische Mittel, Parteien von der Wahlteilnahme auszuschließen, indem es ihnen die Registrierung verweigert bzw. aberkennt oder sie sogar verbietet und auflöst.

> **Beispiele: Politisch motivierte Wahlausschlüsse von Oppositionsparteien**
>
> Der erste bedeutende Fall dieser Art betraf eine der ältesten Parteien Russlands, die bereits 1990 gegründete liberal-konservative *Republikanische Partei* (RPR), der im Jahr 2007 die Lizenz entzogen wurde. Nach einer erfolgreichen Klage vor dem *Europäischen Gerichtshof für Menschenrechte* wurde sie im Mai 2012 – während der kurzen Phase der „autoritären Liberalisierung" nach den Massenprotesten 2011/12 – schließlich wieder zugelassen. Sie vereinigte sich kurz darauf mit der *Partei der Volksfreiheit* (PARNAS), der ihrerseits bis zum Sommer 2012 die Registrierung verweigert worden war. 2016 nahm PARNAS an der Duma-Wahl erfolglos teil. Im Juni 2021 wurde ihre Registrierung wegen „technischer Mängel in der Dokumentation" für drei Monate ausgesetzt, was sie von der Parlamentswahl 2021 ausschloss. Im Mai 2023 ordnete das Oberste Gericht ihre Liquidierung an.
>
> Die Registrierung von Alexei Nawalnys 2012 gegründeter und mehrfach umbenannter Partei scheiterte am Justizministerium gleich neun Mal. Die Begründungen dafür lauteten, dass die eingereichten Dokumente mangelhaft seien oder dass bereits andere Organisationen mit ähnlichen oder gleichen Namen – offensichtliche „Spoiler" – eine Lizenz erhalten hätten.

Die zweite Hürde, die für kleine und neue Parteien unüberwindlich sein kann, besteht in den konkreten Zulassungsvoraussetzungen zu Wahlen: Wenn sie zum ersten Mal antreten oder zuvor einen bestimmten Stimmenanteil unterschritten haben, müssen sie seit 2014 innerhalb von sechs Wochen 200.000 Wählerunterschriften in mindestens 29 Regionen sammeln, um zur Wahl antreten zu dürfen. Ähnlich anspruchsvoll sind auch die Zulassungsbedingungen für individuelle Kandidat:innen. Sie bewerben sich bei Duma-Wahlen entweder auf einer Parteiliste oder – unabhängig oder für eine Partei – um ein Direktmandat. Wenn ihre Partei nicht davon befreit war, benötigten sie bei der Duma-Wahl 2021 dafür die Signaturen von mindestens 3% der Wahlberechtigten ihres Wahlkreises, je nach Wahlkreisgröße also zwischen 3.000 und 21.000.[23] Nur elf von 174 unabhängi-

---

23 Zum Vergleich: Einzelbewerber:innen bei Wahlen zum Deutschen Bundestag müssen 200 Unterschriften aus ihrem Wahlkreis vorlegen. Parteien, die nicht mit mindestens fünf Mandaten im Bundestag oder

gen Bewerber:innen gelang es, diese Hürde zu überwinden (Kynev 2021b). Für die Beteiligung an Präsidentschaftswahlen müssen ebenfalls Unterschriften beigebracht werden, wenn die Bewerbung nicht von einer in der Duma vertretenen Partei unterstützt wird; ihre Anzahl wurde im Laufe der Jahre mehrmals geändert und betrug zwischen 100.000 und zwei Millionen.

Schließlich können unerwünschte Personen auch mithilfe von Einschränkungen des *passiven Wahlrechts* an einer Kandidatur gehindert werden. Zwar kann sich prinzipiell zur Wahl stellen, wer mindestens das 21. Lebensjahr vollendet hat, (ausschließlich) die russländische Staatsbürgerschaft besitzt und ständig im Lande lebt,[24] aber zwischen 2006 und 2022 wurden weitere Beschränkungen eingeführt:

- Bewerber:innen dürfen keine ständige Aufenthaltserlaubnis im Ausland haben (2006) und keine Konten oder Wertpapiere bei ausländischen Banken unterhalten (2013).
- Personen, die wegen einer „schweren oder besonders schweren Straftat" zu einer Freiheits- oder Bewährungsstrafe verurteilt waren, sind seit 2014 noch fünf bis 15 Jahre nach deren Ablauf von einer Kandidatur ausgeschlossen; seit 2020 gilt das bereits für eine „mittelschwere Straftat", worunter neben „öffentlichen Aufrufen zum Extremismus" auch Betrug und Veruntreuung fallen, also Anschuldigungen, die häufig aus politischen Motiven erhoben werden (> Kap. 8.2).
- Seit 2021 sind Personen von Kandidaturen ausgeschlossen, die mit „extremistischen" oder „terroristischen" Organisationen zusammengearbeitet haben – sogar dann, wenn die Organisation erst später dazu erklärt wurde. Diese Regel, die dem in Art. 54 der Verfassung garantierten Rückwirkungsverbot von Gesetzen im Strafrecht widerspricht, richtete sich ursprünglich gegen Akteure aus dem Umfeld von Alexei Nawalny.
- Seit 2022 dürfen Personen, die zu „ausländischen Agenten" (> Kap. 7.2) erklärt worden sind, nicht mehr mit politischen Parteien zusammenarbeiten und sich als Wahlkommissionsmitglied oder an Wahlkämpfen beteiligen.

Schätzungen zufolge wären derartige Einschränkungen im Jahr 2021 auf insgesamt zehn bis elf Millionen Bürger:innen anwendbar gewesen, also auf etwa 10% der Wahlberechtigten (Golos 2022). Der politisch motivierte Ausschluss von Oppositionskandidat:innen erreichte damit einen historischen Rekord.

Elektorale Strategien der Opposition

Mit welchen Strategien begegnet die liberale Opposition (> Kap. 4.4) diesen Verzerrungen der Wettbewerbsbedingungen? Bisher hat sie prinzipiell auf Wahlen gesetzt, also auf den elektoralen, konstitutionellen Weg eines Macht- und Regimewechsels. Er könnte auch durch friedliche Massenproteste vollzogen werden, sollte das Regime die Ergebnisse allzu offensichtlich fälschen, so das Kalkül

---

einem Landtag vertreten sind, benötigen für die Aufstellung von Landeslisten Unterschriften von 0,1% der Wahlberechtigten des jeweiligen Bundeslandes, jedoch nicht mehr als 2.000.

24 Kandidat:innen für das Präsidentenamt müssen mindestens 35 Jahre alt sein und zudem die letzten 25 Jahre ununterbrochen in Russland gelebt haben.

von beispielsweise Alexei Nawalny. Die unvermeidbare Kehrseite dieser Position besteht darin, dass die Teilnahme der Opposition an Wahlen in dem Umfang, den das Regime gewährt, sowie nach den von ihm definierten Spielregeln dessen prozedurale Legitimität stärkt, denn sie beglaubigt die scheinbare Ergebnisoffenheit des Wettbewerbs. Ob Wahlen boykottiert werden sollten, weil sie zu einer Farce geworden sind, ist deshalb innerhalb der Opposition umstritten. Diese Frage spaltete sie in den letzten Jahren kaum weniger als ihre programmatischen Differenzen und die traditionellen Rivalitäten ihres Führungspersonals.

Bei Duma-Wahlen machen sich die Parteien des liberalen Lagers gegenseitig Konkurrenz. Das ist institutionell konditioniert, weil Wahlbündnisse seit 2005 nicht mehr zugelassen sind. Bei Präsidentschaftswahlen wiederum griffen Verhinderungsstrategien des Regimes und Auseinandersetzungen innerhalb des liberalen Lagers bisher oft ineinander.

Beispiel: Oppositionskandidaten bei der Präsidentschaftswahl 2018
Nachdem die Zentrale Wahlkommission (ZIK) oppositionelle Bewerber:innen 2008 und 2012 unter verschiedenen Vorwänden verhindert hatte, ging das Regime 2018 komplexer vor: Die Opposition konnte sich nicht auf einen gemeinsamen Bewerber einigen, und die ZIK ließ Grigori Jawlinski von *Jabloko* – das dritte Mal nach 1996 und 2000 – als Präsidentschaftskandidaten zu, verweigerte aber seinem Rivalen Alexei Nawalny wegen einer noch nicht verbüßten Bewährungsstrafe die Registrierung (> Exkurs auf S. 222). Nawalny rief daraufhin zum Wahlboykott auf, während seine Kritiker:innen empfahlen, für Jawlinski zu stimmen, da aufgrund der geringen Größe des liberalen Elektorats ein Boykott nicht effektiv sei. Jawlinski sah sich schließlich zwei „Spoiler"-Mitbewerber:innen ausgesetzt, die das gleiche Wählersegment wie er ansprachen, aber vermutlich von der Präsidialadministration ins Rennen geschickt worden waren. Alle drei zusammen erhielten am Wahltag weniger als 3,5% der Stimmen.

Auf der regionalen und lokalen Ebene hingegen, wo je nach lokalen Gegebenheiten größere Erfolgsaussichten für die Opposition bestehen, stellt sich die Frage nach Boykott und Verweigerung in geringerem Maße als die nach *Bündnissen zwischen registrierten liberalen Parteien und weniger formalisierten Organisationen* wie der De-facto-Partei Nawalnys zugunsten gemeinsamer Kandidat:innen. Diese profitierten zunächst von der „autoritären Liberalisierung" der Jahre 2012–2014, durch die auch die Zulassungsbeschränkungen zu Wahlen kurzzeitig gelockert wurden. Die größten Erfolge bestanden in der Wahl parteiloser Bürgermeister:innen in den Regionalhauptstädten Jekaterinburg und Petrosawodsk und im überraschend guten Abschneiden Nawalnys bei der Moskauer Bürgermeisterwahl 2013. Er belegte mit 27,2% der Stimmen den zweiten Platz nach dem Amtsinhaber, der mit 51,4% nur knapp der Stichwahl entging. Nawalnys Kandidatur und Crowdfunding-finanzierte Wahlkampagne war möglich geworden, da seine Verurteilung zu diesem Zeitpunkt noch nicht rechtskräftig war und PARNAS ihn formal nominiert hatte.

Anlässlich der Regionalwahlen 2015 schlossen sich PARNAS, Nawalnys *Fortschrittspartei* und weitere kleinere Gruppierungen – nicht aber *Jabloko* – zur *Demokratischen Koalition* zusammen, um ein gemeinsames Auftreten bei der Duma-Wahl 2016 vorzubereiten. Es scheiterte jedoch an Auseinandersetzungen über die Besetzungsmethode für den Spitzenplatz der Wahlliste, weil Michail Kassjanow, der Vorsitzende von PARNAS als der einzigen offiziell registrierten Partei des Bündnisses, sich eigenmächtig selbst dafür nominiert hatte (Dollbaum et al. 2021: 118–121).

Als Alternative zu solchen informellen Parteienbündnissen entstanden in den nächsten Jahren *überparteiliche Plattformen*. Sie unterstützten Bewerber:innen um Mandate in kommunalen Vertretungskörperschaften, indem sie administrativen und juristischen Beistand für die Wahlregistrierung leisteten und bei der Organisation und Finanzierung der Wahlkampagne halfen.

> **Beispiele: Überparteiliche Plattformen der Opposition**
>
> Neben den *Stadtprojekten*, die aufgrund ihres Fokus auf Stadtentwicklungspolitik auch über einen permanenten Organisationszweck verfügten (> Kap. 4.4), erlangten insbesondere die *Vereinigten Demokraten* Bedeutung. Bei den Moskauer Kommunalwahlen 2017 unterstützten sie ausgewählte unabhängige Kandidat:innen bzw. vermittelten sie an *Jabloko* sowie an Parteien der systemischen Opposition. Mit 267 Mandaten erzielten sie ein Viertel aller Sitze in den Stadtteilversammlungen, womit sich der Anteil oppositioneller Abgeordneter im Vergleich zu 2012 vervierfachte (Gorokhovskaia 2019: 986).
> Im Jahr 2019 gewannen die *Vereinigten Demokraten* in St. Petersburg knapp ein Zehntel der 1560 kommunalen Mandate, und 2020 traten sie mit über 500 Kandidat:innen, von denen mehr als 12% erfolgreich waren, bei lokalen Wahlen in vier Regionen an (Fontanka 2019; Neustrojew 2020). 2021 musste das Projekt jedoch abgebrochen werden, weil Michail Chodorkowskis Stiftung *Offenes Russland*, die es finanziert hatte, aufgrund der verschärften Gesetzgebung über „unerwünschte Organisationen" (> Kap. 7.2) seine Arbeit einstellte.

Bei den Moskauer Kommunalwahlen 2022 ging die Opposition beinahe leer aus: Im Vergleich zu 2017 erlangte sie nur noch in einer – statt 17 – von 125 Stadtteilversammlungen die Mehrheit; die Zahl erfolgreicher *Jabloko*-Abgeordneter sank von 176 auf vier. Zahlreiche oppositionelle Kandidat:innen waren nicht zur Wahl zugelassen worden, darunter wegen ihrer Anti-Kriegs-Haltung.

„Smart Voting": Koordination statt Kooperation

Als Alternative zu den Strategien des Wahlboykotts und der Unterstützung gemeinsamer Kandidat:innen entwickelten Nawalny und sein Team seit 2019 eine neue Strategie. Ihre Grundidee bestand darin, die Stimmen regierungskritischer Wähler:innen zu koordinieren, ohne auf ein Bündnis der Opposition angewiesen zu sein, und damit die parlamentarischen Mehrheiten von *Einiges Russland* zu schwächen oder sogar zu brechen.

Mit „Smart Voting" knüpfte Nawalny an seinen Wahlkampf zur Parlamentswahl 2011 an, als er die Wähler:innen dazu aufgerufen hatte, für jede beliebige

Bewerber:in um ein Direktmandat zu stimmen, die nicht von ER nominiert worden war. Neu war nun, dass die Stimmen unzufriedener Wähler:innen auf eine einzige Kandidat:in pro Wahlkreis gebündelt werden sollten. Da Direktmandate nach der relativen Mehrheitsregel vergeben werden und *Einiges Russland* häufig mit deutlich unter 50% der Stimmen gewinnt, erschien das Verfahren als vielversprechend.

Dieser Strategie entsprechend gab das jeweilige Regionalbüro Nawalnys wenige Tage vor der Wahl die mutmaßlich aussichtsreichste Kandidat:in im Internet bekannt. Das ermöglichte es Wähler:innen, die *Einiges Russland* nicht unterstützen wollten, ihre Stimme einer gemeinsamen Bewerber:in zukommen zu lassen. Die entsprechende Wahlempfehlung basierte auf Kriterien wie den bisherigen Wahlergebnissen der Kandidat:in, aktuellen Umfragewerten und ihrem Engagement im Wahlkampf, während programmatische Positionen keine Rolle spielten – außer 2022, als die Ablehnung des Kriegs zum zentralen Kriterium für eine „Smart-Voting"-Empfehlung wurde. Ihrerseits konnten die Wahlbewerber:innen den Auswahlprozess nicht direkt beeinflussen und mussten einer Empfehlung auch nicht explizit zustimmen.

„Smart Voting" wurde 2019 zunächst auf kommunaler und 2020 auch auf regionaler Ebene eingeführt. Als die Strategie 2021 schließlich bei der Duma-Wahl landesweit angewandt werden sollte, erklärte das Regime kurz zuvor alle mit Nawalny verbundenen Organisationen – darunter seine regionalen Wahlbüros – für „extremistisch", verbot sie und blockierte schließlich auch die Internetpräsenz der Kampagne. Die Wahlempfehlungen mussten daher über alternative Kanäle zirkuliert werden. Im Jahr 2022 wurde „Smart Voting" nur bei den Moskauer Kommunalwahlen eingesetzt.

> **Wie effektiv war „Smart Voting"?**
>
> Die Wirkung von „Smart Voting" variierte je nach Wahlebene und -kreis. Analysen legen nahe, dass die empfohlenen Kandidat:innen bei den Kommunalwahlen in St. Petersburg (2019) und in mehreren Großstädten (2020) durchschnittlich ca. 5–7% zusätzliche Stimmen erhielten (Turchenko/Golosov 2021, 2022). Das trug dazu bei, dass 2019 in der Moskauer Stadtduma 40% der unterstützten Bewerber:innen Mandate erhielten und 2020 die Opposition in der Stadtverordnetenversammlung des sibirischen Tomsk, der sowohl systemische als auch Anti-Regime-Kandidat:innen angehörten, sogar die Mehrheit der Sitze errang. Nawalnys Wahlstrategie traf hier auf besonders günstige lokale Bedingungen, die durch ein relativ hohes Maß an politischem Wettbewerb und eine seit Jahrzehnten gewachsene Tradition der Wahlbehörden geprägt war, Stimmenfälschungen zu vermeiden.

Der Effekt von „Smart Voting" bei der Duma-Wahl 2021, als 225 Kandidat:innen eine Wahlempfehlung erhielten – darunter 137 Nominierte der KPRF, 48 der Partei *Gerechtes Russland*, 20 der LDPR und 10 von *Jabloko* –, ist wegen der umfangreichen Fälschungen des Wahlergebnisses unsicher; bekannt ist aber, dass 15 der tatsächlich gewählten Abgeordneten zuvor von „Smart Voting" empfohlen worden waren.

Innerhalb der Opposition war „Smart Voting" umstritten. So befürchteten seine Kritiker:innen, dass aufgrund größerer Erfolgschancen überwiegend Politiker:innen der systemischen Opposition, besonders der KPRF, von den Wahlempfehlungen begünstigt werden würden, was zu Lasten der außersystemischen Opposition ginge und das Regime stärkte. Jawlinski, der Parteigründer von *Jabloko*, rief Nawalnys Sympathisant:innen unmissverständlich dazu auf, nicht für Kandidat:innen seiner Partei zu stimmen, da *Jabloko* sich nicht als „Taxi" für den Transport von Nawalnys Vorstellungen missbrauchen lasse. Angenommen wird, dass die Partei durch diesen Schritt erhebliche Stimmenverluste erlitt. Auch die KPRF lehnte die Strategie formal ab, zog aber vermutlich den größten Vorteil daraus.

Alle Kandidat:innen, die eine Wahlempfehlung durch „Smart Voting" erhalten hatten, stimmten im Februar 2022 – wie alle anderen Duma-Abgeordneten – für die Anerkennung der Unabhängigkeit der „Volksrepubliken" Donezk und Lugansk; einige von ihnen erwiesen sich sogar als Mitinitiatoren neuer repressiver Gesetze.

5.4 Wahlen in den Regionen: Zwei Varianten des Autoritarismus

Wahlen auf den subnationalen Ebenen der Föderation unterscheiden sich nicht grundsätzlich von Duma- oder Präsidentschaftswahlen. Je nach Region sind sie jedoch etwas mehr oder auch deutlich weniger kompetitiv, was Ausdruck der politischen Heterogenität Russlands ist. Um sie zu erfassen, differenzieren einige Forscher den „elektoralen Autoritarismus" in einen „hegemonialen" und einen „kompetitiven" Untertyp aus. Etwa die Hälfte der Föderationssubjekte lässt sich demnach stabil einer der beiden Varianten zuordnen, die übrigen sind Mischformen oder wechseln im Laufe der Zeit zwischen ihnen (Ross/Panov 2019; Saikkonen 2016).

Subnationale Muster des elektoralen Autoritarismus

In *hegemonial-autoritären Regionen* halten starke Patrone, meist die Gouverneure, den Wahlprozess mithilfe ihrer jeweiligen politischen Maschine weitgehend unter Kontrolle, angefangen bei der Medienberichterstattung bis hin zu großangelegten Wahlfälschungen zugunsten von *Einiges Russland*. Die Stimmenanteile von ER-Kandidat:innen bei regionalen Parlamentswahlen betragen meist mehr als 50%, oft sogar mehr als 70%, und die Wahlergebnisse der fast immer sehr lange regierenden Gouverneure sind nicht selten sogar noch deutlicher als die Putins. Zu diesen Regionen gehören zum Beispiel innerrussische Republiken wie Tschetschenien (> Kap. 3.4), Kabardino-Balkarien, Nordossetien und Dagestan im Nordkaukasus, die Republik Tuwa und das Gebiet Kemerowo in Sibirien sowie

Baschkortostan, Mordwinien und die Gebiete Saratow und Pensa im Wolga-Föderalbezirk.

> **Beispiel: Tatarstan: Ein hegemonial-autoritäres Regime**
>
> In der Autonomen Republik Tatarstan im westlichen Ural, in der etwas mehr als die Hälfte der 3,9 Mio. Einwohner:innen der namensgebenden Nation angehört, erhält *Einiges Russland* seit den späten 2000er Jahren bei Regionalwahlen stets zwischen 72 und 84 % der Stimmen. Ähnlich und damit außergewöhnlich hoch ist auch die Wahlbeteiligung, was Forensiker als starken Hinweis auf Fälschungen bei der Stimmabgabe und -auszählung werten. Seit 2009 gelingt es außer ER lediglich den Kommunisten, die 5 %-Sperrklausel im Verhältniswahlsegment zu überwinden.
>
> Tatarstan liefert auch ein Beispiel dafür, wie sich an der Spitze einer konsolidierten regionalen Machtpyramide ein personeller Wechsel vollziehen kann, ohne dass die Elitennetzwerke in Unruhe geraten: Dem ersten Republikchef, der bereits seit 1985 höchste Positionen im sowjetischen Staats- und Parteiapparat der Region bekleidet hatte, war es gelungen, seit 1991 drei Mal zum Gouverneur gewählt und einmal dazu ernannt zu werden. Er soll auch in die Entscheidungsfindung über seinen Nachfolger einbezogen gewesen sein, zu dem im Jahr 2010 schließlich der langjährige Vorsitzende der Regionalregierung (seit 1998) ernannt wurde. 2015 und 2020 ließ dieser sich durch die Wähler:innen mit 94,4 % bzw. 83,3 % der Stimmen im Amt bestätigen.

Kompetitiv-autoritäre Regionen hingegen zeichnet ein deutlich höherer Grad an Wettbewerb aus. Zwar gibt es auch hier Unregelmäßigkeiten bei Wahlen, aber ihre Ergebnisse stehen vorab deutlich weniger fest. Bei Wahlen zu den Legislativen erreicht *Einiges Russland* hier üblicherweise nur zwischen 30 und 50 % der Stimmen. Auch die Wahlbeteiligung ist wesentlich niedriger als in hegemonial-autoritären Regionen, was von den Eliten zum Teil absichtlich herbeigeführt wird: Weil der Zuspruch zur „Partei der Macht" vergleichsweise gering ist, verzichten die Gouverneure meist auf aufwendige Wahlkampagnen, die sich an das gesamte Elektorat der Region richten. Stattdessen sprechen sie loyale Wähler:innensegmente gezielt an, um ausschließlich diese zu mobilisieren (Kynev 2021d).

Aufgrund der stärkeren Positionen der Opposition und einer systematischeren Wahlbeobachtung sind hier auch grobe Versuche der Stimmenfälschung seltener. Die regionalen Eliten weichen auf subtilere Methoden der Manipulation aus, darunter institutionelles Engineering und administrative Wählermobilisierung (Turchenko 2020). Dieses Wettbewerbsmuster findet sich beispielsweise in der Republik Karelien sowie den Gebieten Nowgorod, Murmansk, Wologda und St. Petersburg, die alle im Föderalbezirk Nordwestrussland liegen, im Gebiet Swerdlowsk im Ural und in der Region Primorje im Fernen Osten.

> **Beispiel: Nowosibirsk: Ein kompetitiv-autoritäres Regime**
>
> In der westsibirischen Oblast Nowosibirsk (Bevölkerung: 2,78 Mio.) haben seit 1991 bereits sechs Mal die Gouverneure gewechselt. Im Jahr 1999 verfehlte einer von ihnen klar seine Wiederwahl, während die jeweiligen Amtsinhaber 2003, 2014 und 2018 mit 57–65 % der Stimmen gewannen. Alle Regional-

oberhäupter seit 2005 sind Mitglieder der Partei *Einiges Russland*, die auch die Mehrheit im Gebietsparlament hält und seit 2010 stets über mindestens 60% der Mandate verfügt. Diese Dominanz ist jedoch auf Wahlsystemeffekte zurückzuführen, denn im Verhältniswahlsegment liegt ihr Stimmenanteil jeweils nur bei 38–45%. Neben ER sind auch die KPRF (17–25% der Stimmen) sowie zwei – seit 2020 sogar fünf – weitere Parteien in der regionalen Legislative vertreten. Allerdings nimmt nur etwa ein Drittel der Stimmberechtigten (28–36%) überhaupt an Wahlen teil.

Die Opposition hält in der Regionalhauptstadt Nowosibirsk noch stärkere Positionen als in der Oblast insgesamt. Obwohl in der Stadtverordnetenversammlung alle Sitze nach relativer Mehrheitswahl vergeben werden, was üblicherweise *Einiges Russland* begünstigt, gingen hier im Jahr 2020 – teilweise dank „Smart Voting" – 44% der Mandate an die Opposition, darunter auch an einen Repräsentanten von Nawalnys Partei.

Wie lassen sich diese großen Unterschiede erklären? Umstritten ist, ob ländliche und sozioökonomisch verwundbare Bevölkerungsgruppen ein besonders zuverlässiges Stimmenreservoir für die „Partei der Macht" darstellen (Ross/Panov 2019; Saikkonen/White 2021). Als eindeutig förderlich gilt ein hoher Anteil an nichtrussischen ethnischen Gruppen, denn deren traditionelle soziale Netzwerke lassen sich auf patron-klientelistische Weise leicht mobilisieren (Bader/van Ham 2015). Die dafür benötigten Ressourcen wiederum finden sich vor allem in Regionen, wo es außergewöhnlich große Rohstoffvorkommen oder stark konzentrierte lokale Wirtschaftsstrukturen gibt (Saikkonen 2016).

Allerdings entfalten solche strukturellen Faktoren ihr Potenzial nur, wenn die Gouverneure auch individuell in der Lage und willens sind, das Verhalten der Wähler:innen zu steuern oder die benötigten Stimmen bei der Auszählung hinzuzufügen (Ross/Panov 2019: 373–375; Hale 2003). Einen Beleg für dieses Argument liefert die Beobachtung, dass Wechsel zwischen hegemonial-autoritären und kompetitiv-autoritären Regimezuständen mit der Machtübernahme durch einen neuen Gouverneur kovariieren (Kynev 2021c: 25).

Die Bedeutung der regionalen Vielfalt für nationale Wahlen

Wie weiter oben in diesem Kapitel deutlich geworden ist, haben regionale Unterschiede im Wahlverhalten auch Einfluss auf die Resultate nationaler Wahlen. Das erklärt zu einem großen Teil, warum die Abschaffung der Direktwahlen der Gouverneure im Jahr 2004 so bedeutsam war. Aufgrund der dadurch geschaffenen unmittelbaren Abhängigkeit vom Präsidenten hatten die Regionaloberhäupter nun gute Gründe, ihre Kapazitäten der elektoralen Mobilisierung konsequent auch in seinen Dienst und den von *Einiges Russland* zu stellen. Zum einen hing ihr politisches Überleben maßgeblich davon ab, ob sie günstige Wahlergebnisse für das Zentrum „organisieren" konnten, weil ihre politische Loyalität und persönliche Eignung daran gemessen wurde. Selbst die Wiedereinführung der Gouverneurswahlen acht Jahre später änderte aufgrund ihrer prozeduralen Ausgestaltung (> Kap. 3.4) nichts Wesentliches daran. Da die Föderalreformen auch die Position der Gouverneure gegenüber anderen subnationalen Akteuren gestärkt hatten, waren nun auch die kommunalen Exekutiven daran interessiert, in ihren Bezirken für „gute" Wahlergebnisse zu sorgen.

Zum anderen liegt es auch im Interesse der Gouverneure in ihrer Eigenschaft als regionale Subpatrone innerhalb der „Machtpyramide", elektorale Mehrheiten zu organisieren. So stehen Wahlerfolge ganz offenbar im Zusammenhang mit der Höhe finanzieller Transfers aus dem Zentrum (Sharafutdinova/Turovsky 2017). Zudem spornt das Duma-Wahlrecht die Regionaloberhäupter an, nicht nur viele Stimmen für *Einiges Russland* zu organisieren, sondern auch eine möglichst hohe Wahlbeteiligung zu sichern. Der Grund dafür besteht darin, dass die Mandate nach Parteilisten im nationalen Parlament nicht nach dem relativen Anteil der Regionen am Gesamtergebnis verteilt werden, sondern nach der absoluten Zahl an Stimmen, die sie einbringen. Im Jahr 2016 hatte das beispielsweise zur Folge, dass die 13 Regionen mit der höchsten Wahlbeteiligung zusammen 26 Sitze mehr erhielten, als ihnen entsprechend ihres Anteils an der wahlberechtigten Bevölkerung zustand (Kynev 2017a: 35–37). „Stimmenstarke" Regionen haben daher auch bessere Einflusschancen auf die Politik und mehr Zugangsmöglichkeiten zu den Ressourcen des föderalen Staatsapparats. Entsprechend hat sich ein gegenseitiges Abhängigkeitsverhältnis zwischen föderalem Zentrum und „anomal" wählenden Regionen herausgebildet: Während der innere Machtzirkel davon profitiert, dass es in der Duma eine Supermehrheit für *Einiges Russland* gibt, vergrößern die Regionaleliten ihre Haushalte mithilfe von Subventionen aus dem Zentrum.

Nicht zuletzt werden die Regionen als Versuchslabore für nationale Wahlstrategien genutzt. Das gilt einerseits für das Regime, das beispielsweise die Zusammenlegung der Wahltermine auf den „Einheitlichen Wahltag" zunächst in einigen Föderationssubjekten testete und auch das E-Voting 2021 einem Probelauf in sieben Regionen aussetzte, bevor es 2022 ausgeweitet wurde. Andererseits experimentierte die Opposition mit der Technologie des „Smart Voting", als sie diese zunächst 2019 auf lokaler und 2020 auf regionaler Ebene einsetzte.

Weiterführende Literatur

Die umfassendste Studie über Wahlen zur Staatsduma (1993–2016) findet sich bei Hutcheson (2018). Reisinger/Moraski (2017) analysieren, wie Russlands Regionen durch Wahlen auf nationaler und regionaler Ebene zur Herausbildung und Konsolidierung des elektoral-autoritären Regimes beigetragen haben.
Auf dem Internetportal *Riddle*, das sich einer differenzierten Analyse von Politik in Russland verschrieben hat und von Wissenschaftler:innen mehrerer Länder unterhalten wird, gibt es auch eine Rubrik „Wahlen", die immer wieder aktualisiert wird (https://ridl.io/category/politics/elections/). Berichte zu Wahlen, der elektoralen Gesetzgebung und ihrer permanenten Revision werden regelmäßig auf der Webseite der Wahlbeobachtungsorganisation *Golos* veröffentlicht, die auch auf Englisch verfügbar ist (https://golosinfo.org/en).

6 Regime und Bevölkerung: Legitimation und Loyalität

Zusammenfassung

Die Langlebigkeit des Putin-Regimes beruht nicht nur auf seinen formalen und informellen Institutionen, sondern auch auf der breiten Akzeptanz durch die Bevölkerung. Wie Meinungsumfragen zeigen, gelang es Putin, zeitweilige Popularitätsverluste immer wieder auszugleichen. Auf der Suche nach einer angemessenen Erklärung dafür geht dieses Kapitel dem Wandel der Legitimationsstrategien des Regimes nach. Es analysiert ihre ideologischen sowie performanzbasierten Dimensionen und diskutiert Hinweise darauf, dass diese die Nachfrage eines großen Teils der Bevölkerung bedienen.

6.1 Putins Popularität

Wie die meisten modernen Autokratien strebt auch das Putin-Regime danach, von der Bevölkerung akzeptiert zu werden. Ein einfacher, aber zuverlässiger Indikator für seine Unterstützung ist die Beliebtheit des Präsidenten, die regelmäßig in Meinungsumfragen erhoben und von den Regime-Eliten mit großer Aufmerksamkeit verfolgt wird. Zum einen macht es der Glaube der Bevölkerungsmehrheit an die Legitimität der herrschenden Ordnung und ihr „Gehorchen*wollen*" (Weber 1972: 122) unnötig, diese mit Gewalt durchzusetzen. Zum anderen entzieht es potenziellen Herausforderern die soziale Basis und wirkt Elitenspaltungen entgegen, die das größte Risiko für die Regimestabilität darstellen (> Kap. 2.2, 9.4). Hohe Popularitätswerte des Präsidenten signalisieren, dass es keine realistische Alternative zum aktuellen Inhaber des konstitutionell vorgesehenen formalen Spitzenamts im Staat gibt und damit – entsprechend der patronal-personalistischen Regimelogik – auch nicht zum Chef der informellen „Machtpyramide".

Schwankende Zustimmungswerte

Im Gegensatz zu Boris Jelzin, dessen anfangs große Popularität schnell verblasst war, führt Wladimir Putin seit über zwei Jahrzehnten in allen Umfragen mit deutlichem Abstand die Liste der vertrauenswürdigsten Politiker Russlands an und erhält überwiegend positive Bewertungen für seine Tätigkeit. Dies belegen z.B. die Ergebnisse des renommierten Moskauer Lewada-Zentrums für Meinungsforschung, das in *Face-to-face*-Interviews jeden Monat 1.600 Personen unter anderem danach fragt, ob sie mit der Amtsführung des Präsidenten zufrieden sind (schwarze Linie in Abb. 6.1). In den fast 24 Jahren zwischen Ende 1999 und Juni 2023 antworteten durchschnittlich 74,6% der Respondent:innen zustimmend. Zum Vergleich: Ähnlich hohe Werte erzielte in Deutschland auch Bundeskanzlerin Angela Merkel, diejenigen von US-Präsidenten liegen jedoch deutlich niedriger.[25]

---

25 Während ihrer gesamten Amtszeit (2005–2021) waren durchschnittlich 73,8% der deutschen Bevölkerung der Auffassung, Angela Merkel „mache ihre Arbeit eher gut" (Politbarometer 2021). Die Zustimmungswerte für Barack Obama (2009–2017) und Donald Trump (2017–2021) lagen in Meinungsumfragen in den USA bei 48% bzw. 41% (Newport/Saad 2021: 229).

6 Regime und Bevölkerung: Legitimation und Loyalität

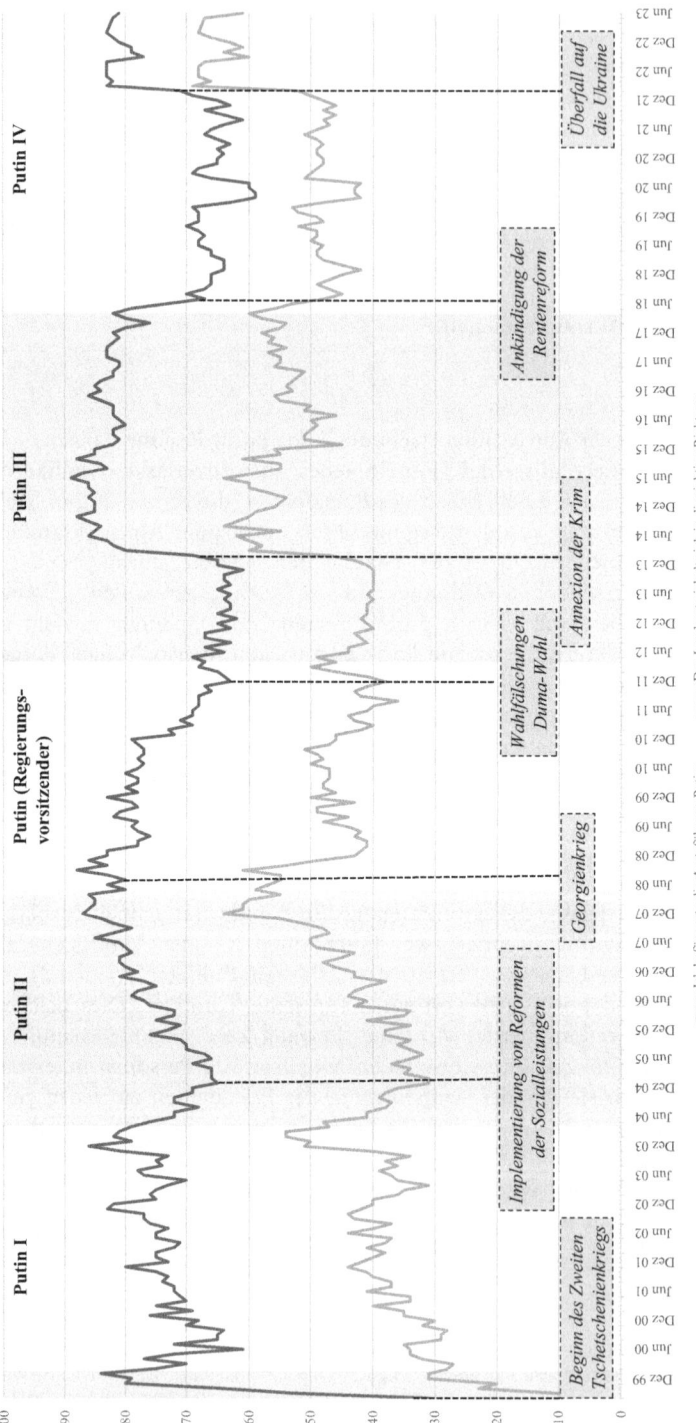

Abb. 6.1: Putins Popularität (August 1999 bis Juni 2023)
Antworten in % der Befragten; Quelle: Levada-Centr (2023c, 2023d), eigene Darstellung

Allerdings schwankt Putins Beliebtheit erheblich: Gegen Ende jeder präsidentiellen Amtsperiode lag sie bisher stets höher als in ihrer ersten Hälfte, wobei die absoluten Höhepunkte (81–83%) auf die Zeiträume November 2006 – Januar 2009, März 2014 – April 2018 und seit März 2022 fallen. Auffällig ist auch, dass die Beliebtheitskurve bis 2014 einen mehr oder weniger allmählichen Verlauf nahm, danach jedoch eine sprunghafte Dynamik aufweist: Abrupt einsetzende Phasen hoher Popularität folgten auf mehrjährige Tiefphasen (März 2011 – Februar 2014, Juli 2018 – Februar 2022), in denen die Durchschnittswerte kaum 65% überstiegen.

Schließlich korreliert die Bewertung von Putins Amtsführung mit der Einschätzung der allgemeinen Entwicklung Russlands (graue Linie in Abb. 6.1). Bezeichnenderweise nähern sich beide Kurven im Laufe der Zeit sogar deutlich an, was darauf hinweist, dass immer mehr Befragte das Staatsoberhaupt unmittelbar für die Lage im Land verantwortlich machen. Das deutet auf den hohen Erfolgs- und Legitimitätsdruck hin, der auf dem Präsidenten lastet, und signalisiert, dass die Bevölkerung den personalistischen Charakter des Regimes wahrnimmt. Bemerkenswert ist, dass die Zufriedenheit mit der Entwicklung des Landes über den gesamten Zeitraum 1999–2023 hinweg einen insgesamt positiven Trend aufweist: Historische Höchststände werden ausgerechnet in der Zeit seit Februar 2022 verzeichnet, in der Russland einen Angriffskrieg gegen die Ukraine führt.

> **Sind die Ergebnisse von Meinungsumfragen zuverlässig?**
>
> In Russland gibt es viele große und kleine Meinungsforschungsinstitute, darunter auch bei Behörden einschließlich der Geheimdienste. Unter den drei renommiertesten Instituten ist nur das Lewada-Zentrum, dessen Daten wir hier verwenden, vom Staat unabhängig; seit 2016 gilt es als „ausländischer Agent" (> Kap. 7.2). Auch wenn sich Vorgehensweise und öffentliche Zugänglichkeit der Ergebnisse partiell unterscheiden, kommen diese Institute meist zu ähnlichen Schlussfolgerungen über die Meinungstrends in der Gesellschaft.
> Allerdings ist die Demoskopie – auch in Demokratien – mit schwerwiegenden methodologischen Problemen belastet. Dazu gehört, dass viele Befragte dazu tendieren, ihre tatsächliche Meinung zurückzuhalten und „sozial erwünschte" Antworten zu geben. Nur sehr wenige Menschen sind zudem bereit, an Umfragen teilzunehmen – in Russland sind es ca. 5–15%. Ob sie die gleichen Meinungen vertreten wie diejenigen, welche die Antwort verweigern, ist unsicher, so dass ein systematischer Bias nicht ausgeschlossen werden kann.
> Aus Furcht vor Sanktionen neigen Befragte in autoritären Regimen zudem dazu, ihre wahren Präferenzen zu verschleiern. Dieses Phänomen könnte in Russland besonders ausgeprägt sein, denn viele Menschen unterstellen intuitiv, dass die Umfragen von staatlichen Behörden durchgeführt werden (Judin 2022). Einige Forscher vermuten dadurch verursachte Verzerrungen bereits seit den frühen 2010er Jahren (Rogov 2016), andere finden erst in den letzten Jahren mögliche, aber uneindeutige Anhaltspunkte dafür (Frye et al. 2023). Besonders unsicher und umstritten sind Ausmaß und Qualität der Zustimmung zum Krieg gegen die Ukraine, worauf wir in Kapitel 9.3 zurückkommen.

6 Regime und Bevölkerung: Legitimation und Loyalität

Konkurrierende Erklärungen für Putins Popularität

Ist die breite Unterstützung von Putin und dem Regime genuin oder das Resultat einer propagandistischen „Gehirnwäsche"? Wie erklären sich ihre Schwankungen? Auf diese Fragen gibt es in der Forschung mehrere Antwortversuche. In theoretischer Hinsicht stellen sie Alternativen dar, empirisch ergänzen sie sich jedoch.

Ein erster Erklärungsansatz führt das im Vergleich zu Jelzin hohe Popularitätsniveau Putins auf eine in der Gesellschaft tief verwurzelte *autoritäre politische Kultur* zurück. Die Bevölkerung befürworte seine Politik, weil er das „traditionelle Regierungsmodell" Russlands wiederhergestellt habe, das zunächst durch die Perestrojka und dann durch die Reformen der 1990er Jahre zerstört worden war. Sie wünsche einen autokratischen Staat, der die Untertanen von jeglicher Verantwortung befreit und Bedrohungen durch ausländische Feinde beschwört, um nach innen Harmonie und Eintracht zu stiften (Pipes 2004). Eine differenziertere Version dieser These argumentiert, dass die paternalistischen, stabilitätsfokussierten Einstellungen der Bevölkerung zum autoritären Kontext des heutigen Russland kongruent sind und beide sich gegenseitig reproduzieren (z.B. Greene/Robertson 2019); wir wenden uns ihr in Kapitel 6.3 näher zu. Auch Interpretationen, die Putins Beliebtheit auf seine Inszenierung als „starken Führer" zurückführen, einschließlich der dabei verwendeten Symbolsprache einer traditionellen „Hypermännlichkeit" (z.B. Riabov/Riabova 2014), sind dieser Perspektive zuzurechnen.

Den Gegenpol zu solchen kulturalistischen Ansätzen bilden *rationalistische Erklärungen*. Sie rücken die Veränderlichkeit von Putins Popularität in den Vordergrund und argumentieren, dass in Russland prinzipiell derselbe Mechanismus am Werk sei wie in westlichen Demokratien: Die Bevölkerung bewerte die wahrgenommenen Leistungen des Regimes, indem sie den „Output" des politischen Prozesses einer Kosten-Nutzen-Abwägung unterzieht.

Demnach seien Jelzins schnell gesunkene Beliebtheitswerte auf die Wirtschaftskrise der 1990er Jahre und seine politischen sowie ökonomischen Fehlentscheidungen zurückzuführen. Putin hingegen wurden in seinen ersten beiden Amtszeiten der Wirtschaftsaufschwung, das Wachstum von Wohlstand und sozialer Sicherheit sowie seine Reformanstrengungen zugutegehalten (Mishler/Willerton 2003; Treisman 2011). Dass seine Beliebtheit gegen Ende der 2000er Jahre sank, erkläre sich damit, dass nun immer mehr Bürger:innen, die mit der Wirtschaftsentwicklung unzufrieden waren, den Präsidenten dafür verantwortlich machten (Treisman 2014; Frye 2021: 148–150). Auch die starken Popularitätseinbrüche anlässlich einschneidender sozialpolitischer Maßnahmen (2005 und 2018; > Kap. 6.4) und zu Beginn der Covid-19-Pandemie (2020) deuten auf Kritik an der Regimeperformanz hin. Im Unterschied dazu beeinträchtigten politische Schritte wie die „Rochade" im Präsidentenamt und die Fälschungen bei der Duma-Wahl 2011 die allgemeine Zufriedenheit mit dem Präsidenten in geringerem Maße und nur kurzfristig. Das ist ein weiterer Hinweis darauf, dass die Proteste der „Bewegung für faire Wahlen" 2011/12 letztlich nur von einem sehr kleinen Teil der Bevölkerung getragen wurden, auch wenn sie in einigen Großstädten Massencharakter angenommen hatten (> Kap. 7.4).

Die theoretischen Implikationen der beiden Erklärungsansätze sind gegensätzlich: Aus kulturalistischen Interpretationen lässt sich die Erwartung einer hochgradigen Stabilität des Putin-Regimes ableiten, weil es in eine passfähige politische Kultur eingebettet ist. Aus rationalistisch-institutionalistischer Sicht erscheint es hingegen als verwundbar, da seine Akzeptanz durch die Bevölkerung an „materielle" Leistungserwartungen gekoppelt ist. Wirtschaftliche Schwierigkeiten oder andere Krisen sollten die Loyalität der Bürger:innen daher mehr oder weniger schnell untergraben, und das umso mehr, falls sie mit massenhaften individuellen Verlusten verbunden wären. Diese Annahmen liegen zumindest partiell auch der Sanktionspolitik des Westens gegenüber Russland nach der Krim-Annexion sowie seit Frühjahr 2022 zugrunde.

Rallying around the flag?

Der rationalistische Ansatz ist jedoch nicht geeignet, die auffälligsten Schwankungen von Putins Beliebtheit – ihre abrupte Zunahme 2014 und 2022 um jeweils ca. 15% – zu erklären. Sie sind ganz offensichtlich nicht an die Wirtschaftskonjunktur oder (sozial-)politische Entscheidungen gekoppelt, sondern stehen im Zusammenhang mit Russlands Verletzungen der territorialen Integrität der Ukraine und den dadurch hervorgerufenen internationalen Krisen (> Kap. 9.2). Zu ergänzen ist, dass es auch früher bereits zwei starke, wenngleich kurze Anstiege in Putins Popularitätskurve gegeben hatte, die in zeitlicher Nähe zu „militärischen Spezialoperationen" standen: Während der Kriegsphase des Zweiten Tschetschenienkriegs (September 1999–April 2000) wuchs die Zustimmung zu Putins Tätigkeit kurzfristig auf 79–84%, und nach dem Russisch-Georgischen Krieg (August 2008) erreichte sie mit 88% den Höhepunkt eines längeren Beliebtheitshochs.

Handelt es sich hierbei um klassische *Rally-around-the-flag*-Effekte, wie sie aus westlichen Demokratien, insbesondere den USA, bekannt sind? Demnach können internationale Krisen – speziell Kriege – eine patriotische Mobilisierung der Bevölkerung hervorrufen und rationale, informationsbasierte Beurteilungskriterien der Tätigkeit von Spitzenpolitiker:innen in den Hintergrund drängen.[26] Tatsächlich scheint sich auch die Bevölkerung Russlands in allen genannten Fällen, besonders aber 2014 und 2022, um ihren Präsidenten als der symbolischen Verkörperung der nationalen Einheit versammelt zu haben.

Das „Krim-Syndrom" (Rogov 2016) wurde zweifelsohne durch die staatliche Propaganda befeuert. Sie kommunizierte die Ereignisse des Frühjahrs 2014 unter Rückgriff auf die Identitätsnarrative, derer sich das Regime seit 2012 immer massiver bediente, um Legitimitätsverluste durch die nachlassende Wirtschaftsentwicklung zu kompensieren; sie werden uns weiter unten und in Kapitel 8.1 ausführlicher beschäftigen. Von den patriotischen Gefühlen getragen, die in der

---

26 George W. Bush erreichte nach den Terroranschlägen vom 11. September 2001 im Oktober 2001 90% Zustimmung, die höchste je für einen US-Präsidenten gemessene Popularität; über seine gesamte Amtszeit hinweg (2001–2009) lag sie bei lediglich 49% (Newport/Saad 2021: 228–229).

Bevölkerung bereits existierten und sich nun verstärkten, gewann Putin die Statur eines „nationalen Führers" (Sharafutdinova 2020; Alexseev/Hale 2016). Wjatscheslaw Wolodin, der damalige Leiter der Präsidialadministration und heutige Sprecher der Staatsduma, brachte diese Stimmung mit seiner vielzitierten These „Ohne Putin gibt es kein Russland" auf den Punkt. Die Bevölkerung interpretiere die verbalen Attacken des Westens auf den Präsidenten und seine Wirtschaftssanktionen als Angriff auf sich selbst und das ganze Land (Lenta 2014).

Zum anderen beruhte das Beliebtheitshoch Putins auch auf gruppendynamischen, sozialpsychologisch erklärbaren Prozessen. So setzten die staatlichen und viele soziale Medien eine „Reputationskaskade" in Gang und legten damit den Standard für das in dieser Situation sozial erwünschte Verhalten fest. Menschen, die gegenüber sozialem Druck empfänglich waren, sahen sich deshalb veranlasst, ebenfalls Zustimmung zu Putin zu äußern, was wiederum auf weitere Personen ausstrahlte. Dabei verschleierten sie entweder ihre Präferenzen oder änderten ihre Meinung tatsächlich (Hale 2022a). Außerdem entfaltete sich eine Welle der emotionalen Mobilisierung, die positive Gefühle wie Stolz, Hoffnung und Vertrauen aktivierte und die kollektive Erfahrung einer „geeinten Gesellschaft" produzierte.

Diese Dynamik war keineswegs nur „von oben" induziert, sondern entfaltete sich im Prozess des gemeinsamen Erlebens der Krim-Annexion, denn die Nachrichten wurden gemeinsam mit der Familie, Freund:innen und Bekannten konsumiert und diskutiert. Zu beobachten war, dass dadurch nicht nur Putins Beliebtheit stieg, sondern sich auch die allgemeine Stimmung verbesserte, weil die Situation im Land und in der Gesellschaft sowie das eigene Leben in ein günstigeres Licht getaucht wurden (Greene/Robertson 2022).

Warum hielt dieses Popularitätshoch über vier Jahre an? Plausibel ist der Verweis auf die zentrale kognitive Bedeutung patriotischer Narrative, die den Präsidenten lange vor einer erneuten Bewertung nach rationalistischen Leistungskriterien schützten (Sharafutdinova 2020). Dazu passt auch der Befund, dass die manifesten Wirtschaftsprobleme nach 2014 einerseits der Regierung und der Staatsduma und andererseits den Sanktionen des Westens zugeschrieben wurden, die Beliebtheit Putins aber nicht beschädigten. Erst die unpopuläre Erhöhung des Rentenalters wurde ihm persönlich angelastet, wie die starke Abnahme der Zustimmungswerte im Sommer 2018 zeigte (Sirotkina/Zavadskaya 2020).

Es dauerte danach dreieinhalb Jahre, bevor sie erneut und wiederum ebenso schlagartig wie offenbar dauerhaft anstiegen – nachdem der Präsident am 24. Februar 2022 die „militärische Spezialoperation" gegen die Ukraine verkündet hatte. Vielleicht bestand eines der Motive Putins für diesen Schritt darin, seine Beliebtheit nach dem Vorbild der „Krim-Euphorie" zu reparieren, die seit Mitte 2018 auf einem Tiefstand stagniert hatte (> Kap. 9.2).

6.2 Regimelegitimation und illiberaler Identitätsdiskurs

Die breite Zustimmung der Bevölkerung zu einem autoritären Regime ist ein international häufig zu beobachtendes Phänomen – es ist jedoch erklärungsbedürftig, weil es der weit verbreiteten Erwartung widerspricht, dass „einfache Bürger:innen" gewissermaßen „von Natur aus" Demokrat:innen seien. Tatsächlich versuchen auch viele autoritäre Regime, die ganz offensichtlich die politische Macht im Interesse einer kleinen Elite ausüben und sich bereichern, ihren Herrschaftsanspruch mit ihrem Beitrag zum Gemeinwohl zu legitimieren. Das ist auch in Russland zu beobachten.

Der Wandel der Legitimationspolitik

Die neuere Forschung unterscheidet mehrere Legitimationsstrategien autoritärer Regime, deren Ziel darin besteht, die (mindestens passive) Unterstützung der Bevölkerung – ihr „Gehorchen*wollen*" – zu gewinnen: „Pragmatische" Strategien rücken ihre innen- oder außenpolitische Performanz („Output") in den Vordergrund, „prozedurale" („rational-legale") Strategien betonen die Bindung der regierenden Eliten an Verfahren und Normen, und „identitätsbasierte" Strategien beziehen sich z.B. auf einen Gründungsmythos, eine Ideologie oder einen charismatischen Herrscher (Grauvogel/Soest 2017; Tannenberg et al. 2021).

Das KPdSU-Einparteiregime hatte sich primär ideologisch legitimiert, indem es das Sowjetsystem als zivilisatorische Alternative zur kapitalistischen Demokratie des Westens präsentierte (> Kap. 1). Dabei bediente es sich auch des Gründungsmythos der „Großen Sozialistischen Oktoberrevolution" 1917 und später des „Großen Vaterländischen Krieges" gegen Deutschland (1941–1945). In der Stalin-Ära entwickelte sich zudem ein ausgeprägter Personenkult. Als sich herausstellte, dass die Staatsideologie nur noch über eine geringe Bindungskraft verfügte, wurde sie in den späten 1960er Jahren durch ein aus ihr abgeleitetes sozialstaatliches Performanzversprechen ergänzt und faktisch ersetzt. Die Perestrojka schließlich startete nicht nur einen Versuch der institutionellen Erneuerung des Regimes, sondern auch der Reformulierung seiner Legitimitätsansprüche. Nachdem beides gescheitert war, schrieb die neue Verfassung Russlands 1993 das Verbot jeglicher Staatsideologie fest, das formal bis heute gilt (> Kap. 3.1).

Mit dem Kurs auf die Einführung von Demokratie und Marktwirtschaft formulierte der innere Machtzirkel um Jelzin in der ersten Hälfte der 1990er Jahre einen umfassenden Legitimitätsanspruch, der die Einführung demokratischer Verfahren und Normen ebenso umfasste wie ein ambitioniertes marktwirtschaftliches Performanzversprechen. Der Wettbewerb um die Macht wurde in der parteipolitischen Arena durch den ideologischen Konflikt zwischen „Demokraten" und „Kommunisten" dominiert (> Kap. 4.1, 5.1), wies aber zugleich eine starke identitätspolitische Dimension auf. Sie betraf die Frage nach der „russischen Idee", d.h. nach der kollektiven Identität Russlands und seines Staatsvolks.

> **Traditionelle Interpretationen der „russischen Idee"**
>
> Diese Frage beschäftigte Intellektuelle und Publizisten spätestens seit dem 18. Jahrhundert intensiv. Dabei formierte sich die Vorstellung, Russland müsse sich für eine von drei Optionen entscheiden (z.B. Kappeler 2014; Laruelle 2016: 278–282): Es könne ein europäisches Land sein und wählen, ob es einen westlichen Entwicklungspfad oder einen Sonderweg einschlage, oder aber es definiere sich selbstbewusst als ein nicht-europäisches Land.

Den ersten Standpunkt nahmen die *Westler* ein, eine in den 1830er Jahren entstandene Denkströmung. Sie hielten Russland für ein rückständiges, aber zweifellos europäisches Land, das zu Westeuropa aufschließen müsse. Auf dem Gegenpol positionierten sich die *Slawophilen*, deren Ideal das bäuerliche, durch die Reformen Peters des Großen (1672–1725) weitgehend zerstörte Russland war. Mit seiner besonderen Form der kollektivistischen und harmonischen, christlich-orthodox geprägten Vergemeinschaftung habe es ein dem westlichen Individualismus entgegengesetztes Wertesystem und damit auch den besseren Teil Europas verkörpert.

In den 1920er Jahren entstand unter vor den Bolschewiki geflohenen Intellektuellen im westeuropäischen Exil eine dritte Strömung, die *Eurasier*. Sie lehnten eine „Verwestlichung" Russlands kategorisch ab. Das Land müsse seine Identität vielmehr darin finden, sich stärker dem asiatischen Teil seines Territoriums und seiner Geschichte zuzuwenden.

Die Frage nach dem „Wesen" Russlands und seiner Zukunft schien mit dem sowjetischen Gesellschaftsentwurf endgültig beantwortet gewesen zu sein, denn dieser war als universelles Entwicklungsprojekt mit „Sowjetrussland" als Vorreiter gedacht – auch wenn die Vorstellung einer unmittelbar bevorstehenden kommunistischen Weltrevolution bereits in den 1920er Jahren pragmatisch aufgegeben worden war. Nach dem Ende dieses Projekts lebte diese öffentliche und politische Debatte in den 1990er Jahren wieder auf. Sie prägte nicht zuletzt auch die wichtigsten außenpolitischen Denkschulen und den Wandel ihrer Vorstellungen über den Platz Russlands in der Welt und seine Interessen (Tsygankov/Tsygankov 2021).

In der Auseinandersetzung um die kollektive Identität Russlands vertrat das antikommunistische Jelzin-Regime zunächst den Standpunkt, das Land habe den historisch-zivilisatorischen Irrweg der Bolschewiki verlassen und vollziehe nun die „Rückkehr" nach „Europa" bzw. dem von den USA geführten Westen. Aber bereits gegen Mitte der 1990er Jahre kam der innere Machtzirkel zu der Auffassung, Russland sei ein europäisches Land, das einen eigenständigen Entwicklungspfad in Richtung Demokratie und Marktwirtschaft verfolgen müsse (Laruelle 2016). In der elektoralen Arena äußerte sich das zunächst diffus darin, dass sich die pro-präsidentiellen Parteien nunmehr „zentristisch" positionierten, womit sich die bis dahin dominante ideologische Konfrontation von „Liberalen" und „Kommunisten" auflöste (> Kap. 5.1). Jelzins Nachfolger Putin fasste diesen Standpunkt im Januar 2000 pointiert zusammen, indem er drei „Lehren aus der Geschichte" zog:

„1. Die Sowjetmacht hat das Land nicht wohlhabend, die Gesellschaft nicht dynamisch und den Menschen nicht frei gemacht.

2. Russland hat das Limit seiner politischen und sozioökonomischen Umwälzungen, Katastrophen und radikalen Veränderungen erreicht.

3. Die erfolgreiche (...) Erneuerung unseres Vaterlandes kann nicht durch eine simple Übernahme abstrakter Modelle und Schemata aus ausländischen Lehrbüchern (...) erreicht werden. Auch das mechanische Kopieren der Erfahrungen anderer Länder wird nicht zum Erfolg führen.

> (...) Es muss uns gelingen, die universellen Prinzipien der Marktwirtschaft und der Demokratie organisch mit den Realitäten Russlands zu verbinden" (Putin 1999).

Indem der Präsident daraus die Aufgabe ableitete, die „Voraussetzungen für eine schnelle und nachhaltige wirtschaftliche und soziale Entwicklung" zu schaffen, und gesellschaftliche Stabilität versprach, schwenkte das Regime in den 2000er Jahren auf eine klar performanzbasierte Legitimationsstrategie um. Wie Putins hohe Popularität zeigte, stieß sie auf hohe Nachfrage in der Bevölkerung. Ergänzt wurde sie durch identitätsbasierte Elemente, wozu neben dem Ausbau des Gedenkens an den „Großen Vaterländischen Krieg" auch die Inszenierung des Präsidenten als durchsetzungsstarker Führer sowie die ideologische Konstruktion der von Instabilität und Gewalt geprägten „wilden 1990er Jahre" als kollektives Trauma gehörten. Damit knüpfte das Regime an lebensweltliche Erfahrungen eines großen Teils der Bevölkerung an, distanzierte sich von der Jelzin-Ära und griff ein Thema auf, das in der Unterhaltungsindustrie und den Medien höchst populär war (Malinova 2021). Einige Zeit lang investierte die Präsidialadministration auch in den Versuch, den Umbau des politischen Systems mit Schlagwörtern wie „Diktatur des Gesetzes" und „souveräne Demokratie" rational-legal bzw. ideologisch-identitätspolitisch zu legitimieren.

Begriff: „Souveräne Demokratie"

Das Konzept der „souveränen Demokratie" war eine direkte Antwort der Präsidialadministration auf die „Bunten Revolutionen" in Georgien und der Ukraine (> Exkurs auf S. 187). Es enthielt ein Bekenntnis zur Demokratie als moderner Herrschaftsform, lehnte jedoch die Existenz eines für alle Gesellschaften passfähigen universellen Modells ab. Das „Volk" bestehe in westlichen Ländern aus einer Ansammlung von Individuen, die zum Gemeinwohl beitragen, indem sie ihre Eigeninteressen verfolgen. In Russland hingegen verkörpere es eine nationale, solidarische und kollektivistische Einheit. Dem entspreche ein Staat, der als Quelle und Garant von Ordnung, Sicherheit und Entwicklung agiere. Das Prinzip der Demokratie müsse zudem mit dem der „Souveränität" verknüpft werden, verstanden als wirtschaftliche, politische und militärische Wettbewerbsfähigkeit in der internationalen Arena (Surkov 2008; Richter 2009a: 43–45).
Nach 2012 wurde die Formel der „souveränen Demokratie" offiziell kaum noch verwendet. Das Wort „Demokratie" ist im offiziellen Diskurs zuweilen weiterhin anzutreffen, spielt aber keine Bedeutung für die innenpolitische Legitimation des Regimes mehr.

Die meisten ausländischen Beobachter:innen charakterisierten das Regime in den 2000er Jahren insgesamt als „nicht"- oder gar „postideologisch" (z.B. Krastev 2011), denn es setzte ganz offensichtlich auf die Demobilisierung und „Entideologisierung" der Gesellschaft. Dieser Zeitraum gilt als Blütezeit des „Nichteinmischungspakts" zwischen den sich passiv verhaltenden Bürger:innen und dem Staat, der auf Eingriffe in ihre privaten Angelegenheiten verzichtete (> Kap. 6.4). Während sich die Eliten bereicherten, profitierten auch große Teile der Bevölkerung – wenn auch in deutlich geringerem Maße – vom Wirtschaftswachstum, der wiedergewonnenen Stabilität und der Rückkehr Russlands in die internationale Arena. Dieser Kurs setzte sich unter der Präsidentschaft von Dmitri Medwedew (2008–2011) fort, die unter dem pragmatischen Output-orientierten Motto der „Modernisierung" stand.

Auch nach Putins Rückkehr als Präsident (2012) blieben performanzbezogene Aspekte weiterhin zentral, wie die jährlichen Reden des Präsidenten vor der Föderalversammlung zeigen, die sich als aktuelle Kurzfassungen des offiziellen Legitimationsdiskurses lesen lassen (Malinova 2020). Andererseits vollzog das Regime aber auch eine „konservative Wende" in der Innen- und Außenpolitik und setzte von nun an verstärkt auf eine identitätsbasierte, ideologisierte Legitimationsstrategie. Sie stellte die Verteidigung und Wiederbelebung der „traditionellen Werte Russlands" in den Mittelpunkt der öffentlichen Diskussion und der gesamten Politik (Sharafutdinova 2017). Bis dahin hatten Putin und die „Partei der Macht" *Einiges Russland* eine offen nationalistische Positionierung vermieden, um ihr Elektorat nicht zu spalten, das in dieser Frage unterschiedliche Vorstellungen vertrat. Auf den Verlust der Zustimmung von Teilen der urbanen, liberalen Mittelschichten und des rechtsnationalistischen Lagers, deren Widerspruch sich in den Massenprotesten 2011/12 geäußert hatte, reagierten sie nun mit einem „patriotischen", moralkonservativen Diskurs, der die ländliche und kleinstädtische Bevölkerungsmehrheit gezielt ansprechen sollte (Laruelle 2019a: 77–79).

Der offizielle Diskurs der kollektiven Identität Russlands fusionierte den Legitimitätsanspruch des Regimes – bzw. Putins als seiner Personifizierung – mit dem des Staates („Ohne Putin gibt es kein Russland") und bestimmte von nun an den Inhalt der Regimepropaganda (> Kap. 8.1). Um die Bedeutung dieser „konservativen Wende" besser zu verstehen, die eine längere intellektuelle und politische Vorgeschichte hat (Bluhm 2023), muss man sie im Kontext der postimperialen Nationalstaatsbildung Russlands betrachten, die bisher nicht zu einem friedensfähigen Ergebnis geführt hat.

„Nationale Frage" und offizieller Identitätsdiskurs

Der Anfang der 1990er Jahre vollzogene Bruch mit der Sowjetunion war nicht nur in politischer und wirtschaftlicher Hinsicht – den beiden offensichtlichsten Dimensionen des Systemwechsels – grundsätzlicher Art gewesen, sondern auch in Bezug auf Russlands Staatlichkeit. In dieser dritten Dimension der höchst komplexen Reformagenda („Dilemma der Gleichzeitigkeit"; > Kap. 2.3) bestand die Aufgabe darin, Russland als Nationalstaat neu zu begründen und das politische Prinzip des „Nationalismus" durchzusetzen, d.h. Kongruenz zwischen „Staat" und „Nation" herzustellen (Gellner 1991: 8).

Vor diesem Problem standen alle Nachfolgestaaten der Sowjetunion, die Situation Russlands war jedoch unikal: Seine ethnisch russische Bevölkerungsmehrheit hatte sich aus vielen, darunter institutionellen, Gründen überwiegend mit dem untergegangenen Sowjetstaat identifiziert, kaum jedoch mit seinem größten Gliedstaat (> Kap. 1.1). In seinen Grenzen konstituierte sich nun ein postimperialer Nationalstaat, aber wer zu seinem Staatsvolk gehörte, war umstritten.

Konkurrierende Konzepte der russischen/russländischen Nation

Vereinfachend sind in der öffentlichen Debatte fünf, sich partiell überlappende Modelle der nationalen Identität anzutreffen (z.B. Shevel 2011; Blakkisrud 2023):

- das in sowjetischer Tradition stehende Konzept der „multiethnischen Nation" bzw. des „multinationalen Volks" (russ. *mnogonacional'nyj narod*), das die Gleichberechtigung aller Ethnien innerhalb der Föderation betont;
- das Konzept einer ethnischen bzw. ethnokulturellen „russischen Nation" *(russkij narod* bzw. *russkaja nacija)* als „Titularnation" des Staates *(„ethnic nationalism")*;
- das nicht-ethnische Konzept der „russländischen" Nation *(rossijskij narod)*, das es ermöglicht, die nationale Identität an die Staatsbürgerschaft Russlands zu binden *(„civic nationalism")*, aber auch „imperial" ausgedeutet werden kann;
- das supra-ethnische Konzept der „imperialen Nation", das alle Ethnien in die nationale „Wir-Gruppe" des postsowjetischen Russlands einschließt, die in der Sowjetunion bzw. dem Russländischen Kaiserreich lebten;
- das „ostslawische" Konzept, demzufolge das russische Volk aus drei Gruppen – „Großrussen", „Kleinrussen" (Ukrainer:innen) und „Weißrussen" (Belarus:innen) – besteht und seinen Ursprung in der mittelalterlichen Kiewer Rus hat.

Alle Konzepte eint, dass sie mit den Vorstellungen einer zivilisatorischen Einzigartigkeit („Exzeptionalismus") aufgeladen werden können, worauf wir weiter unten eingehen. Sie implizieren aber unterschiedliche Vorstellungen über das Staatsvolk Russlands und die Staatsgrenzen. Abgesehen von der Vorstellung des „multinationalen Volks" und der staatsbürgerschaftlichen Interpretation der „russländischen Nation" sind sie zudem revisionistisch angelegt: Während das ethnische Nationskonzept tendenziell den „nichtrussischen" Nordkaukasus ausschließt, richten sich das „imperiale" und das „ostslawische" Konzept gegen die Existenzberechtigung einiger oder aller postsowjetischer Nationalstaaten.

Auch die geopolitischen und kulturell-symbolischen Grenzen und Perspektiven der neuen politischen Gemeinschaft blieben unsicher: Die Russländische Föderation verstand sich als Rechtsnachfolgerin und „Fortsetzerstaat" der Sowjetunion, die neugegründete *Gemeinschaft der Unabhängigen Staaten* (GUS) legte es nahe, dass sich der postsowjetische Raum unter Dominanz Russlands reintegrieren würde, und nicht zuletzt brach die weiter oben skizzierte alte Kontroverse über das Wesen Russlands wieder auf (Malinova 2020: 38–39).

Der Machtzirkel um Jelzin changierte zunächst zwischen dem „multiethnischen" und dem „staatsbürgerlichen" Konzept, ohne dabei eine eindeutige Vorstellung über das Staatsvolk des neuen Russland zu entwickeln; seit Mitte der 1990er Jahre erhielt auch das (ethnisch) „russische Volk" wieder stärkere rhetorische Beachtung (Goode 2021a: 686–687). Mit Putins Amtsantritt verlagerte sich die Perspektive auf den Aspekt der Staatlichkeit. Der Zusammenbruch der Sowjetunion erschien nun nicht mehr als Gründungsmoment einer demokratischen Nation, sondern als von unverantwortlichen Politikern verursachte „größte geopolitische Katastrophe des Jahrhunderts", welche der „tausendjährigen Geschichte Russlands" eine neue Richtung aufzwang (Putin 2005).

Die politische Rhetorik setzte nun zunehmend auf „Patriotismus" und einen „konstruktiven" Umgang mit der Vergangenheit, was die partielle Neubewertung der sowjetischen und vorsowjetischen Geschichte einschloss und sich u.a. in der Wiedereinführung bzw. Synthese sowjetischer und zarischer Symbole sowie der Revision des offiziellen Feiertagskalenders äußerte (Blakkisrud 2023; Laruelle 2019a). Zum zentralen Mythos und wichtigsten Element einer „politisch verwertbaren" Geschichte Russlands *(„usable past")* wurde das Gedenken an den „Großen Vaterländischen Krieg" (1941–1945), das unter Jelzin zunächst auf das Volk als „zweifaches Opfer" – sowohl Hitlers wie Stalins – fokussiert und später in den Dienst der Stärkung der „nationalen Eintracht" gestellt wurde. Der 9. Mai als „Tag des Sieges" blieb auch unter Putin weiterhin ein Symbol der Einheit über alle politischen und ideologischen Grenzen hinweg. Darüber hinaus wurde er seit etwa 2010 zunehmend „nationalisiert", d.h. als „Fest des Ruhmes und Triumphes" in die Geschichte des Staates und seiner militärischen Traditionen integriert (Malinova 2017).

Die „konservative Wende" von 2012 stand auch im Zusammenhang mit der expliziten Positionierung in der „nationalen Frage". Putin zufolge sei „Großrussland", das im Wesentlichen bereits im 18. Jahrhundert bestanden habe, von Anfang an multiethnisch gewesen. Das „russische Volk" sei die „staatsbildende Nation" dieser „Staatszivilisation" *(gosudarstvo-civilizacija)*, bilde ihren „kulturellen Kern" und habe die Mission zu erfüllen, alle ihre Angehörigen – unabhängig von ihrer ethnischen Zugehörigkeit – auf der Grundlage ihrer gemeinsamen Kultur, Geschichte und traditionellen Werte zu vereinigen (Putin 2012).

Einige Forscher:innen sahen in diesen Formulierungen eine Absage vom staatsfokussierten zugunsten des ethnonationalistischen („russischen") Konzepts der Nation (Kolstø 2022: Kap. 6), andere ein Bekenntnis zum imperialen Modell (Ponarin/Komin 2018). Wieder andere interpretierten sie als Wechsel der Abstraktionsebene: Das Konstrukt der „Staatszivilisation" ziele nicht darauf, die Konkurrenz der verschiedenen Nationskonzepte zu überwinden, sondern sie zu entschärfen, indem es die Kategorien von „Ethnizität", „Nation" und „Staat" überwölbt und in sich einschließt (Hale/Laruelle 2021; Malinova 2020).

Die unter Rückgriff auf historische und kulturelle Traditionen als „Zivilisation" (re-)konstruierte Identität von Staat und russischer/russländischer[27] Nation enthält keine explizite Festlegung auf geographische, politische oder ethnische Grenzen. Es erlaubte es damit auch, die drei seit Mitte der 2000er Jahre entwickelten Außenprojektionen zusammenzuführen – Russland als Führungsmacht „Eurasiens", die „Russische Welt" *(Russkij mir)* als globale russischsprachige Gemein-

---

[27] Die Sprachregelung der Jelzin-Ära lautete: Mit dem Adjektiv „russisch" *(russkij)* werden ethnische, ethnokulturelle bzw. -linguistische Aspekte bezeichnet, „russländisch" *(rossijskij)* steht für den Staat und damit verbundene Sachverhalte. Diese Trennung setzte sich im Alltag jedoch nur bedingt durch. Seit der „konservativen Wende" werden beide Adjektive auch im offiziellen Diskurs wieder – wie bereits zu sowjetischen Zeiten – häufig synonym verwendet (s. auch Laruelle 2016; Blackburn 2021).

schaft sowie die von Russland zu beschützenden „Landsleute", d.h. russische bzw. russischsprachige Personen in den Nachbarländern (Laruelle 2019a: 72–73).

Der offizielle Diskurs der national-zivilisatorischen, auf gemeinsamen Werten beruhenden Identität unterbreitet damit erstens ein unscharfes, inklusives kollektives Identifikationsangebot, das Stolz auf die Zugehörigkeit zu einer als einzigartig und moralisch überlegenen politischen Gemeinschaft wecken soll. Es ist an alle im öffentlichen Diskurs repräsentierten Modelle der nationalen Identität anschlussfähig und für alle politischen Lager konsensfähig – mit der wesentlichen Ausnahme der Liberalen, welche die Russländische Föderation als Nationalstaat innerhalb der euro-atlantischen „westlichen Zivilisation" sehen (> Kap. 4.4). Das macht es dem Regime möglich, sie als „unpatriotisch" zu markieren und zu marginalisieren.

Zweitens legitimiert dieser Diskurs die Entscheidung des Regimes für einen nichtwestlichen, anti-liberalen Entwicklungspfad des Landes als eine „objektive Notwendigkeit". Sie erwachse aus seiner tausendjährigen Kontinuitätsgeschichte, in die alle historischen Verwerfungen einschließlich der Epochenbrüche von 1917 und 1991 integriert werden. Drittens durchdrang diese diskursive Konstruktion bald die meisten Politikfelder und lieferte die Begründung z.B. für die zweigleisige Politik gegenüber der Zivilgesellschaft, das zunehmend repressive Vorgehen gegen die liberale Opposition sowie die anti-westliche Reorientierung der Außenpolitik (> Kap. 7, 8, 9.2).

Eine illiberale Ideologie

Hat der Identitätsdiskurs des späten Putin-Regimes den Charakter einer Staatsideologie? Für viele Forscher:innen ist das seit Längerem offensichtlich (z.B. Schmid 2015), andere sehen hingegen die zunehmende Institutionalisierung von „ideationalen Improvisationen" oder „ideologischen Positionierungen", die eine „kaleidoskopische Mischung aus Bildern und Themen" darstellen und sich an mehrere Zielgruppen gleichzeitig wenden (z.B. Hale et al. 2019: 182–193; Guriev/Treisman 2022: 75–76).

Unstrittig ist, dass das Regime bisher keine umfassende, kanonisierte Doktrin mit „heiligen Texten" hervorgebracht hat, die – wie unter dem KPdSU-Einparteiregime – obligatorisch studiert und in öffentlichen Diskussionen (und wissenschaftlichen Arbeiten) zitiert werden müssen. Allerdings hat sich im Laufe des vergangenen Jahrzehnts ein ideologischer Diskurs im Sinne eines relativ kohärenten Ensembles aus Ideen, Konzepten und Kategorien entwickelt, der sinnstiftende Interpretationen der Realität ermöglicht und durch politische Praktiken produziert und reproduziert wird (Edenborg 2021). Er ist keine genuine oder ausschließliche Erfindung Putins bzw. der Präsidialadministration. Das Regime hat sich vielmehr selektiv Vorstellungen angeeignet und integriert, die seit den späten 1990er Jahren durch diverse intellektuelle Klubs, die Führung der Russisch-Orthodoxen Kirche, Politiker:innen der nationalistischen Rechten, darunter der KPRF, konservative nicht-staatliche Organisationen usw. entwickelt und verbreitet wurden (z.B. Bluhm 2023; Laruelle 2021: Kap. 5; Agadjanian 2017; Grek 2023).

Die Institutionalisierung des Regimediskurses vollzieht sich bemerkenswerterweise vor allem im Zusammenhang mit einer hoch aktivistischen Gesetzgebung (> Kap. 4.3), im Rahmen derer die offiziellen Ideologeme kodifiziert oder zur Begründung von Verboten und Einschränkungen benutzt werden. Zu den ersten derartigen Schritten gehörten die Gesetzgebung gegen „ausländische Agenten" (2012; > Kap. 7.2, 8.4), das Adoptionsverbot für US-Bürger:innen (2012), die Gesetze gegen die „Verletzung religiöser Gefühle" („Blasphemiegesetz", 2013) sowie gegen die „Propaganda nicht-traditioneller sexueller Beziehungen", mit der die öffentliche positive Darstellung von LGBTQ+-Inhalten 2013 gegenüber Minderjährigen verboten wurde (und Ende 2022 generell). Einen Meilenstein stellten die „patriotischen Verfassungsänderungen" von 2020 dar (> Kap. 3.1), weil sie viele Formeln dieses Diskurses konstitutionell verankern – von der „historisch gewachsenen staatlichen Einheitlichkeit" bis hin zur „Ehe als Gemeinschaft von Mann und Frau" und dem Ziel, Kinder in Übereinstimmung mit den „traditionellen geistig-moralischen Werten" Russlands zu erziehen.

> **Was sind die „traditionellen geistig-moralischen Werte Russlands"?**
>
> Das Ideologem der „traditionellen Werte" weist eine große Nähe zum Diskurs der Russisch-Orthodoxen Kirche über Sittlichkeit und nationale Identität auf (Agadjanian 2017). Meist werden damit primär „konservative Familienwerte" assoziiert, also Vorstellungen über „natürliche", biologisch determinierte (statt sozial konstruierte) Geschlechterrollen und „traditionelle" Familienbeziehungen, die nicht-heteronormen Beziehungen und Lebensweisen, Feminismus, Abtreibung, Reproduktionsmedizin usw. entgegengestellt werden, welche als Elemente einer schädlichen „westlichen Gender-Ideologie" gelten (Edenborg 2021).
> Der Katalog der traditionellen Werte, der seit 2018 in formelhaften Aufzählungen in mehreren offiziellen Dokumenten erscheint, geht jedoch darüber hinaus. Er umfasst den Kern des „spirituell-moralischen Codes der russländischen Zivilisation": „Leben, Würde, Menschenrechte und Freiheiten, Patriotismus, Bürgersinn, Dienst am Vaterland und Verantwortung für dessen Schicksal, hohe moralische Ideale, starke Familie, schöpferische Arbeit, Vorrang des Ideellen gegenüber dem Materiellen, Humanismus, Barmherzigkeit, Gerechtigkeit, Kollektivismus, gegenseitige Hilfe und Respekt, Geschichtsbewusstsein, Wissen um die Kontinuität der Generationen und Einheit der Völker Russlands" (Ukaz 2022).

Unter den Kriegsbedingungen seit 2022 verstärkte sich die Ideologieproduktion des Regimes, radikalisierte und vergröberte sich. Da ein schneller Sieg gegen die Ukraine ausblieb, wurde es nötig, die Unterstützung der Bevölkerung mit Mitteln der Propaganda (> Kap. 8.1) und neuen sozialpolitischen Leistungen (> Kap. 6.4) zu stärken, aber auch in die „patriotische Erziehung" der Jugend zu investieren, unter welcher der Krieg auf vergleichsweise geringe Zustimmung trifft. Für alle Studienfächer wurde ein Pflichtkurs über die „Grundlagen der russländischen Staatlichkeit" eingeführt. Sein Curriculum sieht vor, Studierende mit der Einzigartigkeit Russlands als „Staatszivilisation", seinen größten wirtschaftlichen Erfolgen, besonderen moralischen Werten, ausgewählten Helden und „Orientierungspunkten für die weitere zivilisatorische Entwicklung" des Landes vertraut zu machen (Pertsev 2023).

Wie lässt sich der offizielle Diskurs ideologisch einordnen? Was Putin selbst als „entpolitisierten Patriotismus" bzw. „gesunden Konservatismus" (Putin 2019, 2021) bezeichnet, fokussiert im Kern auf die Ablehnung des als „westlich" verstandenen Liberalismus. Marlene Laruelle (2022b) klassifiziert ihn deshalb als nationale Variante des *Illiberalismus*. Diese Ideologie breitet sich in vielen Ländern aus, die in den vergangenen Jahrzehnten intensive Erfahrungen mit dem Liberalismus gemacht haben, darunter z.B. auch in Ungarn und der Türkei, nicht zuletzt aber auch unter der westeuropäischen sowie US-amerikanischen Rechten.

Der Illiberalismus ist eine doktrinär „dünne" Ideologie, die je nach Land ein spezifisches, mehr oder weniger kohärentes Wertesystem aufweist. Seine russländische Spielart verwirft den Wirtschaftsliberalismus in geringerem Maße als einerseits den politischen Liberalismus mit seinem Anspruch, individuelle Freiheiten gegen den Staat zu verteidigen, und andererseits den auf individuelle Identitätsrechte fokussierten kulturellen Liberalismus. Diesen „westlichen", „fremden" Vorstellungen werden die „integrale Einheit von Volk und Staat" und die „nationalen traditionellen Werte" Russlands entgegengestellt. Abgelehnt werden zudem die US-amerikanisch dominierte liberale internationale Ordnung und der „liberale Kolonialismus", also die Auffassung, dass die Demokratie westlichen Typs ein universelles Modell darstelle, dessen Übernahme durch die Länder des Globalen Südens letztlich alternativlos sei (> Kap. 9.2).

Trifft die Ideologieproduktion des Regimes auf Zuspruch bei der Bevölkerung? Wir wenden uns im Folgenden einigen Befunden der Forschung zu, die ein komplexes Bild der Wechselbeziehungen zwischen der offiziellen Ideologie und der öffentlichen Meinung zeichnen. Viele Fragen bleiben dabei offen, denn die Daten lassen oft keine eindeutigen Schlüsse über die Kausalrichtung dieser Beziehungen zu und widersprechen sich mitunter.

6.3 Werte und Einstellungen der Bevölkerung

Eine der ältesten Grundannahmen der vergleichenden Politische-Kultur-Forschung besteht darin, dass eine Herrschaftsordnung nur dann langfristig stabil ist, wenn die Einstellungen und Wertorientierungen der Bevölkerung kongruent dazu sind (Almond/Verba 1963). Ändern sie sich grundlegend, so zieht das früher oder später auch politische Veränderungen nach sich. Der kulturalistischen Variante der Modernisierungstheorie zufolge ist der (postmaterialistische) Wertewandel sogar der universelle Treiber des globalen Demokratisierungsprozesses (Inglehart/Welzel 2005; Welzel 2021b).

Auch in der Russlandforschung wird den Einstellungen, Werten und Alltagspraktiken der Bevölkerung große Aufmerksamkeit gewidmet. Wurde in den 1990er und 2000er Jahren meist der Stereotyp einer genuin „autoritären politischen Kultur" hinterfragt, so steht seit der „Krim-Euphorie" 2014 die Frage im Mittelpunkt, worauf die breite Unterstützung für das Regime beruht und warum sie seit Beginn des Angriffskriegs auf die Ukraine 2022 offenbar wieder zugenommen hat (s. Abb. 6.1 auf S. 154; > Kap. 9.3). Viele jüngere Analysen legen nahe, dass sich die öffentliche Meinung keineswegs autonom bildet, aber auch nicht beliebig durch das Regime manipuliert werden kann. Häufig greift es Präferenzen auf, die in der Bevölkerung weit verbreitet sind, um sie zu instrumentalisieren und zu politisieren.

Einige Politikwissenschaftler:innen schlagen deshalb pointiert vor, nicht von „Putins Russland", sondern von „Russlands Putin" zu sprechen: Der Präsident stehe keineswegs über seinem Land, sondern sei Teil von dessen Politik, Gesellschaft und Geschichte. Das „Putin-Phänomen" beruhe wesentlich auf der Konstruktion einer „Vision des heiligen Russland", die aus zentralen Elementen der sowjetischen Identität und der russländischen Geschichte zusammengesetzt sei. Die Gesellschaft erkenne sich darin wieder und sehe sich bestätigt. In diesem Sinne werden die autoritären Verhältnisse von der Bevölkerung und dem Regime „kokonstruiert" (Greene/Robertson 2019; Sharafutdinova 2020).

Einstellungen zur „nationalen Frage"

Nicht nur innerhalb der Regime-Eliten, sondern auch in der Bevölkerung gibt es unterschiedliche und konkurrierende Vorstellungen darüber, was die nationale politische Gemeinschaft Russlands ausmacht und wo ihre Grenzen verlaufen (> Exkurs auf S. 163). Einer Umfrage zufolge, die 2013 durchgeführt wurde – also mehr als 20 Jahre nach dem Auseinanderbrechen der Sowjetunion, aber vor der Annexion der Krim –, akzeptierten zwar 37% der Befragten den seit 1991 bestehenden Grenzverlauf. Insgesamt 55% hatten jedoch andere Vorstellungen: Je 21% wünschten sich ein Russland in den Grenzen der Sowjetunion bzw. ihrer drei slawischen Nachfolgestaaten, während 13% die Abspaltung des „nichtrussischen" Nordkaukasus befürworteten (Hale 2016b: 242).

Die Annexion der Krim ist über alle Differenzen hinweg konsensfähig, denn sie gilt als historisch zu Russland gehörendes Territorium. Sie erfreut sich seit 2014 einer ungebrochen stabilen Zustimmung von 84–86% der Bevölkerung (Levada-Centr 2021a). Im Februar 2023 hielten es 85% für nicht akzeptabel, im Falle eines Friedensschlusses mit der Ukraine auf die Krim zu verzichten. Überwältigende Mehrheiten fanden sich vielmehr für ein Russland, dem der Südosten der Ukraine (80%) oder sogar das gesamte Nachbarland abzüglich seiner westlichen Gebiete (73%) zugeschlagen würde (Russian Field 2023).

Der Regimediskurs über die kollektive Identität Russlands und der „Mainstream-Nationalismus" innerhalb der Bevölkerung, in dem viele Elemente des sowjetischen Nationalitätendiskurses überlebt haben, stimmen in wichtigen Dimensionen überein: Der russländische Staat sei das historische Ergebnis einer friedlichen Expansion, die sich prinzipiell vom gewaltsamen Kolonialismus westlicher Imperien unterscheide. Das „russische Volk" habe den „indigenen Völkern" Fortschritt, Zivilisation, Industrialisierung und Modernität gebracht, die diese freiwillig übernommen hätten, so dass eine multinationale Gemeinschaft entstanden sei, die durch die russische Kultur und Sprache zusammengehalten werde.[28] Anders als im

---

28 Kolonialistische bzw. imperialistische Vorstellungen, die im Bewusstsein der meisten Russ:innen tief verankert sind, wurden selbst in der liberalen Opposition vor der Krim-Annexion 2014 kaum und erst seit 2022 intensiv und (selbst)kritisch reflektiert.

offiziellen Diskurs werden allerdings die ethnischen Gruppen des Nordkaukasus aus dieser Gemeinschaft ausgeschlossen.

Eine international vergleichende Analyse von Umfragedaten, darunter des *World Values Survey* (WVS), findet ein unauffälliges Ausmaß an Patriotismus unter der Bevölkerung Russlands (Alexeev/Pyle 2022). Er sei jedoch über alle Altersgruppen hinweg außergewöhnlich militant, aggressiv und feindlich gegenüber „Fremden". Da dies schon anhand der ältesten verfügbaren Datenreihen (1995) zu beobachten sei, schließen die Autoren Indoktrination durch das Putin-Regime als Ursache aus. Diese liege vermutlich eher im „postimperialen Syndrom", das auf die Auflösung der Sowjetunion zurückgehe, oder habe noch tiefere historische Wurzeln. Umfragen des Lewada-Zentrums zeigen, dass auch der „Sieg im Großen Vaterländischen Krieg" bereits seit den 1990er Jahren mit großem Abstand den Spitzenplatz unter den identitätsstiftenden und besonderen Stolz hervorrufenden historischen Ereignissen einnimmt (82–89% der Befragten). Die Zelebrierung dieses Kriegs als eines nationalen „Gründungsmythos" wurde durch das Putin-Regime demnach zwar propagandistisch genutzt und verstärkt, aber keineswegs „erfunden" (Levada-Centr 2020a).

Einzel- und Kleingruppeninterviews legen nahe, dass die Bevölkerung zwischen offiziellem und privatem Patriotismus unterscheidet. Den „Staatspatriotismus" verbindet sie demnach mit der ritualisierten Demonstration von Loyalität gegenüber dem Regime. Nicht alle Befragten halten ihn für authentisch und glaubhaft, und manche kritisieren ihn für seine militaristischen Töne. Zuweilen bekennen sie sich strategisch dazu, weil sich mit dem patriotischen Frame beispielsweise Fördergelder für das bürgerschaftliche Engagement erschließen lassen. Der Patriotismus „von unten" hingegen wird als Liebe zur „kleinen Heimat" empfunden, in der die Befragten leben. Diese private Beziehung ist unpolitisch, emotional, beständig sowie ethnisch bzw. ethnokulturell russisch definiert (z.B. Goode 2021b; Lassila/Sanina 2022).

Die Angst vor einem großen Krieg ist in der Bevölkerung weit verbreitet und hat offenbar seit Mitte der 2010er Jahre deutlich zugenommen. In den jährlich durchgeführten Umfragen des Lewada-Zentrums belegt die Angst vor Erkrankungen von Angehörigen und Kindern zwar seit den 1990er Jahren den Spitzenplatz, aber die „ständige Angst vor einem Weltkrieg" wird seit 2019 als zweithäufigste emotionale Belastung genannt; waren es in den ersten beiden Amtszeiten Putins 30–49%, sind es seitdem 53–62% (Levada-Centr 2023b). Gleichzeitig stieg der Anteil derjenigen, die Russland als eine internationale Großmacht sehen, welche von anderen Ländern respektiert und gefürchtet wird, von weniger als 40% im Zeitraum 1999–2005 auf ca. 72% in den Jahren 2017–2019 (Levada-Centr 2020b).

Wie moralkonservativ ist die Gesellschaft?

Die global erhobenen WVS-Daten erlauben auch eine grobe Annäherung an den Wertehaushalt der russländischen Gesellschaft. Auf der „Weltkarte kultureller Werte" von Ronald Inglehart und Christian Welzel (2005: 63) erschien Russland

Ende der 1990er Jahre als extremer Fall innerhalb der postsozialistischen Ländergruppe, die im globalen Vergleich durch die gleichzeitige Dominanz von säkular-rationalen Werten und Überlebenswerten auffiel. Anfang der 2020er Jahre hat sich der Platz Russlands auf dieser Weltkarte nicht grundsätzlich, aber dennoch erkennbar verschoben (Inglehart-Welzel WCM 2023). Es nimmt nun eine mehr oder weniger zentrale Position innerhalb des „Orthodoxen Europas" ein, der sowohl demokratische wie autoritäre Regime im östlichen und südlichen Europa angehören. Allgemein zeichnet sich diese Gruppe durch ein mittleres Niveau an säkular-rationalen Werten sowie je länderspezifische Kombinationen aus Überlebens- und Selbstentfaltungswerten aus, unter denen erstere dominieren. Russland zählt hier neben Bulgarien, Armenien und der Ukraine zu den Ländern mit dem geringsten Anteil an „Postmaterialist:innen" (2017: 3,4%) und dem höchsten Anteil an „Materialist:innen" (2017: ca. 52%).[29]

Der gesellschaftliche Konservatismus der 1990er Jahre war situativ bedingt und kaum moralpolitisch aufgeladen. Er stellte eine spontane Reaktion der Bevölkerung auf den schnellen, tiefgreifenden Wandel nach dem Ende der Sowjetunion dar: Einerseits hatte der Zusammenbruch der sowjetischen Moralordnung ein ideologisches Vakuum hinterlassen, andererseits führten die neoliberalen Reformen zur Desillusionierung und existenziellen Verunsicherung der Bevölkerung, was ein starkes Bedürfnis nach Stabilität und Normalisierung hervorrief. Diese Art des Konservatismus zeichnete die meisten postsowjetischen Länder aus, was sich bis heute in einer kulturellen Kluft zwischen Westeuropa einerseits und dem östlichen Europa andererseits niederschlägt (Laruelle 2022a: 4–6).

In Moralfragen bilden die Umfragedaten des Lewada-Instituts seit den 2010er Jahren eine allmähliche Zunahme konservativer Positionen ab. In Bezug auf „nicht-traditionelle" Lebensformen bzw. sexuelle Präferenzen sind in den letzten Jahren Mehrheiten zugunsten „traditioneller" Lebensstile entstanden oder größer geworden (Levada-Centr 2021b). So sind aktuell offenbar fast 90% der Bevölkerung der Auffassung, die Ehe solle nur zwischen Mann und Frau erlaubt sein (Hale 2022b: 6–7). Zur besseren Einordnung dieser Beobachtungen sei ergänzt, dass alle postsozialistischen Länder des „Orthodoxen Europas" durch ihre niedrige Akzeptanz von Homosexualität auffallen. Den Daten zufolge ist sie in Armenien, Georgien, Montenegro, Nordmazedonien und Rumänien sogar noch geringer als in Russland, wo sie zwischen 1990 und Anfang der 2010er Jahre allerdings größer geworden war, bevor sie erneut abnahm (WVS 2022).

> **Moralischer Konservatismus und Religionszugehörigkeit**
>
> Die Russisch-Orthodoxe Kirche (ROK) hatte nach dem Ende der Sowjetunion enorm an Zulauf gewonnen: Bezeichneten sich 1989 70% der Bevölkerung als Atheist:innen und 27% als Orthodoxe, waren es 2022 jeweils 4% bzw. 71%; weitere 15% sind konfessionslos, 5% bekennen sich zum Islam und je 1% zum Katholizismus, Protestantismus, Buddhismus oder einer anderen Religion (Levada-Centr 2022c). Vor diesem Hintergrund positionierte sich die ROK als Re-

---

29 Zum Vergleich: In Deutschland (2018) gibt es den Daten zufolge ca. 7% „Materialist:innen" und 34% „Postmaterialist:innen"; der Rest der Befragten weist ein gemischtes Wertesystem auf (WVS 2022).

> präsentantin einer „moralischen Mehrheit", die im konservativen Wertediskurs einen hohen Einfluss ausübt (Halbach 2019). Die Ansichten ihrer Anhänger:innen zu den Themen Abtreibung, vorehelicher Geschlechtsverkehr und Scheidung unterscheiden sich jedoch kaum von denen anderer Bevölkerungsgruppen (Kolstø/Blakkisrud 2021).
>
> Generell bewertet die Forschung den hohen Anteil an Orthodoxen in der Bevölkerung als Ausdruck nicht einer Gegenbewegung zur Säkularisierung, sondern eines „identitären Christentums", wie es in weiten Teilen Europas zu beobachten ist. Die konfessionelle Zugehörigkeit steht dabei nicht zwangsläufig für eine bestimmte religiöse Praxis, den regelmäßigen Kirchenbesuch oder spezifische moralische Orientierungen, sondern dient als Marker für eine kulturell definierte nationale Identität (Laruelle 2022a: 16).

Auch andere Daten weisen darauf hin, dass seit Mitte der 2010er Jahre konservative Einstellungen größere Verbreitung erfahren haben. So haben Wünsche nach einem starken Staat, der die Bürger:innen schützt, und einem sicheren Lebensumfeld ebenso zugenommen wie die Akzeptanz religiöser bzw. familiärer Traditionen und Bräuche sowie die Befürwortung von Bescheidenheit als Verhaltensnorm (Shcherbak 2022). Gleichwohl ist dieser konservative Trend nicht eindeutig. Zum einen scheint er sich nach einem Höhepunkt 2014–2016 wieder abgeschwächt zu haben (ebd.), zum anderen deuten die Daten des Lewada-Zentrums darauf hin, dass sich die Auffassungen in Fragen der Moral und Werte zunehmend polarisieren. Nicht zuletzt klaffen konservative Einstellungen und gelebte Realität oft auseinander (Laruelle 2022a: 6).

Insgesamt legen empirische Forschungsbefunde nahe, dass konservative Einstellungen nicht nur im Zeitverlauf, sondern auch innerhalb der Gesellschaft variieren. Sie sind unter jüngeren Menschen weniger verbreitet als unter Älteren, unter den Einwohnern Moskaus und größerer Städte weniger als unter denen kleiner Städte und Dörfer und in Regionen mit einer überwiegend ethnisch-russischen Bevölkerung weniger als in Regionen mit einem starken Anteil an Muslim:innen (ebd.: 13–15).

Sind diese Veränderungen auf die ideologische Beeinflussung durch das Regime zurückzuführen? Einige Autoren verneinen das. Der konservative Trend der 2010er Jahre sei vielmehr durch die ökonomische Stagnation und das nachlassende Lebensniveau nach dem Ende des Wirtschaftsaufschwungs ausgelöst worden, womit Sicherheits- und Überlebenswerte wieder in den Vordergrund rückten (Shcherbak 2022: 22). Andere Autor:innen sehen hingegen ein Zusammenspiel zwischen Bevölkerung und Regime: Der situative Konservatismus der 1990er Jahre übersetzte sich später in Zustimmung für die „patriotische" und militärische Erziehung der Jugend und die Nachfrage nach eindeutigen Verhaltensorientierungen. Zwischen dem reaktiven Konservatismus von unten und dem Konservatismus des Regimes gibt es demnach eine selektive Affinität (Laruelle 2022a: 15–16). Dabei zeigt das Regime eine gewisse Sensibilität gegenüber der öffentlichen Meinung, indem es polarisierende Themen nicht aggressiv thematisiert und sich darauf konzentriert, an die weithin konsensfähige Homophobie anzuknüpfen, um den „patriotischen Konsens" zu stärken (Johnson et al. 2021).

Will die Bevölkerung in die sowjetische Vergangenheit zurück?

Seit Mitte der 1990er Jahre verbreitete sich in Teilen der Bevölkerung ein Phänomen, das oft als „Sowjetnostalgie" bezeichnet und durch Medien, Kunst und Kultur kommerziell erfolgreich popularisiert wird. Wie Umfragen des Lewada-Zentrums zeigen, hat sich das Bild der Sowjetunion für viele Menschen im Laufe der Zeit tatsächlich in einigen Dimensionen verändert und „verschönert" (s. Tab. 6.1): Ende der 2010er Jahre wurde sie deutlich weniger mit dem KPdSU-Einparteiregime und der Mangelwirtschaft in Verbindung gebracht als mit einem fürsorglichen Staat, ökonomischem Wohlstand und der kontinuierlichen Verbesserung der Lebensverhältnisse.

Tab. 6.1: Die Sowjetunion in der kollektiven Erinnerung der Bevölkerung

Frage: Was zeichnete Ihrer Meinung nach die Entwicklung unseres Landes unter der Sowjetmacht aus?	2000	2008	2019
Fürsorge des Staates für einfache Menschen	37%	29%	59%
Abwesenheit ethnischer Konflikte, Völkerfreundschaft	44%	40%	46%
Erfolgreiche Wirtschaftsentwicklung, keine Arbeitslosigkeit	39%	31%	43%
Ständige Steigerung des Lebensniveaus	23%	14%	39%
Weltweit führende Wissenschaft und Kultur	22%	21%	31%
Führungsrolle der KPdSU	41%	43%	29%
Warteschlangen, Mangel, Lebensmittelkarten	34%	42%	24%
Internationale Isolation, keine Möglichkeit zu reisen	25%	24%	17%
Armut	11%	12%	13%
Verfolgung Andersdenkender, Überwachung durch KGB	20%	14%	13%

Quelle: Lewada-Zentrum (Pipija 2020: 7), zehn häufigste Nennungen

In diesem Sinne stellt die Sowjetära nach Ansicht von ca. drei Vierteln der Befragten im Jahr 2020 die „beste Phase" der russländischen Geschichte dar. Diese Aussage trafen nicht nur 82% der Über-55-Jährigen, sondern auch 33% der 18–24-Jährigen, die keinerlei persönliche Erfahrungen mit der Sowjetunion gemacht haben (Pipija 2020: 13, 15). Zwei Drittel der Befragten bedauerten ihre Auflösung, denn damit sei das Gefühl verlorengegangen, Bürger:in einer Großmacht zu sein (52%) und sich „überall zu Hause fühlen zu können" (31%). Das Ende der Sowjetunion habe einen riesigen Wirtschaftsraum zerstört (49%), Misstrauen und Verbitterung hätten zugenommen (37%), Beziehungen zu Verwandten und Freund:innen seien abgebrochen worden (25%).

In solchen Zahlen kann man sowohl Belege für die Existenz eines „postimperialen Syndroms" sehen wie auch eine emotionale Reaktion auf die gesellschaftlichen und individuellen Kosten der Systemtransformation der 1990er Jahre, an welche die ideologische Legitimationsstrategie des Putin-Regimes anknüpft (Sharafutdinova 2020: Kap. 5).

Die kulturwissenschaftliche Forschung macht aber auch darauf aufmerksam, dass „Nostalgie" nicht zwingend die Rückkehr des Vergangenen ersehnt. Sie ist auch Ausdruck des Nachdenkens darüber und durch Aushandlungsprozesse zwischen staatlichen und gesellschaftlichen Akteuren geprägt (Makhotina 2021). Ein charakteristisches Beispiel dafür ist das Gedenken an den „Großen Vaterländischen Krieg", bei dem sich die pathetische offizielle Inszenierung mit medialem „Histotainment" und Gedenkpraktiken „von unten" (> Exkurs auf S. 202) überlagert.

Ein anderes Beispiel stellt der Umgang mit der Erinnerung an Josef Stalin dar. Einerseits verfolgt das Regime eine ambivalente Politik, denn es umschreibt die Verbrechen des Stalinismus lediglich unscharf als „Tragödie" oder „Katastrophe" und verurteilt sie nicht explizit. Andererseits förderte es in der zweiten Hälfte der 2010er Jahre in Kooperation mit gesellschaftlichen Initiativen die Errichtung von Denkmälern für die Opfer politischer Repressionen – und bekämpfte gleichzeitig erinnerungspolitische Akteure wie die NGO *Memorial* (> Exkurs auf S. 36).

Auch die Gesellschaft ist in dieser Frage keineswegs homogen. So gehen die meisten Stalin-Denkmäler auf Initiativen von Vereinigungen und Parteien zurück – also nicht des Regimes –, und der Anteil von Stalin-Sympathisant:innen ist in den letzten Jahren deutlich gewachsen: Ob Stalin ein „großer Führer" gewesen sei, hatte die Befragten 1992 und 2016 in zwei relativ gleichgroße Gruppen von jeweils knapp 30% gespalten. Im Jahr 2021 hingegen stimmten dieser Aussage 56% zu, und nur 14% widersprachen (Levada-Centr 2021b).

Aber auch diese Beobachtung lässt keine einfachen Schlüsse zu, denn unter den Befürworter:innen sind nicht nur Anhänger:innen eines stalinistischen Kommunismus. Von größerer Bedeutung sind andere Motive. So wird Stalin von Menschen geschätzt, die mit der Korruptheit des Putin-Regimes und der Trägheit der politischen Eliten unzufrieden sind, ihm die entscheidende Bedeutung für den Sieg im Zweiten Weltkrieg zuschreiben oder in ihm die Verkörperung eines starken und erfolgreichen politischen Führers sehen, der Ordnung und Gerechtigkeit herstellt und sich um die Nöte der Menschen kümmert. „Nostalgie" kann daher auch paternalistischen Gesellschaftsvorstellungen Ausdruck verleihen bzw. eine Form der Gegenwartskritik darstellen (Makhotina 2021; Sherlock 2016).

Vorstellungen über Demokratie und politische Führung

Bei den Umfragen, die der WVS in regelmäßigen Abständen durchführt, zeigt sich weltweit eine überwältigende Zustimmung zur Demokratie als „beste Herrschaftsform". Diese Auffassung wird aktuell von über 80% der Weltbevölkerung geteilt, und ca. 60% halten es zudem für wichtig, dass ihr Land demokratisch ist. Russland belegt in beiden Dimensionen einen der letzten Plätze im weltweiten Ranking. Hier bezeichneten in den 2010er Jahren nur ca. 68% der Befragten die Demokratie als wünschenswert für ihr Land, und lediglich ca. ein Drittel maß diesem Thema größere Bedeutung bei. Gleichzeitig sprachen sich 50% zugunsten eines politischen Systems aus, in dem ein starker Führer regiert, ohne durch

Parlament und Wahlen beschränkt zu sein – eine Vorstellung, mit der Politikwissenschaftler:innen personalistische autoritäre Regime oder absolute Monarchien verbinden. Das sind etwa doppelt so viele Befragte wie in Deutschland, allerdings etwa ebenso viele wie im globalen Durchschnitt (WVS 2022).

Was versteht die Bevölkerung unter „Demokratie" und welche Anforderungen stellt sie an ein „gutes" politisches System? Die Auswertung des Merkmalskatalogs, der bei WVS-Befragungen verwendet wird, ermöglicht eine Annäherung an diese Frage (s. Tab. 6.2). Zu erkennen ist zunächst, dass das Ranking der Demokratie-Eigenschaften bei Befragten in Deutschland, den USA und Russland fast identisch ausfällt. Zwar werden die Items, die den politikwissenschaftlichen Konzepten der elektoralen bzw. liberalen Demokratie entsprechen (erste bis dritte Antwortmöglichkeit) in Russland etwas seltener genannt, aber sie liegen über dem globalen Mittelwert. Deutlich wird auch, dass in Russland relativ ähnlich ausgeprägte sozialstaatliche Demokratievorstellungen zu finden sind wie in Deutschland (nicht aber in den USA).

Nahe an China liegt Russland hingegen bei der Auffassung, dass die Gewährleistung von Einkommensgleichheit durch den Staat eine wesentliche Eigenschaft der Demokratie ist, was an den Egalitarismus staatssozialistischer Regime im 20. Jahrhundert erinnert. Deutlich häufiger als im globalen Durchschnitt ist schließlich die Aussage zu finden, Gehorsam gegenüber den Herrschenden – statt gegenüber Regeln und Gesetzen – sei ein wichtiges Merkmal der Demokratie. Auch das ist ein Hinweis auf die Wertschätzung eines „starken Führers".

Tab. 6.2: Demokratievorstellungen im internationalen Vergleich

Frage: *Please tell me for each of the following things how essential you think it is as a characteristic of democracy:*	RUS (2017)	D (2018)	USA (2017)	China (2018)	Welt
Women have the same rights as men.	8,25	9,58	8,39	8,89	8,00
People choose their leaders in free elections.	8,11	9,54	8,36	7,71	7,90
Civil rights protect people's liberty against oppression.	7,97	8,67	7,67	8,49	7,38
People receive state aid for unemployment.	7,67	8,51	5,75	8,05	6,84
Governments tax the rich and subsidize the poor.	7,50	7,54	5,71	6,17	6,42
People obey their rulers.	7,27	2,34	5,39	6,44	5,97
The state makes people's incomes equal.	7,21	5,31	4,14	7,69	6,08

Erläuterungen: RUS = Russland, D = Deutschland; angegeben sind die nationalen Mittelwerte der Antworten auf einer Skala von 1 („not at all essential") bis 10 („definitely essential").
Quelle: World Values Survey Wave 7 (WVS 2022)

Aus politikwissenschaftlicher Perspektive ist dieser Befund widersprüchlich, zeigt aber vor allem zweierlei: Erstens können sich die Vorstellungen von Laien erheblich von wissenschaftlichen Demokratiekonzepten (> Kap. 2.1) unterscheiden. Zweitens gibt es kein universelles Demokratieverständnis, das auf die liberale Demokratie westlichen Typs hinausläuft – eine Annahme, an der die einschlägige Forschung noch bis in die jüngste Zeit festhielt (Welzel 2021a: 111–113). Seitdem sie diese aufgegeben hat, experimentiert sie bei von ihrer Norm abweichenden Vorstellungen mit dem Begriff des „autoritären Demokratiekonzepts". Wo es – wie in Russland – nachzuweisen sei, unterstütze die betreffende Bevölkerung in Wahrheit eine autoritäre Herrschaftsform, selbst wenn sie der Demokratie verbal zustimme (Kirsch/Welzel 2019).

Rein empirisch gesehen bedeutet der hier skizzierte Befund, dass viele Befragte in Russland keinen Widerspruch zwischen einer „Demokratie" und einem „starken Führer" mit weitgehend unbeschränkten Handlungsspielräumen sehen. Die große Relevanz des Wunsches danach ist auch durch viele andere Studien bestätigt worden. Dem Lewada-Zentrum zufolge sind seit Mitte der 2000er Jahre durchgängig etwa 75–80 % der Befragten der Auffassung, Russland bedürfe immer oder in bestimmten Situationen der Lenkung durch eine „starke Hand". Der Anteil derjenigen, die es für unzulässig halten, die Macht bei einer einzelnen Person zu konzentrieren, liegt hingegen relativ konstant bei etwa 20 %, was als Hinweis auf die Größe des liberalen Lagers innerhalb der Bevölkerung interpretiert werden kann (Levada-Centr 2022b: 32).

Mit der „starken Hand" ist allerdings kein Despot oder Willkürherrscher gemeint, sondern ein durchsetzungsstarker Politiker, der die Interessen des Volkes repräsentiert, die korrupte Bürokratie im Zaum hält und für „Ordnung" sorgt (Muchametšina 2020). Zudem vertreten die meisten Befragten die (minimal)demokratische Auffassung, das Volk solle diesen Führer aus mehreren, miteinander konkurrierenden Kandidat:innen auswählen. Wenn sie nach dem „besten politischen System" für ihr Land gefragt werden, entscheiden sie sich also vermutlich nicht abstrakt und dichotom zwischen Demokratie und Autokratie (Hale 2011).

6.4 Der Gesellschaftsvertrag zwischen Regime und Bevölkerung

Wir haben in diesem Kapitel herausgearbeitet, dass die Unterstützung der Bevölkerung für die bestehende Ordnung im Allgemeinen und Putin im Besonderen dem Regime wichtig genug ist, um seine Legitimationsstrategien anzupassen, wenn seine Popularität nachlässt. Deutlich geworden ist auch, dass die seit 2012 verstärkte Hinwendung zur ideologisch-nationalistischen Begründung des Herrschaftsanspruchs auf hohe Resonanz bei den Bürger:innen stößt, weil sie deren Werte und Einstellungen in wesentlichen Bereichen berücksichtigt.

Es gibt aber auch noch eine weitere, „materiell" unterfütterte Grundlage für die Akzeptanz des Regimes, die mit dessen Performanz zusammenhängt. In der Vergleichenden Autoritarismusforschung wird dafür die Metapher des „Gesellschaftsvertrags" verwendet. Sie geht auf die in den 1970er Jahren in der Kommunismus- und Osteuropaforschung gemachte Beobachtung zurück, dass die kommunistischen Einparteiregime auch dann noch lange Zeit stabil blieben, als sie sich seltener auf Repressionen stützten und ihre ideologischen Legitimationsstrategien an

Bindungskraft verloren hatten – eine Beobachtung, welche die Totalitarismustheorie nicht erklären konnte.

Als Alternative dazu wurde die These entwickelt, dass es den staatssozialistischen Regimen gelänge, im „Tausch" gegen wohlfahrtsstaatliche Leistungen die Loyalität und politische Passivität ihrer Bürger:innen zu sichern (> Kap. 1.2, 1.4). Diese Vorstellung des „Gesellschaftsvertrags" – eine informelle Vereinbarung zwischen gesellschaftlichen Gruppen und den regierenden Eliten über ihre gegenseitigen Rechte und Pflichten – ist auch für die Erklärung der Stabilität und Langlebigkeit vieler moderner autoritärer Regime nützlich, darunter im arabischen Raum, China und Russland (Loewe et al. 2021; Cook/Dimitrov 2017).

Entstehung und Wandel des Gesellschaftsvertrags der Putin-Ära

Der aus der Sowjetära ererbte paternalistische Wohlfahrtsstaat erlebte im Zuge der neoliberalen Wirtschaftsreformen in den frühen 1990er Jahren (> Kap. 2.3) einen hastigen, politisch umstrittenen Teilabbau. Staatliche Preiskontrolle, Vollbeschäftigungsgarantie und viele kostenlose soziale Dienstleistungen wurden abgeschafft, während Renten- und Gesundheitssysteme auch aufgrund der Wirtschaftskrise nahezu kollabierten.

In der ersten Amtszeit Putins wurden dank der pro-präsidentiellen parlamentarischen Mehrheit mehrere Sozialreformen als Bestandteile eines Pakets von Wirtschaftsreformen verabschiedet. Einige staatliche Leistungen wurden in Versicherungsleistungen transformiert, andere – besonders in den Bereichen Transport, Wohnen, Bildung und Gesundheitswesen – kommerzialisiert, gebührenpflichtig gemacht oder komplett privatisiert. Einer der wesentlichsten Schritte bestand darin, die administrative und finanzielle Verantwortung für beim Staat verbleibende Aufgaben auf die regionale und lokale Ebene zu verlagern (Remington 2019). In diesem Zusammenhang wurden Steuer- und Rentenreformen in Angriff genommen, Armutsbekämpfungsprogramme aufgelegt und die Sozialausgaben des Staates erhöht (Cook 2007: Kap. 2-4).

Die partielle Liberalisierung der Sozialsysteme schuf die Grundlage für einen neuen, im Vergleich zur Sowjetära deutlich reduzierten Gesellschaftsvertrag (Cook/Dimitrov 2017), der in der Forschung oft als „Nichteinmischungspakt" (Petrov et al. 2014) charakterisiert wird: Das Regime respektierte die private Sphäre seiner Bürger:innen, die ihrerseits akzeptierten, die Gestaltung der Politik dem Staat zu überlassen. Im Gegenzug für ihre politische Passivität profitierten sie nicht nur von Sozialleistungen, sondern auch vom hohen Wirtschaftswachstum der 2000er Jahre und der (zunehmend autoritär verlaufenden) Wiederherstellung der Staatskapazität.

Zu Beginn von Putins dritter Amtszeit kündigten Teile der urbanen Mittelschichten den „Nichteinmischungspakt" auf, als sie im Zuge der Massenproteste 2011/12 politische Forderungen zu stellen begannen (> Kap. 7.4). Als Antwort darauf schränkte das Regime oppositionelle Aktivitäten seit Frühjahr 2012 immer stärker ein (> Kap. 8.4) und begann, „patriotische" Aktivitäten und Organisationen gezielt zu fördern (> Kap. 7.2; Lipman 2022: 12–13). Angesichts der wirtschaftlichen Rezession 2014–2016 ergriff es harte Sparmaßnahmen, schonte dabei allerdings die besonders sensiblen Bereiche der Renten- und Familienpolitik. Zudem wurde die Familienpolitik unter Bezug auf die „traditionellen Werte Russlands" pro-natalistisch ausgestaltet, was mit einem deutlichen Anstieg der öffentlichen Ausgaben einherging (Bluhm/Brand 2019; Matveev 2020). Im Zuge der Verfassungsrevision 2020 wurden die sozialen Verpflichtungen des Staates gegenüber den Bürger:innen besonders hervorgehoben. In der Forschung wird das dem Bemühen zugeschrieben, die Aufmerksamkeit von der bedeutendsten Veränderung abzulenken – der Ermöglichung weiterer Amtszeiten für Putin (Smyth/Sokhey 2021; > Kap. 3.1).

Der „Nichteinmischungspakt" wurde also nicht aufgelöst, sondern reformuliert. Die sozialstaatlichen Verpflichtungen, an denen das Regime festhielt, wurden nun häufig ideologisch geframt und mit dem offiziellen Identitätsdiskurs verbunden, den wir weiter oben diskutiert haben. Die Politik dient demnach dem Schutz und der Konsolidierung der als einzigartig dargestellten russischen/russländischen Nation und ihrer internationalen Präsenz als Großmacht, macht diese Güter also zu Indikatoren der Regimeperformanz. Im Gegenzug hörten die Bürger:innen auf, lediglich Begünstigte des Gesellschaftsvertrags zu sein. Vielmehr werden ihnen nun auch wirtschaftliche Opfer sowie die Duldung politischer Einschränkungen abverlangt (Greene 2017: 119–120; Østbø 2017).

Die Bindekraft dieses reformulierten Gesellschaftsvertrags ist unsicher. Auch in dieser Frage tritt – besonders seit 2018 – eine zunehmende Fragmentierung und Polarisierung der Bevölkerung hervor (Blackburn/Petersson 2022). Der überwiegende Teil der Bevölkerung wünscht eine größere Fürsorge des Staates für die Belange des Volkes und beklagt die mangelnde Übereinstimmung der Interessen von „oben" und „unten", ist aber nur in geringem Maße bereit, Opfer zugunsten des Staates zu bringen (Levada-Centr 2022b: 47, 49).

Der Krieg gegen die Ukraine stellt den ultimativen Belastungstest dieses Vertrags dar. Die anhaltend hohe Zustimmung zu Putin und der „militärischen Spezialoperation" ist einerseits ein Hinweis drauf, dass die seit 2012–2014 entwickelten ideologischen Formeln tragfähig sein könnten. Andererseits bestätigt sich aber auch hier die Fragmentierungsthese. Neben Kriegsgegner:innen, die auf 10–20% der Bevölkerung geschätzt werden und sich dem Vertrag prinzipiell verweigern (> Kap. 9.3), wurde er auch von jenen mehreren Hunderttausend Personen – überwiegend jungen Männern – abgelehnt, die Russland oder ihren Wohnort nach der Verkündung der Teilmobilisierung für den Militärdienst im Herbst 2022 zumindest temporär verließen: Nicht alle von ihnen dürften den Krieg prinzipiell verurteilen, aber offensichtlich waren sie nicht bereit, die geforderte Opferbereitschaft zu zeigen. Das Regime wiederum stimuliert diese nicht ausschließlich auf ideologischem Wege und mit propagandistischen Mitteln, sondern setzt auch materielle Zuwendungen ein. Dazu gehören u.a. die erhebliche Erhöhung des Wehrsolds, Sonderzahlungen für Frontkämpfer, Erleichterungen des Hochschulzugangs für ihre Kinder sowie die hohen Geldbeträge, die für Hinterbliebene von Gefallenen vorgesehen sind.

6 Regime und Bevölkerung: Legitimation und Loyalität

Können die Bürger:innen die Vertragsbedingungen beeinflussen?

Die Metapher des „Gesellschaftsvertrags" impliziert, dass er zwischen den beteiligten Seiten ausgehandelt wird. Zwar dominiert dabei das Regime, aber es reagiert auch auf die öffentliche Meinung, soziale Proteste oder den Druck der elektoralen Mobilisierung (Cook/Dimitrov 2017). Ein erster institutionalisierter Kanal der Einflussnahme von unten sind daher *Meinungsumfragen und Wahlen*, denn sie informieren das Regime über die Präferenzen der Bürger:innen und ihre Stimmung.

Ein weiterer Kanal besteht im seit Mitte der 2000er Jahre ausgebauten System zur Erfassung, Prüfung und Bearbeitung von *Bürgerbeschwerden*, welche die wahrscheinlich am weitesten verbreitete Partizipationsform in Russland darstellen (Lussier 2021). Allein die Präsidialadministration erhält jährlich ca. 1 Mio. Anfragen und Beschwerden von Bürger:innen und Organisationen, darunter etwa ein Drittel zu sozialen Themen (Präsidialadministration 2022). Ein drittes Forum sind *konsultative Gremien* bei staatlichen Organen, in die gesellschaftliche Organisationen und individuelle Bürger:innen eingebunden sind (> Kap. 7.3).

Schließlich gibt es mit *sozialen Protesten* eine nicht-institutionalisierte Form der Interessenvermittlung und -aushandlung. Im Unterschied zu politischen Protesten (> Kap. 7.4), zu denen die Grenzen freilich fließend sind, stellen sie nicht die Spielregeln des Regimes und den Gesellschaftsvertrag als solchen in Frage. Vielmehr handelt es sich um Zeichen der Unzufriedenheit und Empörung über das Verhalten oder Maßnahmen der Behörden bzw. der Regierung, welche die Lebensqualität der Bevölkerung betreffen und als Vertragsverletzung wahrgenommen werden.

Landesweite soziale Proteste sind sehr selten. Protestaktionen finden vielmehr meist in kleineren Städten statt und werden in den überregionalen Medien kaum erwähnt. Dennoch sind ihre Erfolgsaussichten häufig recht gut, denn lokale Politiker:innen und Behörden lenken oft ein, um den sozialen Frieden wiederherzustellen. Fast immer geht es um konkrete, räumlich und sachlich begrenzte Forderungen, die nur selten explizit politischer Natur sind, so etwa die geplante Schließung eines Krankenhauses, den Bau einer Mülldeponie (> Exkurs auf S. 196) oder Konflikte um urbane Grünanlagen. Das erleichtert es den Betroffenen, sich als Gruppe zu identifizieren und – spontan oder organisiert durch lokale Aktivist:innen – zu kollektivem Handeln fähig zu werden.

In den beiden größten, nationale Ausmaße erreichenden sozialen Protestwellen des postsowjetischen Russland spielten die Belange von Rentner:innen die entscheidende Rolle. Dabei handelt es sich um ein Politikfeld, das nicht nur in Russland, sondern auch in Demokratien politisch sensibel ist, da ältere Menschen ein relevantes und besonders aktives Segment des Elektorats darstellen; in Russland stellen Rentner:innen ca. 40% der Wahlberechtigten, und Rentenzahlungen machen fast ein Viertel der Gesamtausgaben des Staates aus (Solanko 2023: 236). Die erste landesweite Mobilisierung richtete sich im Januar 2005 gegen die Monetarisierung der Sozialleistungen, die Rentner:innen, Menschen mit Behinderung, Veteranen und andere sozial schwache Gruppen betraf. Die Reform ersetzte Ermäßigungen bzw. die kostenlose Nutzung öffentlicher Verkehrsmittel, im Gesundheitswesen und im Bereich des Wohnens durch Geldzahlungen, die zudem als zu niedrig empfunden wurden. Das brachte mehrere Hunderttausend Menschen in mindestens 80 Regionen des Landes überwiegend spontan auf die Straße. Angesichts der einhelligen Sympathie der Öffentlichkeit für die Demonstrant:innen brach Putin sein anfängliches Schweigen bald und kritisierte die Regierung. Sie gewährte Betroffenen daraufhin zusätzliche Leistungen, zog die geplante Erhöhung der Renten und die Indexierung von Löhnen und Gehältern vor und vertagte weitere Reformen. Das ursprüngliche Ziel, den Staatshaushalt zu entlasten, wurde dadurch verfehlt (Wengle/Rasell 2008).

Der zweite große nationale Sozialprotest fand im Sommer 2018 statt. Er richtete sich gegen die Erhöhung des Renteneintrittsalters für Frauen von 55 auf 63 und für Männer von 60 auf 65 Jahre.[30] Dieser Schritt war von internationalen Organisationen seit Längerem empfohlen worden, galt aber als politisches Tabu; Putin hatte 2005 zugesagt, auch in Zukunft darauf zu verzichten. Obwohl die Ankündigung der Reform zwecks Ablenkung der Aufmerksamkeit auf den ersten Tag der – in Russland ausgerichteten – Fußballweltmeisterschaft gelegt worden war, rief sie massenhafte Proteste hervor, die über drei Monate lang anhielten. Sie wurden maßgeblich von den Gewerkschaften organisiert, die erstmals seit 1990 zu landesweiten Aktionen aufriefen, und von sowohl den systemischen wie außersystemischen Oppositionsparteien unterstützt. Das brachte die Reform nicht zu Fall, aber das Regime wechselte nach einigen Wochen in den Dialogmodus. Nach einer öffentlichen Parlamentsanhörung, einer Fernsehansprache Putins und mehreren Änderungen, deren wichtigste die auf 60 Jahre verminderte Erhöhung des Renteneintrittsalters für Frauen war, wurde das Gesetz schließlich im Herbst 2018 verabschiedet (Brand 2018).

Auch Arbeitsproteste beschränken sich in der Putin-Ära überwiegend auf kleinere Städte, die vom Wirtschaftsaufschwung der 2000er Jahre nicht profitieren konnten und deren soziales Leben oft durch einen einzigen Großbetrieb geprägt ist. Diese spontanen, häufig „wilden", d.h. nicht gewerkschaftlich organisierten Aktionen vermeiden es ebenfalls, politische Forderungen zu erheben. Anders als im Westen, wo Arbeitskämpfe überwiegend als Druckmittel in Tarifverhandlungen geführt werden, richten sie sich in Russland meist gegen Entlassungen, die Kürzung von Löhnen, ausbleibende Lohnzahlungen oder Betriebsschließungen.

Auch wenn es sich in der Regel um Konflikte auf lokaler Ebene handelt, werden zu ihrer Befriedung nicht selten zentralstaatliche Ressourcen eingesetzt. Obwohl Arbeitsproteste sporadisch auftreten und – auch wenn sie erfolgreich sind – anderenorts kaum Nachahmer:innen finden, ist die Regierung generell aufmerksam gegenüber solchen Anzeichen der Unzufriedenheit und bietet häufig Kompromisse an, um die soziale und politische Stabilität zu sichern (Crowley 2021).

---

30 Im Jahr 2020 betrug die Lebenserwartung für Männer 66,2 und für Frauen 76,4 Jahre (Statista 2023).

6 Regime und Bevölkerung: Legitimation und Loyalität

> **Die Lkw-Fahrer:innen-Proteste 2015–2017**
>
> Zum größten Arbeitsprotest in der Putin-Ära wurde der Widerstand der Lkw-Fahrer:innen – die in Russland überwiegend selbständige Kleinunternehmer:innen sind – gegen die Ende 2015 angekündigte Einführung einer Straßenmaut für Lkws über 12 Tonnen. Auf die ersten Protestaktionen wie Kolonnenfahrten und Straßenblockaden reagierte das Regime recht schnell mit einer Kombination aus Repressionen und Konzessionen: Die Duma erließ ein Gesetz zur Einschränkung des Fahrens im Konvoi, und einige Fahrer:innen wurden verhaftet, aber sowohl die Mautgebühr als auch die Höhe von Bußgeldern für Regelverstöße wurden erheblich gesenkt.
>
> Die Lkw-Fahrer:innen stellten jedoch weitere Forderungen, riefen zu einem landesweiten Streik auf und gründeten einen eigenen Verband, der im Frühjahr 2017 Aktionen organisierte, an denen sich ca. eine halbe Million Fahrer:innen beteiligt haben sollen. Ursprünglich hatten sie politische Forderungen vermieden und Kontakte mit Oppositionsparteien abgelehnt. Nun politisierten sie sich jedoch allmählich. An die Stelle der Losung „Präsident, hilf uns!" traten Aufrufe zum Rücktritt der Regierung und zu einem Misstrauensvotum gegen Putin. Daraufhin wurde der Verband der Transportunternehmen zum „ausländischen Agenten" erklärt und sein Vorsitzender daran gehindert, bei der Präsidentschaftswahl 2018 zu kandidieren (Crowley 2021: Kap. 8).

Soziale Proteste adressieren überwiegend Anliegen, die in den Augen der Bevölkerung als legitim gelten, weil sie der (Wieder-)Herstellung der Gerechtigkeit dienen, das Versagen der Behörden kritisieren oder die Erfüllung politischer Versprechen einklagen, also auf der Erfüllung des sozialstaatlich fundierten Gesellschaftsvertrags insistieren. Fast immer werden die Forderungen aus der Position einer unpolitischen Regimeloyalität formuliert, die sich oft als „patriotisch" darstellt.

Da massive Repressionen gegen „einfache Bürger:innen" nicht zu den Routinepraktiken des Regimes gehören und kaum gerechtfertigt werden könnten, sind solche Proteste ein relativ effektives Mittel, Einfluss auf die Politikformulierung und -implementation auszuüben (Henry 2021). Um negative Reaktionen der Bevölkerung zu vermeiden, hat das Regime vermutlich einige Reformen nicht oder nicht in der geplanten Form durchgeführt (Petrov et al. 2014: 14; Matveev 2020). Der Verzicht auf tiefgreifende Einschnitte, die zu Massenentlassungen führen könnten, sichert zwar den sozialen Frieden, hat aber auch die Entwicklung der Wirtschaft behindert (Crowley 2021: 202–212).

> **Weiterführende Literatur**
>
> Die Webseite des Lewada-Zentrums – auch auf Englisch verfügbar (https://www.levada.ru/en/) – bietet zahlreiche Primärdaten und Analysen zur öffentlichen Meinung in Russland. Auf der Kreml-Webseite finden sich alle wichtigen Auftritte des Präsidenten in russischer und englischer Sprache (http://en.kremlin.ru/). Greene/Robertson (2019) gehen in ihrem zugänglich geschriebenen Buch *Putin vs. The People* aus sozialpsychologischer Perspektive der Frage nach, warum Putin gleichzeitig ein autoritärer Herrscher und ein populärer Präsident ist und beleuchten die Rolle, die Emotionen dabei spielen. Sharafutdinova (2020) untersucht die strategische Identitätspolitik des Regimes, die das Trauma der 1990er Jahre ausbeutet.
>
> Zum komplizierten Thema Nationalismus, seinen verschiedenen Strömungen, Trägergruppen und Veränderungen im Zeitverlauf empfehlen wir Kolstø/Blakkisrud (2016, 2018) und Laruelle (2019a). Makhotina (2021) analysiert anschaulich und differenziert die offizielle Geschichtspolitik und individuelle Erinnerung an die Sowjetära anhand der Beispiele der „Goldenen 1970er Jahre", des Stalinismus und des „Großen Vaterländischen Kriegs".

7 Bürgerschaftliches Engagement und Regime

> **Zusammenfassung**
>
> Zivilgesellschaftliche Assoziierungsbestrebungen treffen in Russland auf einen autoritären, paternalistischen Staat. Er ist bestrebt, ihr Potenzial für die Erbringung öffentlicher Dienstleistungen sowie die Politikformulierung und -implementierung zu nutzen, die Spielräume für unerwünschte Aktivitäten jedoch einzuschränken. Dieses Kapitel charakterisiert den Wandel des bürgerschaftlichen Engagements seit den 1990er Jahren, problematisiert den Begriff der Zivilgesellschaft und illustriert mit Beispielen die zweigleisige Strategie des Regimes gegenüber gesellschaftlichen Organisationen sowie seine Versuche, den intermediären Raum mit von oben geschaffenen Strukturen zu kontrollieren und zu steuern. Abschließend wird die Dynamik politischer Protestbewegungen rekonstruiert.

7.1 Gibt es eine Zivilgesellschaft in Russland?

Innerhalb der normativen und empirischen Demokratieforschung wurde das Konzept der „Zivilgesellschaft" in den 1980er Jahren wiederentdeckt und neu belebt. Es geht auf Alexis des Tocquevilles Beobachtungen über die US-amerikanische Gesellschaft der 1830er Jahre zurück: Die Vitalität von Demokratien scheint demnach wesentlich davon abzuhängen, ob ihre Bürger:innen sich in einem autonomen öffentlichen Raum begegnen und zur Verfolgung gemeinsamer – politischer wie auch vorpolitischer – Interessen und Werte zusammenschließen, d.h. als Mitglieder einer lebendigen *civic community* Gemeinsinn und Verantwortung entwickeln (z.B. Putnam 1993; Walzer 1992). Nach dem Ende der kommunistischen Einparteiregime, welche die Gesellschaft buchstäblich verstaatlicht hatten (> Kap. 1.2), zogen die postsozialistischen Länder, darunter Russland, daher die besondere Aufmerksamkeit der Forschung auf sich: Wie stark würde dieses Erbe nachwirken? Konnte der Westen die Entstehung einer demokratiefreundlichen Zivilgesellschaft beschleunigen?

Bürgerschaftliches Engagement im Wandel

Die „Bewegungsgesellschaft" der späten Perestrojka mit ihren zahllosen informellen Initiativen und Gruppen hatte die Herausbildung einer Zivilgesellschaft angekündigt (> Kap. 1.3), aber anderthalb Jahrzehnte später fiel die Bilanz ernüchternd aus: Gegen Mitte der 2000er Jahre waren zwar über 600.000 „nicht-kommerzielle" Organisationen beim Justizministerium registriert (IMR 2020: 6), aber die meisten von ihnen waren sporadisch und nur in den größten Städten aktiv, oft kurzlebig und extrem ressourcenarm. Ihre überwiegende Mehrheit engagierte sich im sozialen Bereich, viele auch für den Umweltschutz, die Rechte von Frauen oder – wie die bereits seit 1987 tätige Vereinigung *Memorial* (> Exkurs auf S. 36) – für die Aufarbeitung des Stalinismus und den Schutz der Menschenrechte. Die NGOs verfügten über wenig Rückhalt in der Bevölkerung, die eine noch geringere Assoziationsbereitschaft erkennen ließ als die anderer postsozialistischer Länder.

Die Forschung nennt mehrere Gründe für diese auffällige Schwäche der Zivilgesellschaft (z.B. Evans et al. 2006; Howard 2002; Henderson 2011). Zum einen hatte der Staatssozialismus neben segmentierten sozialen Netzwerken und einer atomisierten Gesellschaft tiefes Misstrauen gegenüber jeglicher Art „gesellschaftlicher Organisationen" hinterlassen. Zum anderen waren die Lebensverhältnisse großer Teile der Bevölkerung in den 1990er Jahren so prekär, dass sie weder Zeit und Energie noch finanzielle Mittel für ehrenamtliches Engagement aufbringen konnten. Schließlich behinderte der Staat die Tätigkeit von NGOs zwar kaum, ignorierte sie aber weitgehend. Fördermittel wurden in sehr geringem Umfang, intransparent und über patron-klientelistische Beziehungskanäle überwiegend an weiterexistierende sowjetische Organisationen vergeben. Kaum institutionalisiert waren auch die Kontakte von NGOs zu Politiker:innen bzw. den schwachen, instabilen Parteien dieser Zeit.

Unter diesen Bedingungen erwiesen sich ausländische Sponsoren oft als die wichtigsten Förderer nicht-staatlicher Organisationen, z.B. die Weltbank und die Europäische Union, deutsche parteinahe Stiftungen oder die *Open Society Foundation* des US-amerikanischen Milliardärs und Philanthropen George Soros. Die Behörde für Entwicklungszusammenarbeit USAID *(United States Agency for International Development)*, der wohl größte Sponsor, stellte zwischen Anfang der 1990er Jahre und 2012 ca. 2,7 Mrd. US-Dollar zur Verfügung, mit denen Projekte in Russland – darunter NGOs – insbesondere im Rechtssystem, Gesundheitswesen und Umweltschutz gefördert wurden (BBC 2012).

Ausländische Ressourcen kamen zwar nur dem kleinen aktiven Teil der neuen Assoziationen zugute (Henderson 2003: 10, 51, 69), verbesserten deren Organisationskapazität aber erheblich. Sie beschleunigten durch den kulturellen Import der Zivilgesellschaftsidee auch die Diffusion von Konzepten wie „NGO" und „advokatorische Interessenvertretung" zugunsten verwundbarer Gruppen sowie die Sicht auf Frauen- und LGBTQ+-Rechte als Menschenrechte in das kleine, überwiegend intellektuelle Milieu zivilgesellschaftlicher Aktivist:innen.

Die Abhängigkeit von westlichen Sponsoren hatte aber auch negative Folgen: Die NGOs existierten oft lediglich als Abfolge zeitlich begrenzter, eng gefasster „Projekte", vernetzten sich kaum untereinander und grenzten sich von traditionellen Vereinigungen ab, die ihre Wurzeln in der Sowjetära hatten. Sie richteten sich häufig stärker an den abstrakten Zielen und Vergabepraktiken der Geldgeber aus als an konkreten gesellschaftlichen Bedürfnissen und erschienen nicht selten als realitätsfremd, elitär und von fremden Wertvorstellungen geprägt (z.B. Hemment 2012; Henderson 2011; Jakobson/Sanovich 2010).

Anderthalb Jahrzehnte später, Ende 2022, verzeichnete das Register des Justizministeriums ca. 210.000 „nicht-kommerzielle Organisationen" (NKOs bzw. NPOs) unterschiedlicher Rechtsformen. Auch weiterhin gilt ein großer Teil davon – regional manchmal mehr als zwei Drittel – als inaktiv. Lokale Vereinigungen sind noch immer meist klein und ressourcenarm, während Dachverbände mit Sitz in Moskau und anderen Großstädten oft hochprofessionalisiert arbeiten. Im sozialen Bereich einschließlich Bildung, Gesundheit und Sozialfürsorge engagieren sich ca. 60% dieser Organisationen, darunter auch professionelle Wohlfahrtsdienstleister; auf lediglich 5–10% wurde Mitte der 2010er Jahre hingegen der Anteil von

Menschenrechts- und Umweltschutz-NGOs geschätzt (Skokova et al. 2018: 539–540).

> **Begriffe: NGOs, CSOs, NKOs**
>
> Weil (zivil)gesellschaftliche Organisationsformen unter mehreren Perspektiven erforscht werden, ist auch die Begrifflichkeit unübersichtlich. *Nicht-staatliche Organisation (NGO, Non-Governmental Organization)* ist ein Begriff aus der Zivilgesellschaftsforschung, die normativ durch das liberale Ideal eines intermediären Raums zwischen dem Staat und der Privatsphäre geprägt ist, in dem sich die Bürger:innen autonom organisieren. Er ist von privat gegründeten, auf freiwilliger Mitgliedschaft beruhenden Assoziationen besiedelt, die politische oder gesellschaftliche Interessen bzw. Werte verfolgen und sich aus Mitgliedsbeiträgen, Spenden oder auch staatlichen Zuwendungen finanzieren.
>
> Breiter ist das Konzept der *zivilgesellschaftlichen Organisation (CSO, Civil Society Organization)*, das sich in der politikwissenschaftlichen Interessengruppenforschung eingebürgert hat. Der Fokus liegt hier auf der Vermittlung von gesellschaftlichen Interessen und Werten in den politischen Entscheidungsprozess durch kollektive Akteure. Gewerkschaften und Unternehmerverbände, die traditionell nicht zu NGOs gezählt werden, fallen ebenso darunter wie Wohltätigkeitsverbände, politisch bzw. gesellschaftlich engagierte Religionsgemeinschaften und soziale Bewegungen, d.h. temporäre und fluide Vernetzungen aus Personen, NGOs und anderen Organisationsformen.
>
> Der Begriff der *nicht-profitorientierten Organisation (NPO, Nonprofit Organization)* wiederum hat seinen Ursprung in der Forschung über den „Dritten Sektor", der als Bereich jenseits von Staat und Wirtschaft konzipiert ist. Seine Akteure sind freiwillige Vereinigungen, Stiftungen und gemeinnützige Unternehmen, die gesellschaftlich relevante, oft soziale Dienstleistungen erbringen, ohne primär wirtschaftliche Zwecke zu verfolgen.
>
> Die russländischen Behörden sprechen von *nicht-kommerziellen Organisationen* (NKOs), die als „nicht profitorientiert" definiert sind, mithin als NPOs verstanden werden. Ihr Spektrum reicht von Mitgliedsorganisationen jeglicher Provenienz, darunter politischen Parteien, über gemeinnützige Unternehmen einschließlich Forschungs- und Bildungseinrichtungen, bis hin zu lokalen Gebietskörperschaften und staatlichen Korporationen. Aus dem Register des Justizministeriums, das 37 NPO-Kategorien auflistet, können daher keine genauen Angaben über NGOs abgelesen werden.
>
> Ebenso wie die Bezeichnungen „Zivilgesellschaft", „intermediärer Bereich" und „Dritter Sektor" werden auch die der „NGO", „CSO" und „NPO" oft synonym verwendet. Wir sprechen im Folgenden von „NPOs" bzw. „SONPOs" („sozial orientierten NPOs") im hier erläuterten Sinne, wenn wir nicht ausdrücklich zivilgesellschaftliche und staatsunabhängige „NGOs" meinen.

Dennoch hatte sich die Situation im Vergleich zu den frühen 2000er Jahren deutlich verändert. Hatten Vereinigungen damals überwiegend Interessenlobbying betrieben, konzentrieren sie sich zwei Jahrzehnte später stärker darauf, öffentliche Aufmerksamkeit für ihre Themen zu wecken. Gegenüber der weiteren Professionalisierung ist der Aufbau eines stabilen Adressat:innenkreises in den Vordergrund gerückt. Mitgliedsbeiträge, private und Unternehmensspenden sowie staatliche Fördertöpfe auf der föderalen, regionalen und lokalen Ebene sind zu den wichtigsten Quellen der Finanzierung geworden. Einigen, meist Wohltätigkeits-, Vereinen gelingt es auch, besonders aufwendige Projekte mithilfe von Crowdfunding zu realisieren (Sundstrom et al. 2022; Javeline/Lindemann-Komarova 2020).

Auffällig ist weiterhin, dass sich neben dem Engagement in formalen Organisationen informelle Aktivitätsformen verbreitet haben, die sich oft mithilfe der sozialen Medien koordinieren. Das Spektrum reicht von den populären, noch aus sowjetischen Zeiten bekannten Nachbarschaftsaktionen zur Verbesserung des Wohnumfelds (*subbotniki*, > Kap. 1.2) über Unterschriftensammlungen auf *change.org* bis zu Menschenrechts- und LGBTQ+-Vereinigungen, die sich beim Justizministerium nicht registrieren, um behördlichen Restriktionen zu entgehen. Repräsentative Umfragen zeigen, dass sich inzwischen etwa ein Drittel der Bürger:innen in irgendeiner Form öffentlich engagiert, was ein im Vergleich zu anderen postsozialistischen Ländern recht hoher Wert ist. Häufiger als um abstrakte Probleme geht es dabei um unmittelbar den Alltag betreffende Fragen, so etwa Müllentsorgung, Grünanlagen, häusliche Gewalt oder staatliche Sozialleistungen (Sundstrom et al. 2022).

Warum hat sich das bürgerschaftliche Engagement verändert?

Die höhere Partizipationsbereitschaft der 2010er Jahre wird in der Forschung zum einen auf die massenhafte Verbesserung der individuellen sozioökonomischen Situation zurückgeführt, denn wie überall in der Welt ist sie ein Mittelstandsphänomen. Umfragen zufolge ist auch das interpersonelle Vertrauen seit den frühen 2000er Jahren gestiegen, was Assoziierungsprozesse erleichtert (Sobolev/Zakharov 2018: 252–256).

Zum anderen hat der technologische Wandel das bürgerschaftliche Engagement verändert. Die sozialen Medien verbessern die Möglichkeiten von Aktivist:innen, sich zu vernetzen, informell zu koordinieren und Spenden einzuwerben. Sie erlauben es auch, restriktive Vorgehensweisen von Behörden öffentlich zu machen, einander – z.B. bei Straßenprotesten – zu warnen und Unterstützung zu mobilisieren. Offen regimekritische Meinungen wurden im Internet in der zweiten Hälfte der 2010er Jahre allerdings seltener und überwiegend von Oppositionspolitiker:innen geäußert. Wegen der zunehmenden Überwachung und Regulierung des Internets durch die Behörden sind politische Diskussionen von Plattformen im russischsprachigen „RuNet", z.B. *LiveJournal* und *VKontakte*, zunehmend in das globale Internet abgewandert. Sie finden nun überwiegend auf *Facebook*, *YouTube*, *Twitter*, *Telegram* und *Instagram*[31] statt (Glazunova 2022; Sundstrom et al. 2022).

Schließlich hat die Finanzierung zivilgesellschaftlicher Aktivitäten aus dem Ausland an Bedeutung verloren. Das ist sowohl das Ergebnis einer Neuorientierung westlicher Sponsor:innen auf andere Weltregionen als auch des Kurswechsels des Regimes gegen Mitte der 2000er Jahre, das den intermediären Raum als Sphäre seines Gestaltungswillens entdeckte. Dieser entscheidende Faktor für den Wandel des bürgerschaftlichen Engagements hatte mehrere Gründe.

---

31 *Facebook*, *Instagram* und *Twitter* sind seit Frühjahr 2022 durch die Behörden blockiert, aber über VPN zugänglich.

Erstens war Putin als Präsident mit dem Versprechen angetreten, gesellschaftliche Stabilität und einen starken, paternalistischen Staat wiederherzustellen. Der autoritäre Umbau des gesamten politischen Systems, den wir in den Kapiteln 2 bis 5 detailliert analysiert haben, war ein zentrales Element dieser Politik. Legitimiert durch das Konzept der „souveränen Demokratie" (> Exkurs auf S. 161) erfasste sie nun auch den intermediären Raum, der das Unterfutter der parteipolitischen Sphäre bildet und politisches wie soziales Engagement der Bürger:innen ermöglicht.

Eine weitere Begründung für die neue Politik lieferten zweitens die „Bunten Revolutionen" in der unmittelbaren Nachbarschaft Russlands. Sie machten deutlich, dass die Stabilität von Staat und Regime unter Umständen nicht nur durch Rivalitäten zwischen konkurrierenden Elitennetzwerken bedroht ist, sondern auch durch oppositionelle und zivilgesellschaftliche Akteure, die in der Lage sind, unzufriedene Bevölkerungsgruppen für Straßenproteste zu mobilisieren.

> **Was waren die „Bunten Revolutionen"?**
>
> In mehreren postsozialistischen Ländern, darunter in sechs Nachfolgestaaten der Sowjetunion, fanden in den 2000er Jahren Massendemonstrationen aus Anlass von Wahlfälschungen statt. Die erfolgreichen unter diesen „Bunten Revolutionen" brachten elektoral-autoritäre Regime zu Fall, so die „Bulldozerrevolution" in Serbien (2000), die „Rosenrevolution" in Georgien (2003), die „Orange Revolution" in der Ukraine (2004) und die „Nelkenrevolution" in Kirgisistan (2005). Hier war die politische Opposition temporäre Bündnisse mit zivilgesellschaftlichen Akteuren eingegangen, unter denen sich Jugendorganisationen besonders hervortaten. Sie verfügten über „revolutionäres Know-how" für den gewaltfreien Protest und waren eng in transnationale Netzwerke der westlichen Demokratieförderung eingebunden (Bunce/Wolchik 2011).
> Aus der Perspektive der „patronalen Politik" (> Kap. 2.2) erscheinen diese Revolutionen allerdings als ein Modus weniger der Demokratisierung als der Auflösung von Reproduktionskrisen patronal-personalistischer Regime (Stykow 2010): Elitenfraktionen, die sich aus der „Machtpyramide" abgespalten hatten, nutzten Wahlen, um einen Machtwechsel zu erzwingen. Wenn sie erfolgreich waren, dann nicht nur dank der Unterstützung „von unten" (und „von außen"), sondern vor allem deshalb, weil die Gewalt- und Sicherheitsapparate ihre Loyalität gegenüber den jeweiligen Präsidenten aufkündigten und die Seiten wechselten (Hale 2005).

In mehreren autoritären Regimen, darunter auch in Belarus, Kasachstan und China, lösten diese Ereignisse ein „autoritäres Lernen" aus, in dessen Ergebnis vielfältige Strategien und Instrumente der „präventiven Konterrevolution" (Etkind/Shcherbak 2008; Koesel 2018) entstanden. Im offiziellen Narrativ wurden Proteste von nun an unmittelbar auf die subversive Tätigkeit des Westens zurückgeführt, insbesondere auf das Hegemoniestreben der USA. In den 2010er Jahren lieferten der „Arabische Frühling" 2010–2012 und der ukrainische „Euromaidan" (2013/14) weitere Anlässe, um Instrumente der institutionellen Intervention des Regimes in den öffentlichen Raum, ideologisch-propagandistische sowie repressive Strategien weiterzuentwickeln (> Kap. 8.4).

Ein dritter Grund für den Übergang zu einer aktiven Politik gegenüber nicht-staatlichen und nicht-profitorientierten Organisationen erwuchs aus den Verwaltungsreformen der 2000er Jahre. Unter anderem unterstützt von der *Weltbank* waren sie an den Normen des *New Public Management* (NPM) orientiert und trugen privatwirtschaftliche Prinzipien in den öffentlichen Sektor. Dazu gehörten auch die Verlagerung exekutiver Kompetenzen auf subnationale Ebenen, die Delegierung staatlicher Aufgaben an Unternehmen und gemeinnützige Organisationen sowie die Monetarisierung von Sozialleistungen (> Kap. 6.4). In westlichen Demokratien war dieser Übergang vom „produzierenden" zum „regulativen" Wohlfahrtsstaat von einer aktivierenden Politik gegenüber den Bürger:innen begleitet, die zu einem stärkeren lokalen Engagement ermuntert wurden, um den Staat bei der Bereitstellung öffentlicher Güter zu entlasten. Auch in Russland wurde die Notwendigkeit dafür sichtbar (Owen 2020).

Alle drei Gründe wirkten zusammen, als das Regime gegen Mitte der 2000er Jahre begann, ein systematisches Instrumentarium für das Management des intermediären Sektors zu entwickeln. Es erlaubte ihm die Implementierung einer „dualen Politik" (z.B. Salamon et al. 2015; Skokova et al. 2018), die nach Auffassung einiger Autor:innen zur Koexistenz von zwei unterscheidbaren, wenn auch überlappenden Zivilgesellschaften führte (Evans/Plantan 2023): Einerseits ermutigt der Staat gemeinwohlorientiertes Engagement in Bereichen wie den sozialen und gesundheitsbezogenen Diensten und engagiert sich gegenüber „nützlichen", kooperativ eingestellten, daher „patriotischen" NPOs als Förderer.

Andererseits behindert er – seit den 2010er Jahren immer deutlicher – die Tätigkeit von Organisationen, die als NGOs im engeren Sinne des Wortes aktiv sind, sich horizontal und international vernetzen, als advokatorische Interessenvertreter agieren, regimekritische Forderungen stellen oder Proteste organisieren. Unter den Bedingungen des Krieges gegen die Ukraine verschärfte sich dieser Dualismus im Jahr 2022 weiter, weil die Positionierung gegenüber der „militärischen Spezialoperation" zu einem eindeutigen Kriterium der Unterscheidung zwischen „erwünschten" und „widerständigen" Gruppen geworden ist. Für Letztere ist die Lage aufgrund von Repressionen seitdem existenzbedrohend geworden (> Kap. 8.4).

„Zivilgesellschaft" und autoritäres Regime

Der Befund der „zwei Zivilgesellschaften" und der „dualen Politik" des Regimes gegenüber dem intermediären Raum widerspricht scheinbar der häufig anzutreffenden Bewertung, dass die zivilgesellschaftlichen Handlungsspielräume seit Mitte der 2000er Jahre eindeutig repressiv eingeschränkt wurden. Tatsächlich ist diese Diskrepanz in erster Linie auf unterschiedliche Messlatten für die empirischen Beobachtungen zurückzuführen, hinter denen unterschiedliche Konzepte der „Zivilgesellschaft" stehen.

Wie wir am Anfang dieses Kapitels erläutert haben, richtete sich die Erwartung westlicher Beobachter:innen nach dem Ende des Staatssozialismus auf die Entstehung einer Zivilgesellschaft im Sinne des *liberalen, auf Tocqueville zurückgehenden Ideals*. Sie orientierte sich am Modell einer vom Staat autonomen Sphäre freiwilliger Assoziationen, in denen sich die Gesellschaft in ihrer Interessenvielfalt selbst organisiert und sich als eine Instanz seiner Kontrolle versteht. Dieses Verständnis informierte auch die Demokratieförderungsstrategie vieler westlicher Organisationen und Staaten, insbesondere der USA.

Allerdings kann es selbst für westliche Demokratien keine universelle Geltung beanspruchen, wie etwa der Blick nach Kontinentaleuropa zeigt (Salamon/Anheier 1998; Zimmer 2010: 155–159): Hier finden sich Varianten des *sozialdemokratischen* und des *subsidiären Strukturmodells*, bei denen Staat und Gesellschaft keine antagonistischen, sondern kooperative, interdependente Beziehungen unterhalten. Zivilgesellschaften werden dabei vergleichsweise „staatsnah" gedacht, im durch die katholische Soziallehre geprägten subsidiären Modell zudem als lokale Solidargemeinschaften, die in (neo)korporatistische Beziehungsarrangements eingebettet sind. In dieser Sicht besteht ihre Aufgabe weniger darin, Ansprüche an den Staat zu stellen, als wohlfahrtsstaatliche Leistungen zu seiner Entlastung zu erbringen. Dieses Modell zeichnet sich durch institutionalisierte Kanäle für die Mitwirkung gesellschaftlicher Interessen an der Formulierung und Implementierung von Politik aus, wobei der Staat (ausgewählte) Organisationen lizenziert und subventioniert. Es knüpft an Traditionen der korporativen Repräsentation aus dem 19. Jahrhundert an, deren Wurzeln noch weiter in die europäische Geschichte zurückreichen (Schmidt 2019: 325).

Russlands Entwicklungspfad unterscheidet sich von allen genannten Varianten auch dadurch, dass „die Gesellschaft" hier am Ende des 18. Jahrhunderts als „staatliche Veranstaltung" entstand (Geyer 1966): Die öffentliche Verwaltung lag in der Hand von Adligen im Dienste der Zaren, die Politik war durch die Bürokratie monopolisiert, die ihrerseits weniger dem Gemeinwohl als der Person auf dem Thron verpflichtet war, und auch die Vertretungskörperschaften des Adels sowie der städtischen Schichten wurden schließlich von oben „hergestellt". Diese Tradition wurde mit der Machtübernahme der Bolschewiki (1917) unterbrochen, durch das Einparteiregime der KPdSU mit einer nun ideologischen Begründung aber bald neu begründet. Auch in der Sowjetära konnte sich daher kein formal ausdifferenziertes Subsystem entwickeln, in dem sich Bürger:innen jenseits von Staat, Markt und Familie organisierten (> Kap. 1.2).

Als sich die Präsidialadministration Mitte der 2000er Jahre immer mehr von der innen- und außenpolitischen „Westernisierung" Russlands distanzierte (> Kap. 6.2, 9.2), griff sie auch die „genuin nationale" Vorstellung über den Staat als „politische Inkarnation der Gesellschaft" wieder auf. Die liberale Idee einer NGO-basierten Zivilgesellschaft, die in den 1990er Jahren in Teile der Gesellschaft diffundiert war, wurde durch das Leitbild der organischen kollektiven Identität des russländischen „Volkes" und dessen integraler Einheit mit dem Staat ersetzt (Richter 2009a; Domrin 2003). Ebenso wie in anderen Ideologemen des Putin-Regimes bildet sich darin die Suche nach „eigenen" Antworten auf die Herausforderungen der Gegenwart ab. Dabei werden „fremde" Konzepte – in diesem Fall das der in NGOs organisierten Zivilgesellschaft – ebenso abgelehnt wie sie dennoch den zentralen Referenzpunkt darstellen.

7 Bürgerschaftliches Engagement und Regime

Um das aktuelle Muster der Staat-Gesellschaft-Beziehungen in Russland zu beschreiben, lohnt ein Blick auf andere autoritär regierte Gesellschaften, speziell die Volksrepublik China. Einige Wissenschaftler:innen haben die Bezeichnungen *konsultativer* bzw. *partizipatorischer Autoritarismus* vorgeschlagen, um Ähnlichkeiten zwischen Chinas kommunistischem Einparteiregime und Russlands personalistischem Regime zu erfassen. In beiden wird die freiwillige, routinisierte, institutionalisierte und „maßvolle" Ziele verfolgende Partizipation von Bürger:innen gefördert und die operative Autonomie von gesellschaftlichen Initiativen und Organisationen betont. Tatsächlich werden ihre Aktivitäten aber offensiv kontrolliert, in die gewünschten Bahnen gelenkt und auf eine beherrschbare, „staatskorporatistische" Art und Weise institutionalisiert (Teets 2014; Owen 2020).

Der Zweck dieser – gegenüber loyalen NPOs freundlichen und gegenüber „westlichen NGOs" repressiven – Politik besteht darin, eines der Governance-Dilemmata von Autokratien (> Kap. 2.2) auszubalancieren: Allen Formen der Bürgerpartizipation wohnt das Potenzial inne, die existierenden Machtverhältnisse in Frage zu stellen, aber sie können für das Regime auch von hohem Nutzen sein. Ähnlich wie Wahlergebnisse und Meinungsumfragen liefern sie wichtige Informationen über die Stimmungen und Bedürfnisse der Bevölkerung, und NPOs können den Staat entlasten, weil sie wichtige öffentliche Dienstleistungen bereitstellen. Nicht zuletzt tragen sie unter Umständen dazu bei, in einzelnen Bereichen bessere Politiken zu formulieren oder erfolgreich zu implementieren. All das steigert die Legitimität des Regimes in den Augen der Bevölkerung und damit auch seine Stabilität (Owen 2020; Plantan 2022; Bederson/Semenov 2021).

7.2 Die Doppelstrategie des Regimes gegenüber der Zivilgesellschaft

Die duale Politik des Regimes gegenüber dem intermediären Bereich entstand zunächst als technokratische Regulierungsstrategie in der zweiten Hälfte der 2000er Jahre, wurde aber nach der „konservativen Wende" von 2012 (> Kap. 6.2) ideologisch – genauer gesagt: „patriotisch" – aufgeladen. Ihr Prinzip besteht darin, gesellschaftliche Organisationen nach ihrer politischen Erwünschtheit und Loyalität zu differenzieren: Entweder werden sie auf vielfältigen Wegen gefördert, oder sie werden durch bürokratische Hürden, die Einschränkung ihrer Finanzquellen sowie mit rechtlichen Mitteln in ihren Aktivitäten behindert.

Zwei Kategorien von NPOs

Die Neuregelung des intermediären Bereichs begann im Jahr 2006 (Tab. 7.1). Zunächst reduzierte sich aufgrund der Pflicht zur Neuregistrierung die Zahl der amtlich registrierten Organisationen erheblich. Dies war partiell mit Restriktionen verbunden, etwa gegenüber feministischen NGOs, denen die Registrierung oft verweigert wurde (Johnson 2014: 586), bereinigte diese Sphäre aber auch von vielen inaktiven oder nicht lebensfähigen Organisationen. Dadurch stiegen ihre Transparenz und Professionalität (Robertson 2009: 540–541).

Tab. 7.1: Meilensteine der NPO-Regulierung

Jahr	Regelung
1995–1996	Die Gesetze über gemeinnützige „nicht-kommerzielle Organisationen" und „gesellschaftliche Vereinigungen" verpflichten NPOs zur amtlichen Registrierung und schaffen eine Systematik ihrer Rechtsformen.
2006	NPOs werden härteren Registrierungs- und Rechenschaftspflichten unterworfen, behördliche Kontrollbefugnisse gegenüber den Empfängern ausländischer Finanzierung erweitert und der Zugang dazu eingeschränkt.
2009	Für kleine NPOs werden die Regeln wieder gelockert. Einige Gründe, um die amtliche Registrierung zu verweigern, werden abgeschafft.
2010	Die Kategorie der „sozial orientierten nicht-kommerziellen Organisation" (SONPO) wird eingeführt.
2012	Die Regierung erhält das Recht, die Tätigkeit von NPOs zu suspendieren, die „politisch tätig" sind und von US-amerikanischen Geldgebern gesponsert werden. Die Russland-Mission von USAID wird geschlossen.
2012	Für „politisch tätige" NPOs mit ausländischer Finanzierung wird die Kategorie des „ausländischen Agenten" eingeführt, später auch für Medien (2017), Privatpersonen (2019), informelle Gruppen (2020) und kommerzielle Unternehmen (2022).
2014	Das Registrierungsverfahren für NPOs wird komplizierter und teurer. Der Status eines „ausländischen Agenten" wird vom Justizministerium von nun an ohne Gerichtsbeschluss zugeteilt.
2015	Die Kategorie der „unerwünschten Organisation" wird eingeführt.
2016	Die Kategorie „SONPO – Träger gemeinnütziger Dienstleistungen" wird eingeführt.
2020	Die Gesetzgebung über „ausländische Agenten" wird verschärft.
2022	Ein eigenständiges Gesetz über Organisationen und Personen, die sich „unter ausländischem Einfluss befinden", wird verabschiedet.

Quelle: IMR (2020), eigene Recherche

Zwischen 2010 und 2016 wurde der intermediäre Bereich durch die Einführung von vier Statuskategorien für NPOs reorganisiert. Sie bildete die Grundlage für ihre unterschiedliche Behandlung durch die Behörden. Differenziert wurde dabei einerseits nach dem Kriterium der gemeinnützigen bzw. politischen Tätigkeit und andererseits danach, ob eine „politisch tätige" Vereinigung ausländische Unterstützung erhielt.

- Als *sozial orientierte NPOs* (SONPOs) definiert das Gesetz Mitgliedsvereine, die sich für die „Lösung sozialer Probleme und die Entwicklung der Zivilgesellschaft" in bestimmten Feldern engagieren. Dazu gehören u.a. soziale Dienste und Wohltätigkeit, Umwelt- und Tierschutz, Katastrophenhilfe, Bildung, Wissenschaft und Kultur, „patriotische Erziehung", Integration von Migrant:innen sowie die Pflege des historischen und kulturellen Erbes, einschließlich des Gedenkens an die Opfer politischer Repressionen. Offiziellen Angaben zufolge waren im Januar 2023 knapp 47.000 solcher SONPOs registriert (MinEkon 2023).

- Der Zusatz *Träger gemeinnütziger Dienstleistungen* kann einer SONPO verliehen werden, die keine Steuerrückstände aufweist und entweder seit mehr als einem Jahr Leistungen in hoher Qualität erbringt oder Projekte realisiert, die durch Finanzzuschüsse aus dem Präsidialfonds gefördert werden. Dieses „Gütesiegel", das Anfang 2023 fast 1.500 Organisationen erhalten hatten (MinJust 2023c), steigert das Prestige einer Vereinigung, räumt ihr Steuervorteile und Priorität bei der Einwerbung öffentlicher Fördermittel ein, unterwirft sie jedoch auch stärkerer behördlicher Kontrolle. Es wird für zwei Jahre verliehen und kann jederzeit aberkannt werden.

- Seit 2012 können zivilgesellschaftliche Vereinigungen zu *„ausländischen Agenten"* erklärt werden, wenn sie einerseits „finanzielle Mittel oder anderes Eigentum aus ausländischen Quellen" beziehen und andererseits „politisch tätig" sind. Darunter wird die (beabsichtigte oder tatsächliche) Einflussnahme auf Politik oder die Tätigkeit staatlicher Organe verstanden, wenn sie sich in einem von 15 Themenfeldern vollzieht, die von der Ausgestaltung aller Dimensionen des politischen Systems bis zu wirtschaftlicher Entwicklung und Außenpolitik reichen. Insgesamt trug das Justizministerium zwischen 2013 und April 2023 310 Organisationen in das von ihm geführte Register „ausländischer Agenten" ein; 163 dieser Einträge wurden zwischenzeitlich wieder gelöscht, meist wegen der Auflösung der betreffenden Organisation (MinJust 2023a).

- *„Unerwünschte Organisationen"* sind ausländische oder internationale Organisationen, die als „Gefahr für die konstitutionelle Ordnung, Verteidigungsfähigkeit oder Sicherheit des Staates" identifiziert worden sind. Das damit verbundene Tätigkeitsverbot wurde bis Februar 2022 über 53 ausländische und internationale Organisationen verhängt, in den darauffolgenden 15 Monaten über weitere 22 (MinJust 2023b).

Nicht weniger bedeutsam als diese Kategorisierung des intermediären Bereichs war die Reorganisation seiner finanziellen Förderung (Salamon et al. 2015; Javeline/Lindemann-Komarova 2020). Zum einen gibt es seit den frühen 2010er Jahren Steuerbegünstigungen für Unternehmens- und private Spenden an NPOs. Private und staatliche Korporationen investieren inzwischen jährlich mehrere Milliarden Rubel in diesen Sektor, überwiegend in die Bereiche Bildung, soziale Dienste, Kommunalentwicklung, Sport und Gesundheit; in einem Drittel der Regionen Russlands gibt es auch lokale Stiftungen.

Zum anderen erhalten SONPOs direkte und indirekte Unterstützung von den Behörden. So werden ihnen öffentliche Gebäude zur mietfreien oder -reduzierten Nutzung überlassen und steuerliche Erleichterungen gewährt. Seit 2015 schließt die öffentliche Hand Verträge über die Bereitstellung sozialer u.ä. Dienste mit ihnen ab. An SONPOs (oder Kleinunternehmen) müssen mindestens 15% des jährlichen Gesamtvolumens von Staats- bzw. kommunalen Aufträgen zur Beschaffung von Waren, Bau- und Dienstleistungen vergeben werden. Loyalen Vereinigungen werden auf diesem Wege nicht nur Einkünfte verschafft, sondern auch persönliche

Zugänge zu politischen Entscheidern, was unter den Bedingungen eines patronalen Regimes besonders wertvoll ist.

Schließlich wurden wettbewerbliche Verfahren für staatliche Förderprogramme aufgelegt. Seit Ende der 1990er Jahre mit Hilfe westlicher Sponsoren zunächst auf regionaler Ebene eingeführt, gibt es sie seit 2006 auch auf föderaler Ebene. 2017 wurden sie im Präsidialfonds zentralisiert, was die Effizienz und Transparenz des Vergabeverfahrens steigerte. Das Programmvolumen hat sich von knapp 0,5 Mrd. Rubel im Jahr 2006 auf fast 10,6 Mrd. Rubel (über 146 Mio. US-Dollar) im Jahr 2020 erhöht, die an ca. 5.000 NPOs ausgezahlt wurden. Die Gesamtsumme der zentralstaatlichen Fördermittel betrug mit umgerechnet 469 Mio. US-Dollar sogar mehr als das Dreifache (Bederson/Semenov 2021). Darüber hinaus werden seit 2016 10% der regionalen Staatshaushalte für soziale Dienste an NPOs ausgereicht, und die Unterstützung von SONPOs ist zu einem Kriterium geworden, das in die föderale Leistungsbewertung der Regionen eingeht (Javeline/Lindemann-Komarova 2020).

Analysen der wettbewerblichen Programmvergabepraxis des Präsidialfonds zeigen, dass der weitaus größte Teil der Zuschüsse in „unpolitische" Bereiche, also soziale Dienste, Bildung, Forschung und Kultur gelenkt wird (Fröhlich/Skokova 2020). Stärker ideologische und staatszentrierte Projekte, etwa zur „Pflege des historischen Gedenkens" oder der „Unterstützung von Landsleuten im Ausland", standen zumindest bis 2022 deutlich dahinter zurück (Laruelle/Howells 2020).

„Ausländische Agenten" und ihre Diskriminierung

Das wichtigste Instrument gegenüber „nicht authentischen", vorgeblich aus dem Ausland gesteuerten NGOs ist die Gesetzgebung über „ausländische Agenten". Die relativ willkürliche Zuweisung dieses Labels beeinträchtigt die betroffene Organisation meist schwer, auch wenn sie nicht ohne Weiteres ein formales Verbot nach sich zieht. Dieser Status verbietet es, Wahlen zu beobachten, sich an Wahlkämpfen zu beteiligen und mit Parteien zu kooperieren sowie öffentliche Veranstaltungen durchzuführen oder zu finanzieren.

Seit 2022 dürfen solche Vereinigungen auch keine öffentlichen Gelder mehr erhalten und nicht mehr in konsultativen Gremien oder in der Bildungsarbeit von Kindern und Jugendlichen unter 18 Jahren mitwirken. Sie unterliegen aufwendigen, faktisch schikanösen Berichtspflichten, werden stärker und häufiger kontrolliert als andere NPOs und sind gezwungen, ihren Status stets unübersehbar zu kommunizieren. So muss am Anfang von Textpublikationen eine – in einer hochbürokratischen Formulierung wörtlich vorgegebene – Warnung in doppelter Schriftgröße und Kontrastfarbe stehen, und Audio- bzw. Videomaterial ist ein mindestens 15 Sekunden langer Vorspann vorzuschalten. Diese Stigmatisierung und Diffamierung als „fünfte Kolonne" ausländischer Mächte wirkt abschreckend auf die Klientel der betroffenen NGOs sowie ihre Kooperations- und kommerziellen Werbepartner. Infolgedessen kann ihre finanzielle Situation existenzbedrohend werden.

> **Regelungen für „ausländische Agenten": USA und Russland**
>
> Als Vorbild für diese Regelungen verweist das Verfassungsgericht Russlands auf FARA *(Foreign Agents Registration Act)*, das US-amerikanische Gesetz zur Registrierung ausländischer Agenten. Dessen Ziel besteht jedoch darin, Transparenz darüber herzustellen, wer sich als Lobbyist:in oder (PR-)Dienstleister:in „im Auftrag" bzw. „unter Kontrolle" ausländischer Staaten, Organisationen oder Privatpersonen in der Politik engagiert, Geld sammelt oder ausgibt und gegenüber US-Behörden deren Interessen vertritt. Der kausale Zusammenhang zwischen dem Auftraggeber (meist Regierungen, Tourismusbüros oder Unternehmen) und der Tätigkeit des Ausführenden (z.B. Anwaltskanzleien, Lobby- bzw. PR-Unternehmen) bedarf zudem des Nachweises. Während FARA auf die Regulierung des Lobbyismus zielt, richtet sich das russländische Gesetz gegen missliebige Organisationen oder Individuen, die in irgendeiner Form unter „ausländischem Einfluss stehen", um sie zur Einstellung ihrer Aktivitäten gegenüber der einheimischen Bevölkerung zu veranlassen.

Das Regime versucht auch, die Finanzierung aus dem Ausland auszutrocknen. Das Verbot „unerwünschter Organisation" verursachte mutmaßlich große Probleme, worauf zum Beispiel der Umstand hindeutet, dass USAID im letzten Jahr seiner Aktivitäten in Russland (2012) insgesamt ca. 50 Mio. Dollar an 57 NGOs vergeben hatte, darunter an die landesweit größte Wahlbeobachtungsorganisation *Golos* und die Menschenrechtsvereinigung *Memorial* (> Exkurse auf S. 141 und S. 36) sowie das Russland-Chapter von *Transparency International* (BBC 2012). Einige nicht sanktionierte internationale Geldgeber setzten die Finanzierung gemeinnütziger Aktivitäten zunächst dennoch fort. So erhielten dem Justizministerium zufolge 2016 über 4.300 NPOs fast 72 Mrd. Rubel Zuwendungen aus dem Ausland und damit doppelt so viel wie drei Jahre zuvor (Javeline/Lindemann-Komarova 2020).

Zwischen 2013 und 2020 wurden 217 gesellschaftliche Vereinigungen als „ausländische Agenten" klassifiziert. Die Bedeutung dieser Kategorie lag weniger in der Zahl der betroffenen NGOs, die im Vergleich zur Gesamtzahl der offiziell registrierten NPOs gering blieb. Unter den Betroffenen befanden sich jedoch einige der traditionsreichsten und bekanntesten NGOs des Landes. Ihre Diskriminierung war Teil der „Politik der Angst", die das Regime seit 2012 verfolgte (> Kap. 8.4), um potenzielle weitere Adressat:innen einzuschüchtern und abzuschrecken, insbesondere wenn sie sich nicht als gemeinnützige Dienstleister verstanden, sondern als advokatorische Interessenvertreter.

Die Gesetzgebung hatte erhebliche psychologische Auswirkungen auf andere NGOs, darunter sogar auf eigentlich „unverdächtige" Wohlfahrtsvereine (Javeline/Lindemann-Komarova 2020). Die diffuse Definition dessen, was „politische Tätigkeit" ist, ermöglichte es zudem, ausländische Fördergelder zum Vorwand für die Diskreditierung genuin gemeinnütziger Vereine einzusetzen, worunter insbesondere Umweltorganisationen litten (Tysiachniouk et al. 2018; Henry/Plantan 2022).

7.2 Die Doppelstrategie des Regimes gegenüber der Zivilgesellschaft

> **Beispiele: „Ausländische Agenten" im Umweltschutz**
>
> Die *Ökologische Gesellschaft Gebler* (Region Altai), die sich für den Schutz von Wildtieren, seltenen Vögeln und Pflanzen einsetzte, hatte Anfang der 2010er Jahre u.a. die Auflösung eines Pachtvertrags zum Zweck der Holzgewinnung und ein saisonales Jagdverbot auf Wild- und Wasservögel erwirkt. Sie wurde durch den *WWF* kofinanziert, erhielt 2013 aber auch einen Förderzuschuss der *Russländischen Geographischen Gesellschaft*, deren Kuratorium Putin vorsitzt. 2015 wurde sie zum „ausländischen Agenten" erklärt, da sie vom *WWF* – eher geringfügige – Projektzuschüsse erhalten hatte und „politisch tätig" geworden war. Sie war mit den lokalen Behörden in Konflikt geraten, welche ein kanadisches Kobalt-Unternehmen protegierten, das die Lebensräume seltener Tiere durch die Abholzung von Wäldern bedrohte (Jakovlev 2016).
> Der *WWF*, der mit den Behörden z.B. bei der Einrichtung von Nationalparks und anderen geschützten Naturräumen seit den 1990er Jahren zusammengearbeitet hatte und seit längerem Angriffen durch den „patriotischen" Flügel der Umweltbewegung ausgesetzt gewesen war, erhielt den Status eines „ausländischen Agenten" erst im März 2023, kurz darauf auch den einer „unerwünschten Organisation".

Befürchtungen, die Zivilgesellschaft würde unter diesen restriktiven Bedingungen kollabieren, bewahrheiteten sich zunächst nicht. Viele NGOs reagierten konstruktiv auf die Situation, setzten ihre Tätigkeit fort und versuchten oft erfolgreich, ihre Finanzierungsquellen zu diversifizieren. Auch eine stärkere Orientierung speziell von Menschenrechtsorganisationen auf ihre Klientel (statt auf ausländische Sponsoren), die wachsende öffentliche Aufmerksamkeit für die Aktivitäten von NGOs sowie Fortschritte bei ihrer horizontalen Vernetzung wurden beobachtet (Javeline/Lindemann-Komarova 2020). Seit 2021 und erneut nach dem Beginn des Angriffskriegs gegen die Ukraine vergrößerte sich der Anwendungsbereich dieses repressiven Instruments. Von nun an wurden nicht mehr nur NGOs, sondern neben Medienorganisationen auch Journalist:innen, *public intellectuals* und politische Aktivist:innen zu „ausländischen Agenten" erklärt, insgesamt mehr als 370 Personen von 2020 bis April 2023 (> Kap. 8.4).

Können NPOs die Politik beeinflussen?

Bürgerschaftliches Engagement in Russland ist größtenteils und mindestens implizit regimeloyal, was der – weiter oben problematisierten – normativen Annahme einer genuin demokratisch gesinnten Zivilgesellschaft widerspricht. Die selektive Förderung von NPOs durch den Staat hat maßgeblich zur „Re-Nationalisierung" und Entpolitisierung des Dritten Sektors beigetragen, in welchem ein breites Spektrum gemeinnütziger Dienstleistungen in Form von *public-private partnerships* koproduziert wird. Die Partizipation von Bürger:innen entfaltet sich meist im Rahmen des „Nichteinmischungspakts", der dem Staat die Verantwortung für das Gemeinwohl zuweist (> Kap. 6.4).

Viele NPOs, wie etwa größere Veteranen- und Rentnerverbände, sind in das Regime kooptiert und flankieren ihre Aktivitäten sogar mit politischen Dienstleistungen, z.B. durch die gezielte elektorale Mobilisierung ihrer Mitglieder (Kulmala/Tarasenko 2016). Andere haben gelernt, ihre Tätigkeiten und Kernanliegen so anzupassen oder zu präsentieren, dass sie nicht als „politisch" bzw. kontrovers wahrgenommen werden. So haben beispielsweise einige Umweltgruppen ihre ursprüngliche Lobbyarbeit zur Vorbeugung von Umweltkatastrophen und der Sicherheit der Kernenergie zugunsten weniger kontroverser Themen wie Umweltschutz und Wasserqualität aufgegeben (Bogdanova et al. 2018).

Die große Staatsnähe vieler NPOs in Bereichen wie soziale Dienste, Gesundheit, Bildung und Umwelt führt oft zu ihrer „Hybridisierung": Die Grenzen zwischen Mitgliedsorganisation und staatlicher Behörde verschwimmen, und die Logik des gemeinschaftlichen, altruistischen und ehrenamtlichen Engagements überlagert sich mit dem bürokratischen Prinzip der hierarchischen Kontrolle und der regelbasierten Erbringung von Dienstleistungen (Ljubownikow/Crotty 2020). Das bedeutet einen Autonomieverlust der NPOs, verbessert aber ihre Aussichten auf finanzielle Unterstützung und politischen Einfluss (Pape/Skokova 2022).

Regionale und sektorale Fallstudien zeigen, dass NPOs tatsächlich in bestimmten Bereichen einen – meist begrenzten – Einfluss auf die Formulierung und Implementierung von Politik geltend machen und die Effektivität des Regierens steigern können (z.B. Aasland et al. 2016; Bindman et al. 2019; Pape/Skokova 2022). Governance-Netzwerke aus Behörden verschiedener Hierarchie-Ebenen, konsultativen Gremien und zivilgesellschaftlichen Akteuren sind oft relativ zugänglich für die Belange von Organisationen, die pragmatisch und kooperativ auftreten und über ausgewiesene Expertise sowie persönliche Kontakte in die Politik verfügen. Besonders gilt das für bürgernahe und politisch weniger kontroverse Bereiche in Teilen der Sozial-, Stadtentwicklungs- und kommunalen Haushaltspolitik.

Auch in einigen Bereichen der Umweltpolitik ist die Responsivität des Staates gestiegen, was sich allerdings nicht allein der Lobbyarbeit von NGOs verdankt, sondern auch ihrer Fähigkeit, bei Bedarf die Straße zu mobilisieren. Insbesondere konkrete Alltagsprobleme im Zusammenhang mit Raumplanungs- und Infrastrukturprojekten rufen recht häufig NIMBY-Proteste[32] hervor, wie sie auch im Westen weitverbreitet sind. Beispiele dafür liefert u.a. die Hausmüllentsorgungskrise. Sie ist das Resultat des steigenden Konsums bei zu geringen Recyclingkapazitäten und gilt als das Umweltproblem mit der größten Resonanz in der Bevölkerung (Sundstrom et al. 2022).

> **Beispiel: Proteste gegen die Mülldeponie Schijes**
>
> Seit 2015 ist es immer wieder zu öffentlichen Protesten von Menschen gekommen, die in der Nähe bestehender oder geplanter Mülldeponien leben. Im besonders betroffenen Moskauer Gebiet beginnend, dehnten sich die „Müllunruhen" bis 2017 auf 30 Regionen aus. Zu Berühmtheit gelangte der Widerstand gegen eine Deponie an der Bahnstation des unbewohnten Dorfes Schijes in der nordrussischen Oblast Archangelsk (2018–2020). Der in einem sumpfigen Gebiet geplante Bau drohte, das Oberflächen- und Grundwasser zu verschmutzen und das Weiße Meer in Mitleidenschaft zu ziehen. Die Kampagne war hochpolitisiert

---

32 NIMBY, von engl. *Not in my backyard*.

und deutlich regierungskritisch, während sie sich unter Bezug auf „traditionelle Werte", das „patriotische" Engagement für die lokale „Mutter Heimat" und die Unterstützung durch orthodoxe Priester legitimierte (Kuzmina 2023). Neben nichtgenehmigten Kundgebungen in vielen Städten und Dörfern organisierten Aktivist:innen auch ein Protestcamp in der Nähe der Baustelle, das mittels Crowdfunding unterhalten und von der Bevölkerung des Gebiets unterstützt wurde, welche die Deponie zu 95% ablehnte (Levada-Centr 2019).

Der Bau wurde Anfang 2020 zunächst gerichtlich gestoppt, bevor die Regionalregierung einige Monate später den Vertrag mit dem Betreiber der geplanten Anlage kündigte. Während der Corona-Pandemie wurden die Müllproteste eingestellt, im Jahr 2022 aber in mindestens sieben Föderationssubjekten wieder aufgenommen.

Im Vergleich dazu sind die Einflussmöglichkeiten von NPOs bei hochpolitisierten oder „sekurisierten" – also als Sicherheitsprobleme wahrgenommenen – Themen geringer. Gruppen, die sich mit solchen Themen beschäftigen, weichen oft auf informelle, dezentrale Formen und Online-Aktivismus aus. So entwickelte sich seit Mitte der 2000er Jahre eine informelle feministische Bewegung, deren Mitglieder sich auch an der Bewegung „Für faire Wahlen" 2011/12 beteiligten, darunter – und am spektakulärsten – die Gruppe *Pussy Riot* (Johnson 2014). Auf ihr Punk-Gebet in der Moskauer Christ-Erlöser-Kathedrale (2012) reagierte das Regime mit Gesetzesverschärfungen und Repressionen gegenüber Künstler:innen. Es lieferte einen der Anlässe für seine konservative moralpolitische Wende zu Beginn von Putins dritter Amtszeit (Uzlaner/Stoeckl 2019; Sharafutdinova 2014).

Feministische Aktivist:innen konnten andererseits dank zahlreicher Kampagnen in den sozialen Medien und Einzelprotesten bewirken, dass das in Russland brisante Thema der häuslichen und sexualisierten Gewalt für eine gewisse Zeit auf die öffentliche Agenda gelangte. Seit den späten 2010er Jahren wurde es schließlich auch von den traditionellen Medien und durch behördlich genehmigte Protestaktionen thematisiert (Sundstrom et al. 2022). Der Entwurf eines Gesetzes gegen häusliche Gewalt wird durch die Führung der Russisch-Orthodoxen Kirche jedoch weiterhin blockiert.

Auch unter Kriegsbedingungen sind gewisse Einflusschancen von Bürger:innen-Initiativen erhalten geblieben. Im Herbst 2022 wandten sich in vielen Regionen Mütter und Ehefrauen von Wehrpflichtigen bzw. Kriegsmobilisierten an die Behörden, um die Rückkehr rechtswidrig eingezogener oder an die Front versetzter Männer zu fordern. Andere problematisierten in den sozialen Medien Ausrüstungsmängel und die ausbleibende finanzielle Unterstützung für ihre Familien. Diese Anliegen wurden vom Staatsfernsehen, der parlamentarischen Opposition und schließlich sogar dem Präsidenten aufgegriffen. Die Aktionen signalisierten, dass Teile der Bevölkerung Einspruch gegen die Individualisierung der Kosten des Krieges einlegten und dass das Regime in gewissem Umfang bereit war, darauf einzugehen, um die Unterstützung der Bevölkerung nicht zu verlieren. Fraueninitiativen wie diese thematisierten Alltagsprobleme. Sie verfolgten jedoch keine politischen Ziele, denn weder handelte es sich um feministische noch um Anti-Kriegs-Proteste.

Beide Aspekte hingegen verkörpert der *Feministische Anti-Kriegs-Widerstand*, eine Vereinigung, die im Dezember 2022 zum „ausländischen Agenten" erklärt wurde. Ihre Aktivist:innen verbreiten Informationsmaterial, darunter als gedruckte Zeitungen, initiieren Mahnwachen und organisieren Kunst- und Protestaktionen über ihren Telegram-Kanal, der im Frühsommer 2023 knapp 40.000 Abonnent:innen verzeichnete.

7.3 Konsultative Institutionen und GONGOs

Das Regime hat nicht nur fördernde und repressive Strategien gegenüber NPOs entwickelt, sondern investiert auch unmittelbar in Strukturen, die in der Forschung als „institutionelle Substitute" intermediärer Organisationen angesehen werden (Petrov et al. 2014). Zum einen etabliert es konsultative Gremien für die Kooptation zivilgesellschaftlicher Akteur:innen, zum anderen initiiert und fördert es die Gründung von Vereinigungen, die Graswurzelorganisationen doublieren, mit ihnen konkurrieren oder sie verdrängen. Damit sollen Strukturen geschaffen werden, die eine kontrollierte Mobilisierung „von oben" ermöglichen.

Gesellschaftskammern und Beratungsgremien

2004 wurde die föderale *Gesellschaftskammer* (GK) als korporative Vertretung der Zivilgesellschaft geschaffen. Aktuell gehören ihr 172 Mitglieder an, von denen 40 durch den Präsidenten ernannt, 89 durch die Regionen entsandt und der Rest durch ein gemischt zusammengesetztes Gremium gewählt wird. Ihre Aufgaben bestehen darin, die Interessen der Bevölkerung in der Zusammenarbeit mit Behörden und bei der Formulierung und Implementation von Politik zu artikulieren sowie die „gesellschaftliche Kontrolle" über die Tätigkeit des Staates auszuüben (OPRF 2022).

Die Effektivität der GK wird von Beobachter:innen für gering gehalten (Owen 2016: 343–345). Um die normativen Vorstellungen des Regimes über die angemessene Gestaltung der Staat-Gesellschaft-Beziehungen zu verstehen, ist sie jedoch von großer Bedeutung. An ihrem Beispiel wird exemplarisch deutlich, dass die Zivilgesellschaft nicht als unübersichtliche Arena pluraler, vielfältig vernetzter, aber auch konkurrierender Interessen konzipiert ist, sondern als kohärenter öffentlicher Raum, in dem die „integrale Einheit von Volk und Staat" (> Kap. 6.2) gelebt wird.

Die Grundlage dieser einvernehmlichen Zusammenarbeit bildet das Prinzip der „gesellschaftlichen Kontrolle" *(obščestvennyj kontrol')*, das als ideale Form der nicht-elektoralen Partizipation propagiert wird. Ein sowjetisches Konzept aus den 1960er Jahren aufgreifend wird das Monitoring der Behörden aller Ebenen, d.h. die Überprüfung, Analyse und Evaluierung ihrer Entscheidungen und Gesetzesentwürfe, zur „patriotischen Pflicht" der Bevölkerung erklärt. Legitimiert wird diese „gesellschaftliche Kontrolle" über den Staat aber nicht mehr unter Bezug auf den Marxismus-Leninismus. Vielmehr knüpft sie einerseits an die noch ältere Idee der um den Staat versammelten Bürgerschaft an und andererseits an die mit der neoliberalen Wettbewerbsideologie des *New Public Management* verbundene und im Zuge der Verwaltungsreformen nach Russland diffundierte Vorstellung, dass der moderne Staat einige seiner Funktionen an die Gesellschaft delegiert. Die GK soll daher nicht die Vielfalt partikularer Interessen abbilden. Sie ist als unpolitisches Gremium ausgewählter prominenter Persönlichkeiten konzipiert, die ihre Expertise zur Verbesserung der Politik und des Regierens zur Verfügung stellen, um Russland im globalen Wettbewerb zu stärken (Richter 2009b; Owen 2016).

Nach dem Vorbild der föderalen Gesellschaftskammer entstanden zahlreiche Beratungsgremien staatlicher Organe auf allen administrativen Ebenen, darunter regionale GKs in etwa zwei Dritteln der Föderationssubjekte, in vielen Städten sowie bei einigen Regionalparlamenten. In der gleichen Logik wurden „Gesellschaftliche Räte" bei allen zentralstaatlichen Ministerien und Behörden sowie bei vielen regionalen Staatsorganen gegründet (> Kap. 3.3). Diese institutionelle Form, die seit 2014 gesetzlich als Träger der „gesellschaftlichen Kontrolle" über die Staatsorgane institutionalisiert ist, entwickelte sich damit zu einem Standardelement föderaler, regionaler und sektoraler Governance-Netzwerke.

Als exemplarisch für die Funktionsweise konsultativer Gremien kann der 2004 gegründete *Rat für die Entwicklung der Zivilgesellschaft und der Menschenrechte* („Rat für Menschenrechte", RMR) beim Präsidenten gelten. Er erarbeitet Gutachten und Stellungnahmen in mehreren Arbeitsgruppen, trifft sich mit Behörden und der Präsidialadministration sowie – einmal jährlich – mit Putin zu einem öffentlichen Gespräch, bei dem auch kritische Fragen aufgeworfen werden. Seine ca. 50 Mitglieder sind Intellektuelle aus den Bereichen Kultur, Wissenschaft und Journalismus oder NPO-Repräsentant:innen. Viele verfügen über eine hohe Expertise auf ihrem Feld und einige vertreten unabhängige, maßvoll regimekritische („liberale") Positionen. Durch ihre Ratsmitgliedschaft erhalten sie direkten Zugang zum politischen Entscheidungssystem. Dort agieren sie aber nicht als Sprecher:innen von Interessengruppen, sondern als vom Präsidenten ausgewählte „Honoratioren", denen er ebenso respektvoll wie paternalistisch „sein Ohr leiht".

Der RMR erfüllt daher durchaus Funktionen der Informationsweitergabe und kontrollierten Mitwirkung an der Politikformulierung, wenngleich in ausschließlich „von oben" definiertem Ausmaß und in hoch personalisierter Form. Noch wichtiger ist, dass er eine Form der selektiven Kooptation von Mitgliedern der intellektuellen Eliten darstellt, die nicht der exekutiven „Machtvertikale" angehören. Aufgrund seiner Thematik ist er politisierter als andere konsultative Strukturen, was das allgemeine Dilemma der Mitglieder solcher Gremien besonders deutlich macht: Weil sie durch ihre Mitwirkung die Spielregeln des Regimes akzeptieren und so dessen Legitimität durch ihre öffentliche Prominenz stärken, dürfen sie hier echte Probleme ansprechen und Unzufriedenheit in angemessener Form artikulieren. Damit steht ihnen der effektivste Einflusskanal zur Verfügung, den das personalistische Regime zu bieten hat. Indem sie ihn nutzen, gehen sie aber auch Kompromisse ein, die ihre moralische Integrität bedrohen.

> **Mitglieder des *Rates für Menschenrechte***
>
> Das prominenteste Beispiel für die allmähliche Verwandlung einer liberalen Reformerin in eine Spitzenfunktionärin des autoritären Regimes ist Ella Pamfilowa, Sozialministerin (1991–1994) und Kritikerin des Tschetschenienkrieges in den 1990er Jahren. Sie hatte von 2004 bis 2010 den Vorsitz des RMR inne und leitet seit 2016 die Zentrale Wahlkommission, welche die politische Verantwortung für Wahlfälschungen trägt (> Kap. 5).
> Andere Mitglieder gingen andere Wege. Ilja Schablinski beispielsweise, Professor der renommierten Moskauer *Higher School of Economics*, wandte sich 2018 gegen den unfairen Charakter der Präsidentschaftswahl und gegen Wahlfälschungen. Bei der Reorganisation des RMR 2019 erhielt er wie weitere liberale Ratsmitglieder, darunter die Politikwissenschaftlerin Jekaterina Schulmann, kein neues Mandat. Auch der Ratsvorsitzende wurde ausgetauscht. Das veranlasste die pensionierte Verfassungsrichterin Tamara Morschakowa, aus dem Gremium auszutreten.
> Der Journalist Nikolai Swanidse kritisierte im Rat jahrelang das brutale Vorgehen der Behörden bei Demonstrationen, politische Verfolgungen und die Zustände im Strafvollzug, regte 2020 ein Ermittlungsverfahren wegen der Vergiftung Nawalnys an und sprach sich 2021 gegen die Liquidierung der Menschenrechts-NGO *Memorial* aus. Ende 2022 wurde er nicht erneut in den RMR berufen. Andere Mitglieder, die wie er den Krieg gegen die Ukraine ablehnen, legten ihre Ämter nieder.

Parastaatliche Organisationen und Bewegungen

Wie auch im Parteiensystem (> Kap. 4.1) wird die Präsidialadministration seit den frühen 2000er Jahren als Sponsor von Organisationen tätig. Im intermediären Bereich knüpft sie damit an das Erbe der Sowjetunion und die noch weitaus ältere Traditionslinie der „staatlichen Veranstaltung" von Gesellschaft an (> Kap. 7.1). Ein wesentlicher Unterschied liegt allerdings darin, dass in der Sowjetunion ausschließlich parteistaatlich geschaffene und gesteuerte „gesellschaftliche Organisationen" existieren durften (> Kap. 1.2), während die heutigen GONGOs *(Government-Organized Non-Governmental Organization)* mit von unten gewachsenen Vereinigungen koexistieren, konkurrieren oder diese „kapern".

Einige Monate vor der Duma-Wahl 2011 entstand auf Vorschlag des damaligen Premierministers Putin die *Allrussische Volksfront* (deren Vorsitz er zwei Jahre später übernahm) als Bündnis aus Parteien, Wirtschaftsverbänden, Gewerkschaften, SONPOs und Einzelpersonen, um Unterstützung für die schwächelnde Partei *Einiges Russland* zu mobilisieren. Beobachter:innen spekulierten über eine mögliche Zukunft nach dem Vorbild der *Nationalen Front der DDR*, deren wichtigste Funktion darin bestanden hatte, eine „Einheitsliste" aller zugelassenen Parteien zu Wahlen zu präsentieren. Die *Volksfront* profilierte sich später jedoch dadurch, dass ihr Funktionen der „Volkskontrolle" übertragen wurden, darunter die Überprüfung der Ausgaben von Regionalregierungen und die öffentliche Diskussion von Gesetzesentwürfen (Owen 2016; Malle 2016). Sie funktioniert inzwischen ähnlich wie die Gesellschaftskammern, ihr gehört aber eine größere Zahl korporativer Mitglieder an.

Das intensivste und am stärksten ideologisch motivierte Engagement des Regimes findet sich gegenüber der Jugend – der einzigen Bevölkerungsgruppe, die bisher zur Adressatin gezielter Versuche der politischen (Massen-)Mobilisierung geworden ist. Dabei tritt es als Sponsor von Organisationen auf, die sich dem „Putinismus" und „Patriotismus" sowie der Kritik am westlichen Liberalismus verschrieben haben.

Das bekannteste Projekt dieser Art war die im Frühjahr 2005 gegründete *Unabhängige demokratische antifaschistische Jugendbewegung „Die Unseren" („Naschi")*. Wie weitere, mit ihr konkurrierende regimenahe Vereinigungen entstand *Naschi* als unmittelbare Reaktion auf die „Bunten Revolutionen" (> Exkurs auf S. 187) in einigen Nachbarländern, bei denen Jugendorganisationen eine maßgebliche Rolle gespielt hatten. Ihrem Selbstbild nach stand sie in Opposition zum „Faschismus", was ihr auch Funktionen für die Pflege des Mythos des „Großen Vaterländischen Kriegs" sowie in der Auseinandersetzung des Regimes mit rechtsextremen Herausforderern zuwies, speziell der *Nationalbolschewistischen Partei* (NBP; > Kap. 4.4). Andere regimenahe Jugendorganisationen eigneten sich ethnonationalistische Losungen an und rekrutierten ihre Mitglieder auch aus rechtsextremistischen Subkulturen (Horvath 2021: Kap. 3).

Naschi diente der Gegenmobilisierung regimeloyaler junger Menschen, u.a. durch große Pro-Regime-Kundgebungen mit mehreren Zehntausend Teilnehmer:innen und Feriencamps von Aktivist:innen. Während einige ihrer Aktionsformen klar an den sowjetischen Jugendverband *Komsomol* erinnerten, zitierte ihr Repertoire auch performative Elemente globaler Subkulturen und Technologien, die in den „Bunten Revolutionen" und durch die NBP verwendet wurden. Die Bewegung traf auf große identitätsstiftende Resonanz in ihrer Zielgruppe und kann nicht als reines Imitat einer NGO abgetan werden. Auf dem Höhepunkt ihrer Aktivitäten 2007/08 soll sie über 50 Regionalabteilungen und ca. 300.000 Mitglieder gehabt haben. 2013 löste sie sich nach inneren Spaltungen und dem Verlust der Patronage durch die Präsidialadministration faktisch auf (Hemment 2020; Lasnier 2018).

Die Bemühungen darum, Kinder und Jugendliche zur staatlich kontrollierten Partizipation zu veranlassen, um ihnen die offizielle Ideologie und die von ihr propagierten Werte zu vermitteln, hielten auch in den folgenden Jahren an und griffen zunehmend weiter aus. So entstand 2016 auf Initiative des Verteidigungsministers die *Jugendarmee*, deren Anliegen in der patriotisch-militärischen Erziehung von über 1 Mio. Mitgliedern (2022) im Alter von 8 bis 18 Jahren besteht. Das jüngste dieser Gebilde ist die Ende 2022 gegründete *Russländische Bewegung der Kinder und Jugendlichen „Bewegung der Ersten"*, die sich potenziell an 20 Mio. junge Menschen ab sechs Jahren richtet. Sie ist damit noch ambitionierter als alle vorangegangenen Gründungen und spielt noch unverhohlener als diese auf die Kinder- und Jugendorganisationen der Sowjetära an (> Kap. 1.2).

Das Regime initiiert jedoch nicht nur NPOs (bzw. GONGOs), sondern versucht mitunter auch, die Kontrolle über Graswurzelinitiativen zu gewinnen, die es aus (legitimations)politischen Gründen nicht bekämpfen kann oder will. Dazu zählt das „*Unsterbliche Regiment*", die bedeutendste, weil zahlreichste soziale Bewegung des letzten Jahrzehnts.

> **Beispiel: Das „Unsterbliche Regiment"**
>
> Im Jahr 2012 initiierten Journalist:innen in der sibirischen Stadt Tomsk eine Gedenkveranstaltung zum „Tag des Sieges" (9. Mai) im „Großen Vaterländischen Krieg" (1941–1945). Sie wandten sich damit gegen die offizielle Aneignung und Ritualisierung dieses Tages durch das Regime, indem sie unmittelbar die Emotionen der Teilnehmer:innen ansprachen, welche aufgefordert wurden, Porträts ihrer am Krieg beteiligten Familienmitglieder mit sich zu führen. Daraus entstand die soziale Bewegung *Unsterbliches Regiment*, an der 2014 landesweit bereits mehr als 400.000 Menschen teilnahmen.
>
> Das Regime, welches das Potenzial der „patriotischen" Mobilisierung der Bewegung erkannte, kopierte diese Initiative und rief 2015 das *Unsterbliche Regiment Russlands* ins Leben. In manchen Regionen kam es zu Konflikten zwischen lokalen Aktivist:innen der weiterhin bestehenden Graswurzelorganisation und der offiziösen Bewegung, die auch international aktiv ist. Anderenorts ließen sich Erstere vom Regime kooptieren oder gingen Allianzen mit diversen Akteuren ein, darunter erinnerungspolitischen Initiativen für die Geschichte der sowjetischen Straflager oder lokalen Amtsträgern der Russisch-Orthodoxen Kirche. 2022 sollen über 12 Mio. Menschen an den Gedenkmärschen zum 9. Mai teilgenommen haben. 2023 wurden sie aufgrund von „Sicherheitsbedenken" abgesagt. Beobachter:innen vermuteten, dass damit der denkbaren Beteiligung von Angehörigen Gefallener im Krieg gegen die Ukraine vorgebeugt werden sollte, was Hinweise auf ihre hohe Zahl gegeben und womöglich Proteste ausgelöst hätte (Kurilla 2023).

Das Phänomen staatlich mobilisierter Mitgliedsorganisationen und -bewegungen ist keine Erfindung des Putin-Regimes. Mehr noch, die Initiierung und Förderung unterschiedlicher Formen des sozialen und politischen kollektiven Handelns durch staatliche Akteure und im Interesse des Staates hat eine lange internationale Tradition in sowohl Autokratien als auch Demokratien. Sie gewinnt in der Gegenwart noch an Bedeutung, weil die öffentlich geäußerte Unterstützung der Bevölkerung zu einer wichtigen Form der Legitimation nahezu aller Regimetypen geworden ist (Ekiert/Perry 2020).

7.4 Politische Proteste und Massenmobilisierung

Auch wenn das Regime bestrebt ist, das bürgerschaftliche Engagement in institutionalisierte Formen zu lenken, sieht es sich regelmäßig nicht-institutionalisierten Partizipationsformen gegenüber. Zwar kommt es selten zu massenhaften und langanhaltenden Mobilisierungsereignissen, aber dennoch sind Protestaktivitäten deutlich häufiger und vielfältiger, als es die im Westen weit verbreitete Vorstellung nahelegt, die Bevölkerung Russlands sei politisch apathisch und unbegrenzt duldsam. In Kapitel 6.4 haben wir soziale Proteste analysiert, deren Forderungen unmittelbare, konkrete Probleme der Lebensqualität der Bevölkerung betreffen. Sie zielen auf die Einhaltung des „Gesellschaftsvertrags" zwischen Regime und Bevölkerung, adressieren also die performanzbasierte Dimension der Regimelegitimation. Im Unterschied dazu stellen politische Proteste, auf die wir jetzt eingehen, die politischen Bedingungen dieses Vertrags in Frage.

Protestdynamiken in den 1990er und 2000er Jahren

Nicht-institutionalisierte Protestereignisse konzentrierten sich in den 1990er Jahren auf die Provinz und waren meist sozialer Natur. Unterstützt und oft sogar provoziert von regionalen und lokalen Politikern, welche die Unzufriedenheit der Bevölkerung für ihren Machtkampf mit dem Zentrum instrumentalisierten, kam es zu Arbeitsniederlegungen und anderen Formen direkter Aktionen wie Hungerstreiks oder Verkehrsblockaden, um ausbleibende Lohnzahlungen einzufordern oder andere lokale Probleme zu lösen (Robertson 2011: Kap. 5). Entsprechend waren drei Viertel der Teilnehmer:innen von Protesten in dieser Zeit Arbeiter:innen, im verbleibenden Viertel hatten Umwelt-NGOs (31%), politische Organisationen und Parteien (17%) sowie ethnische Gruppen (11%) die größten Anteile (ebd.: 55–62).

Wenn in dieser Zeit politische Forderungen artikuliert wurden, dann meist durch kommunistische und rechtsextreme Parteien (> Kap. 4.4). Die (neo)faschistische *Skinhead*-Jugendkultur, die eine Strömung der spätsowjetischen Untergrundkultur aufgegriffen hatte, politisierte sich in der zweiten Hälfte des Jahrzehnts als rassistische pro-russische und *White-Power*-Bewegung. Sie wurde von rechtsextremen Parteien umworben und etablierte auch Kontakte mit westlichen Partnern, speziell dem rassistischen *Ku-Klux-Klan* und der (in Deutschland 1994 verbotenen) neonazistischen *Wiking-Jugend* (Laruelle 2019b: 162–164; Kuznetsova/Sergeev 2018: 130–132).

In der ersten Hälfte der 2000er Jahre ließen soziale und politische Proteste aufgrund der Etablierung des „Nichteinmischungspakts" zwischen Regime und Bevölkerung und des institutionellen Umbaus des politischen Systems vorübergehend nach. Mit der wirtschaftlichen Erholung des Landes stiegen die Löhne, und infolge der Kooptation der „systemischen" Opposition und der regionalen Eliten in die „Machtpyramide" verschwanden einige Akteursgruppen, die solche Aktivitäten zuvor organisiert oder unterstützt hatten, um ihre Positionen gegenüber dem Regime zu stärken.

In der zweiten Hälfte des Jahrzehnts fanden Protestaktionen wieder häufiger statt. Etwa die Hälfte aller behördlich registrierten Ereignisse in den Jahren 2007–2011 betraf Folgeprobleme des Wirtschaftswachstums bzw. damit verbundene Politiken, insbesondere ökologische Belastungen und den Verlust von (Wohn-)Eigentum. Sie blieben damit innerhalb des Rahmens des Gesellschaftsvertrags (> Kap. 6.4).

Gleichzeitig gewannen auch abstraktere politische Forderungen an Bedeutung, denn ein weiteres Viertel der registrierten Proteste war Versammlungs- und LGBTQ+-Rechten, politischen Veränderungen und fairen Wahlen gewidmet. Ihr Schwerpunkt verlagerte sich nun nach Moskau, in das politische Entscheidungszentrum des Landes, sowie in die „zweite Hauptstadt" St. Petersburg. Aber auch in vielen Regionen dominierten nun politische über sozioökonomische Themen (Robertson 2013; Lankina 2015; vgl. Lankina/Tertytchnaya 2020).

In Vorbereitung der 2007 und 2008 anstehenden Wahlen schlossen sich eine Reihe von Parteien und Organisationen, die durch den Umbau des Parteiensystems in die außerparlamentarische Arena verdrängt worden waren (> Kap. 4.4), zum Bündnis *Das andere Russland* (2006–2010) zusammen.[33] Geeint durch die Ablehnung des Putin-Regimes organisierte diese lagerübergreifende, heterogene Koalition seit 2005 jährliche „Märsche der Unzufriedenen" in bis zu einem Dutzend Großstädten des Landes, um die Existenz einer politisch aktiven Zivilgesellschaft zu signalisieren. Sie verschaffte Repräsentant:innen des linken, liberalen und demokratisch- sowie rechtsnationalistischen Lagers eine gemeinsame Bühne.[34]

Als das Bündnis auseinandergebrochen war, übernahm die ideologisch mindestens ebenso breite Kampagne „Strategie-31" die Organisation friedlicher Demonstrationen. Sie knüpfte an das Repertoire des zivilen Ungehorsams der sowjetischen Dissidentenbewegung an und berief sich auf Artikel 31 der Verfassung, der Versammlungs- und Demonstrationsfreiheit garantiert. Seit 2009 fanden an jedem Monatsende in Moskau und weiteren Städten Aktionen statt. Sie mobilisierten jeweils mehrere Dutzend bis – allerdings selten – über 1.000 Teilnehmer:innen (Horvath 2015). Gegen diese Bewegung ging das Regime mit selektiven Verhaftungen vor, um Unbesiegbarkeit zu signalisieren und die Loyalität der Elitengruppen anzumahnen, die in den Jahren davor in die „Machtpyramide" kooptiert worden waren (Robertson 2011: 199).

Um 2007/08 erreichte die rechtsextremistische *Skinhead-Bewegung* mit etwa 50.000 Anhängern in ca. 100 Städten ihren Höhepunkt. Sie richtete sich nicht mehr nur gegen Ausländer:innen, sondern auch gegen „einheimische Feinde" wie Punks, Rapper, Nationalbolschewiken, Anarchist:innen und die LGBTQ+-Bewegung. Vor dem Hintergrund weit verbreiteter Ausländerfeindlichkeit in der Bevölkerung kam es mehrfach zu Massenunruhen gegen Arbeitsmigrant:innen aus Zentralasien und dem Nordkaukasus, so in der karelischen Stadt Kondopoga (2006), auf dem zentral gelegenen Moskauer Manegenplatz (2010) und im Moskauer Arbeiterviertel Birjulewo (2013), an denen sowohl rechtsextremistische Jugendgruppen als auch Tausende nicht organisierte Bürger:innen beteiligt waren. Angesichts dieser Gewaltausbrüche griffen die Behörden nun härter durch, die vor 2010 – wie etwa die Moskauer Stadtregierung – Skinheads mitunter hatten gewähren lassen, um „die Stadt zu reinigen" (Laruelle 2019b: 164–169). Dieser Kurswechsel, die Verlagerung des Fokus rechtsextremistischer Gruppen auf den Krieg in der Ostukraine 2014, aber auch die seit 2015 verstärkten Repressionen gegen organisierte Gruppen des rechtsextremen Spektrums führten zur Demobi-

---

33 Ihre Schlüsselfiguren waren Eduard Limonow von der rechtsradikalen *Nationalbolschewistischen Partei*, Ex-Schachweltmeister Garri Kasparow von der liberalen *Vereinigten Bürgerfront*, Sergei Guljaew, neben Alexei Nawalny Ko-Vorsitzender der nationaldemokratischen *Nationalen Russischen Befreiungsbewegung NAROD*, und Lew Ponomarjow von der NGO *Bewegung für Menschenrechte*.
34 Neben den in Fn. 33 genannten Personen waren darunter z.B. Boris Nemzow, Michail Kassjanow und Ilja Jaschin, führende Politiker der 2008 gegründeten *Vereinigten Demokratischen Bewegung „Solidarnost"*, die Menschenrechtsaktivistin Ljudmila Alexejewa und Juri Schewtschuk, Gründer und Leadsänger der legendären sowjetischen (und bis heute höchst populären) Rockband *DDT*.

lisierung dieser Erscheinungsform einer „unzivilen", illiberalen Zivilgesellschaft (Verkhovsky 2018).

Sie war nicht zuletzt von rechten ultranationalistischen Gruppen unterstützt und teilweise sogar organisiert worden (> Kap. 4.4), die seit 2005 „Russische Märsche" anlässlich des „Tags der Nationalen Einheit" (5. November) in mehreren Großstädten Russlands und einiger Nachbarländer veranstalteten, um Losungen wie „Russland den Russen, Europa den Weißen!" oder „Für die Rechte und Freiheiten des russischen Volkes!" zu skandieren. Mit jeweils mehreren Tausend Teilnehmer:innen waren die „Märsche" die größten politischen Protestereignisse vor 2011/12.

War das Regime zunächst gegen Protestaktionen der liberalen Opposition stärker vorgegangen als gegen die seiner rechtsnationalen Gegner, so versuchte es seit 2010, auch diese unter seine Kontrolle zu bringen (Kolstø 2022: 173–174). Die „Russischen Märsche" wurden in mehreren Städten verboten, einige Teilnehmer:innen wurden verhaftet sowie etliche Organisationen für extremistisch erklärt und aufgelöst. Einige regimenahe Jugendorganisationen wie *Naschi* begannen, die Idee des „Russischen Marsches" zu kopieren, um die nationalistischen Stimmungen in regimeloyale Bahnen zu lenken (Zuev 2013). Die „richtige" Ausdeutung des Nationalismus wurde damit zum Gegenstand der Konkurrenz zwischen Organisationen, die gegenüber dem Regime unterschiedliche Positionen bezogen.

Die seit Jahren gewachsene Mobilisierungsbereitschaft der Straße kulminierte schließlich in der großen Protestbewegung „Für faire Wahlen", die einen Wendepunkt in den Staat-Gesellschaft-Beziehungen darstellte.

Die Bewegung „Für faire Wahlen" 2011/12

Unter der Präsidentschaft Dmitri Medwedews (2008–2012) hatten sich die Ressourcen für das schnelle Wirtschaftswachstum erschöpft, während gleichzeitig widersprüchliche Signale eines politischen „Tauwetters" ausgesandt wurden. Aufgrund der Lockerung von Bemühungen, den öffentlichen Diskurs zu kontrollieren, hatte sich insbesondere die „verbale Freiheit" vergrößert (Hale et al. 2019: 185). Auf die Ankündigung Medwedews, dass Putin 2012 ein drittes Mal für die Präsidentschaft kandidieren werde, reagierte das liberale Segment der Bevölkerung mit Enttäuschung, Empörung und nicht zuletzt hohem Engagement beim Monitoring der Duma-Wahl Anfang Dezember 2011 (Gabowitsch 2017: Kap. 2-3).

Wie bei den „Bunten Revolutionen" einige Jahre zuvor wurden nun auch in Russland massive Wahlfälschungen (> Kap. 5.2) zum Anlass der größten Proteste seit Ende der 1980er Jahre. Die als Bewegung „Für faire Wahlen" bzw. „Bolotnaja-Bewegung" bekannt gewordene Protestwelle begann überwiegend spontan, hielt mehrere Monate an und erfasste knapp 100 Städte. Technisch unterstützt durch die sozialen Medien, brachte sie Hunderttausende unorganisierte, zuvor nicht politisch aktive Bürger:innen mit Parteien der „systemischen" und „außersystemischen" Opposition, NGOs, Journalist:innen und Medienschaffenden zusammen (Greene 2013; Gabowitsch 2017; Kolstø 2022: Kap. 8). Wiederum – und wie sich zeigen sollte, zum letzten Mal – traten Repräsentant:innen des lagerübergreifenden Bündnisses von linken über liberale bis zu nationalistischen Organisationen gemeinsam auf und forderten die Annullierung der Wahlergebnisse sowie Reformen der Parteien- und Wahlgesetzgebung. Viele Menschenrechts-, Umwelt- und LGBTQ+-Aktivist:innen schlossen sich an, aber auch immigrantenfeindliche Nationalisten. Wie Umfragen zeigten, befürwortete ein großer Teil der Protestierenden eine autoritäre Ausübung der politischen Macht und vertrat ethnonationalistische Einstellungen, so dass der Hintergrund der Bewegung nicht eindeutig als demokratisch bzw. „liberal" bezeichnet werden kann (Chaisty/Whitefield 2013).

In den Regionen gingen die Behörden zum Teil repressiv gegen Demonstrant:innen vor, aber besonders in Moskau hielt sich das Regime zurück, ließ die mediale Berichterstattung über die Ereignisse zu und installierte für die Präsidentschaftswahl 2012 Videokameras in nahezu allen Wahllokalen. Erst am 6. Mai 2012 – dem Vorabend vor Putins dritter Vereidigung im Amt – griff die Polizei gewaltsam gegen die Teilnehmer:innen eines Protestmarsches in der Hauptstadt durch. Das provozierte ein Handgemenge mit den Sicherheitskräften und endete mit der Festnahme von etwa 650 Personen. Im ersten großen politischen Prozess des postsowjetischen Russland wurden später mehr als 30 Personen wegen „Anstiftung zu Massenunruhen" angeklagt und einige von ihnen zu bis zu viereinhalbjährigen Haftstrafen verurteilt.

Kleinere Protestaktionen, bei denen politische und soziale Anliegen ineinander übergingen, setzten sich noch bis 2013 fort. An Popularität gewannen dabei alternative Protestformen, die keiner Abstimmung mit den Behörden bedürfen. Dazu gehörten gemeinsame „Spaziergänge" kleiner Gruppen und „Pickets" (von engl. *picket*, „Streikposten", „Mahnwache"), bei dem Einzelne Plakate mit Forderungen hochhalten. Online-Aktivismus und kreative Formen nahmen an Bedeutung zu, etwa die Verbreitung von Flugblättern, Stickern und Graffiti im öffentlichen Raum. Viele Protestaktionen, die konkrete Alltagsprobleme adressierten, verstanden und präsentierten sich als dezidiert „unpolitisch", lehnten Kontakte zur organisierten Opposition ab und richteten ihre Hoffnungen für die Lösung ihrer Probleme eher auf den Präsidenten (Lasnier 2018: 361–363). Nicht zuletzt entstanden neue, oft informelle Organisationsstrukturen wie das Medienprojekt *OVD-Info*, das sich für die materielle, psychologische und rechtliche Unterstützung von Verhafteten und Verurteilten engagierte.

Zwar hatten die Proteste selbst auf ihrem Höhepunkt das Überleben des Regimes nicht bedroht, aber Umfragen zeigten, dass bis zu 40% der Bevölkerung mit ihnen sympathisierten (Hale et al. 2019: 186). Wie wir in anderen Kapiteln dieses Buches ausführlich erörtert haben, reagierte es auf diese Erschütterung mit einem Politikwechsel in vielen Bereichen: In einer zweiten Phase der „präventiven Konterrevolution" justierte es erneut die Spielregeln im Parteien- und Wahlsystem, den föderalen Beziehungen und im intermediären Raum. Es vollzog eine „konservative Wende" in seiner Ideologieproduktion, um den Verlust großer Teile des tendenziell liberalen Elektorats durch Hinwendung zu bisher vernachlässigten Wähler:innen im „tiefen Russland" zu kompensieren (> Kap. 6.2) und ging gegenüber der politisch aktiven Gesellschaft zu einer „Politik der Angst" über, um Widerspruch und Protest abzuschrecken (> Kap. 8.4). Die Annexion der Krim brachte Putin einen Popularitätsschub ein, der die Basis für die Mobilisierung von Anti-Regime-Protesten über Jahre hinaus erheblich schmälerte, Teilen der nationalistischen Opposition den Boden entzog und einige liberale Politiker:innen der jüngeren Generation nach neuen Wegen suchen ließ (> Kap. 4.4).

Politische Proteste in der Spätphase des Putin-Regimes

Die überwiegende Mehrheit der Bevölkerung Russlands verurteilte den „Euromaidan" in der Ukraine 2014 und begrüßte wenige Monate später die Annexion der Krim. Nur in einigen Städten kam es zu Friedensmärschen; die größte Aktion brachte in Moskau am 24. September 2014 etwa 25.000 Menschen auf die Straße. Zahlreicher waren die „Anti-Maidan"-Demonstrationen in Russland, an denen sich Student:innen, Veteranen, Angestellte des öffentlichen Sektors und Mitglieder politischer Parteien gemeinsam mit rechtsradikalen Organisationen beteiligten. Sie wurden angefeuert durch die staatliche Fernsehpropaganda, derzufolge in Kiew eine „faschistische Junta" an die Macht gekommen sei (> Kap. 8.1).

Erst 2017 erreichte die politische Protestbereitschaft wieder ein mit dem Jahr 2012 vergleichbares, zeitweise sogar höheres Niveau, das bis Anfang 2022 anhielt (Levada-Centr 2023d). Im Frühjahr 2017 rief die *Stiftung für Korruptionsbekämpfung* (FBK) Alexei Nawalnys, der zum prominentesten Gegenspieler Putins geworden war, mit einem Video zu Protesten auf, in dem Premierminister Medwedews mutmaßliche korrupte Verstrickungen aufgedeckt wurden. In über 150 Städten fanden Demonstrationen statt, auf denen sein Rücktritt gefordert wurde und an denen sich überdurchschnittlich viele junge Menschen beteiligten. Im Herbst 2018 rollte eine Protestwelle gegen die Erhöhung des Rentenalters durch das Land (> Kap. 6.4).

Im Juni 2019 rief die Verhaftung des bekannten Investigativjournalisten Iwan Golunow wegen eines fabrizierten Drogendelikts in Moskau und mehreren anderen Städten des Landes massenhafte Protestaktionen hervor. Auch eine große Solidaritätsaktion Tausender – sowohl liberaler wie staatsnaher – Journalist:innen und Medienschaffender forderte seine Freilassung. Überraschend wurden die Vorwürfe gegen ihn wenige Tage später fallengelassen. Kurz darauf flammten wieder Proteste in Moskau auf, weil einige Kandidat:innen der Opposition aus unübersehbar politischen Motiven nicht zu den bevorstehenden Wahlen zum Stadtparlament zugelassen worden waren. Dieses Mal reagierten die Sicherheitskräfte, unter ihnen auch die Nationalgarde, zunächst unverhältnismäßig hart (> Kap. 8.4). Da die Empörung und die Zahl der Protestteilnehmer:innen dadurch sogar noch anstieg, hielten sie sich im Folgenden zurück, um die Situation nicht weiter zu eskalieren.

Zur größten und bisher letzten Protestmobilisierung seit 2011/12 kam es Anfang 2021, nachdem Nawalny bei seiner Rückkehr aus Deutschland auf dem Flughafen verhaftet worden war (> Exkurs auf S. 222) und die FBK ein weiteres Enthüllungsvideo mit Korruptionsvorwürfen lanciert hatte. Dieses Mal richtete es sich gegen den Präsidenten selbst – „Putins Palast" wurde auf *YouTube* allein am ersten Tag 25 Mio. Mal aufgerufen. Von Januar bis April 2021 beteiligten sich in ca. 130 Städten geschätzt 95.000–200.000 Menschen an den unterschiedlichsten

Aktionen. Oft wurde dabei nicht nur Nawalnys Freilassung, sondern auch der Rücktritt Putins gefordert. Das Regime reagierte mit bis dahin unbekannter Härte. Zudem erklärte es die FBK im Juni 2021 zu einer „extremistischen Organisation", welche daraufhin alle weiteren Aktionen absagte, um ihre Anhänger:innen vor strafrechtlicher Verfolgung zu schützen.

Die Reaktionen des Regimes auf die Herausforderungen von unten zeugen von seiner Lern- und Anpassungsfähigkeit. Es hat bisher alle Massenproteste überlebt. Auch wenn bei den größten Aktionen deutlich mehr als 100.000 Menschen auf die Straßen gingen, war es bisher nie ernsthaft gefährdet. Das liegt nicht nur daran, dass Protestierende unter den mehr als 140 Mio. Einwohner:innen Russlands eine kleine Minderheit darstellen, während die überwiegende Mehrheit der Bevölkerung politisch passiv und dem Regime gegenüber loyal ist. Entscheidend war stets, dass sich – anders als bei den erfolgreichen „Bunten Revolutionen" (> Exkurs auf S. 187) – keine Elitengruppen aus der „Machtpyramide" abgespalten hatten, welche die Unzufriedenheit von Teilen der Bevölkerung als Ressource im Kampf um die politische Macht zu nutzen versuchten, und die staatlichen Sicherheitsapparate loyal blieben. Der Sturz des Putin-Regimes durch eine Massenbewegung von unten gilt auch aktuell als wenig wahrscheinliches Szenario eines Machtwechsels (> Kap. 9.4).

> **Weiterführende Literatur**
>
> Die Forschungsliteratur über die Zivilgesellschaft ist umfangreich und häufig auf Fallstudien fokussiert. Aktuelle, konzeptionell anspruchsvolle Überblicke über Veränderungen in den staatlichen Strategien gegenüber NPOs und viele wertvolle Literaturverweise finden sich zum Beispiel bei Evans/Plantan (2023) und Sundstrom et al. (2022). Wer sich für Graswurzelaktivismus interessiert, sollte einen Blick in den Sammelband von Morris et al. (2023) werfen, in dem bürgerliches Engagement in verschiedenen Bereichen beleuchtet wird, darunter in Stadtplanung, Arbeitsorganisation und Religion.
> Als detaillierte und umfassende Studien über soziale und politische Proteste empfehlen wir Robertson (2011) für die ersten beiden postsozialistischen Jahrzehnte, Gabowitsch (2017) für die Protestbewegung „Für faire Wahlen" in den Jahren 2011/12 und Lasnier (2018) für die Gründe der nachlassenden Protestbereitschaft nach 2012. Einen englischsprachigen Report über die Niederschlagung der letzten großen Protestwelle Anfang 2021 gibt es bei *OVD-Info* (2021), dem 2011 gegründeten Menschenrechtsmedienprojekt, das politische Verfolgungen in Russland dokumentiert und rechtlichen Beistand für Betroffene organisiert. Für die Dynamik der rechtsnationalistischen und extremistischen Bewegungen s. Literaturhinweise am Ende von Kap. 4.

8 Instrumente der Manipulation und Kontrolle

> **Zusammenfassung**
>
> Medienkontrolle und Informationsmanipulation sowie die Verfügung über Gewaltmittel, welche die glaubhafte Androhung und Durchführung politischer Repressionen erlauben, sind weitere Grundpfeiler des Putin-Regimes. Diskutiert werden zunächst die Strategien des Regimes gegenüber den Medien, besonders im staatlich kontrollierten Fernsehen, bevor die Grundstrukturen des Justizsystems und der Gewaltapparate skizziert werden. Vor diesem Hintergrund analysieren wir, wie sich Ausmaß und Formen politischer Repressionen im Verlaufe von drei Jahrzehnten verändert haben.

8.1 Medienkontrolle und Propaganda: Instrumente der „Informationsautokratie"

Eine pluralistische Medienlandschaft gilt als eine der institutionellen Grundvoraussetzungen der Demokratie. Nur aufgrund alternativer Informationen können sich die Bürger:innen eine qualifizierte Meinung über wichtige gesellschaftliche Belange bilden, und nur unabhängige Medien können sichern, dass alle Wettbewerber:innen um die politische Macht über relativ gleiche Chancen verfügen, um für ihre politischen Programme zu werben. Autoritäre Regime sind daher prinzipiell bestrebt, die Sphäre der öffentlichen Kommunikation zu kontrollieren.

Ausmaß und Instrumente dieser Kontrolle variieren jedoch erheblich. Hatte das KPdSU-Einparteiregime alle Medien verstaatlicht, übte direkte Medienzensur aus und propagierte eine Staatsideologie, so galt das Russland der Putin-Ära bis in die jüngste Zeit als geradezu paradigmatischer Fall einer modernen „Informationsautokratie" *(informational autocracy, dictatorship of spin)*. Dieses von Sergei Guriev und Daniel Treisman (2022) entwickelte Konzept lenkt die Aufmerksamkeit darauf, dass moderne autoritäre Regime ihre Herrschaft typischerweise weniger plump und brutal sichern als die „Angstautokratien" *(dictatorships of fear)* des 20. Jahrhunderts, die systematisch zu Verboten und gewaltsamen Repressionen griffen. „Informationsautokratien" hingegen sind elektoral-autoritäre Regime, die neben einem gewissen politischen Pluralismus auch eine mehr oder weniger große Meinungs- und Medienvielfalt zulassen. Typischerweise setzen sie nicht oder nur vereinzelt auf Instrumente der direkten Zensur und der groben ideologischen Indoktrination. Vielmehr entwickeln sie ausgefeilte Strategien der Manipulation von Informationen, um die Bevölkerung von der Kompetenz und Gemeinwohlorientierung der politischen Führung zu überzeugen („Propaganda"), die Ausbreitung alternativer Sichtweisen zu behindern und die Glaubwürdigkeit politischer Herausforder:innen zu diskreditieren.

Das Putin-Regime der frühen 2020er Jahre ist nicht mehr sinnvoll als „Informationsautokratie" zu beschreiben, worauf wir am Ende dieses Kapitels zurückkommen. Diese Perspektive liefert aber dennoch einen brauchbaren Ausgangspunkt, um seine vielfältigen Strategien der Medienkontrolle zu analysieren. Sie erlaubt es auch nachzuvollziehen, wie neben den „modernen" Instrumenten der „Informationsautokratie" allmählich auch die gröberen einer „Angstautokratie" an Bedeutung gewannen.

Herstellung der Kontrolle über das Fernsehen (2000er Jahre)

Dank Gorbatschows Perestrojka hatte die Medienfreiheit in Russland Anfang der 1990er Jahre ein bis dahin ungekanntes Ausmaß erreicht (> Kap. 1.3, 2.1). Ein pluralistischer Medienmarkt war entstanden, auf dem sich der Staat, der noch immer als größter Eigentümer oder Finanzgeber agierte, zunehmend der Konkurrenz durch private Holdings gegenübersah. Der „Oligarch" Wladimir Gussinski schuf ein Medienimperium um *NTV*, den 1993 gegründeten ersten privaten Fernsehsender Russlands. Er kaufte sich u.a. bei *Echo Moskwy* ein, dem 1990 von Journalist:innen gegründeten ersten privaten Radiosender des Landes, und rief neben einer Tageszeitung auch eine Wochenzeitschrift ins Leben, die er in Kooperation mit der US-amerikanischen *Newsweek* herausgab. Andere Großunternehmer aus dem Banken- und Rohstoffsektor beteiligten sich an der Privatisierung staatlicher Medien, darunter der nationalen Tageszeitungen. So geriet z.B. der größte staatliche Fernsehkanal *ORT* unter die faktische Kontrolle des Jelzin-nahen Oligarchen Boris Beresowski. Für die Unternehmer taten sich damit nicht nur enorme Profitchancen auf, sondern auch die Möglichkeit, sich dank ihrer Medienmacht als politische Akteure zu profilieren. Damit beeinflussten sie den Ausgang der Wahlen 1996 und 1999/2000 (> Kap. 5.1).

Bereits im ersten Jahr von Putins Präsidentschaft ging die Kontrolle über den gesamten Fernsehmarkt an das Regime über. Das von den Oligarchen errichtete „Monopol auf die Massenmedien" müsse gebrochen werden, so der neue Präsident, denn sie würden versuchen, die politische Führung „einzuschüchtern und zu erpressen" (Putin 2000). Als effektives Instrument dafür erwiesen sich forcierte Eigentümerwechsel. Beresowski und Gussinski, die sich schnell als scharfe Kritiker Putins profiliert hatten, wurden gezwungen, ihre Anteile an den loyalen Oligarchen Roman Abramowitsch bzw. den vom Staat kontrollierten Erdölkonzern *Gazprom* zu verkaufen und verließen das Land.

In der Folgezeit verengte sich das Themenspektrum der Nachrichten- und Debattenformate sowie das politische Spektrum der veröffentlichten Meinungen im nun direkt oder indirekt staatlich kontrollierten Fernsehen. Die Sendezeit für kritische Journalist:innen und Oppositionspolitiker:innen wurde kürzer. In den Vordergrund rückten Unterhaltungssendungen, darunter viele Formate globaler Produktionsfirmen. Damit endete die „Hyper-Politisierung" des Rundfunks, welche die 1990er Jahre geprägt hatte (Dunn 2009).

Die TV-Kanäle behielten zunächst weiterhin freie Hand bei der Gestaltung ihres Unterhaltungsprogramms, aber das Regime begann, auf die Nachrichtenberichterstattung Einfluss zu nehmen. Zum einen trafen sich die Präsidialadministration und die Chefs der drei größten Fernsehsender wöchentlich, um die Sendungen und Themen der vergangenen und künftigen Woche zu diskutieren. Zum anderen bildete sich die Praxis heraus, die größten Rundfunk- und Printmedien mit Empfehlungen bzw. Instruktionen zu versorgen, über welche Themen positiv bzw.

negativ berichtet und welche vollständig ignoriert werden sollten (Sharafutdinova 2020: 136–138).

Außerhalb des Fernsehsektors blieben der Eigentümer- und politische Pluralismus weitgehend erhalten. Das zahlenmäßig schwache liberale urbane Milieu wandte sich nach 2008 in wachsendem Maße alternativen Zeitungen, Radiosendern, Internetplattformen und kleineren Fernsehstationen zu, die als Nischenmedien eine eigenständige Redaktionslinie verfolgen konnten. Darunter waren u.a. die Tageszeitung *Wedomosti*, die bis 2015 unter Beteiligung der *Financial Times* und des *Wall Street Journals* herausgegeben wurde, sowie die offen regimekritische *Nowaja Gaseta*, die sich mehrheitlich in Belegschaftsbesitz befand und von Michail Gorbatschow sowie einem regimekritischen Oligarchen unterstützt wurde (Lipman 2023: 149–152).

Unter den relativ permissiven Bedingungen der Präsidentschaft Medwedews (2008–2012) entstanden neue Medienunternehmen, darunter mit dem Fernsehkanal *Doschd* (*TV Rain*) ein sich zunehmend oppositionell profilierender Unterhaltungs- und Nachrichtensender. *Echo Moskwy* gelang es aufgrund seiner besonderen Organisationsstrukturen und des geschickten, kompromissbereiten Lavierens seines Chefredakteurs, seine Unabhängigkeit trotz des Eigentümerwechsels zu *Gazprom* zu bewahren. Bis zu seiner Schließung im März 2022 blieb er der reichweitenstärkste Nachrichtenradiosender des Landes, in dem weiterhin regelmäßig Regimegegner:innen zu Wort kamen.

In Reaktion auf die rapide Ausbreitung des Internets starteten die meisten Printmedien, Radiostationen und Fernsehsender in den 2000er Jahren eigene Online-Auftritte. Schnell entstand eine Blogosphäre, in der junge Politiker:innen und Aktivist:innen wie Alexei Nawalny alternative Räume für die politische Kommunikation erschlossen. Neben dem auf das Fernsehen fokussierten Bereich entfaltete sich damit ein zweites Mediensystem, das nicht vom Staat kontrolliert wurde.

Erweiterung der Medienkontrolle und neue Kontrollinstrumente seit 2012

Weil die digitalen Medien eine wichtige Rolle für die Organisation der Protestbewegung 2011/12 (> Kap. 7.4) und die Berichterstattung darüber gespielt hatten, gerieten jedoch auch sie schließlich in den Fokus des Regimes (Oates 2016). Wie gegenüber den traditionellen Medien setzte es auch hier zuerst auf die Eigentumsverhältnisse, um ein System der verdeckten Kontrolle zu etablieren.

Da die größten nationalen Telekommunikationsanbieter aufgrund der Entstehungsgeschichte des Internets in Russland und gesetzlicher Beschränkungen für ausländische Unternehmen bereits in der Hand des Staates bzw. regimeloyaler Oligarchen waren, konzentrierte sich diese Strategie auf digitale Nachrichtendienste und soziale Medien. So sah sich der Gründer von *VKontakte*, dem im postsowjetischen Raum dominierenden Äquivalent zu *Facebook*, 2014 gezwungen, sein Unternehmen an eine der großen staatsnahen Mediengruppen zu verkaufen. Eine andere erwarb die Nachrichtenplattformen *Gazeta.ru* (2013) sowie *Lenta.ru* (2014) und tauschte ihr Führungspersonal aus. Im Falle des Fernsehkanals *Doschd* ging das Regime auf Umwegen vor, indem es die Kabel- und Satellitenanbieter im Jahr 2014 veranlasste, ihm die Sendelizenzen zu kündigen. *Doschd* überlebte als Internetkanal bis März 2022, sein Publikum schrumpfte jedoch von etwa 17 Mio. auf zunächst unter 100.000. *Wedomosti* wechselte mehrmals seinen Eigentümer, nachdem ausländische Beteiligungen an Medienunternehmen seit 2016 auf 20% beschränkt worden waren (Frye 2021: 136–140; Lipman 2023: 153–155).

Der Ausbau der repressiven Gesetzgebung nach 2012 (> Kap. 8.4) schuf weitere Kontroll- und Sanktionsinstrumente (Frye 2021: 136–140; Vendil Pallin 2017): Die Verschärfung der Anti-Extremismus-Gesetzgebung erlaubte es nun auch, strafrechtlich gegen Kanalbetreiber vorzugehen, auf deren Plattformen entsprechende Inhalte verbreitet wurden. Seit 2018 wurden die Telekommunikations- und Internetdienste dazu gezwungen, ihre Verkehrsdaten auf Vorrat zu speichern und sie auch ohne Gerichtsbeschluss den Sicherheitsdiensten zugänglich zu machen. Auch Blogger:innen mit mehr als 3.000 Follower:innen hatten sich seit 2014 als Medienunternehmen zu registrieren, womit sie ebenfalls unter die Mediengesetzgebung fielen. Globale Anbieter wie *Facebook*, *Twitter* und *Google* wurden durch die Regulierungsbehörde mit Blockaden ihrer Websites bedroht, um sie zur Sperrung unerwünschter, darunter „extremistischer" Inhalte zu veranlassen.

Schließlich wurde auch in neuartige Instrumente wie Internet-Trolling und die Nutzung von westlichen PR-Agenturen für die Manipulation der digitalen Kommunikation investiert, um Fake News und regimefreundliche Kommentare massenhaft zu verbreiten. Gegenüber dem Internetgiganten *Yandex*, der u.a. die in Russland populärste Suchmaschine anbietet, soll die Präsidialadministration erstmals 2008 darauf gedrängt haben, regimeloyale Informationsressourcen zu privilegieren. 2016 fügte sich das Unternehmen offenbar diesem Druck, denn es zeigte in den *Top News* von nun an ausschließlich Meldungen aus einer der 15 Zeitungen bzw. Nachrichtendienste an, die auf einer durch das Regime genehmigten „weißen Liste" standen (Reiter 2022).

Die Instrumente der Informationskontrolle wurden punktuell und keineswegs systematisch angewandt. Das trifft auch für ihre offen repressiven Elemente zu, die gegenüber den Medien ebenso selektiv eingesetzt wurden wie in anderen Bereichen (> Kap. 8.4). Der Verzicht auf eine flächendeckende Überwachung und Steuerung ging nur partiell auf Überwachungslücken und behördliche Inkompetenz zurück. Vielmehr zielte er darauf, Medienakteure in großem Maßstab zu verunsichern (Vendil Pallin 2017). Viele Journalist:innen reagierten darauf mit dem Rückzug in die Selbstzensur.

Insgesamt bewegten sich die Methoden der Medienkontrolle überwiegend im Rahmen des – im Vergleich zu traditionellen Autokratien relativ ausgefeilten – Spektrums einer „Informationsautokratie" (Guriev/Treisman 2022: Kap. 4; Frye 2021: Kap. 8). Der Staat beanspruchte kein Informationsmonopol, verhängte keine Zensur und ließ die Existenz einiger „liberaler" Medien zu, besonders im Print- und Online-Bereich. Da die politische Einflussnahme größtenteils verdeckt ausgeübt wurde, blieb sie den meisten Medienkonsument:innen verborgen. Eigentümerwechsel und Änderungen der Redaktionslinie erschienen oft als Folge von

Marktprozessen, während andere Restriktionen unter Bezug auf die Rechtslage legitimiert wurden.

Ende der 2010er Jahre erlebte der investigative Journalismus im Internet trotz aller Einschränkungen eine neue Blüte, worauf das Regime seit 2021 mit offenen Repressionen gegen Medienorganisationen und Journalist:innen reagierte. Auch seine Fähigkeit, unerwünschte Internetinhalte zu blockieren, hatte sich inzwischen verbessert (Lipman 2023: 156–158). Mit der faktischen Einführung der Kriegszensur Anfang März 2022 stellten schließlich fast alle regimekritischen Medien ihre Tätigkeit ein oder wurden verboten. Wir kommen am Ende von Kapitel 8.4 darauf zurück, wo wir diese Entwicklungen im Zusammenhang mit dem seitdem erreichten neuen Niveau politischer Repressionen in anderen Bereichen analysieren.

Vom „Infotainment" zum „Agitainment": Medien als Propaganda-Instrument

Das beliebteste Unterhaltungsmedium ist nach wie vor das Fernsehen, das in vielen Haushalten stets im Hintergrund läuft. Die Mehrheit der Bevölkerung nutzt es zudem als primäre und relativ vertrauenswürdige Nachrichtenquelle, auch wenn die sozialen Medien sowie digitale Nachrichtendienste seit Mitte der 2010er Jahre deutlich aufgeholt haben.[35] Das macht es auch zum wichtigsten Medium der Propaganda, d.h. der Bestrebungen des Regimes, Meinungen, Einstellungen und Verhalten von Menschen gezielt zu seinen Gunsten zu verändern. Typische Informationsautokratien setzen dabei kaum auf ideologische Indoktrination und das „Eintrichtern" von Loyalitätsritualen. Vielmehr bemühen sie sich, das Publikum von der Kompetenz und Leistungsfähigkeit des Regimes zu überzeugen (Guriev/Treisman 2015: 4).

Auch das Putin-Regime konzentrierte sich lange darauf. In den 2000er Jahren war das Fernsehen ähnlich wie das gesamte Mediensystem weitgehend unpolitisch, sieht man von Wahlkampfzeiten oder Ereignissen wie der „Orangen Revolution" in der Ukraine (2004) und dem kurzen Krieg gegen Georgien (2008) ab. In Übereinstimmung mit dem globalen Trend entfalteten sich Boulevardisierung und „Infotainment", während die Nachrichten politische Erfolgsberichte sendeten, welche die Botschaft des „kompetenten Regierens" verbreiteten.

Das Regime änderte jedoch seine Medienstrategie, als während der Protestwelle 2011/12 immer deutlicher wurde, dass die Alltagserfahrungen vieler Bürger:innen dem Versprechen von Stabilität und wachsendem Lebensstandard nicht mehr entsprachen (Tolz/Teper 2018). Dieser Wandel steht in engem Zusammenhang mit der „konservativen Wende" zu Beginn von Putins dritter Amtszeit und der Zurückdrängung der performanzorientierten hinter die identitätsbasierte Legitimationsstrategie (> Kap. 6.2).

Das Fernsehen wurde nun zum wichtigsten Instrument, um die ideologisch aufgeladenen offiziellen Narrative zu verbreiten, die zudem über alle Medienarten und

---

35 Als am häufigsten genutzte Nachrichtenquellen werden genannt: Fernsehen (64%), soziale Medien (41%), Online-Portale (33%), *Telegram* (19%) (Levada-Centr 2023e).

-kanäle hinweg synchronisiert wurden (Alyukov 2021). Die neue Strategie des „Agitainment"[36] behielt den Unterhaltungscharakter der Medienkommunikation bei und folgte weiterhin globalen Trends bei Mediengenres, Sendeformaten und narrativen Strukturen. Dazu gehörte die gezielte „Eventisierung" von Ereignissen, die Popularisierung verschwörungstheoretischer Interpretationen des Zeitgeschehens sowie die drastische Steigerung der Zahl von Talkshows (Tolz/Teper 2018).

Politische Talkshows

Talkshows sind seit Putins dritter Amtszeit zum zentralen Format der politischen Kommunikation geworden. Sie stellen preisgünstige Plattformen der offiziellen Propaganda dar. Neben Nachrichtensendungen dominieren sie das abendliche Fernsehprogramm der föderalen Fernsehkanäle, wo sie teilweise über 20% des Zuschauer:innenmarkts erreichen.

Polit-Talkshows sind grundsätzlich hoch emotional und erreichen dadurch auch ein politisch wenig interessiertes Publikum. Schockierende Bilder, eine oftmals obszöne Lexik, Gebrüll und persönliche Beleidigungen der „Expert:innen" untereinander bzw. durch die Moderator:in sollen beim Publikum Gefühlsreaktionen erzeugen und seine Meinung manipulieren.

Die propagandistische Wirkung von Talkshows ist auf das Engste mit den Moderator:innen verbunden, deren Rolle in den 2010er Jahren an Bedeutung gewann. Spitzenjournalist:innen scheinen eine gewisse redaktionelle Autonomie zu genießen und im Rahmen ungeschriebener Regeln selbst entscheiden zu können, was sie senden. Das macht sie zu Meinungsführer:innen im nationalen Maßstab sowie zu Mitgestalter:innen der ideologischen Botschaften des Regimes und erklärt partiell auch die Unterschiede in Stil und Inhalt von Sendungen (Kaltseis 2022; Sharafutdinova 2020: Kap. 7). Sie stehen seit Februar 2022 als „Desinformationsakteure" auf der Sanktionsliste der EU.

Bei den Inhalten griff die „Agitainment"-Strategie einen weiteren internationalen Trend auf, der z.B. in US-Präsidentschaftswahlkämpfen und der britischen Brexit-Kampagne zu beobachten war – das Mainstreaming ausgrenzender Diskurse. So unterschiedlich die konkreten Themen der Medienkampagnen seit 2012 auch waren, sie hatten stets zwei Schwerpunkte: einerseits die „traditionellen gemeinsamen Werte" der russischen/russländischen Gesellschaft, andererseits das „Othering" und die Ausgrenzung von „Feinden", deren Angriffe Russland in eine „belagerte Festung" verwandelt hätten (Tolz/Teper 2018; Sharafutdinova 2020: Kap. 6-7).

Mit einfachen und emotionalisierten politischen Botschaften wurde intensiv auf das Publikum eingewirkt, um seinen Glauben an Russlands Einzigartigkeit zu bestärken und eine virtuelle nationale Gemeinschaft zu konstruieren. Auch politikferne oder sogar regimeskeptische Milieus sollten damit erreicht werden (Tolz/Teper 2018). Die dabei verbreiteten Narrative vertieften die seit den „Bunten Revolutionen" Mitte der 2000er Jahre entwickelte anti-westliche Stoßrichtung des offiziellen Diskurses, schlossen an Ideologeme der sowjetischen Propaganda an und lösten die Unterscheidung von Innen- und Außenpolitik auf. Die Medien

---

36 Kofferwort aus „Agitation" und „Entertainment".

reproduzierten also den offiziellen Diskurs der moralisch überlegenen und in ihrer Existenz bedrohten Nation bzw. „Staatszivilisation", den wir in Kapitel 6.2 analysiert haben.

Seit Ende 2013 nahm die Ukraine einen zentralen Platz auf der Propaganda-Agenda des Regimes ein. Bis dahin war sie in den Medien als „kleiner Bruder" Russlands und konstitutiver Bestandteil der „Russischen Welt" konstruiert worden. Nach den „Euromaidan"-Protesten, die zu einem pro-westlichen Regimewechsel in der Ukraine geführt hatten, wurde sie als „verräterischer Bruder", kurze Zeit später sogar als „Feind" dargestellt. Eine „faschistische Junta" habe die Macht im Land übernommen und bedrohe die russischsprachige Bevölkerung (Khaldarova 2021). Die USA und die EU wurden zunehmend als im moralischen Niedergang befindliche, egoistische Mächte beschrieben, welche die Weltordnung destabilisierten (Hinck et al. 2018; Tyushka 2022, > Kap. 9.2).

Nach dem Überfall auf die Ukraine im Februar 2022 erhöhten die größten föderalen Fernsehsender den Anteil von Talkshows und Nachrichtensendungen zunächst deutlich. Eine Analyse der Berichterstattung und offizieller Statements zeigt, dass in den ersten Monaten des Krieges drei Diskurse dominierten: Die Ukraine sei durch den „angelsächsischen Kolonialismus", der auch Russland bedrohe, unterworfen worden und müsse durch „Entnazifizierung" befreit werden („Kolonialismus- und Dekolonialisierungsdiskurs"). Der „kollektive Westen" sei von moralischer Dekadenz gezeichnet und durch aggressiv auftretende sexuelle Minderheiten *(„GAYropa")* dominiert („Zivilisationsdiskurs"). Das historische „Großrussland" müsse wiederhergestellt werden, die Ukraine also „ent-ukrainisiert" werden. Besonders dieser dritte Diskurs, der „Imperialismusdiskurs", führte eine neue Dimension im Vergleich zur Krim-Annexion 2014 ein, die mit dem kulturell-ethnischen Bedürfnis nach „nationaler Wiedervereinigung" begründet worden war (Tolz/Hutchings 2023; Spahn 2023).

Wie effektiv sind die Medien als Instrument der Regime-Propaganda?

Diese Frage lässt sich auf dem gegenwärtigen Stand der Forschung nicht eindeutig beantworten. Aus Umfragen ist bekannt, dass Fernsehzuschauer:innen deutlich zufriedener mit der jeweils aktuellen Situation in Russland sind als Personen, die sich in den sozialen Netzwerken oder bei Internetportalen informieren (Levada-Centr 2021c), also tendenziell mit einem größeren Meinungsspektrum konfrontiert sind. Für besonders wirksam wird die anti-westliche Propaganda gehalten, da das Publikum die Glaubwürdigkeit der Berichterstattung hier weniger anhand seiner Alltagserfahrungen überprüfen kann als bei innenpolitischen, z.B. ökonomischen, Fragen (z.B. Gerber/Zavisca 2016). Die langanhaltende „Krim-Euphorie", die durch die massive Berichterstattung der föderalen Fernsehkanäle angeheizt wurde, scheint diese These klar zu bestätigen. Die Forschung zu diesem Phänomen, die wir in Kapitel 6.1 skizziert haben, deutet aber auch auf die Grenzen von Propaganda als Instrument der „Gehirnwäsche" hin. Sie beeinflusst weniger die Überzeugungen der Menschen als sie ihre patriotischen Gefühle mobilisiert.

Auch erste Studien zu den Wahrnehmungen des Ukraine-Kriegs seit 2022 zeigen, dass die offizielle Berichterstattung vor allem bereits vorhandene Ansichten und Präferenzen verstärkt. Das Fernsehen scheint insbesondere politisch uninteressierte Zuschauer:innen zu beeinflussen. Sie machen sich die offiziellen Interpretationen weniger wegen ihrer Plausibilität zu eigen als wegen deren leichter Zugänglichkeit, und dies um so mehr, wenn sie außerdem nicht allzu intensiv auch soziale Medien konsumieren. Weil sie durch die Vielzahl einander widersprechender Informationen verwirrt sind, misstrauen sie generell allen Quellen und geben schließlich denjenigen Informationen den Vorzug, welche ihre eigenen Meinungen bestätigen, weil sie dadurch kognitive Dissonanz und emotionales Unbehagen vermeiden können (Belokrysova et al. 2022: 59–71; Aljukov et al. 2023: 209–234; Alyukov 2022).

Die Regime-Propaganda trägt dem Rechnung, indem sie sich auf das loyale Publikum fokussiert und sich bemüht, den „Wahrheitsgehalt" ihrer Narrative an dessen Ansichten auszurichten. Zwar werden die Fakten schnell wieder vergessen, aber die durch die Meldungen gesetzten „emotionalen Markierungen" bleiben längerfristig bestehen und stellen einen allgemeinen Interpretationsrahmen bereit. Eine kohärente Weltsicht entwickeln solche Nachrichtenkonsument:innen auf dieser Grundlage jedoch nicht zwingend (Tolz/Hutchings 2023).

Wie wir in Kapitel 6.3 gezeigt haben, stoßen viele Bestandteile der offiziellen Diskurse auf eine inhaltlich passende Nachfrage in der Bevölkerung. Das trifft besonders auf den Imperialismusdiskurs zu, der tief in die öffentliche Meinung eingebettet ist (Tolz/Hutchings 2023). Dies stärkt die These, dass Russlands autoritäre Herrschaftsverhältnisse durch das Regime und die Bevölkerung „ko-konstruiert" sind, also nicht allein auf Druck „von oben" beruhen. Die staatlich kontrollierten Medien, speziell das Fernsehen, sind dabei das offensichtlichste einer ganzen Reihe von Mitteln, um den gesellschaftlichen Konsens über Russlands Einzigartigkeit und Bedrohtheit durch innere und äußere Feinde zu bekräftigen (Greene/Robertson 2019).

Zusammenfassend lässt sich festhalten, dass das Regime seit den frühen 2000er Jahren seine Kontrolle über den Mediensektor erweitert und vertieft hat. Dieser allgemein eher kontinuierliche Wandel wurde in mehreren Schüben beschleunigt: 2000/01 signalisierte das neue Regime, dass es keine ressourcen- und reichweitenstarken regimekritischen Medien dulden würde; 2012–2014 dehnte es die Kontrollinstrumente auch auf die digitale Sphäre aus. Eindeutiger und ideologisch aufgeladener als zuvor wurden die großen Fernsehsender des Landes zu Instrumenten der Regime-Propaganda, während kritische Medien zunehmend – verdeckt oder offen – repressiert wurden.

Repressionen als Instrument der Herrschaftssicherung müssen also systematischer in den Blick genommen werden. Wir wenden uns diesem Problem im Folgenden aus mehreren Blickwinkeln zu: Zunächst analysieren wir das Justizsystem und die Gewaltapparate des Regimes, welche die Ressourcen und die Infrastruktur dafür bereitstellen. Danach rekonstruieren wir, wie sich das Ausmaß und die Qualität von Repressionen im Laufe der Zeit veränderten.

8.2 Rechtssystem und legaler Dualismus

In der Forschung ist es üblich, nationale Rechtssysteme am Ideal der Rechtsstaatlichkeit bzw. des *rule of law* („Herrschaft des Rechts") zu messen, das aus der westlichen Rechtsentwicklung abgeleitet ist. Auch wenn diese Konzepte im Detail unterschiedlich definiert werden, haben sie einen gemeinsamen Kern: Staatliches Handeln muss verhältnismäßig sein, ist durch das Recht gebunden und wird durch dieses begrenzt; alle Bürger:innen sind vor dem Gesetz gleich, ihre Grundrechte werden gewährleistet und sind – auch gegen die Regierung – auf dem Rechtsweg einklagbar; es besteht Gewaltenteilung, und die Gerichte sind unabhängig.

Nirgends in der Welt ist das Ideal der Rechtsstaatlichkeit vollständig verwirklicht. In autoritären Regimen weichen Rechtsverständnis und -praxis von ihm aber in der Regel nicht nur graduell, sondern grundsätzlich ab. Politische Entscheidungen können zwar unter Umständen an das Recht gebunden sein und auf dem Rechtsweg kontrolliert werden. Da es jedoch instrumentalisiert und manipuliert wird, ist staatliches Handeln nicht zuverlässig begrenzt. Auch für Russland trifft das zu. Seine Verfassung kodifiziert die wesentlichen Prinzipien eines Rechtsstaats (> Kap. 3.1), in der Praxis werden diese jedoch systematisch verletzt.

„Legaler Dualismus" und Rechtstradition

Wie lässt sich das Rechtssystem Russlands angemessen charakterisieren? Einige Autor:innen sprechen von *rule by law* („Herrschaft *durch* Recht", z.B. Remington 2012: Kap. 8), prominenter ist aber die Bezeichnung „autoritärer Legalismus" *(autocratic legalism)*. Sie ist mit dem Konzept des „elektoralen Autoritarismus" (> Kap. 2.2) verwandt, indem ebenfalls hervorgehoben wird, dass autoritär agierende Politiker formal-demokratische Institutionen – hier: Recht und Gesetz – instrumentell und rhetorisch nutzen, um ihre Macht zu sichern. Demnach haben gewählte Politiker wie Wladimir Putin, Viktor Órban oder Recep Tayyip Erdoğan die demokratische Verfassungsordnung abgeschafft, indem sie die Unabhängigkeit der Richter:innen und die Gewaltenteilung unterminierten, ohne offen „rechtswidrige" Mittel einzusetzen (Scheppele 2018; Frye 2021: Kap. 7).

Das Konzept des „autoritären Legalismus" weist jedoch mindestens zwei Schwächen auf. Zum einen verknüpft es die Charakteristik des Rechtssystems mit einer Theorie der legalistischen Re-Autokratisierung des Landes durch Putin. Das idealisiert die Demokratisierungserfolge der Jelzin-Ära und schreibt die Verantwortung für Russlands Entwicklung einer einzelnen Person zu – eine These, der wir in diesem Buch immer wieder widersprechen.

Zum anderen wird dieser eindimensionale Defizitbefund der ausgeprägten Ambivalenz des Rechtssystems nicht gerecht, die sich besser mit dem Konzept des „legalen Dualismus" erfassen lässt (Hendley 2017, 2023; Bækken 2019). Demnach gibt es in Russland zwei Rechtswirklichkeiten: Einerseits werden Alltagssachen zwar nicht perfekt, aber meist hinreichend effizient bearbeitet, wobei sich die Richter:innen in verfahrensrechtlicher und materieller Hinsicht am geschriebenen Recht orientieren. Andererseits wird in Streitfällen, welche die Aufmerksamkeit einflussreicher Akteure wecken, das Recht oft verletzt. Entschieden wird dann auf einem Wege, der seit Sowjetzeiten als „Telefonrecht" berüchtigt ist und darin besteht, dass sich Exekutive, Verwaltung oder ressourcenstarke Unternehmer in den Ablauf von Verfahren einmischen. Kurzum: es handelt sich um ein Rechtssystem, für das gilt: „Law matters most, but not all, of the time".

Der legale Dualismus wird in der Forschung typischerweise im Zusammenhang mit angenommenen Eigenheiten der russländischen Rechtstradition diskutiert. Dazu gehört, dass das Wort *zakonnost'* (russ. für „Gesetzlichkeit", „Rechtmäßigkeit") nicht zwangsläufig „Rechtsstaatlichkeit" impliziert (Pomeranz 2019: 7–8, 149). Auch wenn es prinzipiell im breiten Sinne einer „Herrschaft des Rechts" ausgelegt werden kann, bezeichnet es ursprünglich die Idee eines legalistischen „Gesetzesgehorsams", also der strikten, am Wortlaut ausgerichteten Einhaltung von Gesetzen. Auch Putin, der besonders in seiner ersten Amtszeit immer wieder die „Diktatur des Gesetzes" als wichtiges politisches Ziel beschwor, folgt diesem Verständnis. Als weitere historisch gewachsene Rechtsvorstellungen und -praktiken werden u.a. genannt (Nußberger 2010; Borisova/Burbank 2018; Pomeranz 2019):

- die Fokussierung des Rechtssystems auf den Staat, der seinen Untertanen zwar in paternalistischer Manier Recht gewähren kann und das Gesetz bei Bedarf selektiv anwendet, diese es aber nicht gegen ihn erstreiten können;
- die Idee der „einheitlichen Staatsgewalt", in der eine technisch-arbeitsteilige Gewaltenteilung vorgesehen ist, aber keine Gewaltenkontrolle;
- die Dominanz von Exekutive und Verwaltung (statt der Legislative bzw. der Richter:innen) bei der Gesetzgebung, was mit Intransparenz, mangelnder Systematik und Flexibilität des Rechts sowie Rechtspluralismus einhergeht;
- das Prinzip der Überwachung und Kontrolle als wesentliche Eigenschaft des gesamten Verwaltungs- und Rechtssystems;
- eine „rechtsnihilistische" Haltung der Bevölkerung und der Eliten gegenüber dem Recht: die Befolgung von Regeln sei nicht obligatorisch, wenn sie nicht mit Gewalt erzwungen werden kann, und ein zynischer, manipulativer Umgang mit dem Recht werde akzeptiert;
- relative Zugänglichkeit, Erschwinglichkeit und Schnelligkeit der Alltagsjustiz.

Das Rechtssystem Russlands hat seit Ende der 1980er Jahre tiefgreifende institutionelle Veränderungen erlebt, die sich unter dem Druck der postsowjetischen Modernisierung und Staatsbildung und einer bis in die 2000er Jahre starken Orientierung an westlichen Vorbildern vollzogen. Dabei wurde zum Teil mit dem sowjetischen und vorsowjetischen Erbe gebrochen, zum Teil wirkt es jedoch fort oder wurde wiederbelebt. Exemplarisch deutlich wird das anhand des Prinzips der Gewaltenteilung: Das Bekenntnis zu ihr wurde in der Verfassung von 1993 festgeschrieben, gleichzeitig schuf die konkrete Ausgestaltung des Präsidentenamts aber auch die konstitutionellen Voraussetzungen für eine erneute autoritäre Machtkonzentration, die sich das Putin-Regime später zunutze machte. Auch die Idee der „einheitlichen Staatsgewalt" wurde seit den frühen 2000er Jahren wiederbelebt und mit der Verfassungsrevision 2020 erneut explizit festgeschrieben (> Kap. 3.1).

Der Wandel des Justizsystems

In den frühen 1990er Jahren wurden das Verfassungsgericht gegründet, ein eigenständiges System der Wirtschaftsgerichte geschaffen und die Unabhängigkeit der Richter:innen gestärkt. Die meisten weiteren Reformen des Justizsystems scheiterten jedoch am Widerstand der Staatsduma. Erst nachdem sich das Putin-Regime auf eine disziplinierte pro-präsidentielle Mehrheit im Parlament stützen konnte, wurden neue Wirtschafts-, Zivil- und Strafprozess- (2001–2003) sowie Verwaltungsprozessgesetzbücher (2015) verabschiedet, eine Rechtsanwaltskammer mit Selbstverwaltungsfunktionen gegründet (2002) und die Staatsanwaltschaft reformiert. Diese blieb allerdings eine im internationalen Vergleich mächtige Institution, da sie mit ihren weitreichenden Aufsichtspflichten in die Sphäre anderer staatlicher Institutionen eingreifen kann (Venice Commission 2021: 33–34).

Die Reformen der ersten beiden Amtszeiten Putins und der Präsidentschaft Medwedews brachten Fortschritte bei der Rechtsharmonisierung, vergrößerten die Transparenz des Rechts und steigerten die Effizienz der Gerichte. Gleichzeitig gerieten sie zunehmend unter die Kontrolle des Staatsoberhaupts, und nach Putins Rückkehr in das Präsidentenamt wurde die Unabhängigkeit der Justiz weiter beschnitten. In mehreren Schritten, zuletzt mit der Verfassungsreform 2020, verstärkte sich sein Zugriff auf die personelle Besetzung der höchsten Gerichte und der Staatsanwaltschaft, während der Einfluss der Exekutive auf die richterlichen Qualifikationskommissionen wuchs. Als politisch motivierter Schritt gilt auch die Abschaffung des Obersten Wirtschaftsgerichts (2014), womit die Wirtschaftsgerichte in den Instanzenzug der allgemeinen und Militärgerichtsbarkeit eingeordnet wurden, an dessen Spitze der Oberste Gerichtshof steht (Pomeranz 2019: Kap. 9; Paneyakh/Rosenberg 2018).

Dem Verfassungsgericht gelang es hingegen, seine Existenz zu sichern. Dank des Rechts der Normenkontrolle kann es Entscheidungen der beiden anderen Gewalten für verfassungswidrig erklären und als Schlichter von Kompetenzstreitigkeiten zwischen den Staatsorganen tätig werden. Das machte die Judikative erstmals in der Geschichte Russlands tendenziell zu einem starken Gegenspieler der Exekutive (Hendley 2023: 87–89). 1992/93 intervenierte das Gericht als Vermittler in den Verfassungskonflikt zwischen Jelzin und dem Obersten Sowjet (> Kap. 3.1), stellte sich schließlich gegen den Präsidenten und wurde von ihm daraufhin suspendiert. Nach seiner Neukonstituierung 1995 profilierte es sich als loyaler, selbstbewusster und aktiver Partner des Regimes (Trochev/Solomon 2018; Trochev 2022).

Das Verfassungsgericht Russlands

Das Verfassungsgericht der Putin-Ära stellt einen ebenso pragmatischen wie ambitionierten Akteur dar, der den legalen Dualismus des Rechtssystems exemplarisch verkörpert. Einerseits verhält es sich in wichtigen Verfassungsfragen stets loyal gegenüber dem Regime. So erklärte es beispielsweise die Abschaffung der Gouverneurswahlen (2004) für verfassungskonform – wofür es eigene frühere Urteile revidieren musste –, später auch die umstrittene Verfassungsreform (2020), die Annexion der Krim (2014) sowie die Inkorporation von ukrai-

> nischen Territorien in die Russländische Föderation (2022). Andererseits behandelt es jährlich Tausende Individualbeschwerden von Bürger:innen und erklärt Gesetze für verfassungswidrig, um deren Rechte zu schützen, oder veranlasst die Wiederaufnahme von Verfahren (Trochev 2022).
> Im Tausch für politische Loyalität, pragmatische Selbstzensur und schließlich auch den Verzicht auf die Veröffentlichung von abweichenden und Sondervoten (2021) erhielten seine Richter:innen persönliche Privilegien und neue Kompetenzen. Darunter waren das Recht der präventiven Normenkontrolle (2020), das es auf Antrag des Präsidenten wahrnimmt, sowie das Recht, die Verfassungsmäßigkeit von Urteilen des *Europäischen Gerichtshofs für Menschenrechte* (2015) bzw. aller ausländischen und internationalen Gerichte (2020) zu überprüfen, d.h. zu entscheiden, ob sie implementiert werden.

In den 1990er Jahren hatte sich Russland dem internationalen Recht gegenüber geöffnet, war dem *Europarat* (1996) beigetreten und hatte die *Europäische Menschenrechtskonvention* (1998) ratifiziert. In der Folgezeit kam es zu unzähligen Klagen von Bürger:innen vor dem *Europäischen Gerichtshof für Menschenrechte* (EGMR) gegen den Staat; Ende 2022 waren noch 16.750 davon anhängig. Die oft erst mehrere Jahre später gefällten Entscheidungen des EGMR verurteilten den Staat häufig zu Geldstrafen. In einigen Fällen – etwa im Parteienrecht oder bei der Vollstreckung von Gerichtsentscheidungen – mahnten sie Gesetzesänderungen an, die vereinzelt tatsächlich vollzogen wurden (Pomeranz 2019: 147–148). Das Verhältnis des Regimes zum EGMR blieb jedoch stets angespannt. 2020 wurde das Primat des nationalen Rechts in der Verfassung verankert. Nach dem Überfall auf die Ukraine 2022 trat Russland, seinem Ausschluss knapp zuvorkommend, aus dem *Europarat*, der *Menschenrechtskonvention* sowie weiteren internationalen Verträgen aus, darunter dem *Strafrechtsübereinkommen über Korruption*.

Rechtsprechung in Alltagsfällen und politisierte Justiz

Das Vertrauen der Bürger:innen in die politischen Institutionen ist seit den 2000er Jahren beständig gestiegen. Das gilt auch für die Gerichte und die Staatsanwaltschaft. Dennoch liegen sie weiterhin – und lediglich knapp vor Parteien, Gewerkschaften und Großunternehmern – am unteren Ende des Institutionenrankings, das klar vom Präsidenten, der Armee und den Sicherheitsorganen angeführt wird (Levada-Centr 2022a). Gleichzeitig gibt es aber eine starke Nachfrage nach dem Recht, die irrational wäre, würde die Justiz tatsächlich so korrupt und dysfunktional sein, wie sie von externen Beobachter:innen oft beschrieben wird.

Generell scheinen die Gerichte in *Alltags- und Routinesachen* hinreichend effizient und zuverlässig zu arbeiten (Hendley 2017). Als Indikator dafür gilt beispielsweise der starke Anstieg von Verfahren bei Wirtschaftsgerichten, die professioneller, fairer und moderner als die ordentlichen Gerichte arbeiten (Paneyakh/Rosenberg 2018: 222–223). Die Zahl der Bürger:innen, die staatliche Behörden wegen z.B. fehlerhafter Steuerbescheide oder in Eigentumsfragen verklagten, nahm im Laufe der Zeit zu. Zahlen für den Zeitraum 2007–2011 zeigen, dass dabei in knapp 90% der jährlich etwa eine halbe Million Verfahren zugunsten der Kläger:innen entschieden wurde (Trochev 2012: 22).

Studien bestätigen keinen außergewöhnlichen Rechtsnihilismus, wohl aber eine gewisse Skepsis der Bevölkerung gegenüber dem Rechtssystem. Sie speist sich allerdings seltener aus Angst vor dem politisierten „Telefonrecht" als aus der Sorge vor hohem bürokratischem und emotionalem Aufwand. Nach Auffassung von Expertinnen lagen die drängendsten Probleme bei der alltäglichen Rechtsprechung in der zweiten Hälfte der 2010er Jahre weniger in Korruption oder politischem Missbrauch der Justiz als in ihren internen Funktionsproblemen. Dazu gehörte neben Mängeln in der Personalausbildung und bei den Verfahrensregeln insbesondere das dysfunktionale System der Leistungsevaluierung von Polizeiangehörigen, Staatsanwält:innen und Richter:innen. Es motiviert sie, sich auf leichte Fälle zu konzentrieren, vorzugsweise Täter:innen zu verfolgen, die nicht in der Lage sind, sich effektiv zu verteidigen, komplizierte Prozesse zu vermeiden und damit das Risiko zu minimieren, dass die nächsthöhere Instanz das Urteil kassiert (Paneyakh/Rosenberg 2018: 222–229; Hendley 2017: 223–224).

In *politisierten Fällen* hingegen wird das Recht als Vorwand benutzt, um rechtlich irrelevante Ziele zu erreichen. Es erweist sich damit als verdeckte, quasi-legale und selektive Form der politischen Repression. In diesem Vorgehen vereinen sich formaler Legalismus, Ungleichheit vor dem Recht und faktische Gesetzlosigkeit, denn der Überschuss an normativen Rechtsakten, Vorschriften und Bestimmungen, der in allen Bereichen des Staates zu beobachten ist, schränkt Interpretations- und Entscheidungsspielräume der Gerichte nur scheinbar ein. In der Praxis zieht es vielmehr die Verlagerung dieser Spielräume in außergerichtliche Arenen nach sich – wo informelle Regeln gelten und Korruption, persönliche Beziehungen oder das „Telefonrecht" über den Ausgang von Verfahren entscheiden (Bækken 2019: 5–6). Im Bereich der politischen Rechte und Freiheiten ist dieses Problem besonders akut. Regulierungen sind nicht nur unübersichtlich, sondern überlappen sich auch. Sie werden häufig geändert und sind breit auslegbar. Das erleichtert es, sie selektiv gegen Regimekritiker:innen einzusetzen (z.B. Nußberger 2022a; Kondrašev 2017, 2021; > Kap. 8.4).

Der erste aufsehenerregende Fall dieser „quasi-legalen" Form der politischen Repression war das Vorgehen gegen Michail Chodorkowski, den Vorstandsvorsitzenden des Erdölkonzerns *Yukos*. Als einer der wenigen „Oligarchen" der Jelzin-Ära (> Kap. 2.3) hatte er sich mit öffentlicher Kritik an Putins Politik hervorgetan, Oppositionsparteien und zivilgesellschaftliche Projekte finanziert und politische Ambitionen erkennen lassen. Das brachte ihm 2005 ein Urteil von neun (später acht) Jahren Lagerhaft wegen Betrug, Veruntreuung und Steuerhinterziehung ein. Als kompliziertester und zugleich offensichtlichster Fall politischer Justiz kann der Umgang des Staates mit Alexei Nawalny gelten, der in der zweiten Hälfte der 2010er Jahre zum bekanntesten Oppositionspolitiker des Landes wurde (> Exkurs auf S. 121).

> **Politische Justiz: Der Fall Nawalny**
>
> Zwischen 2011 und 2021 wurde in insgesamt 13 Fällen gegen Nawalny ermittelt. In sieben Verfahren ging es um besonders schweren Betrug, Veruntreuung, Geldwäsche und Kompetenzüberschreitung, in vier Verfahren um Verleumdung bzw. Beleidigung, darunter des jeweiligen Ermittlers bzw. Richters. Nach mehreren Geldstrafen und Hausarrest wurde er 2013 und 2014 in zwei Fällen zu Bewährungsstrafen verurteilt – was ihm die damals politisch offenbar gewünschte Beteiligung an der Moskauer Bürgermeisterwahl 2013 dennoch ermöglichte. Beide Strafen wurden später durch den EGMR kassiert. Das Moskauer Gericht bestätigte jedoch das Urteil im ersten Fall, so dass Nawalny nicht zur Präsidentschaftswahl 2018 antreten durfte. Das zweite Urteil wurde im Jahr 2021 benutzt, um ihn zu Lagerhaft wegen Verstößen gegen die Bewährungsauflagen zu verurteilen: Er hatte gegen die vorgeschriebenen Meldeprozeduren verstoßen, weil er sich nach seiner Vergiftung zur medizinischen Behandlung in Deutschland aufhielt. Wegen eines dritten Falls wurde das Strafmaß im März 2022 auf insgesamt neun Jahre Haft erhöht, die Nawalny in einer Strafkolonie mit strengen Haftbedingungen verbüßt. Im Sommer 2023 wurde er erstmals wegen politischer Vorwürfe – darunter der Organisation einer „extremistischen Gruppierung" – zu insgesamt 19 Jahren Haft verurteilt.

Strafprozesse wegen Wirtschaftsvergehen, darunter Korruption, organisierte Kriminalität, Überschreitung von Amtsbefugnissen usw. richten sich nicht nur gegen Oppositionspolitiker:innen, sondern unter Umständen auch gegen Angehörige der Exekutive (Petrov 2021). Seit Mitte der 2010er Jahre sollen jährlich ca. 1,5–2% des Führungspersonals in den Regionen davon betroffen sein. Nicht immer ist davon auszugehen, dass sie aus politischen Gründen belangt werden, denn auf diese Art und Weise können auch Interessen- und Verteilungskonflikte innerhalb der Eliten ausgetragen werden. Zumindest hohe Funktionäre werden jedoch sicherlich nicht ohne Zustimmung des Präsidenten verurteilt. Der bisher ranghöchste Fall dieser Art betraf Alexei Uljukajew, Wirtschaftsminister von 2013 bis 2016, der wegen Bestechung zu achtjähriger Lagerhaft verurteilt wurde. Die Verhaftung von Sergei Furgal (LDPR), dem Gouverneur der Oblast Chabarowsk (2018–2020), rief 2020 monatelange Massenproteste in dieser fernöstlichen Region hervor; er wurde zu 22-jähriger Lagerhaft wegen vorgeblicher Anstiftung zu Morden in den frühen 2000er Jahren verurteilt.

Die Praxis der selektiven Rechtsanwendung erwächst aus einem Spannungsverhältnis: Für eine funktionierende Wirtschaft und die Steuerung der Gesellschaft ist das Regime auf ein modernes Rechtssystem angewiesen, gleichzeitig beruht es aber auf der Logik der patronalen Politik (> Kap. 2.2). Daher überlagern informelle Institutionen und Praktiken das unpersönliche Rechtssystem. Mithilfe der selektiven Anwendung des *formalen*, gesatzten Rechts werden *informelle* Regelverstöße sanktioniert, darunter die Infragestellung des Machtanspruchs Putins oder des Kräfteverhältnisses zwischen rivalisierenden Eliten. Was im Rahmen der Regimelogik also durchaus kohärent ist, bedeutet Rechtsmissbrauch zu Lasten der Rechtssicherheit (Bækken 2019: Kap. 5).

Quantitativ blieb das Ausmaß der selektiven Rechtsanwendung gering. Der Anteil öffentlich beachteter Fälle politischer Justiz wurde Mitte der 2010er Jahre auf weniger als 1% aller Fälle geschätzt (Paneyakh/Rosenberg 2018: 221). Selbst im Jahr 2023 ist er noch deutlich geringer, als aufgrund der Berichterstattung oppositioneller bzw. internationaler Medien anzunehmen wäre. Entscheidend an dieser Praxis ist, dass sie öffentlichen Widerspruch effektiv abschreckt und die kritische Kommunikation über die Politik des Regimes blockiert (> Kap. 8.4).

8.3 Staatliche und private Gewaltstrukturen

Im Zentrum jeglicher Staatlichkeit steht – so die traditionelle Staatstheorie – das „Monopol legitimer physischer Gewaltsamkeit" des Staates auf seinem Territorium (Weber 1972: 822). Dafür benötigt er spezialisierte Organisationen: Das Militär schützt Souveränität und Sicherheit des Staates in der internationalen Arena, während die Organe der inneren Sicherheit, darunter Polizei, Geheimdienste, Staatsanwaltschaft und Strafvollzug, die Durchsetzung der staatlichen Normen innerhalb seiner Grenzen gewährleisten. In Demokratien sind diese „Gewalt-" bzw. „Sicherheitsapparate" der Kontrolle einer gewählten zivilen Regierung unterworfen, in Autokratien aber wesentlicher Bestandteil der regierenden Eliten.

Das gilt nicht nur für Militärdiktaturen, sondern auch für zivile Regime. In Russland sind es die als *siloviki* bezeichneten Angehörigen der „Strukturen der staatlichen Gewalt" *(silovye struktury)*, die eine herausragende Rolle für die Funktionsweise und Stabilitätssicherung des patronal-personalistischen Regimes spielen. Einerseits stellen sie die für politische Repressionen und militärische Handlungen im Ausland benötigten Ressourcen zur Verfügung, andererseits sind sie eigenständige politische (und oft auch ökonomische) Akteure.

Die politische Bedeutung der *siloviki*

In der Sowjetunion hatte es mit dem Komitee für Staatssicherheit (KGB), dem Innen- sowie dem Verteidigungsministerium lediglich drei „Machtministerien" gegeben, die unter anderem durch die Mitgliedschaft ihres Spitzenpersonals im KPdSU-Politbüro in den Parteistaat integriert waren und von ihm effektiv kontrolliert wurden. Die Chefs aller drei Behörden beteiligten sich im August 1991 führend am Putschversuch gegen Gorbatschow (> Kap. 1.3).

Um die potenzielle Bedrohung einzudämmen, die von den Gewaltapparaten ausging, splittete das Jelzin-Regime sie in mehr als ein Dutzend Behörden auf, verzichtete jedoch auf grundlegende Reformen einschließlich der personellen Erneuerung. Gegen Mitte der 1990er Jahre standen sie am Rande des Kollapses. Ihr nicht- oder unterfinanziertes Personal wanderte zu einem großen Teil auf den entstehenden privaten Sicherheitsmarkt ab, auf dem neben dem organisierten Verbrechen („Mafia") Tausende legale Anbieter von Wach- und Schutzdienstleistungen aktiv waren (Taylor 2011: Kap. 2). Damit verschärfte sich die Krise des Staates weiter, der nur eingeschränkt in der Lage war, seine hoheitlichen Rechte wahrzunehmen.

In der zweiten Hälfte der 1990er Jahre begann Jelzin mit der Reorganisation der Sicherheitsapparate. Putin schloss daran an und steigerte zunächst vor allem die Ressourcenausstattung der Geheimdienste (Soldatov/Rochlitz 2018: 88–92). Damit bezweckte er erstens die Verbesserung ihrer Effizienz, um sein Versprechen der Wiederherstellung gesellschaftlicher Stabilität einzulösen. Tatsächlich vergrößerte sich die infrastrukturelle Macht des Staates in den 2000er Jahren deutlich. Das ermöglichte es, staatliche Entscheidungen zuverlässiger umzusetzen, die Steuern in weit größerem Umfang einzutreiben als zuvor und die öffentliche Sicherheit zu verbessern. Beobachter sind allerdings der Auffassung, dass die Qualität der Staatstätigkeit im Vergleich zu anderen Ländern mit einem ähnlichen sozioökonomischen Entwicklungsniveau in vielen Bereichen dennoch gering blieb, darunter bei der Bekämpfung von Kriminalität und Terrorismus sowie dem Schutz von Eigentumsrechten. Ein großer Teil der öffentlichen Gewalt wurde auch weiterhin illegal und willkürlich ausgeübt, woran sich auch im folgenden Jahrzehnt nichts Wesentliches änderte (Taylor 2011: Kap. 2, 8; White 2018).

Zweitens dienten die Reformen der *siloviki* in den 2000er Jahren der Konsolidierung des Regimes und besonders der Stärkung von Putins persönlicher Macht. Sie waren ein integraler Bestandteil der inkrementellen Umgestaltung des gesamten politischen Systems, die sich in den ersten beiden Amtszeiten Putins vollzog. In der hier betrachteten Dimension stand die Steigerung der staatlichen Repressionskapazität im Mittelpunkt, um Bedrohungen des Regimes von unten oder außen rechtzeitig erkennen, verhindern und bei Notwendigkeit abwehren zu können. Gegen Mitte der 2010er Jahre wurden Kompetenzen und Personalausstattung der Sicherheitsbehörden weiter vergrößert (Soldatov/Rochlitz 2018). Damit wurde die Infrastruktur für die „Politik der Angst" geschaffen, mit der das „Problem der autoritären Kontrolle" über die Bevölkerung (> Exkurs auf S. 54) seit 2012 zunehmend deutlicher adressiert wurde.

Drittens balancierte Putin mithilfe von Umstrukturierungen der Gewaltapparate und personellen Umbesetzungen konkurrierende Interessengruppen innerhalb der *siloviki* aus, wobei er die Machtbefugnisse bei sich selbst zentralisierte (Petrov/Rochlitz 2019; Galeotti 2021). Dies stellt eine für personalistische Regime typische Strategie dar, um Bedrohungen von innen zu reduzieren (Escribà-Folch et al. 2020). Durch die institutionelle Segmentierung wurde die Rivalität der *siloviki* strukturell gefördert, die Koordination – etwa für einen Putsch – erschwert und gleichzeitig ihre Motivation für bedingungslose Loyalität gegenüber dem Präsidenten gestärkt. Auch wenn diese „Teile-und-herrsche"-Strategie für Putin Risiken birgt, da sie eine Dynamik provoziert, über die er die Kontrolle verlieren könnte (> Exkurs über die „Gruppe Wagner" auf S. 262), ist sie rational, um das „Problem der autoritären Machtaufteilung" innerhalb der Eliten zu entschärfen.

Wie wichtig sind die *siloviki* als politische Akteure? In Forschung und Publizistik herrscht Konsens, dass sie in der Putin-Ära zahlreicher im engeren Machtzirkel vertreten sind als unter Jelzin und ihre politische Bedeutung gestiegen ist. Zweifelsohne tritt das Führungspersonal der staatlichen Gewaltapparate mit einem großen innen- und außenpolitischen Gestaltungsanspruch auf und gehört zu dem kleinen Personenkreis, der noch immer über einen direkten persönlichen Zugang zum Präsidenten verfügt. Heißt das aber auch, dass das Regime von den Geheimdiensten gesteuert wird? Die Antwort auf diese Frage ist umstritten.

Einer ersten Interpretation zufolge haben die Geheimdienste in einem koordinierten Verfahren zu Beginn der Präsidentschaft Putins den Staat übernommen und eine „Militokratie" etabliert (Kryshtanovskaya/White 2003; 2009). Sie transformierte sich in eine „Siloarchie"[37], als dieses Netzwerk bald darauf mit dem Industrie- und Finanzkapital verschmolz (Treisman 2007).

Eine zweite Perspektive argumentiert differenzierter (Renz 2006; Rivera/Rivera 2014; Soldatov/Rochlitz 2018): Auch ihr zufolge stieg die Zahl der *siloviki* in politisch wichtigen Positionen seit dem Jahr 2000 erheblich an, wenngleich weniger dramatisch als oft behauptet. Eine koordinierte Machtübernahme habe jedoch nicht stattgefunden. Vielmehr sei dieser Prozess mit der Logik der patronalen Politik zu erklären, deren Spezifik darin besteht, dass Erwartungssicherheit und Vertrauen überwiegend in persönlichen Beziehungsnetzwerken produziert werden (> Kap. 2.2): Putin, der ein politischer Newcomer war, stützte sich bei der Besetzung politischer Schlüsselpositionen auf Weggefährten, und aufgrund seiner Biografie handelte es sich dabei häufig (allerdings nicht immer) um *siloviki* (> Exkurs auf S. 87).

Die gemeinsame Herkunft bedeutet jedoch nicht, dass sie eine homogene und autonom agierende Interessengruppe bildeten. Aufgrund ihrer institutionellen Segmentierung und persönlicher bzw. materiell begründeter Rivalitäten verfolgen sie keine gemeinsame politische Agenda. Angehörige bestimmter Gruppen dominieren dieser Argumentation zufolge zwar unter Umständen den inneren Machtzirkel, d.h. Putins persönliches Netzwerk, nicht aber die Regime-Eliten insgesamt.[38] Sie seien vielmehr in unterschiedliche politisch-ökonomische Netzwerke integriert, in die sie dank ihrer Verfügung über staatliche Zwangsmittel jeweils wichtige Ressourcen einbringen. Als ihre größte Gemeinsamkeit gelten ihre illiberal-konservative Weltsicht und bestimmte Verhaltensnormen (Taylor 2011; Rivera/Rivera 2019).

Insgesamt ist davon auszugehen, dass die Gewaltapparate des Staates, besonders die Geheimdienste, wichtige politische Akteure sind. Die Kontrolle über die Politik liegt jedoch offenbar beim Präsidenten, wie Putins Entscheidung für den Krieg gegen die Ukraine belegt. Es ist davon auszugehen, dass Angehörige der *siloviki* eine Schlüsselrolle für das Überleben des Regimes bzw. in den Machtkämpfen der Zeit „nach Putin" spielen werden (> Kap. 9).

Strukturen der staatlichen Gewaltapparate

Der 1992 geschaffene *Sicherheitsrat* ist das höchste konsultative Gremium des Präsidenten. Hier kommen der Präsident und die Spitzenfunktionäre von Exekuti-

---

37 Kofferwort aus *siloviki* und „Oligarchie".
38 Eine Analyse von ca. 130 Angehörigen der formalen und informellen Führungselite im Jahr 2020 zeigt, dass 55–57% von ihnen Familien der sowjetischen *Nomenklatura* entstammen (> Exkurs auf S. 27). Der Anteil von *siloviki* liegt bei 32–37% (Snegovaya/Petrov 2022). Wie der Vergleich mit dem Jahr 2010 zeigt, ist die Elite personell relativ stabil. Neuzugänge haben meist einen *siloviki* Hintergrund.

ve und Legislative mit der Führung des „Sicherheitsblocks" regelmäßig zusammen (> Kap. 3.3). Mit der einzigen Ausnahme des Militärgeheimdiensts sind dessen Ministerien und Föderalen Dienste – seit 1992 faktisch, seit 2020 auch laut Verfassung – unmittelbar dem Präsidenten unterstellt (s. Abb. 3.1 auf S. 75). Die wichtigsten Strukturen seien im Folgenden kurz porträtiert.[39]

Das *Verteidigungsministerium* erbte große Teile der Sowjetarmee. Sie musste in den 1990er Jahren unter den Bedingungen extrem knapper Kassen und der aktiven Beteiligung an mehreren Regionalkonflikten zunächst – darunter aus ihren Standorten in Ostmitteleuropa einschließlich der DDR – relokalisiert werden, was ihre Professionalisierung und Modernisierung verzögerte. Das militärische Personal wurde dabei von 2,5–2,8 Mio. (1992) auf ca. 1 Mio. reduziert. Erst in den Jahren 2007–2012, also deutlich später als die Geheimdienste und die Strafverfolgungsbehörden, wurde die Armee schließlich grundlegend reformiert und modernisiert. Sie gehört seitdem zu den politischen Institutionen mit dem größten Prestige im Land. Seit den 1990er Jahren wurden immer wieder Truppen zu „militärischen Spezialoperationen" im postsowjetischen Raum, seit 2015 auch in Länder außerhalb der Region entsandt. Von internationalen Expert:innen wird das Militär Russlands für die zweitstärkste Armee der Welt gehalten (GFP 2023), auch wenn ihr Image durch die zunächst schwache Performanz im Ukraine-Krieg seit 2022 beschädigt ist (Barany 2023).

Dem Generalstab der Armee im Verteidigungsministerium ist der *Militärgeheimdienst GRU* (6.000–15.000 Beschäftigte) unterstellt, der für Spionageabwehr und die Beschaffung militärisch relevanter Informationen aus dem Ausland zuständig ist. Er wird mit diversen Morden und Mordversuchen im Ausland in Zusammenhang gebracht, z.B. an den früheren Geheimdienstlern Alexander Litwinenko (2006) und Sergej Skripal (2018), die zum britischen MI6 übergelaufen waren. Auch die „Grünen Männchen" – Bewaffnete ohne Hoheitszeichen, die bei der Annexion der Krim im Einsatz waren – sollen ihm (bzw. der „Gruppe Wagner", s. weiter unten) angehört haben.

Der *Föderale Sicherheitsdienst* (FSB), der die Infrastruktur des früheren KGB nahezu vollständig übernommen hat, ist der politisch einflussreichste Geheimdienst des Landes (ca. 200.000 Beschäftigte). Pro Kopf der Bevölkerung soll er der Größe nach nur dem Inlandsgeheimdienst Nordkoreas nachstehen. Zu seinem breiten Aufgabenfeld gehören die nachrichtendienstliche sowie Fernmelde- und elektronische Aufklärung und Spionageabwehr im Inneren, die Verfolgung des organisierten Verbrechens im In- und Ausland und der Grenzschutz. Neben zivilem beschäftigt er auch militärisches Personal. Seine Spezialeinheiten waren an allen großen Anti-Terror-Maßnahmen innerhalb Russlands beteiligt, befassen sich mit der Ermittlung und Verfolgung von Straftaten im Bankensektor, in der Wirtschaft und beim Zoll und wurden auch in Syrien eingesetzt. Nicht zuletzt gelten sie

---

39 Die folgenden Informationen sind aus Shamiev/Renz (2023), Renz (2023) und Galeotti (2021) zusammengetragen. Einige Zahlenangaben stammen aus regimenahen Quellen (TASS 2022; Lenta 2023) bzw. investigativen Recherchen (Proekt 2020; Dossier FSB 2020). Sie sind überwiegend Schätzwerte.

als verantwortlich für politisch motivierte Mordanschläge, darunter auf Alexei Nawalny.

Weitere KGB-Nachfolgeorganisationen sind der *Auslandsgeheimdienst SWR* (ca. 10.000–15.000 Beschäftigte), der – ähnlich wie der BND und die CIA – für die zivile Auslandsaufklärung in Wirtschaft, Wissenschaft, Technologie und Politik zuständig ist, sowie der *Föderale Wachdienst FSO* (ca. 30.000 Mitarbeiter:innen). Er verantwortet den Schutz des Präsidenten und weiterer Spitzenpolitiker, wichtiger Gebäude und der strategischen Infrastruktur, unterhält einige militärische Einheiten, darunter das Kreml-Regiment, und ein eigenes Meinungsforschungsinstitut.

Zum *Innenministerium* gehören neben der Polizei als Strafverfolgungsbehörde (Personal: ca. 700.000) mehrere Sonderbehörden, darunter für Migration (2016), Drogenkontrolle (2016) und Extremismusbekämpfung. Letztere, das 2008 geschaffene „Zentrum ‚E'", soll das organisierte Verbrechen, religiösen Terrorismus sowie Rechtsextremismus bekämpfen. Diese politische Polizei bespitzelt und infiltriert seit der Erweiterung ihres Aufgabenbereichs nach der Protestbewegung 2011/12 auch die nicht-extremistische Opposition und überwacht die Kommunikation in den sozialen Netzwerken. Sie arbeitet eng mit dem FSB zusammen, der die Hauptverantwortung für diese Bereiche trägt, aber vor Ort oft nicht über genügend Personal verfügt.

Die aus der Sowjetära erebten militarisierten Truppen des Innenministeriums und seine Polizei-Spezialeinheiten wurden 2016 in der *Nationalgarde (Rosgvardija)* zusammengeführt (Personal: ca. 320.000–430.000). Damit wurde eine schlagkräftige Organisation zur Unterdrückung von Massenprotesten geschaffen, die dem direkten Befehl des Präsidenten untersteht; im Sommer 2023 beschloss die Staatsduma, sie auch mit schweren Waffen wie etwa Panzern auszurüsten und sie damit weiter aufzuwerten. Ihr Zweck besteht in der Aufrechterhaltung der öffentlichen Ordnung, der Kriminalitäts-, Extremismus- und Terrorismusbekämpfung sowie im Grenzschutz und der Territorialverteidigung. Die Grenzen zwischen zivilen und militärischen sowie innen- und außenpolitischen Tätigkeitsfeldern sind nicht klar gezogen; auch im Ukraine-Krieg sind ihre Einheiten im Einsatz. Nicht zuletzt ist die Nationalgarde für die Kontrolle und Lizenzierung von privaten Sicherheitsfirmen und Bürgerwehren zuständig. Sie hat den größten privaten Sicherheitsdienst Russlands inkorporiert, durch den sie auch profitorientiert auf dem Markt der Sicherheitsdienstleistungen agiert.

Zu den Strafverfolgungsbehörden gehören weiterhin die *Staatsanwaltschaft* als selbständiges Verfassungsorgan (33.000 Beschäftigte) sowie das 2007 aus ihr herausgelöste und seit 2011 unmittelbar dem Präsidenten unterstellte *Ermittlungskomitee* (19.000 Beschäftigte), das für Ermittlungen bei Korruptionsfällen und Fehlverhalten in der Polizei, föderalen und lokalen Staatsorganen zuständig ist. Der Strafvollzug, die Gefängnisse und Straflager liegen in der Kompetenz des *Föderalen Strafvollzugsdiensts FSIN* (Personal: ca. 211.000), der seit 2004 zum Justizministerium gehört.

> **Das Strafvollzugssystem**
>
> In Russland gibt es acht Arten von Justizvollzugsanstalten, in denen offiziellen Angaben zufolge Anfang 2023 433.006 Personen eine Strafe absaßen. Das waren mehr als eine halbe Million weniger als im Jahr 2000 und etwa 40.000 weniger als zwei Jahre zuvor. Der Anteil der Gefängnispopulation an der Gesamtbevölkerung sank damit von 729 pro 100.000 Einwohner:innen (2000) auf 300 (2023). Diese Zahl beträgt etwa das Dreifache des europäischen Durchschnitts, liegt aber deutlich unter dem Niveau der USA (ca. 500 Personen, WPB 2023).
> Knapp die Hälfte der 900 Strafvollzugsanstalten sind Lager („Besserungskolonien") des allgemeinen oder verschärften Strafvollzugs (164 bzw. 251 Einrichtungen). Letztere sind ausschließlich für Männer vorgesehen, die wegen besonders schwerer Taten verurteilt wurden oder Rückfalltäter sind. Wie bereits zu sowjetischen Zeiten überwiegen in den Kolonien schlafsaalähnliche Gemeinschaftsunterkünfte, und untere Verwaltungspositionen werden mit Häftlingen besetzt. Die konkrete Ausgestaltung der Haftbedingungen obliegt den Gefängnisleitungen, welche über Spielräume ebenso für besondere Schikanen wie für Erleichterungen verfügen und als außerordentlich bestechlich gelten (Dubowy/Luzyanina 2021).

Irreguläre Gewaltakteure und der Krieg gegen die Ukraine

Im Zusammenhang mit dem Krieg gegen die Ukraine sind auch irreguläre Söldnereinheiten in den Fokus der Aufmerksamkeit gerückt. Sie werden meist unter die Kategorie der „privaten Sicherheits- und Militärunternehmen" *(PMC, Private Military Companies)* subsummiert, die seit den 1990er Jahren international bekannt wurden, weil westliche Länder immer häufiger zum Outsourcing militärischer Auslandseinsätze griffen. Der private Status von PMCs ist generell strittig, da sie in der Regel im Auftrag von Staaten tätig sind und zum Teil auf deren Ressourcen zurückgreifen. Auch die rechtliche Stellung ihres Personals ist oft unsicher (Heinemann-Grüder 2022: 133–134).

In Russland, wo PMCs formal verboten sind, sollen die ersten privaten Firmen dieser Art Mitte der 2000er Jahre entstanden sein. Ende der 2010er Jahre existierten schätzungsweise 10–20 solcher Organisationen mit mehreren 10.000 Mitgliedern (Renz 2023: 413). Im Zuge des Kriegs gegen die Ukraine haben sich diese Zahlen vervielfacht. Allein die „Gruppe Wagner", die 2014 gegründete größte und effektivste dieser irregulären Armeen, soll sich Schätzungen zufolge mit ca. 50.000 Söldnern an den Kampfhandlungen in der Ukraine beteiligt haben (FGA 2023: 52). Söldnergruppen sind nicht nur in der Ukraine und einigen anderen postsowjetischen Ländern im Einsatz, sondern schon seit mehreren Jahren u.a. in Syrien, Libyen, Mali und Venezuela. Die Forschung dazu steckt in den Anfängen und ist durch eine schlechte Datenlage belastet.

Russlands kommerzielle Militärfirmen sind zum Teil im konventionellen Bereich privater Sicherheitsdienstleistungen aktiv, beziehen ihre Bedeutung aber daraus, dass sie auch Instrumente der staatlichen Außen- und Sicherheitspolitik sowie der verdeckten Kriegsführung sind. Sie unterminieren UN-Missionen, destabilisieren pro-westliche und stabilisieren anti-westliche Regierungen, greifen dabei auch auf Mittel der psychologischen Kriegsführung sowie andere nicht-militärische Techniken zurück („hybride Kriegsführung") und agieren bei militärischen Einsätzen relativ professionell und kostengünstig. Meist ersetzen sie reguläre Truppen nicht, sondern unterstützen oder ergänzen deren Aktivitäten (Heinemann-Grüder 2022).

Als Instrumente der verdeckten Kriegsführung stehen auch die Schattenarmeen Russlands mehr oder weniger eindeutig unter dem Kommando des Generalstabs der regulären Armee. Ihre undurchsichtigen Verflechtungen mit dem Staat gehen aber noch darüber hinaus. So ist die tschetschenische Spezialeinheit „Achmat", die unter anderem im Syrien- und Ukraine-Krieg aktiv ist, formal eine Division der Nationalgarde, wird jedoch als „Privatarmee" von Gouverneur Ramsan Kadyrow wahrgenommen (> Kap. 3.4). Die „Gruppe Wagner" galt als Teil des Firmenimperiums von Jewgeni Prigoschin (1961–2023), der seit den 2010er Jahren unter anderem große Staatsaufträge im Catering akquirierte („Putins Koch"). Vermutet wurde gleichzeitig, dass sie vom Militärgeheimdienst GRU ausgebildet, befehligt und sogar ausgestattet wurde (Heinemann-Grüder 2022: 139). Nach der Meuterei der Gruppe (> Exkurs auf S. 262) behauptete Putin, der Staat habe sie allein zwischen Mai 2022 und Mai 2023 mit mehr als 1 Mrd. US-Dollar finanziert, zuzüglich habe sie ähnlich hohe Einkünfte aus Cateringaufträgen für das Militär erhalten (RFE/RL 2023).

Irreguläre bewaffnete Formationen sind Bestandteile politisch-ökonomischer Netzwerke und insofern typische Phänomene patronaler Politik. Der Krieg gegen die Ukraine bescherte ihnen nicht nur ökonomische Gewinne, sondern auch einen erheblichen politischen Bedeutungszuwachs. Zudem machte er die Grenzen zwischen staatlichen und privaten Gewaltstrukturen noch durchlässiger und instabiler und steigerte Rivalitäten zwischen ihnen. Die Militarisierung des Regimes nahm weiter zu, während gleichzeitig das – in den 2000er Jahren mühsam und nicht vollständig – rekonstituierte Gewaltmonopol des Staates weiter beschädigt wurde. Im Juni 2023 ordnete der Verteidigungsminister den Übergang aller Angehörigen von Privatarmeen in vertraglich geordnete Beziehungen zu seinem Ministerium an, worauf sich z.B. Kadyrows Privatarmee einließ, nicht aber die „Gruppe Wagner". Gleichzeitig begannen einige Ministerien, eigene Kampftruppen zu organisieren. Im Juli 2023 legalisierte die Duma die Gründung staatlicher Militärunternehmen in den Föderationssubjekten (> Kap. 3.4). Diese Versuche der Rückgewinnung der staatlichen Kontrolle über Gewaltressourcen treiben bezeichnenderweise gleichzeitig die weitere Fragmentierung des staatlichen Gewaltmonopols voran. Die mittel- und langfristigen Folgen dieser Dynamik sind nicht absehbar.

Der Krieg hat auch auf die Strukturen, den Charakter und die Aktivitäten der staatlichen Gewaltapparate massive Auswirkungen. In Ermangelung systematischer Erkenntnisse seien einige stichwortartige Bemerkungen gemacht: Der politische Einfluss der *siloviki* auf Putin ist weiter gewachsen, der seiner politischen und Wirtschaftsberater hingegen gesunken (Treisman 2022a). Durch die häufigen Umbesetzungen in den Kommandostrukturen hat die Fragmentierung der Armee zugenommen; einige Befehlshaber priorisieren die Aufrechterhaltung der Kampfkraft der ihnen unterstellten Truppen zulasten anderer Einheiten bzw. des operativen Erfolgs, um ihren künftigen politischen Einfluss zu sichern (Bailey/Stepanenko 2023).

8 Instrumente der Manipulation und Kontrolle

Im ersten Kriegsjahr hat die Armee möglicherweise etwa ein Viertel ihrer ursprünglichen Kampfstärke verloren. Die Zahl der Gefallenen wird von westlichen Quellen auf ca. 40.000 geschätzt, was etwa das Dreifache der Verluste wäre, welche die Sowjetarmee im gesamten Afghanistankrieg (1979–1989) erlitt (Frye 2023). Gleichzeitig ist das Regime offenbar bemüht, die Mobilisierungskapazitäten und -ressourcen für den Kriegsdienst weiter auszubauen. Nachdem sich möglicherweise Zehntausende Häftlinge in der Aussicht auf Begnadigung und andere Vergünstigungen als Söldner bzw. Soldaten für die „militärische Spezialoperation" anwerben ließen, wurden im Sommer 2023 auch gesetzliche Grundlagen für einen Zugriff auf neue Altersgruppen geschaffen, um das militärische Personal auf 1,5 Mio. zu vergrößern.

Infolge von Verhaftungen bzw. Ausweisungen von Mitarbeiter:innen haben sich die Tätigkeitsbedingungen der Auslandsgeheimdienste verschlechtert. Die Bedeutung des FSB für die Stabilitätssicherung des Regimes nahm hingegen ebenso zu wie die Militarisierung seiner Tätigkeit. Er bekämpft nicht nur Andersdenken und Protest, sondern beteiligt sich auch an der Kriegsführung, z.B. durch die Organisation von Maßnahmen gegen die Auswirkungen westlicher Wirtschaftssanktionen, die „Filtration" Hunderttausender ukrainischer Bürger:innen, die nach Russland geflohen sind oder verbracht wurden, sowie die Beeinflussung der Stimmung an (Hoch-)Schulen und Universitäten (Borogan et al. 2023).

8.4 Politische Repressionen: Instrumente der „Angstautokratie"

Politische Repressionen, von Einschränkungen der Rede- und Vereinigungsfreiheit über politisch motivierte Festnahmen und Verurteilungen bis zu politischen Morden, sind ein wichtiges Instrument der Herrschaftssicherung autoritärer Regime. Sie sollen Bedrohungen abwehren, verhindern oder sanktionieren, die von unzufriedenen Bürger:innen bzw. der politischen Opposition oder von abtrünnigen Regime-Insidern ausgehen. Moderne Autokratien wie das Putin-Regime setzen Repressionen in ihrem Alltag nicht systematisch gegen die Bevölkerung als Ganzes ein, sondern gezielt und punktuell gegen bestimmte Gruppen bzw. Personen, um mit der Statuierung von Exempeln breite Abschreckungswirkungen zu erzielen. Das senkt die Wahrscheinlichkeit, dass der Machterhalt mit Massenterror gesichert werden muss.

In den vorangegangenen Kapiteln ist deutlich geworden, dass das Regime primär darum besorgt ist, von der Bevölkerung als legitim anerkannt und unterstützt zu werden, während die Eliten einschließlich der „systemischen" Opposition institutionell kooptiert und integriert worden sind. Dennoch hat sich der repressive Charakter des Regimes im Laufe der Zeit verstärkt. Seine Toleranz für kritische Äußerungen und oppositionelle Handlungen ließ immer weiter nach. Mit der Invasion in die Ukraine wurde sie im Frühjahr 2022 nahezu vollständig aufgegeben.

Formen und Intensität politischer Repressionen

In den 1990er Jahren gab es mit dem von Jelzin veranlassten militärischen Vorgehen gegen die Opposition in der Staatsduma (Herbst 1993) und gegen die se-

8.4 Politische Repressionen: Instrumente der „Angstautokratie"

paratistischen Bestrebungen im Nordkaukasus (Erster Tschetschenienkrieg 1994–1996) zwei Repressionsereignisse mit der hohen Intensität kurzzeitiger bzw. territorial begrenzter Bürgerkriege (> Kap. 2.3, 3.4). Die Härte des Vorgehens wurde in beiden Fällen mit der Notwendigkeit begründet, die konstitutionelle Ordnung wiederherzustellen. Einerseits setzte Putin in seiner ersten Amtszeit (2000–2004) diesen Kurs fort, denn die Terrorismus- und Extremismusbekämpfung wurde zu einem Schwerpunkt der Repressionspolitik. Dieses Framing legitimierte das Vorgehen im Zweiten Tschetschenienkrieg (1999–2000/2009; > Kap. 3.4) und gegen rechtsextremistische Organisationen, die aus der partei-parlamentarischen Arena verdrängt wurden (> Kap. 4.4).

Andererseits ging Putin schnell, entschieden und gezielt gegen die „Medienmogule" Boris Beresowski und Wladimir Gussinski sowie gegen Michail Chodorkowski vor, den Vorstandsvorsitzenden des Erdölkonzerns *Yukos*. Diese geradezu spektakulären Repressionen sendeten ein starkes Signal an alle ressourcenstarken Wirtschaftsakteure: Ihre Existenz würde vernichtet, sollten sie sich als Gegenelite positionieren. Rational wäre es vielmehr, auf autonome politische Ambitionen zu verzichten, sich in die informelle Machtpyramide zu integrieren und im Tausch gegen politische Abstinenz von einer unternehmerfreundlichen Wirtschafts- und Ordnungspolitik zu profitieren (Matveev 2019). Das steigerte die Attraktivität des „Deals" kooperationswilliger Unternehmer mit dem Regime und flankierte den institutionellen Umbau des politischen Systems, der in den ersten Jahren insbesondere auf die Kooptation der Gouverneure (> Kap. 3.4) und – wie weiter vorn in diesem Kapitel erörtert – die Herstellung der Kontrolle über die großen nationalen Medien gerichtet war.

Gegen Bevölkerungsproteste, die in den 2000er Jahren seltener waren als in den 1990er Jahren und meist lokal begrenzt blieben, wurden bei Bedarf polizeiliche Mittel relativ niedriger Intensität eingesetzt (Robertson 2009). Seit Mitte der 2000er Jahre entwickelte das Regime jedoch ein Arsenal an Instrumenten der „präventiven Konterrevolution", beunruhigt durch die „Bunten Revolutionen" in der Nachbarschaft Russlands. Ebenso wie auf dem Feld der Elitenkooptation lag der Schwerpunkt auch hier nicht auf offener Repression, sondern auf institutionellem Engineering. Es zielte darauf, das Potenzial von Wahlen als Methode des Machtwechsels zu entschärfen und die Zivilgesellschaft zu regulieren (> Kap. 7).

Vor dem Hintergrund sinkender Wachstumsraten der Wirtschaft, der Bewegung „Für faire Wahlen" 2011/12 und der Regime-Umstürze im Zuge des „Arabischen Frühlings" sowie des „Euromaidan" in der Ukraine (2014) nahm die Repressivität des Regimes nach Putins Rückkehr in das Präsidentenamt zu. Es ging immer mehr zu einer „Politik der Angst" (Gel'man 2015c) über, welche den gleichzeitigen Ausbau des Instrumentariums zur Kontrolle und Manipulation der Medien begleitete. Politische Gegner:innen wurden demonstrativ eingeschüchtert, diskreditiert und selektiv verfolgt – mitunter vor allem, um Nachahmung abzuschrecken.

Die Grundlage dieser Politik bestand in der Erfindung neuer und der Verschärfung existierender Gesetze, die unter Rückgriff auf den offiziellen Identitätsdiskurs des Regimes legitimiert und als Fragen der nationalen Sicherheit geframt wurden.

So wurden die in Kapitel 7.2 erläuterten diskriminierenden Regelungen gegen „ausländische Agenten" (2012), die zunächst NGOs, später auch Medien (2017), Einzelpersonen (2019), informelle Gruppen (2020) und Unternehmen (2022) betrafen, mit der Notwendigkeit begründet, die „fünfte Kolonne" des Westens zu bekämpfen, die in seinem Auftrag den sozialen Frieden störe und die Gesellschaft mit „fremden" Werten unterwandere. Das Gesetz gegen „unerwünschte Organisationen" (2015) berief sich auf die Verfassung, die Einschränkungen der Meinungs-, Vereinigungs- und Versammlungsfreiheit zulässt, wenn zu „Hass und Feindschaft" aufgestachelt oder die Verfassungsgrundlagen, Moral, Gesundheit, Rechte und Interessen der Bürger:innen bzw. die „Landesverteidigung und Sicherheit des Staates" gefährdet werden (Art. 29, 55). Novellen der Anti-Extremismus- bzw. Anti-Terrorismus-Gesetzgebung erweiterten das ideologische Spektrum, innerhalb dessen Oppositionelle und kritische Journalist:innen verfolgt werden konnten.

Auch das viele Male verschärfte Versammlungsgesetz berief sich auf den übergeordneten Wert des „Schutzes der Sicherheit von Staat und Gesellschaft". Öffentliche Veranstaltungen sind demnach nur dann zulässig, wenn die „öffentliche Ordnung" gewahrt bleibt – was beispielsweise auch bedeutet, dass die Organisator:innen jegliche Verkehrsbehinderungen oder Gesundheitsgefährdungen vorab ausschließen müssen.

Härtere Strafen im Versammlungsrecht

Das Versammlungsgesetz bezieht sich seit 2010 auch auf „Massenaufenthalte", z.B. Flashmobs und Autokorsos. Zwar müssen öffentliche Veranstaltungen weiterhin nur formal mit den Behörden „abgestimmt" werden. Effektiv können diese sie jedoch verbieten, da sie über den Versammlungsort entscheiden. Nichtgenehmigte Kundgebungen können seit 2018 als „Massenunruhen" qualifiziert werden, deren Beteiligten 3–15 Jahre Freiheitsentzug drohen. Die einzigen nicht abstimmungspflichtigen Protestformen sind Eine-Person-Proteste, sogenannte „Pickets", die – je nach Region – in einem Abstand von 10 bis 50 Meter zwischen den Beteiligten stattfinden dürfen. Seit 2012 können sie auch nachträglich zu einer anmeldepflichtigen Veranstaltung erklärt werden, sollten die Behörden feststellen, dass sie organisiert wurden oder hinter ihnen eine gemeinsame Absicht steht.
Nach Ausbruch der Covid-19-Pandemie verhängten die Gouverneure von 71 Regionen im ersten Halbjahr 2020 mehr oder weniger weitgehende Verbote öffentlicher Veranstaltungen, in 50 von ihnen auch von Pickets (OVD-Info 2020). In St. Petersburg beispielsweise galt dieses Verbot auch im Frühsommer 2023 noch, wurde aber nur gegen politisch nicht genehme Aktionen eingesetzt. Strafen für Verstöße gegen das Versammlungsrecht wurden seit 2012 mehrfach erhöht. Neben Geldstrafen können auch bis zu 200 Stunden gemeinnützige Arbeit oder 30 Tage Haft verhängt werden (Stand 2021). Seit 2014 können erneute Verstöße innerhalb eines halben Jahres strafrechtliche Konsequenzen nach sich ziehen, inklusive mehrjähriger Freiheitsstrafen.

Seit 2012 wurden Fälle der selektiven Rechtsanwendung häufiger, bei denen vorgeblich wirtschaftskriminelle Tatbestände für politisch motivierte Verurteilungen genutzt wurden (> Kap. 8.2). In größerem Umfang als je zuvor kamen sie als politische Filter zum Einsatz, um unerwünschte Kandidat:innen von der Teilnahme an Wahlen auszuschließen (> Kap. 5.3). Seitdem neben der Polizei auch die Nationalgarde eingriff – erstmals anlässlich der Antikorruptionsbewegung 2017/18 und dann besonders im Sommer 2019 (> Kap. 7.4) –, nahmen auch Härte und Aggressivität des Vorgehens gegen Demonstrant:innen zu (Petrov/Rochlitz 2019: 556).

Schließlich wurde nach 2012 eine Reihe politischer Morde und Mordanschläge begangen, zu denen sich niemand bekannte und hinter denen rivalisierende Fraktionen innerhalb des Regimes bzw. des Geheimdienstes FSB vermutet wurden. Als Abschreckungssignal gegenüber der politischen Opposition wurde der Mord an Boris Nemzow (1959–2015, > Kap. 4.4) wahrgenommen, der – vermutlich von Ramsan Kadyrow, dem Oberhaupt der innerrussischen Republik Tschetschenien (> Kap. 3.4) angeordnet – in unmittelbarer Nähe des Moskauer Kreml und zwei Tage vor angekündigten Protesten begangen wurde.

2021: Eskalation politischer Repressionen

Angetrieben durch die Massendemonstrationen für die Freilassung Nawalnys Anfang 2021 (> Kap. 7.4), die bevorstehende Wahl zur Staatsduma (September 2021) und – wie man rückwirkend schlussfolgern muss – zwecks „Bereinigung" des öffentlichen Raums in Vorbereitung der Invasion in die Ukraine, erreichten Ausmaß und Intensität der Repressionen ab Januar 2021 ein neues Niveau. Das im vergangenen Jahrzehnt geschaffene ausdifferenzierte und ineinandergreifende Instrumentarium gegen jede Art tatsächlicher oder potenzieller Herausforder:innen wurde nun wesentlich systematischer und härter angewandt.

Das mehrfach novellierte Wahlrecht verhinderte in bisher ungekanntem Ausmaß die Zulassung alternativer Kandidat:innen zur Duma-Wahl (> Kap. 5.3). Die Gesetzgebung über „ausländische Agenten" wurde nun nicht mehr nur auf NGOs angewendet, sondern auch auf Akteure im Bereich der Medien und der öffentlichen Kommunikation. Hatten von 2017 bis 2020 insgesamt 13 Medienorganisationen diesen Status erhalten, so waren es im Jahr 2021 doppelt so viele, darunter mit *Doschd* auch der einflussreichste unabhängige Internet-Fernsehkanal des Landes. Hinzu kamen etwa 80 Einzelpersonen, je etwa zur Hälfte Journalist:innen bzw. politische Aktivist:innen und *public intellectuals* (MinJust 2023a). War es bei der einschlägigen Gesetzgebung zuvor überwiegend darum gegangen, die Wirkungen von NGOs auf ihre Umwelt zu begrenzen, so wurde sie nun zu einem Instrument der repressiven Informationskontrolle, um „unzuverlässige" Akteure aus dem Raum der öffentlichen Kommunikation zu entfernen. Das Regime setzte darauf, dass loyale oder verunsicherte Menschen sie als Träger unglaubwürdiger Informationen meiden würden.

Auch (vorgebliche) Verstöße gegen das Versammlungsrecht wurden nun noch häufiger geahndet (s. Abb. 8.1). Schließlich wurden im Juni 2021 die Organisationen Alexei Nawalnys für „extremistisch" erklärt und zerschlagen (> Kap. 4.4) und er selbst zu Lagerhaft verurteilt. Das bedrohte auch jede seiner Sympathisant:innen mit strafrechtlichen Folgen, sollte er oder sie diese Organisationen aktiv unterstützen. Dieser Schlag gegen die bei Weitem größte (De-facto-)Partei der außersystemischen Opposition vernichtete die einzige Kraft, die in der Lage gewesen war, sowohl Teile des Elektorats als auch überregionale Protestaktivitäten gegen das Regime zu mobilisieren. Das dürfte dazu beigetragen haben, dass wenige Monate später größere Proteste gegen Russlands Überfall auf die Ukraine ausblieben.

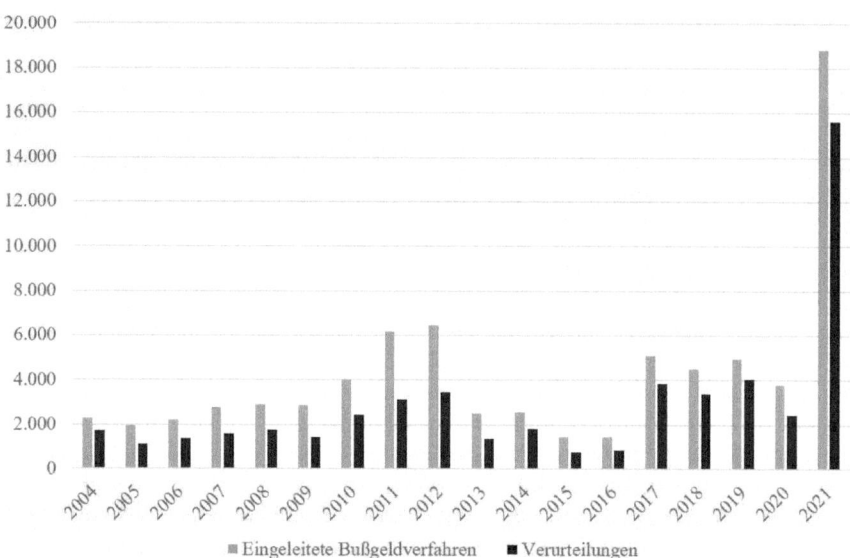

Abb. 8.1: Verfahren wegen Verstößen gegen das Versammlungsrecht (2004–2021)
Angegeben ist die Zahl der betroffenen Personen; Quelle: OVD-Info (2022)

Die Zahl strafrechtlicher Verurteilungen wegen Terrorismus, Extremismus, Hassverbrechen u.Ä. verdoppelte sich 2021 gegenüber 2019 von 244 auf 541.[40] Auch zuvor waren unter den Verurteilten bereits Personen gewesen, die internationalen Standards zufolge als politische Gefangene gelten, weil die Urteile im Ergebnis ungerechter Prozesse und aus politischen Gründen gefällt wurden oder im Missverhältnis zu den angeklagten Straftaten standen. Auf der allgemeinen Liste politischer Gefangener der Menschenrechtsvereinigung *Memorial* standen zwischen Anfang 2014 bis Anfang 2019 durchschnittlich ca. 50 Personen, zwischen Juni 2019 und Oktober 2021 schwankte ihre Zahl zwischen 63 und 80. Hinzuzuzählen sind Personen, die für die Ausübung ihres Rechts auf Religionsfreiheit wegen „Extremismus" bzw. „Terrorismus" verurteilt wurden, jedoch weder Gewalt angewandt noch zu ihrer Anwendung aufgerufen haben, meist Muslime oder „Zeugen Jehovas"; ihre Zahl stieg zwischen 2015 und 2021 von 10 auf 340 (Memorial 2021).

---

40 Diese und die folgenden Zahlen wurden durch das unabhängige Projekt OVD-Info (https://ovdinfo.org/) zusammengetragen, das politische Verfolgungen in Russland dokumentiert.

Repressionen unter den Bedingungen des Krieges

Innerhalb weniger Tage nach der am 24. Februar 2022 begonnenen „militärischen Spezialoperation" gegen die Ukraine eskalierte das Regime zum einen die Propaganda und zum anderen die „Politik der Angst". Es versucht seitdem, sowohl die Unterstützung der Bevölkerung zu mobilisieren als auch den Anschein von Normalität und Alltäglichkeit aufrechtzuerhalten (> Kap. 9.3). Öffentliche Kritik am Krieg wird unterbunden, um das Maß an Aufmerksamkeit für dieses Thema steuern zu können und die Koordination von Widerspruch im Keim zu ersticken.

Zudem gab das Regime auch die verbliebene Toleranz gegenüber öffentlichen Äußerungen anderer Formen der Nonkonformität auf, speziell gegenüber Abweichungen von Ansichten und Lebensweisen, die den „traditionellen Werten Russlands" vorgeblich widersprechen. Seit Ende 2022 ist es verboten, Materialien zu verbreiten, die „nicht-traditionelle sexuelle Beziehungen und Vorlieben" fördern und Informationen über Möglichkeiten der Geschlechtsangleichung „aufdrängen", darunter in sozialen Medien, Filmen und Literatur; bei Verstößen drohen hohe Geldstrafen.

Zwei Tage nach der Invasion in die Ukraine untersagten die Behörden den Medien, in ihrer Berichterstattung von „Krieg" zu sprechen. Anfang März 2022 verabschiedete die Duma ein Gesetzespaket, das die zivil- und strafrechtliche Verfolgung wegen „Verbreitung von Falschinformationen" und „Diskreditierung der Streitkräfte" ermöglichte und dafür bis zu 15 Jahre Freiheitsentzug vorsah. Das bedeutete die Einführung der faktischen Kriegszensur. Alle offen regimekritischen Medien stellten – wie etwa *Doschd* – ihre Tätigkeit ein oder wurden – wie die Zeitung *Nowaja Gaseta* und der Radiosender *Echo Moskwy* – verboten und liquidiert. Im Laufe des Jahres blockierten die Behörden rund 218.000 Internetauftritte (Roskomsvoboda 2022). Dazu gehörten die Websites der „ausländischen Agenten" *Radio Free Europe/Radio Liberty* und *Meduza*, die zudem zur „unerwünschten Organisation" erklärt wurde. Betroffen waren auch *Facebook* und *Instagram* – deren Mutterkonzern *Meta* als „extremistische Organisation" eingestuft wurde – sowie *Twitter*, während *WhatsApp* und *YouTube* bisher unbehelligt geblieben sind. Im ersten Kriegsjahr wurden gegen ca. 40 Journalist:innen strafrechtliche Ermittlungen eingeleitet. In der Rangliste der Pressefreiheit von „Reporter ohne Grenzen" rutschte Russland auf Platz 164 von insgesamt 180 Ländern ab (RSF 2023).

2022 erreichte der gesetzgeberische Aktivismus der Duma einen neuen Höchststand (> Kap. 4.3). Die Straftatbestände für Landesverrat und „subversive Aktivitäten" wurden erweitert und das Versammlungsrecht noch weiter verschärft. Die bis dahin dispersen Regelungen über „ausländische Agenten" wurden in ein Gesetz „Über die Kontrolle der Tätigkeiten von Personen unter ausländischem Einfluss" zusammengeführt, ohne dessen Formen zu spezifizieren. Es wurde nun häufiger angewandt. 2022 stieg die Zahl der „ausländischen Agenten" um insgesamt weitere 40 Organisationen, darunter 20 Medien, und über 200 Medienschaffende bzw. *public intellectuals*, in den ersten vier Monaten 2023 noch einmal um 18 Organisationen und 83 Personen (MinJust 2023a).

Im Zuge der meisten Gesetzesänderungen wurde nicht nur das Strafmaß erhöht, sondern auch die Vagheit der Formulierungen gesteigert. Das vergrößert scheinbar die Interpretationsspielräume der Gerichte, erleichtert aber vor allem – wie in Kapitel 8.2. erläutert – die Politisierung von Verfahren und Urteilen. So sieht beispielsweise das Zivilgesetzbuch Geldstrafen für „öffentliche Aktionen" vor, die darauf abzielen, den Einsatz der Armee oder Söldnertruppen zu „diskreditieren". Darunter fallen auch pazifistische Losungen wie „Nein zum Krieg", blau-gelbe Bekleidungselemente, das Liken von Anti-Kriegs-Posts in den sozialen Medien oder die Weitergabe von Informationen über getötete Zivilist:innen. Bei einer wiederholten Ordnungswidrigkeit dieser Art droht strafrechtliche Verfolgung.

Polizei und Nationalgarde gingen entschieden gegen öffentliche Proteste vor, die meist als Pickets veranstaltet wurden. Nachdem im ersten Kriegsmonat mehr als 15.000 Personen wegen vorgeblicher Verstöße gegen das Versammlungsrecht festgenommen worden waren, sanken die Zahlen rapide. Abgesehen von einem Höhepunkt im September und Oktober (zusammen ca. 2.500) schwankte die Zahl der zeitweiligen Festnahmen zwischen Frühjahr 2022 und Frühjahr 2023 im meist niedrigen zweistelligen Bereich pro Monat. Möglicherweise unvollständigen Angaben zufolge wurden im ersten Kriegsjahr insgesamt ca. 19.200 Bußgeldverfahren eingeleitet (OVD-Info 2023b). Hinzu kamen bis Ende Mai 2023 Strafverfahren wegen kriegskritischer Äußerungen gegen mindestens 570 Personen (OVD-Info 2023a).

Verurteilungen zu Haftstrafen wurden bisher nur in wenigen Fällen ausgesprochen. Ein Kommunalpolitiker, der in einem Moskauer Bezirksparlament im März 2022 das Wort „Krieg" verwendet hatte, wurde zu sieben Jahren Freiheitsentzug verurteilt. In aufsehenerregenden Verfahren erhielten die – auch international bekannten – Oppositionspolitiker Ilja Jaschin und Wladimir Kara-Mursa wegen „Verbreitung von Falschinformationen" über die Armee bzw. „Landesverrat", „Diskreditierung der Streitkräfte" und „Tätigkeit für eine unerwünschte Organisation" Haftstrafen in Höhe von 8,5 bzw. 25 Jahren. Im Sommer 2023 wurde das Strafmaß von Alexei Nawalny unter anderem wegen der Schaffung einer „extremistischen Gemeinschaft", „Aufrufen zu Extremismus" und der „Rehabilitierung des Nazismus" auf insgesamt 19 Jahre erhöht. Auch gegen Künstler:innen und Kulturschaffende, unter denen einige Prominente öffentlich mit Anti-Kriegs-Positionen auftreten, wird – neben Auftrittsverboten und Entlassungen – mit der Gesetzgebung über Fake News und die Diskreditierung der Armee vorgegangen.

Mitunter werden auch einfache Bürger:innen belangt, die möglicherweise zufällig als „abschreckendes Beispiel" ausgewählt werden. Für Aufmerksamkeit sorgte der Fall der Familie Moskaljow: Nachdem die 13-jährige Tochter in der Schule ein Anti-Kriegs-Bild gemalt hatte, schaltete die Schulleiterin die Behörden ein, die kriegskritische Kommentare ihres alleinerziehenden Vaters in den sozialen Netzwerken aufspürten. Er wurde wegen „Diskreditierung der Streitkräfte" zu zwei Jahren Haft verurteilt. Dieser Fall illustriert nicht zuletzt, dass die Verfolgung von Anti-Kriegs-Positionen nicht nur eine Angelegenheit der Polizei und des „Zentrums ‚E'" ist, sondern auch auf Denunziation zurückgeht.

Ist Russland noch immer eine „Informationsautokratie"? Einige Beobachter:innen sind der Auffassung, das Regime habe sich seit Ende der 2010er Jahre immer mehr in eine traditionelle „Angstautokratie" transformiert, und der Krieg habe diesen Trend weiter beschleunigt (z.B. Lipman 2023: 158; Treisman 2022b). Die Propaganda setzt nicht mehr nur darauf, die Bevölkerung von der Kompetenz der politischen Führung zu überzeugen, sondern hat sich immer weiter ideologisiert. Zumindest im Verlauf der ersten 15 Kriegsmonate erwies sich ihre Zustimmung, die für das Regime noch immer von großer Bedeutung ist, tatsächlich als robust (> Kap. 6.1, 9.3). Gleichzeitig haben Bedeutung und Ausmaß von Repressionen eindeutig zugenommen.

Dennoch wird Gewalt bisher nicht massenhaft gegen die Bevölkerung eingesetzt, sondern ist selektiv geblieben. Vergleiche mit dem Terror der Stalin-Ära, die einige Beobachter:innen anstellen, verdecken daher (zumindest bis Sommer 2023) mehr, als sie erhellen. Noch immer ist die Verfolgung Andersdenkender punktuell, meist gezielt und stets exemplarisch für bestimmte Adressatengruppen. Ein Übergang zu Massenterror wird offensichtlich nicht angestrebt. Das Regime scheint oppositionellen Politiker:innen zudem nahezulegen, sich für die Emigration zu entscheiden, statt es auf Verhaftung und Verurteilung ankommen zu lassen. Wenn es doch dazu kommt, besteht das Ziel nicht nur darin, sie selbst aus der politischen Arena zu entfernen, sondern Abschreckungswirkung zu erzielen. Unsicher ist nicht zuletzt, ob das Regime über die Infrastruktur für flächendeckende Repressionen verfügt. In jedem Falle ist es kostengünstiger, die Bevölkerung mit Propaganda, gefühlter Alltagsnormalität und demonstrativer Sorge um das soziale Wohlergehen und die Wirtschaft ruhigzustellen und sich darauf zu beschränken, potenzielle Organisator:innen von Widerstand zu isolieren, sei es durch Lagerhaft oder Emigration. Diese Strategie erweist sich bisher als effektiv, zumal das Protestpotenzial im Land offenbar gering ist (> Kap. 9.3).

Die in diesem Kapitel präsentierten Beobachtungen legen nahe, „Informations"- und „Angstautokratien" nicht als kategorial verschiedene Typen autoritärer Regime anzusehen. Vielmehr geht es um zwei Arten von Instrumenten der Machtsicherung. Das Regime nutzte die subtileren Mittel einer modernen Informationsautokratie zunächst als Alternative zu Repression und Indoktrination, in den letzten Jahren jedoch zunehmend als Ergänzung dazu – womöglich im Ergebnis des wachsenden Einflusses der *siloviki* auf Putin (Treisman 2022). Dabei ist es offenbar inzwischen intolerant gegenüber allen Akteuren geworden, die sich nicht auf Kooptation eingelassen haben. Ihre Aktivitäten lediglich einzuschränken, aber nicht völlig zu kriminalisieren und zu verbieten, würde ein gewisses Risiko für die politische Stabilität bergen, da sie Vorbildwirkung entfalten könnten. Dieses Risiko zu tragen, ist das Regime offenbar nicht mehr bereit. Weil es über die nötige Infrastruktur und ausreichende Ressourcen verfügt, politische Alternativen organisatorisch zu zerschlagen und Kritiker:innen aus dem öffentlichen Raum zu entfernen, setzt es sie auch ein. Vermutlich ist diese Entwicklung nicht reversibel.

8 Instrumente der Manipulation und Kontrolle

> **Weiterführende Literatur**
>
> Inspiriert von den Praktiken des Putin-Regimes analysieren Guriev/Treisman (2022) die Funktionsweise moderner „Informationsautokratien". Sharafutdinova (2020: Kap. 5–8) zeigt anhand anschaulicher Beispiele, wie der offizielle Diskurs medial vermittelt wird. Eine detaillierte Untersuchung zur Nutzung von TV-Talkshows als Propaganda-Instrument im Ukrainekonflikt findet sich bei Kaltseis (2022), während Soldatov/Borogan (2015) die Entwicklung der Überwachungs- und Zensurpraktiken im Internet sowie die Infiltration digitaler Kommunikation beleuchten.
>
> Das Portal *дekóder* (https://www.dekoder.org/de) enthält deutschsprachige Übersetzungen von Recherchen und Reportagen aus unabhängigen Medien, darunter solcher, die (inzwischen) außerhalb von Russland arbeiten. Unter den Exilmedien sind insbesondere *Meduza* (https://meduza.io/en) und *Novaya Gazeta Europe* (https://novayagazeta.eu/) zu empfehlen, die zuverlässige Informationen und Interpretationen aktueller Ereignisse auch auf Englisch publizieren.
>
> Pomeranz (2019) gibt eine umfassende Rekonstruktion der Rechtsentwicklung Russlands seit Peter dem Großen, Hendley (2017) einen aufschlussreichen Einblick in die Funktionsweise der Alltagsjustiz und die Nutzung der Gerichtsbarkeit durch die Bevölkerung. Nußberger (2022a) enthält eine akribische Analyse der repressiven Gesetzgebung nach 2012, die im Auftrag des *Office for Democratic Institutions and Human Rights* der OSZE erstellt wurde.
>
> Taylor (2011) untersucht den Wandel der infrastrukturellen Staatskapazität und die Rolle der *siloviki* in der Jelzin-Ära und den ersten beiden Amtszeiten Putins, während Belton (2022) mit den Mitteln des investigativen Journalismus die Verbindungen zwischen Putin, dem Geheimdienst, Oligarchen und anderen einflussreichen Akteuren sowie die internationalen Verflechtungen dieses Einflussnetzwerks aufzeigt.

9 Bilanz und Ausblick: ein Regime ohne Zukunft?

> **Zusammenfassung**
>
> Das Kapitel gibt einen Überblick über politikwissenschaftliche Erklärungen für das Scheitern der Demokratisierung Russlands und fasst die wichtigsten Thesen des Buches zusammen, bevor es sich mit aktuellen Fragen auseinandersetzt, die der Angriffskrieg Russlands gegen die Ukraine aufgeworfen hat: die Gründe für Putins Entscheidung, die bisher (Juli 2023) absehbaren innenpolitischen Folgen und mögliche Szenarien für das Ende des Regimes.

9.1 Warum ist die Demokratisierung Russlands gescheitert?

Die in den 1990er Jahren gehegten Hoffnungen auf eine erfolgreiche Westernisierung Russlands – die Einführung einer liberalen Parteiendemokratie westlichen Typs und der kapitalistischen Marktwirtschaft, die Etablierung eines postimperialen Nationalstaats und seine Integration in die liberale internationale Ordnung – haben sich nicht erfüllt. In den frühen 2020er Jahren weist Russland ein autoritäres personalistisch-patronales Regime und eine hybride Wirtschaft auf, die Elemente des Staatskapitalismus mit privatem Unternehmertum kombiniert (> Kap. 2.4). Es verfolgt eine revisionistische und imperialistische Außenpolitik, die nicht nur die Grenzen und Existenzberechtigung einiger Nachbarstaaten in Frage stellt, sondern auch Russlands Nationalstaatlichkeit selbst und sogar die internationale Ordnung.

Liegt die Verantwortung für diese Entwicklung bei Putin und den Geheimdiensten, gab es zu wenig Druck von unten oder scheiterte die Demokratisierung an strukturellen Hindernissen? Komplexe Prozesse wie der Wandel von politischen Systemen sind nicht monokausal. Theoretische Perspektiven unterscheiden sich danach, welchen Bedingungen sie Schlüsselbedeutung zuweisen, welche historische Tiefe sie anstreben und mit welchen Mechanismen sie diese Prozesse erklären. Wir skizzieren den (Zwischen-)Stand der politikwissenschaftlichen Diskussion, um zum Nachdenken über die Ursachen für Russlands Weg in Autoritarismus und Krieg einzuladen und Skepsis gegenüber allzu einfachen Antworten auf diese große Frage zu bestärken.

Strukturen vs. Akteure

Die politikwissenschaftliche Diskussion über die Ursachen und Mechanismen von Demokratisierung und Autokratisierung ist genuin geprägt durch die theoretische Gegenüberstellung von Strukturen *(structure)* und Akteurshandeln *(agency)* sowie von Versuchen, sie zu überwinden (Mahoney/Snyder 1999).

Das *strukturalistische Paradigma* sucht die „tiefste" Ursache für die unterschiedlichen Pfade der gesellschaftlichen Entwicklung auf der gesellschaftlichen Makroebene. Das prominenteste Beispiel für diese Theorieperspektive besteht im modernisierungstheoretisch interpretierten Zusammenhang zwischen *sozioökonomischem Entwicklungsniveau* und Demokratie (Lipset 1959). Tatsächlich korrelieren beide stark, unsicher ist aber, ob es sich um einen kausalen Zusammenhang handelt (Przeworski/Limongi 1997; Knutsen/Dahlum 2022). Sollte er existieren, so befand sich Russland bereits vor 1990 mit seinem mittleren Einkommensniveau in einer Zone, in der keine eindeutige Prognose möglich ist bzw. die Demokratisierungsaussichten als günstig gelten (z.B. Fish 2017: 16–19; Shleifer/Treisman 2005).

Im internationalen Vergleich gut belegt ist zweitens ein negativer Zusammenhang zwischen dem *Reichtum an natürlichen Ressourcen* und Demokratie, aber auch hier bestehen Zweifel an der Existenz einer ursächlichen Beziehung (Knutsen/Dahlum 2022). Als „Petro-Staat" bezieht Russland einen großen Teil der Staatseinnahmen aus der Extraktion von Renten, die bei der Produktion fossiler Rohstoffe anfallen. Dieser Rohstoffreichtum erweist sich als „Ressourcenfluch", weil er einen großen Teil der materiellen Basis für die Bereicherung und systemische Korruption der Eliten bereitstellt. Damit stärkt er ihr Interesse an der Weiterexistenz des autoritären Regimes, ist also ein relevanter Faktor für seine Stabilität (Fish 2017: 19–24; Frye 2021: Kap. 6).

Drittens attestiert die Forschung *internationalen Faktoren* eine gewisse langfristige Bedeutung für die Demokratisierung eines Landes (Coppedge et al. 2022). Im Unterschied zu den ostmitteleuropäischen Ländern, deren Regierungen gegenüber externem Demokratisierungsdruck besonders anfällig waren *(leverage)* und die nach dem Ende des Staatssozialismus schnell in ein dichtes, multidimensionales Beziehungsnetz mit dem Westen eingebettet wurden *(linkage)*, erreichte Russlands – ähnlich wie z.B. Chinas – Verflechtung mit dem Westen ein lediglich niedriges bis moderates Niveau. Seine Verletzlichkeit durch externen Druck war wegen der Größe des Landes, seines Ressourcenreichtums und seiner hegemonialen Position in der postsowjetischen Region sehr gering (Levitsky/Way 2010: Kap. 5). Das schränkte die Erfolgschancen der westlichen Demokratieförderung von Anfang an ein.

Seiner Logik nach strukturalistisch ist viertens auch das Argument, die Demokratisierung Russlands sei an der ererbten *autoritären politischen Kultur* gescheitert. Geprägt durch Misstrauen gegenüber Fremden, Passivität und eine ambivalente Mischung aus Nationalstolz und Minderwertigkeitskomplexen habe sich auf dieser Grundlage angesichts der Turbulenzen der 1990er Jahre eine große Nachfrage der Bevölkerung nach „Russlands traditionellem Regierungsmodell" entwickelt, d.h. nach einem autokratischen Staat, der die Bürger:innen von politischer Verantwortung befreit und international als militärische Großmacht auftritt. Putin habe diese Nachfrage befriedigt (Pipes 2004).

Im Gegensatz zu solchen Erklärungen unterstellen *akteurszentrierte Ansätze*, dass ressourcenstarke, interessengetriebene Akteure durch ihr entschiedenes Handeln in der Lage sein können, ererbte Strukturen aufzubrechen und zu überwinden. Ähnlich wie die Transitionstheorie der 1990er Jahre, die Gorbatschow, Jelzin und den Reformeliten die entscheidende Rolle für die Liberalisierung und Demokratisierung Russlands zuschrieb (> Kap. 1.4), macht diese Perspektive individuelle Akteure bzw. kleine Gruppen für den Rückfall Russlands in den Autoritarismus verantwortlich.

Die These, dass er Putin bzw. ihm und seinem Netzwerk, speziell den Geheimdiensten (> Kap. 8.3), anzurechnen sei, findet sich nicht nur in vielen publizistischen Darstellungen (z.B. Belton 2022; Hill/Gaddy 2015), sondern auch in der Forschungsliteratur. So wird beispielsweise argumentiert, dass Putin, getrieben von der Gier nach Macht und Reichtum, einen autoritären *crony capitalism* schuf, indem er gemeinsam mit seinen Vertrauten enge Beziehungen zum organisierten Verbrechen aufbaute und die Kontrolle über die Rentengewinne aus dem Rohstoff- und Bankensektor zentralisierte (Åslund 2019). Der „Ressourcenfluch" wird in dieser Perspektive also nicht als strukturelles Demokratisierungshindernis angesehen, sondern als eine Umweltbedingung, die von egoistischen Akteuren erkannt und gezielt ausgebeutet wird.

Akteure und Institutionen

Neoinstitutionalistische Erklärungen erheben den Anspruch, die Gegenüberstellung von *structure* und *agency* zu überwinden. In ihrem Zentrum stehen Institutionen, d.h. die formalen und informellen „Spielregeln", welche die Interaktionen von Akteuren strukturieren, ihr Verhalten regulieren und Erwartungssicherheit schaffen. Im Mainstream der Vergleichenden Autoritarismusforschung, dem wir in diesem Buch überwiegend gefolgt sind (> Kap. 2.2), werden daher insbesondere zwei Fragen gestellt: Wie kommen die institutionellen Entscheidungen der Akteure zustande? Wie tragen formal-demokratische Institutionen zur Entstehung und Konsolidierung autoritärer Regime bei?

Aus neoinstitutionalistischer Perspektive stellt die Re-Autoritarisierung Russlands einen langwierigen, gradualistischen Prozess dar. Er entfaltet sich in den Interaktionen von Akteuren, deren Handlungsoptionen durch den institutionellen Kontext konditioniert sind. In unterschiedlichen Varianten wird dabei die These vertreten, dass das Scheitern der Demokratisierung weder strukturell vorherbestimmt war noch erst mit Putins Aufstieg zum Präsidenten einsetzte. Vielmehr verlief sie von Anfang an unter den ungünstigen Bedingungen einer durch das „Dilemma der Gleichzeitigkeit" überlasteten Reformagenda (> Kap. 2.3) und einer komplizierten Akteurskonstellation. Die schon in den 1990er Jahren sichtbaren autoritären Tendenzen, die sich seit dem Jahr 2000 verstärkten, wurden zuweilen von gegenläufigen Dynamiken unterbrochen. Um den Verlust der Macht zu vermeiden und die Herrschaft zu konsolidieren, improvisierte und experimentierte das hoch anpassungsfähige Putin-Regime mit institutionellen Formen, ideologischen sowie repressiven Instrumenten (Hale et al. 2019).

Insgesamt blieb dieser Prozess vermutlich längere Zeit revidierbar. Der geschlossen-autoritäre Zustand, den das politische System an der Wende zu den 2020er Jahren erreichte, erscheint als Ergebnis eines kontingenten Prozesses: Der autoritäre Entwicklungspfad war möglich, vielleicht sogar wahrscheinlicher als erhofft, aber er war nicht unvermeidbar.

Im Rahmen des neoinstitutionalistischen Paradigmas sind vielfältige (Teil-)Erklärungen für die postsowjetische Entwicklungsdynamik Russlands formuliert worden. Sie unterscheiden sich primär danach, ob sie die institutionellen Entscheidungen *(institutional choices)* intendiert rationaler Akteure, die strukturierenden Effekte von Institutionen oder aber die strukturellen Umweltbedingungen des Handelns von Akteuren in den Vordergrund rücken – d.h. danach, welchem Pol auf dem Kontinuum von *agency* und *structure* sie näher stehen.

Eine starke Betonung von *agency* findet sich beispielsweise in Michael McFauls (2018a) Argumentation, der autoritäre Entwicklungspfad Russlands sei aus den widersprüchlichen, inkonsequenten und fehlerhaften Entscheidungen des Jelzin-Regimes erwachsen. Mit der Einführung von Wahlen und marktwirtschaftlichen Reformen schuf es zwar die institutionellen Voraussetzungen für die Entstehung autonomer politischer Akteure, und mit der Föderalismusgesetzgebung stellte es die Beziehungen zwischen dem Zentrum und den Regionen auf eine neue Grundlage. Mit anderen Entscheidungen hingegen eröffnete es den Weg für autoritäre Entwicklungen. Das betraf insbesondere das Design der „superpräsidentiellen" Verfassung von 1993 und der Privatisierungspolitik, die politisch einflussreiche Großunternehmer hervorbrachte, während sie die Bevölkerungsmehrheit den Reformen entfremdete, sowie die Auswahl Putins als Jelzins Nachfolger. In die gleiche Richtung wirkte, dass der Bruch mit dem strukturellen Erbe der Sowjetunion nur halbherzig vollzogen wurde: Jelzin restrukturierte zwar den KGB, löste ihn aber nicht auf. Viele Führungspositionen des Staates blieben weiterhin von Altkadern der KPdSU besetzt, und viele ihrer ehemaligen Mitglieder wurden später Funktionäre der Regimepartei *Einiges Russland*.

Ein zweiter Strang des neoinstitutionalistischen Diskurses untersucht die Wirkungen politischer Institutionen auf die Dynamik der Machtverhältnisse und die Strukturierung des politischen Raums, d.h. auf Handeln und Interaktionen der Akteure. Einerseits steht dabei die Frage im Mittelpunkt, ob das präsidentielle Regierungssystem eine Bestandsgefahr für junge Demokratien darstellt (Linz 1990) – Russlands „superpräsidentielles" institutionelles Design scheint dies zu bestätigen (z.B. Bunce 2000: 710–711; Fish 2017: 34–35; Sedelius/Linde 2018).

Andererseits wird untersucht, wie autoritäre Regime formal-demokratische Institutionen so manipulieren, dass sie ihre Stabilität sichern, statt eine demokratische Entwicklung voranzutreiben. Den Forschungsstand dazu haben wir insbesondere in den Kapiteln 3 bis 5 detailliert dargestellt und diskutiert. Dabei ist deutlich geworden, wie Putins Präsidialadministration und ihre Berater umfassendes, detailbewusstes und stets zu Korrekturen bereites *institutional engineering* betrieben haben, um die Spielräume alternativer politischer und gesellschaftlicher Akteure einzuengen und ihrer Kontrolle zu unterwerfen.

Unter den nahe am strukturalistischen Pol angesiedelten neoinstitutionalistischen Erklärungen ist Henry Hales Theorie der „patronalen Politik" (2015) das wichtigste Beispiel; wir haben ihre Kernaussagen in Kapitel 2.2 zusammengefasst und mit ihr in mehreren Kapiteln gearbeitet, um empirische Beobachtungen zu interpretieren. Was diese Theorie auszeichnet, ist die historische Tiefe ihres Erklärungsanspruchs und der Fokus auf das Zusammenspiel von formalen und informellen Handlungsroutinen und Institutionen. Hale zufolge wird die Dynamik des Regimes maßgeblich durch die patronale Organisation der Gesellschaft geprägt, die eine (vor-)sowjetische Hinterlassenschaft darstellt. Sie strukturiert auch die politische Sphäre, in der informelle patron-klientelistische Netzwerke die entscheidenden Akteure sind. Ihr aktuelles Kräfteverhältnis schlägt sich im Design der neu geschaffenen formalen Institutionen nieder.

Diese wiederum beeinflussen ihre Koordinationsdynamiken in der Folge eigenständig. So schuf beispielsweise die Verfassung von 1993 die Grundlage für ein hoch personalistisches und personifiziertes Regime, das alle relevanten Elitengruppen in eine nationale „Machtpyramide" integriert, weil dies im Interesse Jelzins lag, der sich gegen seine Herausforderer im Obersten Sowjet durchgesetzt hatte (> Kap. 5.1). Das autoritäre Potenzial dieser Institution tatsächlich auszuschöpfen und durch weitere institutionelle Reformen zu erweitern, darunter des Wahl-, Parteien- und Vereinigungsrechts, gelang jedoch erst Putin. Sein Erfolg beruhte auf seinen Führungsqualitäten, seiner hohen Popularität und weiteren Faktoren, war aber nicht vorherbestimmt (Hale 2010).

Diese Theorie ist nicht zuletzt dadurch bemerkenswert, dass sie eine nicht-lineare, zyklische Dynamik patronaler Regime beschreibt. Das postsowjetische Regime Russlands durchlief demnach mehrere Phasen: Als es in den 1990er Jahren entstand, war es pluralistisch und kompetitiv. Im Jahr 2000 überstand es eine existenzbedrohende Nachfolgekrise. Danach transformierte es sich in den ersten Jahren der Putin-Ära, seiner zweiten Phase, endgültig in ein *single-pyramid system;* in der für die Politikwissenschaft traditionellen demokratiefokussierten Perspektive erscheint dieser Prozess als (Re-)Etablierung eines autoritären Regimes. Es konsolidierte sich bis zum Ende von Putins zweiter Amtszeit, vermied bzw. überlebte weitere Nachfolgekrisen (2008, 2011/12), geriet danach in eine Phase der Stagnation und wird dem Nachfolgeproblem früher oder später erneut ausgesetzt sein. Das kann zu seinem Zusammenbruch führen, mit dem wahrscheinlich ein neuer Regimezyklus einsetzt (> Kap. 9.4).

Aus Hales (2016a: 31–35) Argumentation folgt, dass im Russland der 1990er Jahre keine *liberale* Demokratie entstehen konnte, weil diese nicht mit den Strukturen und der Logik der patronalen Politik vereinbar ist. Möglich war allerdings eine durch den pluralistischen Wettbewerb informeller Elitennetzwerke charakterisierte *patronale* Demokratie, wie beispielsweise in der Ukraine. Sie fiel jedoch, konditioniert durch die Verfassung von 1993, der („autoritären") Schließung des Regimes zum Opfer, dem die Kooptation und Integration der wichtigsten Elitengruppen in die nationale Machtpyramide gelang.

Die Langlebigkeit des Putin-Regimes

Krisenerscheinungen und Zeichen des Niedergangs sind dem Putin-Regime seit vielen Jahren immer wieder bescheinigt worden, es ist bisher jedoch nicht zusammengebrochen. In neoinstitutionalistischer Sicht wird seine Stabilität und Langlebigkeit („Persistenz") nicht umstandslos auf die besonders entschlossene, skrupellose und egoistische Machtausübung der Person bzw. kleinen Gruppe an der Spitze des Staates zurückgeführt. Entscheidend ist vielmehr, dass der Personalismus des Regimes zum einen in hohem Maße institutionell verfestigt ist und es sich zum anderen über zwei Jahrzehnte hinweg als anpassungsfähig erwiesen hat, d.h. „resilient" ist. Bisher war es stets in der Lage, (potenziell) existenzbedrohende, darunter selbst geschaffene Probleme hinreichend erfolgreich zu bearbeiten, „auszusitzen" oder von ihnen abzulenken. Man kann es als „Kontrollregime" bezeichnen, das politische Prozesse und deren Ergebnisse weitgehend überwacht und beherrscht, die politische Macht ebenso wie die Allokation von Ressourcen institutionell zentralisiert hat, den Regime-Eliten dank der staatlich kontrollierten Ressourcen und Dienstleistungen Bereicherungschancen einräumt und politische Fragen tendenziell als Sicherheitsfragen behandelt (Heinemann-Grüder 2017).

Die Stabilität dieses Kontrollregimes beruht erstens darauf, dass es *formale Institutionen*, die für moderne repräsentative Demokratien charakteristisch sind, etabliert und so modifiziert hat, dass sie eine personalistische und personifizierte Machtausübung institutionell absichern statt sie zu verhindern. Das erlaubt es, die beiden Grundprobleme autoritärer Regime – „autoritäre Kontrolle" und „autoritäre Machtaufteilung" (> Exkurs auf S. 54) – hinreichend erfolgreich zu bearbeiten. Die exekutive Machtvertikale wurde auf den Präsidenten ausgerichtet und der Föderalismus ausgehöhlt, alle relevanten politischen Akteure in die durch die Regimepartei dominierte partei-parlamentarische Arena kooptiert, die Kontrolle über die Medien, Wahlen und die Partizipation der Bevölkerung hergestellt und die politische Opposition marginalisiert (> Kap. 3–5, 7, 8.1). Der Fall Russland bestätigt damit die Kernthese der Vergleichenden Autoritarismusforschung, dass formal-demokratische Institutionen keineswegs dekorativen Zwecken dienen, sondern elektoral-autoritären Regimen aufgrund von Manipulationen einen Überlebensvorteil gegenüber anderen Formen nicht-demokratischer Herrschaftssysteme verschaffen (Gandhi/Przeworski 2007; Boix/Svolik 2013; Geddes et al. 2018).

Die stabilitätssichernde Wirkung dieser formalen Institutionen beruht wesentlich auf ihrer Passfähigkeit zu *informellen, patronalen Institutionen und Praktiken*, die sie nutzen, ergänzen und verstärken. So illustrieren etwa die mehrfachen Modifikationen des föderalen Staatsaufbaus und des Wahlrechts, wie mithilfe institutioneller Stellschrauben die informelle Koordination der nationalen und regionalen Eliten und ihre Kooptation in die Machtpyramide vorangetrieben wurde (> Kap. 3.4, 5.2). Deren vielfältige hierarchische Ebenen, Verzweigungen und Verflechtungen werden durch klientelistische Beziehungen zusammengehalten, die allen für den Regime-Erhalt wesentlichen Gruppierungen ebenso den Zugang zu staatlichen Ressourcen wie die Verfolgung ihrer partikularen Interessen im Tausch gegen Loyalität ermöglichen. Damit wird gesichert, dass alle relevanten politischen und ökonomischen Akteure ein starkes Eigeninteresse am Überleben des Regimes haben.

Die hochentwickelten *Repressionskapazitäten* des Putin-Regimes sind ein weiterer Faktor seiner Stabilität. Während die Forschung über moderne autoritäre Regime bis vor Kurzem davon ausging, dass die politische Verfolgung von Widerspruch und Opposition lediglich die Rolle einer Rückfalloption spiele (Guriev/Treisman 2022), legt der Fall Russland eine differenziertere Sichtweise nahe: Erstens werden selektive – gezielte oder willkürliche – Repressionen eingesetzt, um institutionelle Strategien der Elitenintegration zu flankieren sowie potenziell aussichtsreiche

Oppositionspolitiker:innen auszuschalten; das Regime setzt also auf exemplarische Bestrafung und Abschreckung. Zweitens hat seine Repressivität mit dem Regime-Alter zugenommen, während die Toleranz für Diversität, Pluralismus und Alternativen jeder Art sank. Drittens ist es bestrebt, Repressionen quasi-rechtlich zu begründen und als Abwehrmaßnahme von Bedrohungen der Ordnung und Sicherheit zu legitimieren. Viertens bleiben Massenrepressionen weiterhin aus (> Kap. 8.2, 8.4).

Stattdessen ist das Regime bisher in der Lage, die *Zustimmung der Bevölkerung* – eine weitere wesentliche Säule seiner Stabilität – mit anderen Mitteln zu sichern. Das ist sowohl aus formalen wie informellen Gründen von zentraler Bedeutung: Einerseits legitimiert sich die Machtausübung auch im Selbstverständnis des Regimes durch Wahlen, andererseits beruht die Kohäsion der informellen Machtpyramide ebenfalls darauf, dass keine realistischen Alternativen zum „Chefpatron" vorstellbar sind (> Kap. 3.3, 6.1). Dem Regime gelingt es bisher, diese Zustimmung mithilfe eines breiten Spektrums von Instrumenten zu sichern, mit denen es den öffentlichen Raum weitgehend kontrolliert – von der Manipulation der öffentlichen Meinung mithilfe der staatlichen Medien über die „duale Strategie" gegenüber bürgerschaftlichem Engagement bis zur Marginalisierung und Repression der Opposition (> Kap. 7, 8.1, 8.4).

Zudem passt es seine Legitimationsstrategien der jeweiligen Situationswahrnehmung und den verfügbaren Ressourcen an. Neben materiellen Leistungen, die es der Bevölkerung im Tausch gegen politische Loyalität gewährt, stützt es sich dabei seit 2012 auf einen zunehmend ideologisierten nationalistisch-zivilisatorischen Identitätsdiskurs (> Kap. 6). Das legt nahe, dass neoinstitutionalistische durch *sozialpsychologische und emotionstheoretische Erklärungsansätze* ergänzt werden müssen. Die Folgebereitschaft der Bevölkerung beruht auch darauf, dass Dutzende Millionen von Bürger:innen wesentliche Einstellungen und Werte des Regimes teilen und ihre Loyalität gegenüber Putin in ihren alltäglichen sozialen Kontexten reproduzieren. Freunde, Familien, Nachbar:innen und Kolleg:innen akzeptieren die offiziellen Narrative der kollektiven Erinnerung und projizieren ihre patriotischen Gefühle auf Putin (> Kap. 6.1, 6.3), Angestellte befolgen die „Empfehlungen" ihrer Chef:innen bei Wahlen (> Kap. 5.2), Lehrer:innen und Eltern erfüllen den Auftrag, Kinder „patriotisch" zu erziehen usw.

In diesem Sinne ist das Putin-Regime das Ergebnis einer „Ko-Konstruktion" durch die Bevölkerungsmehrheit (Greene/Robertson 2019; Sharafutdinova 2020). Nicht zuletzt hat es auch vor dem 24. Februar 2022 keinen starken Widerstand von Seiten derjenigen gegeben, die Sergei Guriev und Daniel Treisman (2022: 27–28) als „die Informierten" bezeichnen – gebildete, gut vernetzte, politisch interessierte Bürger:innen, die das Wesen des Putin-Regimes verstanden hatten, der Propaganda keinen Glauben schenkten und prinzipiell über Fähigkeiten und Ressourcen verfügten, sich zu organisieren und zu widersprechen.

Die Anatomie des politischen Systems Russlands hat deutlich gemacht, dass die Personalisierung der Macht zu einem Zeitpunkt, der wahrscheinlich auf den Beginn von Putins dritter Amtszeit als Präsident zu datieren ist (2012), eine Konstellation hervorgebracht hat, in der er Entscheidungen von beliebiger Reichweite faktisch uneingeschränkt und unkontrolliert treffen kann. Institutionelle und politische *checks and balances* waren schrittweise ausgeschaltet worden, und auch ressourcenstarke Akteure innerhalb der Eliten hatten ein starkes Interesse am Erhalt des Regimes in seiner aktuellen Gestalt entwickelt.

An diesem Punkt müssen wir die Perspektive der Vergleichenden Autoritarismusforschung verlassen, die dieses Buch anleitet, weil Putin mit dem Befehl zum Angriff auf die Ukraine am 24. Februar 2022 eine außenpolitische Entscheidung von unermesslicher Reichweite traf. Im Folgenden skizzieren wir die Hauptlinien der Außenpolitik Russlands, um dann den vorläufigen Stand der Diskussion über die Gründe dieser Entscheidung zusammenzufassen.

9.2 Russlands Außenpolitik und der Krieg gegen die Ukraine

Mit dem Ende des Kalten Krieges (1945/47–1988/89) war die Aufteilung der Welt in zwei Machtblöcke beigelegt worden. Kurz darauf löste sich mit der Sowjetunion eine der beiden Supermächte der zweiten Hälfte des 20. Jahrhunderts auf. Bis Mitte der 2000er Jahre versuchte Russland, das sich als ihr „Fortsetzerstaat" sieht, den Status einer internationalen Großmacht als Partner des Westens (zurück) zu erlangen. Ein weiteres Jahrzehnt später war es jedoch – neben China – zum größten Herausforderer der liberalen internationalen Ordnung geworden. Die Westernisierung des Landes, die Anfang der 1990er Jahre als aussichtsreiches Szenario erschien, scheiterte auch in ihrer außenpolitischen Dimension.

Außenpolitik im Wandel: Vom Integrations- zum Konfrontationskurs

In der ersten Hälfte der 1990er Jahre verfolgte die Jelzin-Regierung einen vorbehaltlos pro-westlichen Kurs auf Integration in die liberale internationale Ordnung und ihre Organisationen. 1992 trat Russland dem *Internationalen Währungsfonds* (IWF) und der *Weltbank* bei, 1996 auch dem *Europarat*. Russlands Hoffnungen auf westliche Wirtschaftshilfe nach dem Vorbild des Marshall-Plans, mit dem die USA den Wiederaufbau der westeuropäischen Länder nach dem Zweiten Weltkrieg gefördert hatten, erfüllten sich jedoch nicht.

Begriff: Liberale internationale Ordnung

Als *Liberal International Order* (LIO) wird das Regelsystem der internationalen Beziehungen bezeichnet, das sich seit 1945 unter der Hegemonie der USA als Grundlage der „transatlantischen Allianz" der Länder Nordamerikas und Westeuropas sowie Japans herausgebildet hatte. Nach dem Ende der bipolaren Weltordnung strebten die USA und ihre Verbündeten seit den frühen 1990er Jahren danach, die liberale Ordnung auch auf globaler Ebene durchzusetzen.
Die LIO teilt mit dem auf der *Charta der Vereinten Nationen* (1945) beruhenden internationalen System die Prinzipien der staatlichen Souveränität, friedlichen Konfliktlösung, nationalen Selbstbestimmung und Nichteinmischung in innere Angelegenheiten. Mit den Prinzipien der liberalen Demokratie und Marktwirtschaft, des freien Güter- und Kapitalverkehrs, der Menschenrechte, Freiheit und Rechtsstaatlichkeit, des Multilateralismus und der kollektiven Sicherheit geht sie jedoch über das durch die UNO verkörperte Modell der zwischenstaat-

lichen Beziehungen hinaus. Ihre ordnungspolitischen Vorstellungen sind nicht von der absoluten Souveränität von Staaten über ihr Territorium und die darauf lebende Bevölkerung geleitet, was sich beispielsweis beim Schutz von Menschenrechten durch humanitäre Interventionen zeigt.

Seit Längerem weist die LIO Krisenanzeichen auf. Aufgrund ihrer Prinzipien ist sie offen für alle – darunter auch nicht-demokratische – Staaten. Das provoziert Auseinandersetzungen über die Verteilung von Rollen und Verantwortlichkeiten innerhalb des internationalen Systems und stellt ihre Legitimität als globales, normenbasiertes Regelsystem in Frage (Ikenberry 2018; Lake et al. 2021).

Mit dem Regierungswechsel 1996 vollzog Russland eine erste außenpolitische Kursänderung, deren Ziel es war, die hegemoniale Position der USA in der Weltpolitik auszubalancieren. Es baute die Kooperation mit China und Indien aus und belebte die Beziehungen zu den Ländern des postsowjetischen Eurasiens sowie des Nahen Ostens neu. Gleichzeitig bemühte es sich um konstruktive Beziehungen mit dem Westen. Nachdem bereits 1994 ein *Partnerschafts- und Kooperationsabkommen* mit der EU unterzeichnet worden war, folgte 1997 die *Grundakte über Zusammenarbeit und Sicherheit* mit der NATO. 1998 wurde das Land in die informelle Gruppe der führenden Industrieländer (G7) aufgenommen und ratifizierte die *Europäische Menschenrechtskonvention*. Die völkerrechtlich umstrittene militärische Intervention der NATO in den Kosovokrieg und die Bombardierung Jugoslawiens (Serbiens) im Frühjahr 1999 nahm das Regime als Bedrohung der Sicherheitsinteressen Russlands wahr.

Auf der Grundlage des Wirtschaftsaufschwungs, der mit dem Wechsel von Jelzin zu Putin im Präsidentenamt zusammenfiel, machte Russland seit dem Jahr 2000 den Status einer internationalen Großmacht mit gestärktem Selbstbewusstsein geltend. Zunächst verfolgte Putin eine Politik der pragmatischen Kooperation mit den USA im „Krieg gegen den Terror". 2002 wurde der *NATO-Russland-Rat* gegründet, womit das euro-atlantische Militärbündnis Russland einen Sonderstatus einräumte, der einen regelmäßigen Dialog über verteidigungs- und sicherheitspolitische Fragen ermöglichte.

Gegen Mitte der 2000er Jahre verschlechterten sich die Beziehungen. Die westlichen Länder kritisierten die zusehends autoritäre Entwicklung Russlands und lehnten es ab, den postsowjetischen Raum als Zone seines „privilegierten Interesses" zu akzeptieren. Als dort „Bunte Revolutionen" (> Exkurs auf S. 187) ausbrachen, führte Russland sie auf angeblich von den USA und der EU orchestrierte Bestrebungen zurück, pro-westliche Regime zu installieren. Während es gegen die EU-Abkommen mit sechs postsowjetischen Staaten im Rahmen der *Östlichen Partnerschaft* (2009) keinen Widerspruch einlegte, kritisierte es die Beitrittsgesuche der Ukraine und Georgiens zur NATO vehement; sie wurden von dieser begrüßt, aber vertagt (2008). Mit dem kurzen Krieg gegen Georgien (2008) demonstrierte Russland erstmals offen, dass es bereit war, seine Position in der Region auch mit militärischen Mitteln zu behaupten. Zu weiteren Konfliktthemen in den Beziehungen zwischen Russland und dem Westen wurden die von den USA geführte völkerrechtswidrige Invasion in den Irak (2003) sowie die Libyen-Krise (2011).

9 Bilanz und Ausblick: ein Regime ohne Zukunft?

Die Jahre 2009 bis 2011 waren durch Versuche der Präsidenten Barack Obama und Dmitri Medwedew gekennzeichnet, einen „Reset" in den Beziehungen beider Länder herbeizuführen. Russland hoffte auf eine „Modernisierungspartnerschaft" mit dem Westen und unterzeichnete mit den USA den *New-START*-Vertrag über die weitere Reduzierung strategischer Waffensysteme (2010).

Mit Putins Rückkehr in das Amt des Präsidenten und parallel zur „konservativen Wende" in der Innenpolitik (> Kap. 6.2) vollzog sich in der Außenpolitik Russlands eine „zivilisatorische Wende" zur Konfrontation mit dem Westen, deren Konturen sich bereits in Putins „Münchner Rede" (2007) abgezeichnet hatten (Tsygankov 2022b: 168). Konflikte mit den USA nahmen zu, und gegenüber der EU trat Russland ebenso pragmatisch wie selbstbewusst auf.

In der Überzeugung, dass der Westen versuchte, Russland zu destabilisieren, begann das Regime, dessen vermeintliche Techniken und Instrumente zu kopieren und in westlichen Ländern einzusetzen. Es unterstützte illiberale politische Parteien an den rechten und linken Rändern des politischen Spektrums und versuchte, Wahlergebnisse in europäischen Ländern und den USA sowie das „Brexit"-Referendum (beide 2016) mithilfe von Propaganda, die durch den staatlichen Auslandssender *RT* und den Radiosender *Sputnik* verbreitet wurde, von Trollfabriken und vermutlich auch auf weiteren Wegen zu beeinflussen (Hall 2019: 483–489). Die Beziehungen zu nicht-westlichen Ländern gewannen an Bedeutung. Russland gründete gemeinsam mit vier weiteren postsowjetischen Ländern die *Eurasische Wirtschaftsunion* (2014) und vertiefte die Beziehungen zu den Staaten und Regionalorganisationen Asiens, insbesondere zu China, zur Türkei und den Ländern des Nahen Ostens.

Russland trat immer offensichtlicher als revisionistische Macht auf, die eine grundlegende Veränderung der bestehenden internationale Ordnung anstrebt. Als ihr Ziel erscheint die (Wieder-)Herstellung einer „multipolaren" Weltordnung, in der mehrere Großmächte volle Souveränität genießen, sich in zentralen Fragen der internationalen Ordnung miteinander verständigen und gegenseitig regionale Einflusssphären zugestehen (Krickovic 2022). Die damit verbundene Eskalation der Beziehungen zwischen Russland und den USA, später auch mit der EU bzw. dem – seit 2021 auch offiziell so bezeichneten – „kollektiven Westen" kulminierte in der internationalen Krise um die Ukraine.

Die Ukraine-Krise 2014 und der Angriffskrieg 2022

In der Ukraine hatte im Ergebnis des „Euromaidan" Anfang 2014 – nach Ansicht Russlands dank westlicher Unterstützung – eine pro-westliche Regierung die Macht übernommen. Russland machte sich die darauffolgende politische Instabilität seines Nachbarlands zunutze, indem es nach einem völkerrechtswidrigen Referendum die Halbinsel Krim annektierte und separatistische Bestrebungen in der Ostukraine unterstützte. Damit beendete es endgültig den Versuch, sich in den Westen zu integrieren und revitalisierte seine Bestrebungen als unabhängiger geopolitischer Akteur (Tsygankov 2022a). In Reaktion darauf wurde Russland aus der G8 ausgeschlossen und verlor das Stimmrecht im *Europarat*. Der *NATO-*

Russland-Rat stellte seine Aktivitäten ein. Die USA, die EU und weitere Länder verhängten wirtschaftliche, personen- und organisationsbezogene Sanktionen.

Russland reagierte mit Gegensanktionen. Es verstärkte seine Bemühungen, mit Mitteln der Propaganda, des Cyberkriegs und der Unterstützung russlandfreundlicher Kräfte in westlichen Ländern Spaltungen im euro-atlantischen Bündnis zu provozieren. Mit der Intervention in den syrischen Bürgerkrieg auf der Seite von Präsident Baschar al-Assad (seit 2015) setzte Russland erstmals neben Söldnertruppen auch sein Militär außerhalb des postsowjetischen Raums ein.

Die Umsetzung des Minsker Abkommens (2015), mit dem ein Waffenstillstand und eine politische Lösung im Ukraine-Konflikt erreicht werden sollte, scheiterte schließlich (D'Anieri 2022). Die völkerrechtswidrige und durch das Nachbarland nicht provozierte „militärische Spezialoperation", die am 24. Februar 2022 begann, demonstrierte die Entschiedenheit Putins, seine Ziele mit den riskantesten Mitteln zu verfolgen. Aus der „Spezialoperation" wurde ein umfassender Eroberungskrieg gegen die Ukraine, der durch ein extremes Gewaltniveau und systematische, massenhafte Kriegsverbrechen von russischer Seite geprägt ist. Darunter sind gezielte Angriffe auf zivile Ziele und die Energieinfrastruktur, Folter, sexuelle Gewalt, Deportationen sowie Verschleppungen ukrainischer Kinder nach Russland.

Die Ukraine wird im Krieg von den westlichen Ländern unterstützt, nicht aber von großen Teilen des Globalen Südens. An den Sanktionen gegen Russland beteiligten sich 40 Länder; es wurde zum am meisten sanktionierten Land der Welt. Der Krieg bedroht die Existenz der Ukraine, setzt darüber hinaus aber auch die Russlands sowie das Überleben des Putin-Regimes aufs Spiel. Zudem verstärkt er die Krise des internationalen Systems und beschleunigt ihre Transformation in einen neuen Zustand, dessen künftige Gestalt noch unklar ist.

Konkurrierende Erklärungen für Russlands Ukraine-Politik

Die Debatte über Russlands Außenpolitik im Allgemeinen und die Ursachen seiner Ukraine-Politik im Besonderen wird in Politik, Publizistik und Wissenschaft kontrovers und oft polemisch geführt, weil sie auch Identitätskonstruktionen, politische Überzeugungen und ethische Grundsätze der Diskussionsteilnehmer:innen berührt. Bei Politikwissenschaftler:innen besteht Übereinstimmung, dass die unmittelbare Entscheidung für die Invasion 2022 – ebenso wie bereits 2014 – vermutlich allein von Putin getroffen wurde und von ihm zu verantworten ist. Die Gründe dafür sind jedoch umstritten.

In einer ersten prominenten Perspektive, die der variantenreichen *(neo)realistischen Schule* der Internationalen Beziehungen (IB) zuzurechnen ist, erscheint der Ukraine-Krieg als geostrategische Auseinandersetzung zwischen Großmächten. Ihr prominentester Repräsentant John J. Mearsheimer (2014, 2019, 2022) argumentiert, der Westen trage die Hauptverantwortung für die Eskalation des Konflikts, denn er habe seit 1990 versucht, die liberale internationale Ordnung auf die ganze Welt auszudehnen. Dies habe eine Verschiebung des globalen Kräftegleichgewichts verursacht. Spätestens seit 2004 sei das Strategiepaket aus externer Demokratieförderung und NATO- sowie EU-Osterweiterung von Putin als existenzielle Bedrohung der nationalen Sicherheitsinteressen Russlands interpretiert worden. Seine aggressive Politik gelte der Abwehr dieser Bedrohung: Die Annexion der Krim (2014) sollte die Errichtung eines NATO-Stützpunkts verhindern, während die Unterstützung der beiden separatistischen „Volksrepubliken" auf die Destabilisierung der Ukraine zielte, um sie von der weiteren Integration in den Westen abzubringen. Der 2022 entfesselte Krieg sei als Antwort auf die sich seit 2017 vollziehende – zwar nicht formale, aber faktische – Integration in die NATO zu verstehen, die sich nach 2021 noch beschleunigt habe.

Mearsheimers Schuldzuweisung an den Westen wird von den meisten Kritiker:innen abgelehnt. Empirisch sei sie nicht plausibel, weil ein NATO-Beitritt der Ukraine spätestens seit 2017 in weite Ferne gerückt war und Russland sich der Abschreckungswirkung seiner atomaren Arsenale gewiss sein konnte (z.B. Ladwig 2022; Zürn 2022).

Die Kritik des *liberalen Institutionalismus* an (neo)realistischen Interpretationen betrifft zudem zwei weitere Aspekte. Erstens gehe das Wesen des Konflikts über eine rein geostrategische Auseinandersetzung hinaus. Michael Zürn zufolge ist er einerseits Ausdruck der Legitimitätskrise der liberalen internationalen Ordnung, die sich ihre eigenen Feinde geschaffen habe, da sie das Handeln von Staaten stets mit „zweierlei Maß" zugunsten des Westens messe. Andererseits handele es sich auf der zwischenstaatlichen Ebene um eine Auseinandersetzung „zwischen einer Autokratie und einem sich demokratisierenden Nachbarn" und auf der internationalen Ebene um einen „Systemkonflikt über Demokratie und die normativen Grundlagen der Weltordnung" (Zürn 2022: 404–405). Zweitens führe Mearsheimer außenpolitische Entscheidungen ausschließlich auf angebliche strukturelle Zwänge des internationalen Systems zurück und blende die Rolle von Akteuren und ihres institutionellen Kontexts aus.

Die Aufmerksamkeit für innenpolitische Faktoren, welche die IB-Theorie des Liberalismus auszeichnet, bildet ihren Schnittpunkt mit der neoinstitutionalistischen Russlandforschung, deren Erkenntnisse diesem Buch zugrunde liegen. Diese Diskurse entwickeln mehrere Erklärungen für Putins Ukraine-Entscheidungen 2014 und 2022. Einer ersten Interpretation zufolge habe er nicht die NATO gefürchtet, deren defensiver Charakter ihm bewusst sei, sondern die weitere Demokratisierung der Ukraine. Sie habe sich immer mehr als Gegenentwurf zum autoritären Entwicklungsmodell Russlands profiliert. Auf diese Bedrohung der innenpolitischen Legitimität und Stabilität seines Regimes habe Putin mit dem Versuch reagiert, die Ukraine zu destabilisieren und einen Regimewechsel herbeizuführen. Der Konflikt war nicht unausweichlich; ein anderer Präsident mit einer anderen Weltsicht hätte anders entschieden (McFaul 2020; Person/McFaul 2022).

Gegen diese Deutung spricht, dass nur sehr wenige Russ:innen die Entwicklungen in der Ukraine als nachahmenswert empfinden und die liberale Opposition weder 2014 noch 2022 eine reale Gefahr für das Regime darstellte. Putin scheint zudem weniger um den Typ des politischen Systems in den eurasischen Nachbarländern als um russlandfreundliche Haltungen ihrer Regierungen besorgt (Götz 2022: 1534–1535).

Eine zweite Interpretation sieht in der Invasion 2022 den Versuch Putins, den „Krim-Trick" von 2014 zu wiederholen, um seine sinkende Popularität zu steigern, vom zunehmenden Verfall des Regimes abzulenken und jegliche Opposition endgültig auszuschalten (Sharafutdinova 2022). Mithilfe der von der Propaganda seit 2012 angeheizten identitätspolitischen Konfrontation zwischen dem „Wir" (der einzigartigen russländischen „Staatszivilisation") und dem „Sie" (des ihr feindlich gesinnten Westens) habe er erneut die Unterstützung der Gesellschaft aktiviert (> Kap. 6, 8.1).

Gegen diese Interpretation lässt sich einwenden, dass der *Rally-around-the-flag*-Effekt von 2014 auch durch die deutlich weniger riskante Annexion der beiden separatistischen „Volksrepubliken" auszulösen gewesen wäre, die sich bereits unter der Kontrolle Russlands befanden. Zudem zeigten Umfragen kurz vor dem Überfall, dass die Bevölkerung einen Krieg nur schwach unterstützte (Treisman 2022b; Götz 2022).

Drittens werden Dysfunktionalitäten des (außen)politischen Entscheidungssystems dafür verantwortlich gemacht, dass Putin sich zu einem Angriff auf die Ukraine entschloss und damit eine strategische Fehlentscheidung mit ungeheuren Konsequenzen traf. Einerseits war das die Folge des Versagens der Geheimdienste. Da er sie stärker zur Unterdrückung von Widerspruch im Inneren einsetzt als für ein besseres Verständnis der Außenwelt, sie gegeneinander ausspielt und sie eine Mentalität des permanenten Krieges pflegen (> Kap. 8.3), versagten sie dabei, nüchterne, sachlich zutreffende Informationen zu liefern (Dylan et al. 2022). Andererseits hatte Putin sich selbst immer mehr von Informationen und Berater:innen isoliert, die abweichende Auffassungen vertraten. Seine Entscheidung für den Krieg erscheint damit sowohl als Spezialfall eines der Governance-Dilemmata autoritärer Regime, deren Regierungsqualität durch Informationsmängel belastet ist, weil sie die Meinungsvielfalt einschränken (> Kap. 2.2, 3.3), als auch als Illustration für das besonders große Risiko personalistischer Regime, falsche Entscheidungen zu treffen, weil ihr Führungspersonal über nahezu unbeschränkte und unkontrollierbare Spielräume verfügt (Gel'man 2022).

Die öffentlich übertragene Sitzung des Sicherheitsrats am 21. Februar 2022, der das wichtigste Konsultationsgremium des Präsidenten ist (> Kap. 3.3), plausibilisiert diese Argumentation: Die gesamte Führungselite der Exekutive und Legislative sowie der Sicherheitsapparate bekundete ohne jegliche Diskussion oder Nachfrage ihre Zustimmung zu Putins Entscheidung, die beiden separatistischen „Volksrepubliken" als souveräne Staaten anzuerkennen. Damit machte er sie für den Krieg mitverantwortlich, vergewisserte sich ihrer vollen Loyalität und demonstrierte seine persönliche Macht auch gegenüber der nationalen und internationalen Öffentlichkeit.

Alle drei Argumentationen reduzieren die Ukraine-Politik Russlands auf Putins persönliche Entscheidungen, was nicht unwidersprochen bleibt. Kritiker werfen dem liberalen Institutionalismus vor, er teile mit dem (Neo-)Realismus einige fehlerhafte Grundannahmen: Beide unterstellen, dass ein autoritäres Russland eine aggressive, ein demokratisches Russland hingegen eine friedliche Außenpolitik verfolgen und den globalen Führungsanspruch der USA anerkennen würde. Zudem nähmen sie an, das korrupte Regime sei in der Bevölkerung unbeliebt, daher fragil und außenpolitisch geschwächt, was seinem Großmachtanspruch den Boden entziehe (Gunitsky/Tsygankov 2018).

Diese Einwände bringen ideelle Erklärungsfaktoren der Außenpolitik Russlands ins Spiel, die insbesondere in *konstruktivistischen und diskursiven Ansätzen* der Internationalen Beziehungen Beachtung finden. Sie lenken den Blick auf die diskursive Konstruktion von nationalen Interessen bzw. der nationalen Identität Russlands und auf ihren Wandel, der in engem Zusammenhang mit dem des Legitimationsdiskurses des Regimes (> Kap. 6.2) steht. Herausgearbeitet wird dabei, dass die außenpolitische Entscheidungsproduktion durch Interpretationen der Geschichte, Geographie und nationalen Traditionen gefiltert wird, die einerseits von den Eliten konstruiert werden, andererseits aber auch an gesellschaftlich tief verankerte Vorstellungen anknüpfen. Neben Putins persönlichen Ansichten sowie Faktoren auf der Ebene des internationalen Systems müssten diese Konstruktionen ebenfalls berücksichtigt werden, wolle man Russlands Ukraine-Politik verstehen. Sie würden nicht nur instrumentell zur Begründung außenpolitischer Entscheidungen eingesetzt, sondern bestimmten das Weltbild der Eliten und der Bevölkerung auch real.

Andrei Tsygankov (2022b: 16–20) zufolge besteht das „nationale Interesse", das vom Präsidenten und den ihn unterstützenden heterogenen, wechselnden Deutungskoalitionen definiert werde, nicht in purer „Machtmaximierung" im internationalen System. Vielmehr gehe es darum, Russland erfolgreich an die sich dynamisch verändernden internationalen und lokalen Bedingungen anzupassen und die Anerkennung „Europas" bzw. des „Westens" zu erlangen. Dieser bilde seit Jahrhunderten den zentralen Referenzpunkt für die nationale bzw. zivilisatorische Identität Russlands (> Exkurs auf S. 159). Seit Mitte der 2000er Jahre habe sich Russland von seinem „signifikanten Anderen" jedoch immer stärker abgegrenzt und abgewandt. Als Gegenreaktion auf die vermeintliche Ablehnung konstruierte es sich selbst als das authentische, „wahre Europa" – als eine konservative Großmacht, die das europäische christliche Erbe gegen die Dekadenz des „falschen", d.h. liberalen, multikulturellen und LGBTQ+-freundlichen, Europas verteidige (z.B. Hopf 2016; Neumann 2017).

Entsprechend werden im außenpolitischen Diskurs Russlands zwei stets präsente Themen identifiziert (Götz/Staun 2022): Erstens wird der Anspruch auf den Status einer Großmacht erhoben, der untrennbar mit der Vorstellung von einer Sphäre „privilegierter Interessen" verbunden ist (s. auch Gunitsky/Tsygankov 2018). Zweitens sei ein ausgeprägtes Gefühl der Verletzlichkeit Russlands anzutreffen, das sich aus mehreren Narrativen speist: Aufgrund seiner Größe und der langen Grenzen sei das Land nur schwer zu schützen. Es habe jahrhundertelang immer wieder Invasionen erlitten, wobei existenzielle Bedrohungen stets vom Westen ausgingen – dem Napoleonischen Frankreich, Hitler-Deutschland und der NATO im Kalten Krieg. Seit Anfang der 2000er Jahre verfolge der Westen zudem die Absicht, in Russland und seinen Nachbarländern Regimewechsel herbeizuführen.

In dieser Perspektive wird die Ukraine-Politik Russlands mit der Radikalisierung des Regimediskurses erklärt: Der Westen und sein Wertesystem galten nun nicht mehr nur als unvereinbar mit der russländischen Zivilisation, sondern als eine Gefahr für ihre Existenz. Die Trennung von der Ukraine erschien aus identitätspolitischen Gründen zunehmend undenkbar (Hopf 2016), und ihre seit 2014 intensivierte militärische Zusammenarbeit mit der NATO als sicherheitspolitisch nicht mehr hinnehmbar. Selbst wenn Russlands militärische Kriegsverluste sehr hoch würden, sei daher auch nicht damit zu rechnen, dass Putin in absehbarer Zeit nachgeben werde. Zwar hätte nicht jede denkbare Regierung einen Krieg angezettelt, es müsse aber davon ausgegangen werden, dass jede den wahrgenommenen Sicherheits- und Statusinteressen Russlands vitale Bedeutung beimesse (Götz/Staun 2022).

Die politikwissenschaftliche Diskussion über die Gründe der Außenpolitik Russlands im Allgemeinen und seit 2022 im Besonderen beschäftigt nicht nur die traditionellen „Großtheorien", sondern auch „kritische", darunter (neo)marxistische, feministische und postkoloniale IB-Theorien (z.B. Mälksoo 2022; Noonan 2023). Die Debatte dazu steht – ebenso wie die über die Gründe der innenpolitischen Entwicklungen Russlands – noch in ihren Anfängen.

9.3 Der Angriffskrieg gegen die Ukraine: Russland zwischen Normalität und Ausnahmezustand

Putins Entscheidung, die Ukraine zu überfallen, beruhte auf mehreren Fehleinschätzungen. Er hatte den Widerstandswillen ihrer Bevölkerung und ihres Präsidenten ebenso unterschätzt wie ihre militärischen Kapazitäten, während er die der eigenen Truppen überschätzte. Auch die Geschlossenheit und Intensität, mit der die USA, die EU und ihre Mitgliedstaaten sowie Großbritannien auf die Invasion reagieren würden, hatte er nicht erwartet. Die Invasion wurde daher schnell zu einem militärischen Desaster, ihre Folgen setzten erst die Wirtschaft und dann auch das Regime selbst unter massiven Druck. Wir skizzieren die wichtigsten Veränderungen in den ersten 12–15 Kriegsmonaten.[41]

Kriegswirtschaft und Regime-Eliten

Unerwartet für viele Beobachter:innen fing sich die Volkswirtschaft nach einem ersten Schock schnell. Durch entschiedene Maßnahmen gelang es der Zentralbank,[42] den Finanzsektor zu stabilisieren. Die Wirtschaftssanktionen der westlichen Länder trafen nicht alle Sektoren hart. Dank der Erfahrungen, die nationale und regionale Behörden im Krisenmanagement seit der Finanzkrise 2008/09, aus

---

[41] Die Arbeit am Manuskript wurde im Juli 2023 abgeschlossen.
[42] Sie wird von der Volkswirtin Elwira Nabiullina geleitet, die als wichtigste Frau in der russländischen Politik gilt. Auf der Liste der „100 einflussreichsten Politiker", die lediglich acht Frauen verzeichnet, steht sie seit Jahren auf den Plätzen 9–16, mit großem Abstand vor der Zweitplatzierten Walentina Matwijenko, der Vorsitzenden des Föderationsrats.

früheren Sanktionen und der Corona-Pandemie gesammelt hatten, gewährten sie die nötigen Unternehmenshilfen vergleichsweise schnell. Sie konnten aus stark steigenden Exportgewinnen finanziert werden, bevor die Wirtschaftssanktionen gegen Ende 2022 zu greifen begannen, deren Auswirkungen aber wiederum partiell durch steigende Rohstoffexporte nach China, Indien und in die Türkei kompensiert wurden (Rochlitz 2023; Libman 2023).

Die Ökonomie wurde faktisch auf eine kriegswirtschaftliche *Guns-and-Butter*-Strategie umgestellt, was die Priorisierung von Ausgaben für das Militär und die Sozialpolitik bedeutete. Nachdem die Wirtschaft im Jahr 2022 um rund 2% geschrumpft war, gehen viele Prognosen für 2023 wieder von einem leichten Wachstum aus. Obwohl die makroökonomischen Indikatoren stabil sind, sehen viele Expert:innen die Wirtschaft mittel- und längerfristig in einer schwierigen Situation. Es wird allerdings kaum bezweifelt, dass die nötigen Kapazitäten für eine längere Fortsetzung des Krieges vorhanden sind.

Hat sich das Verhältnis der Eliten zu Putin und dem Regime verändert? Im Raum der formalen Politik bewährte sich das „Parteienkartell". Die Führungsspitze aller Parteien der „systemischen Opposition" unterstützt den Krieg (> Kap. 4.2). Auch die informelle Machtpyramide blieb im ersten Kriegsjahr stabil. Nur sehr wenige (ehemalige) Spitzenpolitiker und Großunternehmer wandten sich vom Regime ab, und wer es tat, unterließ öffentliche Stellungnahmen. Eine kleine Gruppe aus „Oligarchen" der Jelzin-Ära, die oft als „Partei des Friedens" etikettiert wird, trat für eine schnelle Beendigung der Kampfhandlungen ein. Der Multimilliardär Roman Abramowitsch nahm im Frühjahr 2022 als Vermittler an Verhandlungen zwischen Russland und der Ukraine teil.

Der größte Teil der Eliten, die „Partei des Schweigens", unterstützt den Krieg nicht demonstrativ. Hierzu zählen die Mehrheit der föderalen und regionalen technokratischen Verwaltungseliten sowie die Chefs großer Staats- und staatsnaher Unternehmen. Womöglich auch aufgrund der personenbezogenen Sanktionen, die eine Emigration erschweren, sehen sie kaum eine Alternative, als sich loyal zu verhalten, auf den Kriegserfolg hinzuarbeiten und im Verteilungskampf mit anderen Mitgliedern der Elite zu bestehen. Dabei versuchen sie, möglichst unauffällig zu bleiben, um ihre Zukunftschancen sowohl unter diesem als auch einem ihm eventuell nachfolgenden Regime zu wahren (Pertsev 2022; Kynev 2023).

Gleichzeitig bietet der Krieg gegen die Ukraine – wie bereits die Krim-Annexion 2014 – aufgrund ihres großen industriellen, militärischen, agrarischen Potenzials und ihrer großen Bevölkerung enorme Aussichten auf ökonomische Gewinne; manche Beobachter:innen halten sie für einen der Kriegsgründe Putins (Yudin 2022). Das Regime ist zudem augenscheinlich bemüht, die Gelegenheiten für illegale Bereicherung auszuweiten, um die Loyalität der Eliten zu belohnen: Die Veröffentlichung von Behördendaten wurde eingeschränkt, Berichtspflichten für Banken, Pensionsfonds und börsennotierte sowie sanktionsbetroffene oder -bedrohte Unternehmen gelockert und die bisherige Pflicht von Abgeordneten und Beamten ausgesetzt, Vermögen und Einkommen offenzulegen. Insgesamt zeigte es sich, dass die an die Verschärfung der westlichen Sanktionen geknüpften Erwartungen an einen Politikwechsel Russlands bisher enttäuscht wurden (FGA 2023: 25).

Bereits in den ersten Kriegsmonaten bildete sich auch eine heterogene „Partei des Krieges" heraus, die eine militärische Eskalation fordert. Zu ihren prominentesten Vertretern gehörten Ramsan Kadyrow, das Oberhaupt Tschetscheniens, Wjatscheslaw Wolodin, der Vorsitzende der Staatsduma, einige Parlamentarier, der Chef des Generalrats von *Einiges Russland*, Jewgeni Prigoschin, Chef der „Gruppe Wagner" (> Kap. 8.3), Ex-Präsident Dmitri Medwedew und Regime-Propagandisten wie der populäre TV-Talkshow-Moderator Wladimir Solowjow (Pertsev 2022; Kynev 2023). Seit Ende 2022 sind innerhalb dieses Lagers Konflikte ausgebrochen, die auch über die sozialen Medien ausgetragen werden. Mit den Auseinandersetzungen über die weitere Kriegsführung scheinen einerseits konkurrierender Druck auf Putin und den Generalstab der Armee ausgeübt und andererseits Positionen, Beziehungen und Ressourcenfragen verhandelt zu werden. Ob Putin diese Dynamiken noch kontrolliert, ist spätestens seit der Meuterei Prigoschins Ende Juni 2023 (> Exkurs weiter unten) unklar.

Regime und Gesellschaft

In den ersten Tagen nach Kriegsbeginn kam es zu einer Welle spontaner Protestaktionen, die vom Regime sofort repressiert wurden; dezentralisierte und stille Zeichen des Widerstands sind mitunter weiterhin anzutreffen. Bis Oktober 2022 sollen mehr als 900.000 Menschen das Land verlassen haben, darunter mehrere Hunderttausende, die sich der „Teilmobilisierung" zum Militär im September 2022 entziehen wollten. Nicht alle von ihnen sind Kriegsgegner, und viele kehrten bald zurück. Führende Vertreter:innen der liberalen Anti-Regime-Opposition sind zu langen Haftstrafen verurteilt worden oder emigriert, ihre Strukturen wurden zerschlagen. Nach der Liquidierung der Partei PARNAS ist *Jabloko* die einzige verbliebene legale Organisation dieses Lagers. Sie fordert weiterhin öffentlich die Einstellung der Kriegshandlungen, viele ihrer Aktivist:innen sind emigriert (> Kap. 4.4, 7.4, 8.4).

Anti-Regime-Opposition und Medien im Exil

Viele Organisationen der demokratischen Opposition setzen ihre Tätigkeit aus dem Ausland fort, etwa, indem sie – wie Nawalnys Team oder der *Stadtprojekte*-Gründer Maxim Katz (> Kap. 4.4) – auf ihren Online-Kanälen über den Krieg informieren. Seit Frühjahr 2023 gibt es intensive Bemühungen exilierter Politiker:innen und zivilgesellschaftlicher Aktivist:innen, sich auf der Grundlage eines Minimalkonsenses gegen den Krieg und das Putin-Regime zu koordinieren. Die Führung von Nawalnys *Stiftung für Korruptionsbekämpfung* (FBK), die bisher wichtigste Struktur der Anti-Regime-Opposition, lehnt die Beteiligung an diesen Bemühungen allerdings bisher ab.

Ebenfalls in der Emigration haben oppositionelle Medien ihre Tätigkeit wieder aufgenommen, darunter insbesondere der Internet-Fernsehsender *Doschd*, der inzwischen aus Amsterdam und Riga sendet. Einige Mitglieder des *Echo-Moskwy*-Teams, darunter der ehemalige Chefredakteur, sind in Russland geblie-

> ben und gründeten neben eigenen *YouTube*-Kanälen auch einen gemeinsamen Kanal mit emigrierten ehemaligen Mitarbeiter:innen. Die Redaktion der *Nowaja Gaseta* unterhält eine experimentelle Website in Russland und gründete in Riga die *Novaya Gazeta Europe*.

Was ist über die Einstellungen der Bevölkerung zum Krieg bekannt? Ob Meinungsumfragen, die weiterhin durchgeführt werden, ein realistisches Bild liefern (> Exkurs auf S. 155) und mit welchen Methoden bzw. Forschungsdesigns Verzerrungen vermieden oder korrigiert werden können, hat eine intensive wissenschaftliche Diskussion ausgelöst (z.B. RAD 2023). Neben den etablierten Forschungsinstituten gibt es inzwischen mehrere unabhängige Projektgruppen, die andere bzw. neue Wege einschlagen (z.B. Belokrysova et al. 2022; Chronicles 2023; Russian Field 2023). Das macht das Gesamtbild noch komplexer und uneindeutiger, möglicherweise aber realistischer.

Insgesamt ist es glaubhaft, dass die Bevölkerung Ende 2021/Anfang 2022 zwar Angst vor einem Krieg hatte, jedoch auf ihn vorbereitet war, und sich im Laufe des Jahres 2022 an die neuen Bedingungen anpasste. Alle verfügbaren Telefon- und *Face-to-Face*-Umfragen zeigen den gleichen Trend: Die Unterstützung für den Krieg war in den ersten Monaten hoch, ließ im Herbst 2022 etwas nach und stieg Anfang 2023 wieder leicht an. In allen Erhebungen spricht sich die Mehrheit für den Krieg aus, wenngleich die Höhe der jeweils gemessenen Unterstützung variiert.[43]

Detailliertere Analysen zeigen, dass viele Respondent:innen widersprüchliche und wenig konsolidierte Meinungen äußern. Der Kern „echter" Kriegsbefürworter:innen, die z.B. bereit sind, selbst an die Front zu gehen oder Geld zu spenden, lag Anfang 2023 einer Umfrage zufolge bei 35–38%. Weitere 22–25% bekundeten zwar Zustimmung zum Krieg, verbanden sie aber mit Einschränkungen wie dem Wunsch nach seinem baldigen Ende, Sympathie für Personen, die sich der Einberufung entziehen oder der Forderung nach höheren Sozialleistungen. Etwa 10% der Befragten lehnten den Krieg offen ab, etwa 20% machten keine Aussage (Rogov 2023a). Tiefeninterviews zeigen zudem, dass viele Menschen den Krieg gleichzeitig befürworten und ablehnen, indem sie einander widersprechende Narrative kombinieren (> Kap. 8.1). Daraus kann geschlossen werden, dass es zwar einen gesellschaftlichen Konsens über den Krieg gibt, dieser inhaltlich jedoch dünn ist. Im späten Frühjahr 2023 schienen viele Befragte den Krieg im Prinzip abzulehnen, seine Fortsetzung aber dennoch zu unterstützen, weil ihnen eine Niederlage Russlands als nicht hinnehmbar erschien.

Das Regime, das keine öffentlichen Äußerungen von Widerspruch oder Nonkonformität mehr duldet – darunter Abweichungen von Ansichten und Lebensweisen, die nicht mit den „traditionellen Werten Russlands" (> Exkurs auf S. 166) übereinstimmen –, bleibt weiterhin bemüht, die Folgebereitschaft der Bevölkerung aufrechtzuerhalten. Dabei setzt es zwei sich überlagernde, aber gegensätzliche Strategien ein. Einerseits versucht es, den Anschein von Normalität zu erwecken,

---

[43] Umfragen des Lewada-Zentrums kamen in der Spitze auf 77% Zustimmung zur „militärischen Spezialoperation", zwei andere Forschungsprojekte auf etwa 10% weniger (Rogov 2023a).

andererseits beschwört es den Ausnahmecharakter der Situation, in der sich Russland als eine „belagerte Festung" befinde. Das verstärkt Unsicherheit über die Kriegsziele des Regimes und die weitere Entwicklung (Makarychev 2023).

Der Modus der Ausnahmepolitik spiegelt sich beispielsweise in der massiven Kriegsberichterstattung des staatlichen Fernsehens wider, das in den ersten Kriegsmonaten die meisten Unterhaltungsprogramme aussetzte (> Kap. 8.1). Die Propaganda bemüht vorgebliche Parallelen zum „Großen Vaterländischen Krieg", um die Verteidigungsbereitschaft der Bevölkerung zu mobilisieren. Besondere Aufmerksamkeit wird dabei einerseits der „patriotischen Erziehung" von Kindern und Jugendlichen gewidmet, wofür die Haushaltsmittel im Jahr 2022 trotz der schwierigen Wirtschaftslage um das Sechsfache erhöht wurden (Moscow Times 2022). Anderseits werden mithilfe massiver Werbekampagnen Kriegsfreiwillige unter der Bevölkerung und den Insassen von Strafkolonien rekrutiert.

Diese Maßnahmen zielen gleichzeitig auf die Herstellung und Kommunikation von Normalität: Der Krieg wird gewissermaßen auf das Fernsehen beschränkt, während die meisten Menschen weiter ihrem Alltagsleben nachgehen. Die Tätigkeit eines Vertragssoldaten wird als lukrativer Job beworben und die Mobilisierung als „Teilmobilisierung" entdramatisiert, während Kriegsteilnehmer sowie ihre Familien vergleichsweise hohe materielle Zuwendungen erhalten (> Kap. 6.4). Als sich Ende Mai/Anfang Juni 2023 durch Bombardements in Städten und Dörfern in der Grenzregion und Drohnenangriffe auf Moskau ein Überspringen des Krieges auf das Territorium Russlands abzeichnete, reagierte das Regime medial zurückhaltend und hochgradig technisch, indem es Evakuierungen veranlasste. Gleichzeitig wurde in der staatlichen Berichterstattung das Bild der internationalen Unterstützung durch eine „weltweite Mehrheit" gezeichnet (Makarychev 2023).

Ist das Putin-Regime faschistisch?

Auch wenn die Grundzüge des Putin-Regimes hohe Kontinuität aufweisen, hat es sich in den letzten Jahren verändert. Es ist repressiver geworden, greift immer weiter in den politischen und öffentlichen, zunehmend auch den privaten Raum ein und stützt sich immer stärker auf eine Propagandamaschine, die mit groben ideologischen Narrativen arbeitet. Nicht zuletzt hat es – insbesondere seit Kriegsbeginn – seine Bemühungen gesteigert, die junge Generation einer offen militaristischen „patriotischen Erziehung" auszusetzen. Ist es noch immer empirisch angemessen und theoretisch nützlich, das Regime als „elektorale Autokratie" zu charakterisieren?

Einige Politikwissenschaftler:innen attestieren ihm seit einigen Jahren, dass es sich in ein geschlossen-autoritäres Regime bzw. eine „Angstautokratie" transformiert habe (> Kap. 2.2, 8.4). Seit Mitte der 2000er Jahre kam unter ostmitteleuropäischen, einigen US-amerikanischen sowie russländischen (Oppositions-)Politiker:innen gelegentlich der Vorwurf auf, es handle sich um ein faschistisches Regime. Der politische Zweck dieser Etikettierung bestand darin, sich von Russland maximal deutlich abzugrenzen und zu distanzieren *(Othering)*. Auch das Putin-Regime verwendet ein „Faschismus"-Narrativ, mit dem es den innenpolitischen Mythos des gegen NS-Deutschland geführten „Großen Vaterländischen Krieges" (> Kap. 6.2) unterfüttert, als eine der Siegermächte des Zweiten Weltkriegs einen Großmachtstatus reklamiert und seit 2014 die ukrainische Regierung diffamiert (> Kap. 8.1). Der (gegenseitige) Vorwurf des „Faschismus" hat sich als eine dominante Komponente der rhetorischen Eskalation zwischen Russland und der Ukraine etabliert (Laruelle 2021).

In den Sozial- und Kulturwissenschaften wurde die „Faschismus-Diagnose" prominent zuerst von dem Historiker Timothy Snyder entfaltet (2018, 2022b), bevor sie seit 2022 auch von westlichen und russländischen Politikwissenschaftler:innen intensiv diskutiert wurde.[44] Infolge der Vielfalt an Faschismus-Definitionen behandelt diese Diskussion in erster Linie die Frage, welche Kriterien seinen begrifflichen Kern ausmachen und ob Russland sie erfüllt; daneben spielen auch politische und moralische Urteile eine Rolle.

Die meisten Politikwissenschaftler:innen lehnen es bisher ab, das Putin-Regime als „faschistisch" zu klassifizieren. Marlène Laruelle (2022) und Grigori Golosow (2022) beispielsweise argumentieren, dass das Putin-Regime tatsächlich einige faschistische Tendenzen aufweise. Dazu gehören einige Argumente der „Partei des Krieges" und bestimmte Stilelemente, mit denen Unterstützung für den Krieg ausgedrückt wird,[45] aber auch Versatzstücke der offiziellen Rhetorik, die von den Propagandisten des Regimes verbreitet werden, sowie die religiöse Sakralisierung des Krieges, die von der Russisch-Orthodoxen Kirche betrieben wird.

Wichtige Elemente des Faschismus fehlten jedoch (noch): Die persönliche Macht Putins sei weder ideologisch noch organisatorisch an eine Partei gebunden. Es gebe keine Jugendorganisation, die auf massenhafte Mobilisierung zielt, und es werde keine auf Gewalt beruhende Erneuerung des Volkes gefordert. Mit seinem anti-revolutionären, überwiegend demobilisierenden, auf die Bewahrung „traditioneller Werte" fokussierten Impetus unterscheide sich das Regime nach wie vor von einem mobilisierenden, ideologiegetriebenen faschistischen Regime.

Laruelle und Golosow sind der Auffassung, es sei analytisch falsch, das Putin-Regime als „faschistisch" zu etikettieren, weil damit die historische Kontingenz der vergangenen zwei Jahrzehnte geleugnet werde. Zudem äußere sich darin eine Position der moralischen Arroganz, die jegliche Handlungen des Westens von vornherein rechtfertige und kontraproduktiv für die Suche nach Wegen zur Beendigung des Krieges sei (Laruelle 2022c: 162–163). Die Charakterisierung des Putin-Regimes als personalistisch, patrimonial (patronal) und autoritär halten sie hingegen für weiterhin fruchtbar und angemessen. Golosow betont zudem, dass die elektoral-autoritäre Institutionalisierungsform das personalistische Regime Putins kategorial von den als Einparteiregimen verfassten Führerdiktaturen Hitlers und

---

44 Für wesentliche Diskussionsbeiträge s. Laruelle (2021, 2022c), Dekoder (2022), Kynev (2022) und Golosov (2022).

45 Gemeint sind insbesondere die „Z"-Symbole, die in der Öffentlichkeit in lokal unterschiedlichem Maße präsent sind, und von Kriegsanhänger:innen innerhalb der Eliten und der Bevölkerung verwendet werden.

Mussolinis unterscheide. Seine Herrschaftslegitimation beruhe in institutioneller Hinsicht noch immer auf Wahlen, die gewonnen werden müssen (> Kap. 5.1).

Wenn man diese Argumentationslinie im Sommer 2023 weiterführt, so ist zu konstatieren, dass sich die faschistischen Tendenzen des Regimes weiter verstärkt haben. Dazu gehört insbesondere der Bedeutungsgewinn der paramilitärischen „Milizkultur", der Laruelle (2022c: 158) zufolge als Indikator für eine faschistische Entwicklung anzusehen ist. Zudem können im Krieg gegen die Ukraine möglicherweise Anzeichen eines Vernichtungskriegs ausgemacht werden. Allerdings bleibt die Begründung dafür weiterhin imperialistisch und geostrategisch.

Ungeachtet des Krieges laufen auch die Vorbereitungen zu den regionalen und lokalen Wahlen – darunter von 20 Regionaloberhäuptern und dem Bürgermeister von Moskau –, die im September 2023 stattfinden sollen. Sie gelten als Testfall für die Mobilisierungsfähigkeit des Regimes, das offenbar nach wie vor plant, im Frühjahr 2024 Präsidentschaftswahlen durchzuführen. Durch eine Gesetzesänderung wurde ermöglicht, dass Wahlen auch in den annektierten ukrainischen Gebieten stattfinden können, obwohl dort das Kriegsrecht herrscht. Das belegt, dass das Regime noch immer großen Wert auf seine elektorale – besser: plebiszitäre – Legitimation legt.

Die Diskussion um den Charakter des Regimes ist Teil einer breiteren Debatte über die Paradigmen, analytischen Konzepte und Methoden, mit der Politik in Russland angemessen verstanden und erklärt werden kann. Ihre Intensität ist seit dem Überfall Russlands auf die Ukraine gewachsen. Viele, wenn nicht die meisten Politikwissenschaftler:innen hatten geglaubt, das Regime würde zumindest im Interesse seines Selbsterhalts vor einem derart riskanten Schritt zurückschrecken.

Ähnlich wie nach dem Zusammenbruch der Sowjetunion (> Kap. 1.4) ist die Forschung durch dieses unvorhergesehene Ereignis gezwungen, ihre bisherigen Annahmen und Erkenntnisse zu hinterfragen, und ähnlich wie drei Jahrzehnte zuvor werden auch von ihm vermutlich starke Impulse für die wissenschaftliche Debatte ausgehen. Welche der Konzepte, die sich in der Vergangenheit für die Analyse Russlands – des territorial größten autoritär regierten Landes der Welt – als nützlich erwiesen haben, diese Erschütterung überleben werden und welche sie ergänzen oder ersetzen, wird erst in einigen Jahren deutlich werden.

9.4 Das Ende des Putin-Regimes

Der Angriffskrieg Russlands gegen die Ukraine hat der Frage neue Aufmerksamkeit verschafft, wer Putin im Präsidentenamt nachfolgt und was sich dadurch ändert. In Monarchien wird die Regimereproduktion durch Erbfolge gesichert, in Demokratien durch allgemeine Wahlen und in Einparteiregimen durch Entscheidungen innerhalb des Führungsgremiums der Staatspartei. In einem formal elektoral-autoritären, faktisch patronal-personalistischen Regime erfüllen Wahlen zwar mehrere Funktionen, nicht aber die der Auswahl des Präsidenten, der gleichzeitig der Chefpatron der informellen Machtpyramide ist (> Kap. 5.1). Dass es nicht über eine effektive institutionalisierte Prozedur für den Personalwechsel verfügt, ist seine Achillesferse.

9 Bilanz und Ausblick: ein Regime ohne Zukunft?

Wie wird das Putin-Regime enden?

Die Fragen „Wer kommt nach Putin?" und „Wird das Regime überleben?" stellten sich das erste Mal vor der Präsidentschaftswahl 2008, als Putins konstitutionell vorgesehenen ersten beiden Amtszeiten endeten. Die damals gegebenen Antworten sind bekannt: Putin präsentierte den Eliten einen akzeptablen Nachfolger, die Bevölkerung bestätigte diese Entscheidung per Wahl, er behielt die Führung der informellen Machtpyramide bei, übernahm den Vorsitz der Regierung und kehrte 2012 in „sein" Amt zurück. Erneut stellen sich diese Fragen 2024, wenn seine nächsten zwei – inzwischen auf sechs Jahre verlängerten – Amtszeiten enden. Da ihn die Verfassungsänderung von 2020 (> Kap. 3.1) von der Beschränkung auf zwei Wahlperioden ausnimmt, kann er theoretisch bis 2036 an der Macht bleiben. Seine Regierungszeit könnte sich dann insgesamt auf 36 Jahre belaufen.

Dennoch ist die „Nachfolgefrage" aktuell: Erstens ist Putin bereits über 70 Jahre alt und vermutlich nicht bei bester Gesundheit; in jedem Fall ist sein Zeithorizont begrenzt, wenngleich in einem unbekannten Maß. Zweitens ist es derzeit zwar nicht abzusehen, aber auch nicht auszuschließen, dass seine Position im Zusammenhang mit dem Kriegsverlauf früher oder später in Frage gestellt wird. Die Meuterei der „Gruppe Wagner" Ende Juni 2023 (> Exkurs weiter unten) kann als ein Anzeichen dafür gewertet werden.

Jegliches Nachdenken über die kurz- oder mittelfristigen Bestandsaussichten des Putin-Regimes ist zwangsläufig spekulativ. Auch wenn seine Konsolidierung und Stabilität theoretisch plausibel erklärt werden können, lässt sich daraus keine zuverlässige Prognose ableiten. Auf der Grundlage von Erkenntnissen der Vergleichenden Autoritarismus- und Russlandforschung können jedoch verschiedene Szenarien gegeneinander abgewogen werden. Mit diesem Instrumentarium kann die Leserin oder der Leser dieses Buches die weitere Entwicklung des Regimes jeweils aktuell analysieren, da die wichtigsten Faktoren benannt werden, auf die zu achten ist.

Eine vergleichende Analyse von 123 autoritären Regimen im Zeitraum 1946–2019 zeigt, dass Führer hochgradig personalistischer Regime, die mit mindestens 65 Jahren bereits länger als 20 Jahre regierten – also mit Putin vergleichbar sind –, durchschnittlich insgesamt 36 Jahre im Amt waren. Etwa die Hälfte von ihnen verlor es erst, als sie starben. Weitere 20% wurden durch Massenproteste gestürzt, weniger als 10% durch Eliten- bzw. Militärputsche und 13% im Gefolge von Bürgerkriegen (Kendall-Taylor/Frantz 2022). Besonders selten werden autoritäre Führer zudem in Kriegszeiten gestürzt – dieses Schicksal ereilte nur 7% von ihnen (Croco/Weeks 2016).

Mit anderen Worten: Die statistische Wahrscheinlichkeit, dass Putin durch einen natürlichen Tod aus dem Amt scheiden wird, ist größer als die aller anderen Szenarien des Machtverlusts zusammen. Keines von ihnen ist jedoch ausgeschlossen. Das trifft auch für die Variante zu, dass Putin den Anlass der Präsidentschaftswahl 2024 nutzt, um sich ganz (oder zumindest aus der formalen Komponente seiner Machtposition) zurückzuziehen und ein zweites Mal einen handverlesenen Nachfolger zu installieren. Sie wird jedoch aktuell (Sommer 2023) von kaum einer Beobachter:in als realistisch angesehen, und auch in der Statistik kommt ein selbstbestimmter Rückzug aus dem Amt offenbar nicht vor. Deshalb beschränken wir uns im Folgenden auf die Analyse von etwas weniger unwahrscheinlichen Szenarien.

Szenario I: Intraelitäre Lösungen des Nachfolgeproblems

Aus der vergleichenden Forschung ist bekannt, dass die mit zunehmendem Alter steigende Repressivität autoritärer Regime eine Spaltung der Eliten veranlassen kann, weil Teile von ihnen Reformen statt Gewalt bevorzugen, um das Überleben des Regimes zu sichern (Kendall-Taylor/Frantz 2022: 86–87). Auch andere Faktoren könnten Richtungskämpfe auslösen, denen das Potenzial einer Elitenspaltung innewohnt. So gab es im Frühjahr 2023 Anzeichen für einen intraelitären Dissens darüber, ob der Krieg wie bisher weitergeführt oder eskaliert bzw. – weniger deutlich – möglichst schnell beendet werden sollte.

Aus der Perspektive der patronalen Politik wiederum kommt den Situationsdeutungen und Erwartungen der politisch-ökonomischen Elitennetzwerke in Bezug auf den Zeithorizont des Präsidenten, seine Handlungsfähigkeit und Popularität in der Bevölkerung zentrale Bedeutung zu (> Kap. 5.1). Wenn er z.B. aufgrund einer Kriegsniederlage, Alter, Krankheit oder mangelnder Durchsetzungskraft als geschwächt erscheint, ist zu erwarten, dass unter den Eliten ein mehr oder weniger offener Wettbewerb um die anstehende Amtsnachfolge ausbricht. Dabei werden Bündnisse sondiert bzw. eigene Ansprüche angemeldet. Im günstigen Fall mündet dies in eine friedliche Einigung auf einen neuen Chefpatron und die Rekonfiguration der Machtpyramide anlässlich von Wahlen. So könnte eine Elitenspaltung abgewendet oder beigelegt und die Kontinuität des Regimes zumindest temporär gesichert werden, falls sie von den wichtigsten patronalen Netzwerken getragen wird.

Denkbar ist aber auch, dass ressourcenstarke Elitengruppen, darunter Angehörige der Gewaltapparate, einen Staatsstreich unternehmen, um Putin (oder einen nicht konsensfähigen Nachfolger) zu stürzen. Glaubt man der Statistik, so nimmt die Wahrscheinlichkeit von Staatsstreichen mit dem Regime-Alter allerdings ab: Autoritäre Herrscher, die sich dauerhaft halten konnten, haben sich offensichtlich als fähig erwiesen, die Regime-Eliten effektiv zu kontrollieren (Kendall-Taylor/Frantz 2022: 85–86).

Theoretisch plausibel und empirisch gut belegt ist auch das Argument, die Personalisierung von Macht reduziere das Risiko von Putschen: Weil individuelle Karrieren an den Inhaber des höchsten Staatsamts gebunden sind, verlieren die Eliten möglicherweise nicht ihre Ambitionen, wohl aber ihre Fähigkeit, dessen politische und personelle Entscheidungen wirksam einzuschränken und ihm glaubhaft mit Amtsenthebung zu drohen (Svolik 2012: Kap. 3; Geddes et al. 2018: Kap. 4). Wie wir in Kapitel 8.3 erörtert haben, gilt das insbesondere für die Sicherheitseliten, die sich aufgrund ihrer Fragmentierung und der direkten Unterstellung unter den Präsidenten gegenseitig ausbalancieren. Ohne ihren Seitenwechsel aber kann kein Personalaustausch im Amt erfolgreich sein.

9 Bilanz und Ausblick: ein Regime ohne Zukunft?

Belegt ist schließlich, dass längere zwischenstaatliche Kriege das Risiko von Staatsstreichen senken, weil sie zwar intraelitäre Konflikte provozieren können, aber auch die Fähigkeit des Militärs einschränken, als innenpolitischer Akteur aktiv zu werden (Piplani/Talmadge 2016). Konkret für Russland wird argumentiert, dass der Krieg gegen die Ukraine die Kapazitäten für die Vorbereitung eines Staatsstreichs bindet. Die hohe Zahl an personellen Kriegsverlusten in mittleren und höheren Rängen verringere zudem die Handlungsfähigkeit des Militärs. Da die Sicherheitskräfte auch Nutznießer des Krieges sind, weil er ihre Bedeutung für die Regimestabilität steigert, fehle ihnen nicht zuletzt das Motiv für einen Putsch (Kendall-Taylor/Frantz 2023).

Die Meuterei der „Gruppe Wagner"

Am 23. Juni 2023 verkündete Jewgeni Prigoschin, Chef der „Gruppe Wagner" (> Kap. 8.3), einen „Marsch der Gerechtigkeit" seiner Söldner nach Moskau, um seiner Forderung nach dem Rücktritt der Armeeführung Nachdruck zu verleihen. Bereits seit Monaten hatte er sie wegen vorgeblich mangelnder Unterstützung, fehlendem Nachschub für seine Truppen und einer ineffektiven Kriegsführung heftig kritisiert; nun behauptete er, vom Verteidigungsministerium sogar militärisch attackiert worden zu sein.

Aus der Ukraine kommend, besetzten seine Truppen am Morgen des 24. Juni die südrussische Regionalhauptstadt Rostow am Don und näherten sich Moskau bis auf 200 km. Noch am Abend desselben Tages stoppte Prigoschin die Aktion jedoch. Dem lag offenbar ein vom belarusischen Präsidenten Alexander Lukaschenko vermittelter Deal mit dem Regime zugrunde, der ihm und allen anderen Beteiligten Straffreiheit zusicherte, die Privatarmee auflöste und ihren Angehörigen u.a. das Angebot machte, sich in das reguläre Militär einzugliedern.

Viele Details dieses Aufstands und ihrer Hintergründe bleiben im Dunkeln. Es handelte sich vermutlich nicht um einen Putschversuch gegen Putin. Eher ist er dem relativ seltenen – aus insbesondere afrikanischen Ländern bekannten – Typus einer Meuterei zuzurechnen, deren Zweck darin besteht, unter Umgehung des blockierten „militärischen Dienstwegs" in direkte Kommunikation mit dem Präsidenten und Oberbefehlshaber der Armee zu treten. Damit wäre dieser Aufstand eine der Erscheinungsformen intraelitärer Konkurrenz um die Gunst des Präsidenten und um Ressourcen, (noch) nicht aber einer das Regime existenziell bedrohenden Spaltung seiner Eliten (Rogov 2023b).

Gleichzeitig legte der Aufstand einerseits nahe, dass Putin nicht in der Lage war, die Eskalation der seit Monaten offen ausgetragenen Rivalitäten zwischen den Gewaltakteuren zu kontrollieren. Andererseits reagierten weder das Militär noch die Regime-Eliten mit expliziten Loyalitätsbekundungen für den Präsidenten, sondern verhielten sich überwiegend abwartend; einige von ihnen scheinen sogar versucht zu haben, sich abzusetzen. Die Meuterei kann daher durchaus als ein Anzeichen für die Schwächung von Putins Position als Chef der patronalen Machtpyramide interpretiert werden. Manche Expert:innen halten es für möglich, dass sie die Aussichten auf einen Staatsstreich vergrößert hat (Baunov et al. 2023).

Szenario II: Massenproteste

Eine keineswegs hinreichende, jedoch notwendige Randbedingung für einen Machtwechsel in Russland kann darin gesehen werden, dass Teile der Bevölkerung die Situation als unbefriedigend bewerten und Veränderungen verlangen. Beobachter:innen halten insbesondere wirtschaftliche Probleme, etwa infolge von Sanktionen oder einer langen Kriegsdauer, militärische Rückschläge bis hin zu einer Kriegsniederlage – was immer das konkret bedeuten würde – oder eine massenhafte Mobilmachung für die Armee für potenziell destabilisierend. Auch wenn es bisher kaum belastbare Zeichen einer solchen Unzufriedenheit gibt, ist sie längerfristig nicht auszuschließen.

Allerdings könnte eine solche Entwicklung durch die erfolgreiche patriotische Mobilisierung der Bevölkerung gebremst werden. Denkbar ist, dass der gegenwärtige *Rally-around-the-flag*-Effekt länger anhalten wird. Dafür spricht z.B., dass die Teilmobilisierung für das Militär im Herbst 2022 zwar ein Schock war und den Krieg in viele Familien trug, aber lediglich zu einem sehr kurzen und außerordentlich geringen Einbruch der Popularität Putins führte (> Kap. 6.1). Auch Menschen, die den Krieg gegen die Ukraine nicht unterstützen, wünschen meist keine militärischen Misserfolge oder gar eine Niederlage ihres Landes. Der offizielle Diskurs über Russland als einzigartige Zivilisation und „belagerte Festung" dürfte vielmehr sogar im Falle eines ungünstigen Kriegsverlaufs den Zusammenschluss um Putin verstärken, denn er würde die Propaganda gewissermaßen verifizieren. Wie die Erfahrung zeigt, haben autoritäre Regime, die Angriffskriege führten, selbst vollständige militärische Debakel oft überlebt (Mueller 2022).

Die meisten politikwissenschaftlichen Russland-Expert:innen halten vereinzelte lokale Proteste in den Regionen für möglich, landesweite Massenproteste, die zum Sturz des Regimes führen, aber für äußerst unwahrscheinlich (Golosov 2023; Gel'man 2023). Erstens sind aus den genannten Gründen und aus Angst vor Chaos und Bürgerkrieg vermutlich nur wenige Menschen zu öffentlichen Protesten bereit. Zweitens hat das Regime alle Organisationen zerschlagen, die solche Proteste koordinieren könnten. Buchstäblich alle Politiker:innen, die in der Lage wären, Alternativen zu verkörpern, sind emigriert oder in Strafkolonien.

Drittens steht vielen Unzufriedenen die Möglichkeit offen, das Land zu verlassen. Tatsächlich können davon wohl fast nur gut ausgebildete, finanziell hinreichend abgesicherte, weltoffene und sozial mobile Menschen Gebrauch machen, aber gerade sie sind die typischen Träger:innen demokratieorientierter Proteste. Der individuelle Ausweg aus einer Situation, die als unerträglich wahrgenommen wird, ist leichter zugänglich und aussichtsreicher als der Versuch, kollektives Handeln zu organisieren, dessen Erfolgswahrscheinlichkeit gering ist.

All das schließt Massenunruhen nicht zuverlässig aus, wie man etwa aus den führerlosen Revolutionen von 1989 oder dem „Arabischen Frühling" weiß. Die Koordination von Protestaktivitäten kann auch spontan erfolgen, die sozialen Netzwerke können das Fehlen von Koordinationsstrukturen weitgehend kompensieren, und die Größe der Proteste könnte weniger wichtig sein als ihr Zeitpunkt und Ort. Wahrscheinlichkeit und Erfolgsaussichten von Bevölkerungsprotesten

9 Bilanz und Ausblick: ein Regime ohne Zukunft?

werden aber zudem noch durch einen vierten Faktor beeinflusst – die Repressionskapazität des Regimes. Sie ist sehr hoch und wegen ihrer auf Selektivität beruhenden Abschreckungswirkung effektiv, ohne für das Regime allzu kostspielig zu sein.

Szenario III: Zusammentreffen von Massenprotesten und Elitenspaltung

Ein irregulärer Sturz des Putin-Regimes dürfte dann am wahrscheinlichsten sein, wenn Massenproteste auf eine Spaltung der Eliten treffen, abtrünnige Regime-Insider willens und fähig sind, das Potenzial der Mobilisierung von unten zum Zwecke ihres Aufstiegs an die Spitze des Staates zu nutzen und die Protestierenden eine solche Allianz akzeptieren (Hale 2019; Kendall-Taylor/Frantz 2022: 86).

Dieses Szenario lässt sich zum einen damit begründen, dass die Personalisierung eines Regimes auch negative Folgen für seine Stabilität birgt (Grundholm 2020): Erstens könnten unzufriedene Elitengruppen zu der Auffassung gelangen, dass der Präsident sich dank der vollständigen Konzentration der Macht in seinen Händen nicht mehr an das Arrangement der Machtaufteilung gebunden fühlt (> Exkurs auf S. 54). Ein Wechsel auf die Seite von Regimegegner:innen könnte ihnen daher unter Umständen größeren Nutzen versprechen als das Festhalten an Loyalität. Womöglich steigt auch die Unsicherheit über ihre persönliche Zukunft, etwa weil das Regime zunehmend repressiver gegen Angehörige der Eliten vorgeht. Falls sie tatsächlich in das Anti-Regime-Lager wechseln, stärken sie dieses wesentlich, denn sie bringen Organisationsressourcen, Insiderwissen sowie typischerweise auch Anhänger:innen mit. Das würde die Erfolgsaussichten von sowohl friedlichen wie gewaltsamen Protesten steigern.

Zweitens hat die Regimepersonalisierung auch eine Schattenseite in Bezug auf die staatlichen Sicherheitsapparate. Sie beschränkt deren Koordinationsfähigkeit – was die Putschgefahr senkt –, aber auch ihre Kampfkraft. Das wiederum steigert die Erfolgsaussichten von Massenprotesten. Im Extremfall würde dieses Szenario in einen Bürgerkrieg und den Zerfall des Staates münden.

In der Perspektive der patronalen Politik (Hale 2019) ist es die Kombination mit Wahlen, die starke Anreize für abtrünnig gewordene Regime-Insider setzt, ein Bündnis mit protestbereiten Akteuren außerhalb der Eliten einzugehen. Der Grund dafür besteht darin, dass die Legitimation der Machtausübung letztlich in Präsidentschaftswahlen errungen werden muss. Daher benötigen eventuelle Herausforderer die Unterstützung der Bevölkerung. Sie könnten eine Massenmobilisierung von unten nutzen, um sie als Ressource im Machtkampf einzusetzen, wobei sogar die Forderung nach Demokratie erhoben werden könnte.

Diese Logik stand hinter den „Bunten Revolutionen", die in einigen Ländern des östlichen Europas in den 2000er Jahren stattfanden (> Exkurs auf S. 187). Im Erfolgsfall brachten sie Politiker an die Macht, die im Vorgänger-Regime zeitweilig die Position des (Premier-)Ministers bekleidet, sich dann aber von ihm abgewandt hatten. Allerdings ist das Putin-Regime deutlich repressiver und würde die Bildung solcher Bündnisse keinesfalls dulden. Man kann sich eine solche Entwicklung nur vorstellen, sollte es mindestens rudimentäre Organisations- und Kommunikationsstrukturen im illegalen Untergrund geben.

Solange das Putin-Regime existiert, ist nicht mit einer politischen Öffnung zu rechnen. Wahrscheinlicher ist, dass seine Repressivität weiterhin steigt. Diese Erwartung wird nicht nur durch die Ausnahmesituation des Krieges genährt, sondern entspricht auch der typischen Dynamik, die autoritäre Regime mit wachsender Lebensdauer aufweisen (Kendall-Taylor/Frantz 2022: 86–88). Repressivere Autokratien neigen auch zur Einführung einer offiziellen Staatsideologie (Guriev/Treisman 2022: 85). Die geostrategische Konfrontation mit dem Westen, in der das Putin-Regime seine – wie lange auch immer andauernde – Spätphase durchlebt, wirkt sowohl einer Elitenspaltung wie einer breiten Anti-Regime-Mobilisierung auch deshalb entgegen, weil sie das vom Regime verbreitete und von großen Teilen der Bevölkerung geglaubte Narrativ von Russland als einer „belagerten Festung" zu bestätigen scheint.

Wie wahrscheinlich ist ein neuer Demokratisierungsversuch?

Was ändert sich, wenn Putin eines Tages nicht mehr Präsident sein wird? Auf der Grundlage eines modernisierungstheoretisch begründeten Optimismus und der Vorstellung, der autoritäre Charakter des Regimes sei das Werk Putins und des „Putinismus", glaubte beispielsweise Michael McFaul noch vor Kurzem, dass eine baldige Demokratisierung deutlich wahrscheinlicher sei als eine Fortsetzung des Regimes für weitere zwei Jahrzehnte (McFaul 2021: 25). Skeptischer war Wladimir Gelman, der die Bedingungen für einen erneuten Demokratisierungsversuch in den letzten Jahren für schlechter hielt als in den 1990ern. Dennoch gönnte er sich einen „bias for hope" in einem mittel- bis langfristigen Zeithorizont (Gel'man 2015a: 19–27, 153–154). Der Überfall Russlands auf die Ukraine hat jedoch zu Ernüchterung in der Forschung geführt: „No one seriously believes that liberal forces will come to power in Russia in the foreseeable future" (Rutland 2023: 3).

Auch in dieser Frage liefern statistische Erkenntnisse einige Anhaltspunkte. Sie haben die lange unhinterfragte Annahme widerlegt, auf den Zusammenbruch eines autoritären Regimes folge gewissermaßen selbstverständlich die Etablierung einer Demokratie. Für den Zeitraum 1946–2019 lässt sich nachweisen, dass ein Jahr nach dem Ausscheiden eines autoritären Herrschers mit über 20-jähriger Amtsdauer in 45% der Fälle noch immer das gleiche autoritäre Regime existierte wie zuvor. In 31% weiteren war ein neues autoritäres Regime mit neuen Spielregeln und einer neuen Unterstützerbasis entstanden. In lediglich 24% hatte eine Demokratisierung begonnen und sogar in nur 20%, wenn zuvor ein personalistische Regime geherrscht hatte (Kendall-Taylor/Frantz 2022: 90).

Folgt man der Logik von Hales Theorie der patronalen Politik (> Kap. 9.1), so wird nach dem Putin-Regime nahezu unvermeidlich ein neues patronales Regime entstehen. Je nach seinen Entstehungsbedingungen könnte es unter günstigen Umständen aber zumindest in seinen Anfängen weniger personalistisch sein. Sollte es zudem zu einer Verfassungsänderung kommen, die den Präsidenten schwächt und die Position des Premierministers stärkt, so könnte es auf Dauer durch größeren Pluralismus und mehr politischen Wettbewerb gekennzeichnet sein.

Fasst man die in diesem Kapitel diskutierten Befunde der Vergleichenden Autoritarismusforschung zusammen, so muss konstatiert werden, dass ein Zusammenbruch des Putin-Regimes aus empirischen und theoretisch plausiblen Gründen kurzfristig nicht zu erwarten ist. Angesichts der vielfach gemachten Erfahrung von Politikwissenschaftler:innen, dass stabil erscheinende Regime mitunter überraschend schnell zusammenbrechen (z.B. Kuran 1991), sollte er aber nicht völlig ausgeschlossen werden. Das gilt um so mehr mittel- oder langfristig, da eine Nachfolgekrise aus heutiger Sicht als kaum vermeidbar scheint.

Dass sich damit eine neue Chance für die Demokratisierung Russlands eröffnen könnte, erscheint unserer Auffassung nach jedoch auch in einem nach Jahrzehnten bemessenen Zeithorizont als nicht wahrscheinlich – zumindest wenn man darunter einen neuen Anlauf zu einer „Westernisierung" Russlands versteht, also die Einführung einer liberalen marktwirtschaftlichen Demokratie und ihre Integration in die liberale internationale Ordnung.

Diese Aussichten werden durch das Fehlen nicht nur einer organisierten Opposition, sondern auch der entsprechenden Nachfrage nach Demokratie beschränkt. Dafür sind mehrere Faktoren verantwortlich, darunter die in der kollektiven Erinnerung verankerten und von der Regimepropaganda bestärkten Enttäuschungen der „wilden 1990er Jahre", der offizielle und von der Bevölkerung in wesentlichen Elementen geteilte Identitätsdiskurs über die zivilisatorische Einzigartigkeit und Souveränität Russlands und nicht zuletzt seine Verknüpfung mit einer Konstellation der ideologisch aufgeladenen geostrategischen Konkurrenz und Konfrontation.

> **Weiterführende Literatur**
>
> Gel'mans (2015a) Interpretation der postsowjetischen Entwicklung Russlands von den frühen 1990ern bis Mitte der 2010er Jahre verbindet detaillierte Informationen mit einer neoinstitutionalistischen Interpretation des Scheiterns der Demokratisierung. Der Forschungsstand zu den Ursachen dafür wird in Sakwa (2023) und Fish (2017) zusammengefasst.
> Zur Außenpolitik empfehlen wir die einschlägigen Überblickskapitel in Slider/Wegren (2023) und Wengle (2023). Noch umfassender sind Tsygankovs (2022b) Gesamtdarstellung des Zeitraums 1979–2022 sowie das *Routledge Handbook of Russian Foreign Policy* (Tsygankov 2018), das zudem vielfältige Theorieperspektiven auf dieses Thema abbildet.
> In der Zeitschrift *Leviathan* (2022, 50. Jahrgang, Heft 2 und 3) wird eine der ersten Theoriedebatten über die Gründe und Ursachen von Russlands Überfall auf die Ukraine aus der Perspektive der Internationalen Beziehungen geführt. Exemplarisch verdeutlicht sie auch die normativen und politischen Implikationen sozialwissenschaftlicher Theorien. Die Konkurrenz von Erklärungen lässt sich besonders gut an zwei weiteren Ereignissen verfolgen, die bereits etwas länger zurückliegen: In Goldgeier/Shifrinson (2023) finden sich mehrere Aufsätze über die Auswirkungen der NATO-Osterweiterungen auf die Beziehungen zwischen Russland und dem Westen; der Entscheidungsprozess bis zum NATO-Beitritt Polens, Tschechiens und Ungarns (1999) wird von Sarotte (2021) detailliert

rekonstruiert. Für eine multiperspektivische Sicht auf Russlands Annexion der Krim (2014) kann man zusätzlich zu den in Kap. 9.2 zitierten Texten mit Gewinn z.B. auch Fortescue (2017), Treisman (2018a) und Fumagalli/Rymarenko (2022) lesen.

Um einen Einblick in die komplizierten Prozesse der Nations- und Staatsbildung Russlands sowie der Ukraine seit dem Mittelalter zu gewinnen, sollte man sich an Historiker:innen wenden. Wir empfehlen Kappeler (2022b) und den Vorlesungszyklus *The Making of the Modern Ukraine* von Snyder (2022a) an der Yale University, der auf *YouTube* verfügbar ist. Kappeler (2021) und Nußberger (2022b) analysieren und widerlegen Putins Interpretation der Geschichte der russisch-ukrainischen Beziehungen und seine Rechtfertigung des Überfalls auf das Nachbarland.

Literaturverzeichnis

Aasland, Aadne/Berg-Nordlie, Mikkel/Bogdanova, Elena (2016): Encouraged but Controlled: Governance Networks in Russian Regions. In: East European Politics 32: 2, 148–169.

Agadjanian, Alexander (2017): Tradition, Morality and Community: Elaborating Orthodox Identity in Putin's Russia. In: Religion, State and Society 45: 1, 39–60.

Alexeev, Michael V./Pyle, William (2022): A Blind and Militant Attachment: Russian Patriotism in Comparative Perspective, München. CESifo Working Paper: 9994. DOI: https://dx.doi.org/10.2139/ssrn.4246401, 24.3.2023.

Alexseev, Mikhail A./Hale, Henry E. (2016): Rallying 'round the Leader More Than the Flag: Changes in Russian Nationalist Public Opinion 2013–14. In: Kolstø, Pål/Blakkisrud, Helge (Hrsg.): The New Russian Nationalism: Ethnicity and Authoritarianism 2000–2015, Edinburgh: Edinburgh University Press, 192–220.

Aljukov, Maksim/Belokrysova, Aida/Denisenko, Alja/Erpyleva, Svetlana et al. (2023): Smirit'sja s neizbežnost'ju: Kak rossijane opravdyvajut voennoe vtorženie v Ukrainu? Osen'-zima 2022. Laboratorija publičnoj sociologii, 10.5.2023. https://drive.google.com/file/d/1j8EhDTFJu5vnzz-gjKzF7DmYPTH3V8ni/view, 14.5.2023.

Almond, Gabriel/Verba, Sydney (1963): The Civic Culture: Political Attitudes and Democracy in Five Nations, Princeton: Princeton University Press.

Almond, Gabriel A./Powell, G. Bingham (1966): Comparative Politics. A Developmental Approach, Boston: Little & Brown.

Al'perovič, Vera (2022): Russkie nacionalisty na ukrainskom i ideologičeskom "frontach". Publičnaja aktivnost' ul'trapravych grupp, leto-osen' 2022 goda. SOVA, 19.12.2022. https://www.sova-center.ru/racism-xenophobia/publications/2022/12/d47447/, 21.7.2023.

Al'perovič, Vera (2023): Nacionalisty naraščivajut temp. Publičnaja aktivnost' ul'trapravych grupp, zima-vesna 2023 goda. SOVA, 10.7.2023. https://www.sova-center.ru/racism-xenophobia/publications/2023/07/d48353/?sphrase_id=1570067/, 21.7.2023.

Alyukov, Maxim (2021): News Reception and Authoritarian Control in a Hybrid Media System: Russian TV Viewers and the Russia-Ukraine Conflict. In: Politics. DOI: 10.1177/02633957211041440.

Alyukov, Maxim (2022): Making Sense of the News in an Authoritarian Regime: Russian Television Viewers' Reception of the Russia–Ukraine Conflict. In: Europe-Asia Studies 74: 3, 337–359.

Armstrong, David/Reuter, Ora John/Robertson, Graeme B. (2020): Getting the Opposition Together: Protest Coordination in Authoritarian Regimes. In: Post-Soviet Affairs 36: 1, 1–19.

Arnason, Johann P. (2000): Communism and Modernity. In: Daedalus 129: 1, 61–90.

Arutjunov, Andronik/Špil'kin, Sergej (2022): Matematičeskie metody fiksacii sposobov dostiženija celej i zadač avtoritarnoj vlasti. In: Luk'janova, Elena/Porošin, Evgenij (Hrsg.): Vybory strogogo režima, Moskva: Mysl', 341–364.

Askerov, Ali/Brooks, Stefan/Tchantouridzé, Lasha (2020): Post-Soviet Conflicts. The Thirty Years' Crisis, Lanham: Lexington Books.

Åslund, Anders (2019): Russia's Crony Capitalism. The Path from Market Economy to Kleptocracy, New Haven: Yale University Press.

Bach, Daniel C./Gazibo, Mamoudou (2012): Neopatrimonialism in Africa and Beyond, London: Routledge.

Bader, Max/van Ham, Carolien (2015): What Explains Regional Variation in Election Fraud? Evidence from Russia: A Research Note. In: Post-Soviet Affairs 31: 6, 514–528.

Bækken, Håvard (2019): Law and Power in Russia. Making Sense of Quasi-Legal Practices, New York: Routledge.

Bailey, Riley/Stepanenko, Kateryna (2023): Russian Offensive Campaign Assessment. Institute for the Study of War, 30.4.2023. https://www.understandingwar.org/backgrounder/russian-offensive-campaign-assessment-april-30-2023, 22.5.2023.

Barany, Zoltan (2023): Armies and Autocrats: Why Putin's Military Failed. In: Journal of Democracy 34: 1, 80–94.

Batinti, Alberto/Kopstein, Jeffrey (2022): Is Russia Really a Normal Country? A Numerical Taxonomy of Russia in Comparative Perspective. In: Constitutional Political Economy 33: 2, 217–232.

Baturo, Alexander/Elkink, Johan A. (2021): The New Kremlinology: Understanding Regime Personalization in Russia, Oxford: Oxford University Press.

Baunov, Aleksandr/Komin, Michail/Šul'man, Ekaterina: V svoem piru pochmel'e. Kakie poseldstviya budut u mjateža Prigožina. Carnegie Endowment for International Peace, 10.7.2023. https://carnegieendowment.org/politika/90155, 20.7.2023.

BBC (2012): Russia Expels USAID Development Agency, 19.9.2012. https://www.bbc.com/news/world-europe-19644897, 17.1.2023.

Becker, Uwe/Vasileva, Alexandra (2017): Russia's Political Economy Re-conceptualized: A Changing Hybrid of Liberalism, Statism and Patrimonialism. In: Journal of Eurasian Studies 8: 1, 83–96.

Bederson, Vsevolod/Semenov, Andrei (2021): Political Foundations of State Support for Civil Society: Analysis of the Distribution of Presidential Grants in Russia. In: Post-Soviet Affairs 37: 6, 544–558.

Beissinger, Mark R. (2002): Nationalist Mobilization and the Collapse of the Soviet State, Cambridge: Cambridge University Press.

Belokrysova, Aida/Aljukov, Maksim/Denisenko, Alja/Erpyleva, Svetlana et al. (2022): Dalëkaja blizkaja vojna: Kak rossijane vosprinimajut voennye dejstvija v Ukraine. Fevral'-ijun 2022. Laboratorija publichnoj sociologii, 12.9.2022. https://drive.google.com/file/d/1I7fkLApAHhDiMp1sz7gbPokCYTCdOC6n/view, 14.5.2023.

Belton, Catherine (2022): Putins Netz. Wie sich der KGB Russland zurückholte und dann den Westen ins Auge fasste, Hamburg: HarperCollins.

Bernhard, Michael/Edgell, Amanda B./Lindberg, Staffan I. (2020): Institutionalising Electoral Uncertainty and Authoritarian Regime Survival. In: European Journal of Political Research 59: 2, 465–487.

Bindman, Eleanor/Kulmala, Meri/Bogdanova, Elena (2019): NGOs and the Policy-Making Process in Russia: The Case of Child Welfare Reform. In: Governance 32: 2, 207–222.

Blackburn, Matthew (2021): Mainstream Russian Nationalism and the "State-Civilization" Identity: Perspectives from Below. In: Nationalities Papers 49: 1, 89–107.

Blackburn, Matthew/Petersson, Bo (2022): Parade, Plebiscite, Pandemic: Legitimation Efforts in Putin's Fourth Term. In: Post-Soviet Affairs 38: 4, 293–311.

Blakkisrud, Helge (2014): Governing the Governors: Legitimacy vs. Control in the Reform of the Russian Regional Executive. In: East European Politics 31: 1, 104–121.

Blakkisrud, Helge (2023): *Russkii* as the New *Rossiiskii*? Nation-Building in Russia After 1991. In: Nationalities Papers 51: 1, 64–79.

Blasi, Joseph R./Kroumova, Maya/Kruse, Douglas L. (1997): Kremlin Capitalism. The Privatization of the Russian Economy, Ithaca: Cornell University Press.

Bluhm, Katharina/Brand, Martin (2019): "Traditional Values" Unleashed. The Ultraconservative Influence on Russian Family Policy. In: Bluhm, Katharina/Varga, Mihai (Hrsg.): New Conservatives in Russia and East Central Europe, London, New York: Routledge, 223–244.

Bluhm, Katharina (2023): Russland und der Westen. Ideologie, Ökonomie und Politik seit dem Ende der Sowjetunion, Berlin: Matthes & Seitz.

Bogdanova, Elena/Cook, Linda J./Kulmala, Meri (2018): The Carrot or the Stick? Constraints and Opportunities of Russia's CSO Policy. In: Europe-Asia Studies 70: 4, 501–513.

Boix, Carles/Miller, Michael/Rosato, Sebastian (2013): A Complete Data Set of Political Regimes, 1800–2007. In: Comparative Political Studies 46: 12, 1523–1554.
Boix, Carles/Svolik, Milan W. (2013): The Foundations of Limited Authoritarian Government: Institutions, Commitment, and Power-Sharing in Dictatorships. In: The Journal of Politics 75: 2, 300–316.
Bönker, Kirsten (2022): Den Kalten Krieg neu denken? Neue Studien zum Kalten Krieg. In: Neue politische Literatur 67: 2, 168–204.
Borisova, Tatiana/Burbank, Jane (2018): Russia's Legal Trajectories. In: Kritika: Explorations in Russian and Eurasian History 19: 3, 469–508.
Borogan, Irina/Soldatov, Andrei/Grossfeld, Elena/Richterova, Daniela (2023): What Impact Has the War on Ukraine Had on Russian Security and Intelligence? King's College London, 22.2.2023. https://www.kcl.ac.uk/what-impact-has-the-war-on-ukraine-had-on-russian-security-and-intelligence, 22.5.2023.
Bova, Russell (1991): Political Dynamics of the Post-Communist Transition: A Comparative Perspective. In: World Politics 44: 1, 113–138.
Brancati, Dawn (2014): Democratic Authoritarianism: Origins and Effects. In: Annual Review of Political Science 17: 1, 313–326.
Brand, Martin (2018): Carrot and Stick: How It Was Possible to Raise the Retirement Age in Russia. Russian Analytical Digest: 225, 2–6. https://css.ethz.ch/publikationen/russian-analytical-digest/russian-analytical-digest-alle-ausgaben.html, 6.3.2023.
Brooks, Stephen G./Wohlforth, William C. (2000): Power, Globalization, and the End of the Cold War. In: International Security 25: 3, 5–53.
Brown, Archie (2000): Der Gorbatschow-Faktor. Wandel einer Weltmacht, Frankfurt am Main: Insel.
Brubaker, Rogers (1994): Nationhood and the National Question in the Soviet Union and Post-Soviet Eurasia: An Institutionalist Account. In: Theory and Society 23: 1, 47–78.
Brunner, Georg (1977): Politische Soziologie der UdSSR. Teil II, Wiesbaden: Akademische Verlagsgesellschaft.
BTI (2022): Bertelsmann Transformation Index 2022. Bertelsmann Stiftung. www.bti-project.org/de/, 27.6.2022.
Bunce, Valerie/Echols, John M. (1980): Soviet Politics in the Brezhnev Era: "Pluralism" or "Corporatism"? In: Kelley, Donald R. (Hrsg.): Soviet Politics in the Brezhnev Era, New York: Praeger, 1–26.
Bunce, Valerie (1983): The Political Economy of the Brezhnev Era: The Rise and Fall of Corporatism. In: British Journal of Political Science 13: 2, 129–158.
Bunce, Valerie (2000): Comparative Democratization. Big and Bounded Generalizations. In: Comparative Political Studies 33: 6/7, 703–734.
Bunce, Valerie/Wolchik, Sharon L. (2011): Defeating Authoritarian Leaders in Postcommunist Countries, Cambridge: Cambridge University Press.
Chaisty, Paul/Schleiter, Petra (2002): Productive but Not Valued: The Russian State Duma, 1994-2001. In: Europe-Asia Studies 54: 5, 701–724.
Chaisty, Paul/Whitefield, Stephen (2013): Forward to Democracy or Back to Authoritarianism? The Attitudinal Bases of Mass Support for the Russian Election Protests of 2011–2012. In: Post-Soviet Affairs 29: 5, 387–403.
Chebankova, Elena (2009): Russia's Noncovenantal Federalism: Past and Present. In: Journal of Church and State 51: 2, 312–340.
Cheibub, José Antonio/Gandhi, Jennifer/Vreeland, James Raymond (2010): Democracy and Dictatorship Revisited. In: Public Choice 143: 1/2, 67–101.
Chronicles (2023): A Year of War as Seen by Russians. Chronicles Project. https://www.chronicles.report/en/, 5.6.2023.
Colomer, Josep M. (2000): Strategic Transitions. Game Theory and Democratization, Baltimore, London: The Johns Hopkins University Press.

Colton, Timothy J./McFaul, Michael (2003): Russian Democracy under Putin. In: Problems of Post-Communism 50: 4, 12–21.
Cook, Linda J. (2007): Postcommunist Welfare States. Reform Politics in Russia and Eastern Europe, Ithaca: Cornell University Press.
Cook, Linda J./Dimitrov, Martin K. (2017): The Social Contract Revisited: Evidence from Communist and State Capitalist Economies. In: Europe-Asia Studies 69: 1, 8–26.
Coppedge, Michael/Denison, Benjamin/Friesen, Paul/Tiscornia, Lucía/Xu, Yang (2022): International Influence: The Hidden Dimension. In: Coppedge, Michael (Hrsg.): Why Democracies Develop and Decline, Cambridge: Cambridge University Press, 80–118.
Coppedge, Michael et al. (2023): Varieties of Democracy (V-Dem) Dataset v. 13. Varieties of Democracy (V-Dem) Project. https://doi.org/10.23696/vdemds23, 29.3.2023.
CPI (2022): Corruption Perceptions Index 2021. Transparency International. www.transparency.org/en/cpi/2021, 24.7.2022.
Croco, Sarah E./Weeks, Jessica L. P. (2016): War Outcomes and Leader Tenure. In: World Politics 68: 4, 577–607.
Crowley, Stephen (2021): Putin's Labor Dilemma. Russian Politics between Stability and Stagnation, Ithaca: ILR Press.
D'Anieri, Paul (2022): Commitment Problems and the Failure of the Minsk Process: The Second-Order Commitment Challenge. In: Post-Soviet Affairs 39: 4, 257–272.
Dahl, Robert A. (1989): Democracy and Its Critics, New Haven: Yale University Press.
Dekoder (2022): Krieg in der Ukraine. Hintergründe. Debattenschau № 87: Ist Russland faschistisch?, 16.6.2022. www.dekoder.org/de/article/debattenschau-russland-faschistisch-snyder, 9.7.2022.
Diamond, Larry Jay (1999): Developing Democracy. Toward Consolidation, Baltimore, Md.: Johns Hopkins University Press.
Dollbaum, Jan Matti/Semenov, Andrey/Sirotkina, Elena (2018): A Top-Down Movement with Grass-Roots Effects? Alexei Navalny's Electoral Campaign. In: Social Movement Studies 17: 5, 618–625.
Dollbaum, Jan Matti/Lallouet, Morvan/Noble, Ben (2021): Nawalny: Seine Ziele, seine Gegner, seine Zukunft, Hamburg: Hoffmann und Campe.
Domrin, Alexander N. (2003): Ten Years Later: Society, "Civil Society," and the Russian State. In: The Russian Review 62: 2, 193–211.
Dossier FSB (2020): Čislennost' FSB. https://fsb.dossier.center/number/, 17.5.2023.
Doyle, David/Elgie, Robert (2016): Maximizing the Reliability of Cross-National Measures of Presidential Power. In: British Journal of Political Science 46: 4, 731–741.
Dubowy, Alexander/Luzyanina, Ilona (2021): Das Strafvollzugssystem der Russischen Föderation. Bestrafung statt Resozialisierung? Russland-Analysen 401, 27–31. https://www.laender-analysen.de/russland-analysen/archiv/, 10.6.2023.
Duma (2003): Gosudarstvennaja Duma Federal'nogo Sobranija RF. Tekst stenogrammy zasedanija. In: Bjulleten' 1 (715), ch. 1, 4–31. www.web.archive.org/web/20111208142048/http://www.cir.ru/docs/duma/302/420464?QueryID=3739136&HighlightQuery=3739136, 21.4.2022.
Dunn, John A. (2009): Where Did it All Go Wrong? Russian Television in the Putin Era. In: Beumers, Birgit/Hutchings, Stephen/Rulyova, Natalia (Hrsg.): The Post-Soviet Russian Media, London: Routledge, 42–55.
Dylan, Huw/Gioe, David V./Grossfeld, Elena (2022): The Autocrat's Intelligence Paradox: Vladimir Putin's (Mis)Management of Russian Strategic Assessment in the Ukraine War. In: British Journal of Politics and International Relations. DOI: 10.1177/13691481221146113.
Edenborg, Emil (2021): Anti-Gender Politics as Discourse Coalitions: Russia's Domestic and International Promotion of "Traditional Values". In: Problems of Post-Communism 70: 2, 1–10.

Edgell, Amanda B./Mechkova, Valeriya/Altman, David/Bernhard, Michael/Lindberg, Staffan I. (2018): When and Where Do Elections Matter? A Global Test of the Democratization by Elections Hypothesis, 1900–2010. In: Democratization 25: 3, 422–444.

Ekiert, Grzegorz/Perry, Elizabeth J. (2020): State-Mobilized Movements: A Research Agenda. In: Ekiert, Grzegorz/Perry, Elizabeth J./Yan, Xiaojun (Hrsg.): Ruling by Other Means, Cambridge: Cambridge University Press, 1–23.

Elgie, Robert (2011): Semi-Presidentialism: Sub-Types and Democratic Performance, Oxford: Oxford University Press.

Elster, Jon (1993): The Necessity and Impossibility of Simultaneous Economic and Political Reform. In: Greenberg, Douglas/Katz, Stanley N./Wheatley, Steven C./Oliviero, Melanie Beth (Hrsg.): Constitutionalism and Democracy: Transitions in the Contemporary World, Oxford: Oxford University Press, 267–274.

Engerman, David C. (2009): Know Your Enemy. The Rise and Fall of America's Soviet Experts, Oxford: Oxford University Press.

ER (2021): Ustav Partii „Edinaja Rossija". Webseite der Partei „Einiges Russland". https://er.ru/party/rule, 16.1.2023.

Escribà-Folch, Abel/Böhmelt, Tobias/Pilster, Ulrich (2020): Authoritarian Regimes and Civil-Military Relations: Explaining Counterbalancing in Autocracies. In: Conflict Management and Peace Science 37: 5, 559–579.

Etkind, Alexander/Shcherbak, Andrei (2008): The Double Monopoly and Its Technologists: The Russian Preemptive Counterrevolution. In: Demokratizatsiya 16: 3, 229–239.

Evans, Alfred B./Henry, Laura A./Sundstrom, Lisa McIntosh (Hrsg.) (2006): Russian Civil Society: A Critical Assessment, Armonk: Routledge.

Evans, Alfred B./Plantan, Elizabeth (2023): Civil Society and Social Movements. In: Slider, Darrell/Wegren, Stephen K. (Hrsg.): Putin's Russia, 8. Aufl., Lanham: Rowman & Littlefield, 111–138.

Evans, Geoffrey/Whitefield, Stephen (1993): Identifying the Bases of Party Competition in Eastern Europe. In: British Journal of Political Science 23: 4, 521–548.

Fainsod, Merle (1953): How Russia Is Ruled, Cambridge, MA: Harvard University Press.

FGA (2023): Noch lange kein Frieden. Friedensgutachten 2023 der deutschen Friedensforschungsinstitute BICC, HSFK, IFSH, INEF, Bielefeld: transcript. www.friedensgutachten.de.

Filippov, Mikhail/Ordeshook, Peter C. (1997): Who Stole What in Russia's December 1993 Elections. In: Demokratizatsiya 4: 1, 36–52.

Fish, M. Steven (1995): Democracy from Scratch. Opposition and Regime in the New Russian Revolution, Princeton: Princeton University Press.

Fish, M. Steven/Kroenig, Matthew (2009): The Handbook of National Legislatures, Cambridge: Cambridge University Press.

Fish, M. Steven (2017): What Has a Quarter Century of Post-Communism Taught Us About the Correlates of Democracy? In: Fish, M. Steven/Gill, Graeme J./Petrović, Milenko (Hrsg.): A Quarter Century of Post-Communism Assessed, Cham: Palgrave Macmillan, 11–40.

Fontanka (2019): „Peterburg uže ne budet prežnim". Nezavisimye municipal'nye deputaty Peterburga ob"edinilis' v associaciju, 15.9.2019. https://www.fontanka.ru/2019/09/15/042/, 26.8.2022.

Forrat, Natalia (2018): Shock-Resistant Authoritarianism: Schoolteachers and Infrastructural State Capacity in Putin's Russia. In: Comparative Politics 50: 3, 417–434.

Fortescue, Stephen (2017): Russia's Security-Related Decision-Making: The Case of Crimea. In: Fish, M. Steven/Gill, Graeme J./Petrović, Milenko (Hrsg.): A Quarter Century of Post-Communism Assessed, Cham: Palgrave Macmillan, 295–318.

Fortin, Jessica (2013): Measuring Presidential Powers: Some Pitfalls of Aggregate Measurement. In: International Political Science Review 34: 1, 91–112.

Freedom House (2023): Freedom in the World. www.freedomhouse.org/reports/publication-archives, 24.1.2023.

Friedrich, Carl Joachim (1957): Totalitäre Diktatur, Stuttgart: Kohlhammer.

Fritsch, Rüdiger von (2020): Russlands Weg. Als Botschafter in Moskau, Berlin: Aufbau.

Fröhlich, Christian (2018): Taking Every Opportunity against the State: Anarchists in Contemporary Russia. In: Wennerhag, Magnus/Fröhlich, Christian/Piotrowski, Grzegorz (Hrsg.): Radical Left Movements in Europe, London: Routledge, 230–247.

Fröhlich, Christian/Skokova, Yulia (2020): Two for One: Public Welfare and Regime Legitimacy through State Funding for CSOs in Russia. In: Voluntas 31: 4, 698–709.

Frye, Timothy/Reuter, Ora John/Szakonyi, David (2014): Political Machines at Work Voter Mobilization and Electoral Subversion in the Workplace. In: World Politics 66: 2, 195–228.

Frye, Timothy/Reuter, Ora John/Szakonyi, David (2019): Vote Brokers, Clientelist Appeals, and Voter Turnout: Evidence from Russia and Venezuela. In: World Politics 71: 4, 710–746.

Frye, Timothy (2021): Weak Strongman. The Limits of Power in Putin's Russia, Princeton: Princeton University Press.

Frye, Timothy (2023): Casualties Won't Topple Putin. Foreign Policy, 10.4.2023. https://foreignpolicy.com/2023/04/10/russia-ukraine-casualties-putin-war-military-politics/, 1.5.2023.

Frye, Timothy/Gehlbach, Scott/Marquardt, Kyle L./Reuter, Ora John (2023): Is Putin's Popularity (Still) Real? In: Post-Soviet Affairs 39: 3, 213–222.

FT (2022): How Putin's Technocrats Saved the Economy to Fight a War They Opposed. Financial Times, 15.12.2022. https://www.ft.com/content/fe5fe0ed-e5d4-474e-bb5a-10c9657285d2, 9.6.2023.

Fumagalli, Matteo/Rymarenko, Margaryta (2022): Krym. Rossiya…Navsegda? Critical Junctures, Critical Antecedents, and the Paths Not Taken in the Making of Crimea's Annexation. In: Nationalities Papers, 1–21. DOI: 10.1017/nps.2021.75.

Gabowitsch, Mischa (2017): Protest in Putin's Russia, Cambridge: Polity.

Galeotti, Mark (2020): The Presidential Administration. George C. Marshall European Center for Security Studies: 44, Februar 2022. https://www.marshallcenter.org/en/publications/security-insights/presidential-administration-command-and-control-nexus-putins-russia-0, 26.4.2022.

Galeotti, Mark (2021): The Siloviki-Industrial Complex: Russia's National Guard as Coercive, Political, Economic and Cultural Force. In: Demokratizatsiya 29: 1, 3–30.

Gandhi, Jennifer/Przeworski, Adam (2006): Cooperation, Cooptation, and Rebellion under Dictatorships. In: Economics & Politics 18: 1, 1–26.

Gandhi, Jennifer/Przeworski, Adam (2007): Authoritarian Institutions and the Survival of Autocrats. In: Comparative Political Studies 40: 11, 1279–1301.

Gandhi, Jennifer (2008): Political Institutions under Dictatorship, Cambridge, NY: Cambridge University Press.

Gandhi, Jennifer/Lust-Okar, Ellen (2009): Elections under Authoritarianism. In: Annual Review of Political Science 12: 1, 403–422.

Gandhi, Jennifer/Heller, Abigail/Reuter, Ora John (2020): Shoring up Power: Electoral Reform and the Consolidation of Authoritarian Rule. https://ssrn.com/abstract=3660944, 13.5.2022.

Geddes, Barbara (2003): Paradigms and Sand Castles. Theory Building and Research Design in Comparative Politics, Ann Arbor: University of Michigan Press.

Geddes, Barbara/Wright, Joseph/Frantz, Erica (2014): Autocratic Breakdown and Regime Transitions: A New Data Set. In: Perspectives on Politics 12: 2, 313–331.

Geddes, Barbara/Wright, Joseph/Frantz, Erica (2018): How Dictatorships Work. Power, Personalization, and Collapse, Cambridge, UK: Cambridge University Press.

Gel'man, Vladimir (2005): Political Opposition in Russia. Is it Becoming Extinct? In: Russian Politics and Law 43: 3, 25–50.
Gel'man, Vladimir (2009): Leviathan's Return. The Policy of Recentralization in Contemporary Russia. In: Ross, Cameron/Campbell, Adrian (Hrsg.): Federalism and Local Politics in Russia, London, New York: Routledge, 1–24.
Gel'man, Vladimir (2015a): Authoritarian Russia. Analyzing Post-Soviet Regime Changes, Pittsburgh: University of Pittsburgh Press.
Gel'man, Vladimir (2015b): Political Opposition in Russia: A Troubled Transformation. In: Europe-Asia Studies 67: 2, 177–191.
Gel'man, Vladimir (2015c): The Politics of Fear. How Russia's Rulers Counter Their Rivals. In: Russian Politics & Law 53: 5-6, 6–26.
Gel'man, Vladimir (2022): Why the Kremlin Invaded Ukraine. Wilson Center, 25.3.2022. https://www.wilsoncenter.org/blog-post/why-kremlin-invaded-ukraine, 2.6.2023.
Gel'man, Vladimir (2023): "Po dobroj vole nikto nikogda ne kaetsja". Kakoj budet Rossija posle vojny, Sever.Realii, 24.3.2023. https://tinyurl.com/2p86wdaj, 31.5.2023.
Gellner, Ernest (1991): Nationalismus und Moderne, Berlin: Rotbuch.
Gerber, Theodore P./Zavisca, Jane (2016): Does Russian Propaganda Work? In: The Washington Quarterly 39: 2, 79–98.
Gessen, Masha (2018): Die Zukunft ist Geschichte. Wie Russland die Freiheit gewann und verlor, Berlin: Suhrkamp.
Geyer, Dietrich (1966): „Gesellschaft" als staatliche Veranstaltung: Bemerkungen zur Sozialgeschichte der russischen Staatsverwaltung im 18. Jahrhundert. In: Jahrbücher für Geschichte Osteuropas 14: 1, 21–50.
GFP (2023): 2023 Military Strength Ranking. Global Firepower 2023. https://www.globalfirepower.com/countries-listing.php, 24.5.2023.
Gill, Graeme (2018): Collective Leadership in Soviet Politics, Cham: Palgrave Macmillan.
Gill, Graeme (Hrsg.) (2023): Routledge Handbook of Russian Politics and Society. 2. Aufl., Milton: Taylor & Francis.
Ginsburg, Tom/Simpser, Alberto (2014): Introduction. In: Ginsburg, Tom/Simpser, Alberto (Hrsg.): Constitutions in Authoritarian Regimes, New York: Cambridge University Press, 1–17.
Glazunova, Sofya (Hrsg.) (2022): Digital Activism in Russia. The Communication Tactics of Political Outsiders, Cham: Springer.
Goldgeier, James/Shifrinson, Joshua R. Itzkowitz (Hrsg.) (2023): Evaluating NATO Enlargement. From Cold War Victory to the Russia-Ukraine War, Cham: Palgrave Macmillan.
Goldstone, Jack (2001): Toward a Fourth Generation of Revolutionary Theory. In: Annual Review of Political Science 4, 139–187.
Golos (2018): Sravnitel'nyj analiz finansirovanija parlamentskich partij Rossii v 2012-2017 gg., 7.6.2018. www.golosinfo.org/articles/142780, 26.4.2022.
Golos (2021): Zatiš'e pered burej: Telekanaly zataili's' nakanune dnja golosovanija, 14.9.2021. www.golosinfo.org/articles/145475, 3.2.2022.
Golos (2022): Otvet na popytki CIK Rossii zanizit' čislennost' „lišencev" - graždan Rossii, lišennych passivnogo izbiratel'nogo prava, 2.2.2022. www.golosinfo.org/articles/145787, 18.2.2022.
Golosov, Grigorii V. (2011): The Regional Roots of Electoral Authoritarianism in Russia. In: Europe-Asia Studies 63: 4, 623–639.
Golosov, Grigorii V. (2012): The 2012 Political Reform in Russia. In: Problems of Post-Communism 59: 6, 3–14.
Golosov, Grigorii V./Konstantinova, Marina (2016): Gubernatorial Powers in Russia. In: Problems of Post-Communism 63: 4, 241–252.
Golosov, Grigorii V. (2017): Authoritarian Learning in the Development of Russia's Electoral System. In: Russian Politics 2: 2, 182–205.

Golosov, Grigorii V. (2018): Russia's Centralized Authoritarianism in the Disguise of Democratic Federalism: Evidence from the September 2017 Sub-National Elections. In: International Area Studies Review 21: 3, 231–248.
Golosov, Grigorii V. (2022): Nedorejch. The Insider, 21.6.2022. https://theins.ru/opinions/grigorii-golosov/252340, 6.6.2023.
Golosov, Grigorii V. (2023): Možet li ulica svergnut' Putina? Holod, 18.1.2023. https://holod.media/2023/01/18/ulichniy_protest/, 31.5.2023.
Goode, J. Paul (2007): The Puzzle of Putin's Gubernatorial Appointments. In: Europe-Asia Studies 59: 3, 365–399.
Goode, J. Paul (2010): The Fall and Rise of Regionalism? In: Journal of Communist Studies and Transition Politics 26: 2, 233–256.
Goode, J. Paul (2021a): Becoming Banal: Incentivizing and Monopolizing the Nation in Post-Soviet Russia. In: Ethnic and Racial Studies 44: 4, 679–697.
Goode, J. Paul (2021b): Patriotic Legitimation and Everyday Patriotism in Russia's Constitutional Reform. In: Russian Politics 6: 1, 112–129.
Gorlizki, Yoram/Khlevniuk, Oleg (2020): Substate Dictatorship. Networks, Loyalty, and Institutional Change in the Soviet Union, New Haven: Yale University Press.
Gorokhovskaia, Yana (2019): What It Takes to Win When the Game Is Rigged: The Evolution of Opposition Electoral Strategies in Moscow, 2012–2017. In: Democratization 26: 6, 975–992.
Götz, Elias (2022): Near Abroad: Russia's Role in Post-Soviet Eurasia. In: Europe-Asia Studies 74: 9, 1529–1550.
Götz, Elias/Staun, Jørgen (2022): Why Russia Attacked Ukraine: Strategic Culture and Radicalized Narratives. In: Contemporary Security Policy 43: 3, 482–497.
Grauvogel, Julia/Soest, Christian von (2017): Legitimationsstrategien von Autokratien im Vergleich: Ergebnisse einer neuen Expertenumfrage. In: Zeitschrift für Vergleichende Politikwissenschaft 11: 2, 153–180.
Greene, Samuel A. (2013): Beyond Bolotnaia. In: Problems of Post-Communism 60: 2, 40–52.
Greene, Samuel A. (2017): From Boom to Bust: Hardship, Mobilization and Russia's Social Contract. In: Daedalus 146: 2, 113-127.
Greene, Samuel A./Robertson, Graeme B. (2019): Putin v. the People. The Perilous Politics of a Divided Russia, New Haven: Yale University Press.
Greene, Samuel A./Robertson, Graeme B. (2022): Affect and Autocracy: Emotions and Attitudes in Russia after Crimea. In: Perspectives on Politics 20: 1, 38–52.
Grek, Ivan (2023): The Grassroots of Putin's Ideology: Civil Origins of an Uncivil Regime. In: East European Politics 39: 2, 220–239.
Grundholm, Alexander Taaning (2020): Taking It Personal? Investigating Regime Personalization as an Autocratic Survival Strategy. In: Democratization 27: 5, 797–815.
Gunitsky, Seva/Tsygankov, Andrei P. (2018): The Wilsonian Bias in the Study of Russian Foreign Policy. In: Problems of Post-Communism 65: 6, 385–393.
Guriev, Sergei/Treisman, Daniel (2015): How Modern Dictators Survive: An Informational Theory of the New Authoritarianism, NBER Working Paper 21136. https://www.nber.org/papers/w21136, 31.5.2023.
Guriev, Sergei/Treisman, Daniel (2022): Spin Dictators. The Changing Face of Tyranny in the 21st Century, Oxford: Princeton University Press.
Halbach, Uwe (2018): Tschetscheniens Stellung in der Russischen Föderation: Ramsan Kadyrows Privatstaat und Wladimir Putins föderale Machtvertikale. Stiftung Wissenschaft und Politik. SWP-Studie 2018/S01. https://www.swp-berlin.org/publications/products/studien/2018S01_hlb.pdf, 16.12.2021.
Halbach, Uwe (2019): Kirche und Staat in Russland. Stiftung Wissenschaft und Politik. SWP-Studie 2019/S08. https://www.swp-berlin.org/publikation/kirche-und-staat-in-russland-1, 20.3.2023.

Hale, Henry E. (2003): Explaining Machine Politics in Russia's Regions: Economy, Ethnicity, and Legacy. In: Post-Soviet Affairs 19: 3, 228–263.
Hale, Henry E. (2005): The Makeup and Breakup of Ethnofederal States: Why Russia Survives Where the USSR Fell. In: Perspectives on Politics 3: 1, 55–70.
Hale, Henry E. (2006): Why Not Parties in Russia? Democracy, Federalism, and the State, Cambridge: Cambridge University Press.
Hale, Henry E. (2010): Eurasian Polities as Hybrid Regimes: The Case of Putin's Russia. In: Journal of Eurasian Studies 1: 1, 33–41.
Hale, Henry E. (2011): The Myth of Mass Russian Support for Autocracy: The Public Opinion Foundations of a Hybrid Regime. In: Europe-Asia Studies 63: 8, 1357–1375.
Hale, Henry E. (2015): Patronal Politics: Eurasian Regime Dynamics in Comparative Perspective, New York: Cambridge University Press.
Hale, Henry E. (2016a): 25 Years After The USSR: What's Gone Wrong? In: Journal of Democracy 27: 3, 24–35.
Hale, Henry E. (2016b): How Nationalism and Machine Politics Mix in Russia. In: Kolstø, Pål/Blakkisrud, Helge (Hrsg.): The New Russian Nationalism. Ethnicity and Authoritarianism, 2000–2015, Edinburgh: Edinburgh University Press, 221–248.
Hale, Henry E. (2019): How Should We Now Conceptualize Protest, Diffusion, and Regime Change? In: Journal of Conflict Resolution 63: 10, 2402–2415.
Hale, Henry E./Lipman, Maria/Petrov, Nikolay (2019): Russia's Regime-on-the-Move. In: Russian Politics 4: 4, 168–195.
Hale, Henry E./Laruelle, Marlene (2021): A New Wave of Research on Civilizational Politics. In: Nationalities Papers 49: 4, 597–608.
Hale, Henry E. (2022a): Authoritarian Rallying as Reputational Cascade? Evidence from Putin's Popularity Surge after Crimea. In: American Political Science Review 116: 2, 580–594.
Hale, Henry E. (2022b): How Conservative Are Russians? PONARS Eurasia Policy Memo 794. https://www.ponarseurasia.org/how-conservative-are-russians-findings-from-the-2021-legitruss-survey/, 16.9.2023.
Hall, Stephen G. F. (2019): Improving the Kremlin's Preventive Counter-Revolution Practices after the 2011–2012 Winter of Discontent and the Euromaidan. In: Russian Politics 4: 4, 466–491.
Harrison, Mark (2017): The Soviet Economy, 1917–1991: Its Life and Afterlife. In: The Independent Review 22: 2, 199–206.
Heinemann-Grüder, Andreas (2000): Der heterogene Staat: Föderalismus und regionale Vielfalt in Rußland, Berlin: Berlin Verlag Arno Spitz.
Heinemann-Grüder, Andreas (2017): Die Resilienz des Putinismus. In: Zeitschrift für Politik 64: 2, 214–234.
Heinemann-Grüder, Andreas (2022): Russlands irreguläre Armeen. Das Beispiel „Wagner". In: Osteuropa 72: 11, 127–155.
Hemment, Julie (2012): Nashi, Youth Voluntarism, and Potemkin NGOs: Making Sense of Civil Society in Post-Soviet Russia. In: Slavic Review 71: 2, 234–260.
Hemment, Julie (2020): Occupy Youth! State-Mobilized Movements in the Putin Era (or, What Was Nashi and What Comes Next?). In: Ekiert, Grzegorz/Perry, Elizabeth J./Yan, Xiaojun (Hrsg.): Ruling by Other Means, Cambridge: Cambridge University Press, 166–192.
Henderson, Jane (2011): The Constitution of the Russian Federation, Oxford: Hart.
Henderson, Sarah L. (2003): Building Demoracy in Contemporary Russia. Western Support for Grassroots Organizations, New York: Cornell University Press.
Hendley, Kathryn (2017): Everyday Law in Russia, Ithaca: Cornell University Press.
Hendley, Kathryn (2023): The Rule of Law. In: Slider, Darrell/Wegren, Stephen K. (Hrsg.): Putin's Russia, 8. Aufl., Lanham: Rowman & Littlefield, 85–109.

Henry, Laura/Plantan, Elizabeth (2022): Activism in Exile: How Russian Environmentalists Maintain Voice after Exit. In: Post-Soviet Affairs 38: 4, 274–292.

Henry, Laura A. (2021): People Power in Putin's Russia. Social versus Political Protests. In: Stoltzfus, Nathan/Osmar, Christopher (Hrsg.): The Power of Populism and People. Resistance and Protest in the Modern World, London: Bloomsbury Academic, 137–161.

Hildermeier, Manfred (2017): Geschichte der Sowjetunion 1917-1991. 2. Aufl., München: C.H.Beck.

Hill, Fiona/Gaddy, Clifford (2015): Mr. Putin. Operative in the Kremlin. Washington, D.C.: Brookings Institution Press.

Hill, Ronald J./Frank, Peter (1988): The Soviet Communist Party. 3. Aufl., Winchester, MA: Allen & Unwin.

Hinck, Robert S./Kluver, Randolph/Cooley, Skye (2018): Russia Re-Envisions the World: Strategic Narratives in Russian Broadcast and News Media During 2015. In: Russian Journal of Communication 10: 1, 21–37.

Hirsch, Francine (2005): Empire of Nations. Ethnographic Knowledge and the Making of the Soviet Union, Ithaca: Cornell University Press.

Holmes, Stephen (1993): Superpresidentialism and Its Problems. In: East European Constitutional Review 2: 4, 123–126.

Hopf, Ted (2016): "Crimea is Ours": A Discursive History. In: International Relations 30: 2, 227–255.

Horvath, Robert (2015): "Sakharov Would Be with Us": Limonov, Strategy-31, and the Dissident Legacy. In: The Russian Review 74: 4, 581–598.

Horvath, Robert (2021): Putin's Fascists. Russkii Obraz and the Politics of Managed Nationalism in Russia, Milton: Taylor & Francis.

Hough, Jerry F./Fainsod, Merle (1979): How the Soviet Union Is Governed. 4. Aufl., Cambridge, MA: Harvard University Press.

Howard, Marc Morjé (2002): The Weakness of Postcommunist Civil Society. In: Journal of Democracy 13: 1, 157–169.

Hughes, James (2007): Chechnya. From Nationalism to Jihad, Philadelphia: University of Pennsylvania Press.

Hutcheson, Derek S./McAllister, Ian (2017): Explaining Party Support in the 2016 Russian State Duma Election. In: Russian Politics 2: 4, 454–481.

Hutcheson, Derek S. (2018): Parliamentary Elections in Russia. A Quarter-Century of Multiparty Politics, Oxford: Oxford University Press.

IEA (2022): Frequently Asked Questions on Energy Security. International Energy Agency, 16.11.2022. https://www.iea.org/articles/frequently-asked-questions-on-energy-security, 17.4.2023.

Ikenberry, G. John (2018): The End of Liberal International Order? In: International Affairs 94: 1, 7–23.

IMR (2020): Russia under Putin: 20 Years of Battling over Civil Society. Institute of Modern Russia. https://putin20.imrussia.org/assets/files/IMR_CSO-report_eng.pdf, 21.12.2022.

Inglehart, Ronald/Welzel, Christian (2005): Modernization, Cultural Change, and Democracy. The Human Development Sequence, Cambridge: Cambridge University Press.

Inglehart-Welzel WCM (2023): The Inglehart-Welzel World Cultural Map 2023. https://www.worldvaluessurvey.org/WVSNewsShow.jsp?ID=467, 19.2.2023.

INID (2021): Pokazateli valovogo regional'nogo produkta v Rossii: Ob"edinennye dannye za 1998—2019 gg. data-in.ru/data-catalog/datasets/184/, 10.2.2022.

Inkeles, Alex (1968): Social Change in Soviet Russia, Cambridge, MA: Harvard University Press.

Ivanov, Yevgeny/Petrov, Nikolay (2021): Transition to a New Model of Russian Governors' Appointments as a Reflection of Regime Transformation. In: Russian Politics 6: 2, 153–184.

Jabloko (2023): Politkomitet "Jabloka": "My ne namereny pokidat' Rossiju i budem borot'sja za ee buduščee". Webseite der Partei „Jabloko", 28.3.2023. https://www.yabloko.ru/cat-news/2023/03/28, 9.7.2023.

Jakobson, Lev/Sanovich, Sergey (2010): The Changing Models of the Russian Third Sector: Import Substitution Phase. In: Journal of Civil Society 6: 3, 279–300.

Jakovlev, Igor' (2016): Sud'ba ekologičeskich NKO, popavšich v reestr "inostrannych agentov", Ekologija i pravo 63. https://bellona.ru/2016/10/24/inagent/, 31.12.2022.

Javeline, Debra/Lindemann-Komarova, Sarah (2020): Financing Russian Civil Society. In: Europe-Asia Studies 72: 4, 644–685.

Jobst, Kerstin S./Obertreis, Julia/Vulpius, Ricarda (2008): Neuere Imperiumsforschung in der Osteuropäischen Geschichte: die Habsburgermonarchie, das Russländische Reich und die Sowjetunion. In: Comparativ 18: 2, 27–56.

Johnson, Janet Elise (2014): Pussy Riot as a Feminist Project: Russia's Gendered Informal Politics. In: Nationalities Papers 42: 4, 583–590.

Johnson, Janet Elise/Novitskaya, Alexandra/Sperling, Valerie/Sundstrom, Lisa McIntosh (2021): Mixed Signals: What Putin Says about Gender Equality. In: Post-Soviet Affairs 37: 6, 507–525.

Jowitt, Ken (1983): Soviet Neotraditionalism: The Political Corruption of a Leninist Regime. In: Soviet Studies 35: 3, 275–297.

Judin, Grigorij (2022): Atomizirovannaja bomba. Social'naja razobščennost' rossijskogo obščestva strašnee jadernoj vojny. Nowaya Gaseta, 14.3.2022. https://novayagazeta.ru/articles/2022/03/14/atomizirovannaia-bomba, 16.6.2023.

Kaltseis, Magdalena (2022): TV-Talkshows als Propagandainstrument Russlands im Ukrainekonflikt (2014), Berlin: De Gruyter.

Kappeler, Andreas (2014): Russland und Europa – Russland in Europa. In: Ertl, Thomas/Komlosy, Andrea/Puhle, Hans-Jürgen (Hrsg.): Europa als Weltregion. Zentrum, Modell oder Provinz?, Wien: New Academic Press, 96–110.

Kappeler, Andreas (2021): Revisionismus und Drohungen. Vladimir Putins Text zur Einheit von Russen und Ukrainern. In: Osteuropa 71: 7, 67–76.

Kappeler, Andreas (2022a): Rußland als Vielvölkerreich. Entstehung, Geschichte, Zerfall. 4. Aufl., München: C.H.Beck.

Kappeler, Andreas (2022b): Ungleiche Brüder. Russen und Ukrainer vom Mittelalter bis zur Gegenwart, München: C.H.Beck.

Katz, Richard S./Mair, Peter (1995): Changing Models of Party Organization and Party Democracy: The Emergence of the Cartel Party. In: Party Politics 1: 1, 5–28.

Kendall-Taylor, Andrea/Frantz, Erica (2022): After Putin: Lessons from Autocratic Leadership Transitions. In: The Washington Quarterly 45: 1, 79–96.

Kendall-Taylor, Andrea/Frantz, Erica (2023): Putin's Forever War. Foreign Affairs, 23.3.2023. https://www.foreignaffairs.com/ukraine/putins-forever-war, 31.5.2023.

Khaldarova, Irina (2021): Brother or 'Other'? Transformation of Strategic Narratives in Russian Television News During the Ukrainian Crisis. In: Media, War & Conflict 14: 1, 3–20.

Kirsch, Helen/Welzel, Christian (2019): Democracy Misunderstood: Authoritarian Notions of Democracy around the Globe. In: Social Forces 98: 1, 59–92.

Kitschelt, Herbert/Mansfeldova, Zdenka/Markowski, Radoslaw/Toka, Gabor (1999): Post-Communist Party Systems. Competition, Representation, and Inter-Party Cooperation, Cambridge: Cambridge University Press.

Kivelson, Valerie Ann/Suny, Ronald Grigor (2017): Russia's Empires, New York: Oxford University Press.

Klimovich, Stanislav/Kropp, Sabine (2022): Federal Regression and the Authoritarian Turn in Russia. In: Keil, Soeren/Kropp, Sabine (Hrsg.): Emerging Federal Structures in the Post-Cold War Era, Cham: Palgrave Macmillan, 73–94.

Klugman, J./Braithwaite, J. (1998): Poverty in Russia during the Transition: An Overview. In: The World Bank Research Observer 13: 1, 37–58.

Knutsen, Carl Henrik/Dahlum, Sirianne (2022): Economic Determinants. In: Coppedge, Michael (Hrsg.): Why Democracies Develop and Decline, Cambridge: Cambridge University Press, 119–160.

Kobak, Dmitry/Shpilkin, Sergey/Pshenichnikov, Maxim S. (2016): Integer Percentages as Electoral Falsification Fingerprints. In: The Annals of Applied Statistics 10: 1, 54–73.

Kobak, Dmitry/Shpil'kin, Sergey/Pshenichnikov, Maxim S. (2018): Putin's Peaks. Russian Election Data Revisited. In: Significance 15: 3, 8–9.

Koesel, Karrie J. (2018): Guardians of the Status Quo: Stopping the Diffusion of Popular Challenges to Authoritarian Rule. In: Demokratizatsiya 26: 2, 251–284.

Kolstø, Pål/Blakkisrud, Helge (Hrsg.) (2016): The New Russian Nationalism: Ethnicity and Authoritarianism, 2000–2015, Edinburgh: Edinburgh University Press.

Kolstø, Pål/Blakkisrud, Helge (Hrsg.) (2018): Russia Before and After Crimea: Nationalism and Identity, 2010–2017, Edinburgh: Edinburgh University Press.

Kolstø, Pål/Blakkisrud, Helge (2021): Not So Traditional after All? The Russian Orthodox Church's Failure as a "Moral Norm Entrepreneur". PONARS Eurasia Policy Memo 710. https://www.ponarseurasia.org/not-so-traditional-after-all-the-russian-orthodox-churchs-failure-as-a-moral-norm-entrepreneur/, 9.3.2023.

Kolstø, Pål (2022): Strategic Uses of Nationalism and Ethnic Conflict: Interest and Identity in Russia and the Post-Soviet Space, Edinburgh: Edinburgh University Press.

Kondrašev, Andrej (2017): Svoboda sobranij v Rossii: Sistemnye defekty zakonodatel'stva i politiko-pravovaja praktika. In: Sravnitel'noe Konstitucionnoe Obozrenie 121, 24–44.

Kondrašev, Andrej (2021): Inostrannye agenty v Rossii: Kak zaimstvovannyj amerikanskij pravovoj institut priobrël inoj smysl v rossijskom zakonodatel'stve i pravoprimenitel'noj praktike. In: Sravnitel'noe Konstitucionnoe Obozrenie 143, 97–121.

Kotkin, Stephen/Beissinger, Mark (2014): The Historical Legacies of Communism: An Empirical Agenda. In: Beissinger, Mark/Kotkin, Stephen (Hrsg.): Historical Legacies of Communism in Russia and Eastern Europe, Cambridge: Cambridge University Press, 1–27.

Kozlov, Vladimir A. (2002): Mass Uprisings in the USSR. Protest and Rebellion in the Post-Stalin Years, London: Routledge.

KPRF (o.J.): Programma partii. Webseite der KPRF. https://kprf.ru/party/program, 16.1.2023.

Krastev, Ivan (2011): Paradoxes of the New Authoritarianism. In: Journal of Democracy 22: 2, 5–16.

Krickovic, Andrej (2022): Revisionism Revisited: Developing a Typology for Classifying Russia and Other Revisionist Powers. In: International Politics 59: 4, 616–639.

Kryshtanovskaya, Olga/White, Stephen (2003): Putin's Militocracy. In: Post-Soviet Affairs 19: 4, 289–306.

Kryshtanovskaya, Ol'ga/White, Stephen (2009): The Sovietization of Russian Politics. In: Post-Soviet Affairs 25: 4, 283–309.

Kulmala, Meri/Tarasenko, Anna (2016): Interest Representation and Social Policy Making: Russian Veterans' Organisations as Brokers between the State and Society. In: Europe-Asia Studies 68: 1, 138–163.

Kuran, Timur (1991): Now Out of Never: The Element of Surprise in the East European Revolution of 1989. In: World Politics 44: 1, 7–48.

Kurilla, Ivan (2023): Understanding the Immortal Regiment: Memory Dualism in a Social Movement. In: Europe-Asia Studies, 1–20. DOI: 10.1080/09668136.2023.2197179.

Kuzio, Taras (2001): Das Dilemma der Gleichzeitigkeit. Demokratisierung und Marktwirtschaft in Osteuropa. In: Politics 21: 3, 168–177.

Kuzmina, Yulia (2023): "The Defenders of Shiyes": Traditionalism as a Mobilisation Resource in a Russian Protest Camp. In: East European Politics 39: 2, 260–280.

Kuznetsova, Alexandra/Sergeev, Sergey (2018): Revolutionary Nationalism in Contemporary Russia. In: Kolstø, Pål/Blakkisrud, Helge (Hrsg.): Russia Before and After Crimea: Nationalism and Identity, 2010–2017, Edinburgh: Edinburgh University Press, 119–141.

Kynev, Aleksandr (2017a): Disproporcional'naja Rossija: Territorial'noe predstavitel'stvo v gosudarstvennoj Dume pri vyborach po proporcional'noj sisteme. In: Politiya: 86, 25–41.

Kynev, Aleksandr (2020a): Prodolženie novoj departizacii i karantinnyj elektoral'nyj avtoritarizm v uslovijach pandemii. Obščie političeskie i pravovye osobennosti vyborov 13 sentjabrja 2020 goda, 10.8.2020. Moskva: Fond „Liberal'naja Missija". https://liberal.ru/ekspertiza/7637, 14.7.2021.

Kynev, Aleksandr (2020b): Zapros na peremeny, nizkaja javka i trechdnevnoe golosovanie. Obščie itogi elektoral'nych rezul'tatov izbiratel'noj kampanii 2020, 30.9.2020. Moskva: Fond „Liberal'naja Missija". https://liberal.ru/ekspertiza/7668, 15.7.2021.

Kynev, Aleksandr (2021a): Obščie itogi vyborov i izbiratel'noj kampanii-2021. Moskva: Fond „Liberal'naja Missija", 6.12.2021. https://liberal.ru/ekspertiza/obshhie-itogi-elektoralnyh-rezultatov-izbiratelnoj-kampanii-2021, 26.4.2022.

Kynev, Aleksandr (2021b): Osobennosti konkurencii-2021: Itogi vydviženija i registracii kandidatov i partijnych spiskov na regional'nych i federal'nych vyborach 19.09.2021, 6.9.2021. Moskva: Fond „Liberal'naja Missija". liberal.ru/reports/osobennosti-konkurenczii-2021-itogi-vydvizheniya-i-registraczii-kandidatov-i-partijnyh-spiskov-na-regionalnyh-i-federalnyh-vyborah-19-09-2021, 10.9.2021.

Kynev, Aleksandr (2021c): Vybory 2021 goda i tri ėpochi stanovlenija ėlektoral'noj avtokratii. In: Rogov, Kirill (Hrsg.): Novaja real'nost': Kreml' i Golem, Moskva: Fond „Liberal'naja Missija". www.liberal.ru/ekspertiza/novaya-realnost-kreml-i-golem-chto-govoryat-itogi-vyborov-o-soczialno-politicheskoj-situaczii-v-rossii, 24–41, 19.2.2022.

Kynev, Aleksandr (2021d): Vybory regional'nych parlamentov v Rossii 2014–2020. Moskva: Fond „Liberal'naja Missija", 3.8.2021. www.liberal.ru/library/vybory-regionalnyh-parlamentov-v-rossii-2014-2020, 23.02.2022.

Kynev, Alexander (2017b): How the Electoral Policy of the Russian State Predetermined the Results of the 2016 State Duma Elections. In: Russian Politics 2: 2, 206–226.

Kynev, Alexander (2022): An Autocracy Tightening the Screws. Russia.Post, 1.6.2022. https://russiapost.info/politics/an_autocracy_tightening_the_screws, 9.7.2022.

Kynev, Alexander (2023): The Four Voids in Russia after February 24, 2022. Russia.Post, 10.3.2023. https://www.russiapost.info/politics/four_voids, 5.6.2023.

Ladwig, Bernd (2022): „Realisten" und Realisten. Eine Replik auf Roland Czada. In: Leviathan 50: 3, 387–394.

Lake, David A./Martin, Lisa L./Risse, Thomas (2021): Challenges to the Liberal Order: Reflections on International Organization. In: International Organization 75: 2, 225–257.

Lane, David (1978): Politics and Society in the USSR, London: Robertson.

Lankina, Tomila (2015): The Dynamics of Regional and National Contentious Politics in Russia: Evidence from a New Dataset. In: Problems of Post-Communism 62: 1, 26–44.

Lankina, Tomila/Tertytchnaya, Katerina (2020): Protest in Electoral Autocracies: A New Dataset. In: Post-Soviet Affairs 36: 1, 20–36.

Laruelle, Marlene (2009): In the Name of the Nation. Nationalism and Politics in Contemporary Russia, New York: Palgrave Macmillan.

Laruelle, Marlene (2012): Discussing Neopatrimonialism and Patronal Presidentialism in the Central Asian Context. In: Demokratizatsiya 20: 4, 301–324.

Laruelle, Marlene (2016): Russia as an Anti-Liberal European Civilisation. In: Kolstø, Pål/Blakkisrud, Helge (Hrsg.): The New Russian Nationalism: Ethnicity and Authoritarianism, 2000–2015, Edinburgh: Edinburgh University Press, 275–297.

Laruelle, Marlene (2019a): National Identity and the Contested Nation. In: Sakwa, Richard/Hale, Henry E./White, Stephen L. (Hrsg.): Developments in Russian Politics 9, Basingstoke, Hampshire: Palgrave Macmillan, 67–79.
Laruelle, Marlene (2019b): Russian Nationalism. Imaginaries, Doctrines, and Political Battlefields, Abingdon: Routledge.
Laruelle, Marlene/Howells, Laura (2020): Ideological or Pragmatic? A Data-Driven Analysis of the Russian Presidential Grant Fund. In: Russian Politics 5: 1, 29–51.
Laruelle, Marlene (2021): Is Russia Fascist? Unraveling Propaganda East and West, Ithaca: Cornell University Press.
Laruelle, Marlene (2022a): A Grassroots Conservatism? Taking a Fine-Grained View of Conservative Attitudes among Russians. In: East European Politics 39: 2, 173–193.
Laruelle, Marlene (2022b): Illiberalism: A Conceptual Introduction. In: East European Politics 38: 2, 303–327.
Laruelle, Marlene (2022c): So, Is Russia Fascist Now? Labels and Policy Implications. In: The Washington Quarterly 45: 2, 149–168.
Lasnier, Virginie (2018): Can Authoritarian Regimes Breed Loyalty? The Case of Nashi. In: Russian Politics 3: 4, 461-485.
Lassila, Jussi/Sanina, Anna (2022): Attitudes to Putin-Era Patriotism Amongst Russia's 'In Between' Generation. In: Europe-Asia Studies 74: 7, 1190–1209.
LDPR (o.J.): Partija. Programma. Webseite der LDPR. https://ldpr.ru/party, 16.1.2023.
Ledeneva, Alena V. (2014): Can Russia Modernise? Sistema, Power Networks and Informal Governance. 4. Aufl., Cambridge: Cambridge University Press.
Lenta (2014): Volodin otoždestvil Rossiju i Putina. Lenta.ru, 22.10.2014. https://lenta.ru/news/2014/10/22/waldai/, 26.1.2023.
Lenta (2023): GRU – poslednie novosti, 19.1.2023. https://m.lenta.ru/tags/organizations/gru/, 17.5.2023.
Levada-Centr (2019): Otnošenie žitelej Archangel'skoj oblasti k proektu stroitel'stva Ėkotechnoparka Šies, 26.8.2019. https://tinyurl.com/4xywct5e, 8.5.2023.
Levada-Centr (2020a): Gordost' i identičnost', 19.10.2020. https://www.levada.ru/2020/10/19/gordost-i-identichnost/, 20.3.2023.
Levada-Centr (2020b): „Velikaja deržava", 28.1.2020. https://www.levada.ru/2020/01/28/velikaya-derzhava/, 9.3.2023.
Levada-Centr (2021a): Krym, 26.4.2021. https://www.levada.ru/2021/04/26/krym/, 28.2.2023.
Levada-Centr (2021b): Otnošenie rossijan k LGBT ljudjam, 15.10.2021. https://www.levada.ru/2021/10/15/otnoshenie-rossiyan-k-lgbt-lyudyam/, 14.3.2023.
Levada-Centr (2021c): Prezidentskie rejtingi i položenie del v strane, 4.2.2021. https://www.levada.ru/2021/02/04/prezidentskie-rejtingi-i-polozhenie-del-v-strane/, 17.5.2023.
Levada-Centr (2022a): Doverie obščestvennym institutam, 22.9.2023. https://www.levada.ru/2022/09/20/doverie-obshhestvennym-institutam-2/, 22.5.2023.
Levada-Centr (2022b): Obščestvennoe mnenie-2021. Ežegodnik. https://www.levada.ru/sbornik-obshhestvennoe-mnenie/, 19.12.2022.
Levada-Centr (2022c): Religioznye predstavlenija, 16.5.2022. https://www.levada.ru/2022/05/16/religioznye-predstavleniya/, 27.3.2023.
Levada-Centr (2023a): Aleksej Naval'nyj: Otnošenie k politiku i ego ugolovnomu presledovaniju, 8.2.2023. https://www.levada.ru/2023/02/08/aleksej-navalnyj-otnoshenie-k-politiku-i-ego-ugolovnomu-presledovaniyu/, 5.5.2023.
Levada-Centr (2023b): Massovye strachi v dekabre 2022 goda, 9.1.2023. https://www.levada.ru/2023/01/09/massovye-strahi-v-dekabre-2022-goda/, 26.2.2023.
Levada-Centr (2023c): Odobrenie organov vlasti. www.levada.ru/indikatory/odobrenie-organov-vlasti/, 17.7.2023.
Levada-Centr (2023d): Položenie del v strane. https://www.levada.ru/indikatory/polozhenie-del-v-strane/, 6.7.2023.

Levada-Centr (2023e): Osnovnye istočniki informacii i populjarnye žurnalisty, 20.4.2023. https://www.levada.ru/2023/04/20/osnovnye-istochniki-informatsii-i-populyarnye-zhurnalisty/, 11.6.2023.
Levitsky, Steven/Way, Lucan A. (2010): Competitive Authoritarianism. Hybrid Regimes after the Cold War, Cambridge: Cambridge University Press.
Levitsky, Steven/Way, Lucan (2020): The New Competitive Authoritarianism. In: Journal of Democracy 31: 1, 51–65.
Lewada, Juri (1992): Die Sowjetmenschen 1989–1991. Soziogramm eines Zerfalls, Berlin: Argon.
Libman, Alexander (2023): Between Depoliticization and Nationalist Awakening: Russian Society and Regime in the Shadow of a Prolonged War. Russian Analytical Digest 294, 9–10. https://css.ethz.ch/en/publications/rad/rad-all-issues.html, 10.6.2023.
Linz, Juan J. (1990): The Perils of Presidentialism. In: Journal of Democracy 1: 1, 51–69.
Lipman, Maria (2022): Dissent, its Persecutors, and the New Russia. In: New Perspectives 30: 1, 6–18.
Lipman, Maria (2023): The Media. In: Slider, Darrell/Wegren, Stephen K. (Hrsg.): Putin's Russia, 8. Aufl., Lanham: Rowman & Littlefield, 139–166.
Lipset, Seymour Martin (1959): Some Social Requisites of Democracy: Economic Development and Political Legitimacy. In: American Political Science Review 53: 1, 69–105.
Ljubownikow, Sergej/Crotty, Jo (2020): The Hybridisation of Russian Non-Profit Organisations. In: Billis, David/Rochester, Colin (Hrsg.): Handbook on Hybrid Organisations, Cheltenham, UK: Edward Elgar, 332–347.
Loewe, Markus/Zintl, Tina/Houdret, Annabelle (2021): The Social Contract as a Tool of Analysis. In: World Development 145: 104982.
Ludwikowski, Rett R. (1998): "Mixed" Constitutions – Product of an East-Central European Constitutional Melting Pot. In: Boston University International Law Journal 16: 1, 1–70.
Lührmann, Anna/Tannenberg, Marcus/Lindberg, Staffan I. (2018): Regimes of the World (RoW): Opening New Avenues for the Comparative Study of Political Regimes. In: Politics and Governance 6: 1, 60–77.
Lussier, Danielle N. (2021): The Political Participation that Enables Putin. PONARS Eurasia Policy Memo 699. https://www.ponarseurasia.org/wp-content/uploads/2021/05/Pepm699_Lussier_May2021.pdf, 25.3.2023.
Lust-Okar, Ellen (2006): Elections under Authoritarianism: Preliminary Lessons from Jordan. In: Democratization 13: 3, 456–471.
Lyubarev, Arkadii E. (2018): How Russian Electoral Legislation Has Changed. In: Russian Politics 3: 3, 359–371.
Magaloni, Beatriz/Kricheli, Ruth (2010): Political Order and One-Party Rule. In: Annual Review of Political Science 13: 1, 123–143.
Mahoney, James/Snyder, Richard (1999): Rethinking Agency and Structure in the Study of Regime Change. In: Studies in Comparative International Development 34: 2, 3–32.
Makarychev, Andrey (2023): Can War Be Normalized? Russian Analytical Digest 294, 2. https://css.ethz.ch/en/publications/rad/rad-all-issues.html, 6.6.2023.
Makhotina, Ekaterina (2021): Versprechen der Vergangenheit. Die Zeit der Sowjetunion in der russischen Geschichtspolitik und der kollektiven Erinnerung nach 1991. In: Rüthers, Monica/Retterath, Jörn (Hrsg.): Gute Erinnerungen an schlechte Zeiten?, Berlin: De Gruyter, 175-198.
Malia, Martin (1994): The Soviet Tragedy. A History of Socialism in Russia, 1917–1991, New York: Free Press.
Malia, Martin (1999): The Highest State of Socialism. In: Edwards, Lee (Hrsg.): The Collapse of Communism, Stanford, CA: Hoover Institution, 71–92.
Malinova, Olga (2017): Political Uses of the Great Patriotic War in Post-Soviet Russia from Yeltsin to Putin. In: Fedor, Julie/Kangaspuro, Markku/Lassila, Jussi/Žurženko, Tat'jana/

Ėtkind, Aleksandr Markovič (Hrsg.): War and Memory in Russia, Ukraine and Belarus, Cham, Switzerland: Palgrave Macmillan, 43–70.

Malinova, Olga (2020): "Nation" and "Civilization" as Templates for Russian Identity Construction: A Historical Overview. In: Mjør, Kåre Johan/Turoma, Sanna (Hrsg.): Russia as Civilization. Ideological Discourses in Politics, Media and Academia, Milton: Taylor & Francis, 27–46.

Malinova, Olga (2021): Framing the Collective Memory of the 1990s as a Legitimation Tool for Putin's Regime. In: Problems of Post-Communism 68: 5, 429–441.

Mälksoo, Maria (2022): The Postcolonial Moment in Russia's War Against Ukraine. In: Journal of Genocide Research 13: 1, 1–21.

Malle, Silvana (2016): The All-Russian National Front – For Russia: A New Actor in the Political and Economic Landscape. In: Post-Communist Economies 28: 2, 199–219.

Malycha, Andreas/Winters, Peter Jochen (2009): Die SED. Geschichte einer deutschen Partei, München: C.H.Beck.

March, Luke (2002): The Communist Party in Post-Soviet Russia, Manchester: Manchester University Press.

March, Luke (2015): The "Post-Soviet" Russian Left:Escaping the Shadow of Stalinism? In: Ross, Cameron (Hrsg.): Systemic and Non-Systemic Opposition in the Russian Federation. Civil Society Awakens?, Farnham: Ashgate, 97–120.

March, Luke (2017): Populism in the Post-Soviet States. In: Rovira Kaltwasser, Cristóbal/Taggart, Paul/Espejo, Paulina Ochoa/Ostiguy, Pierre/March, Luke (Hrsg.): The Oxford Handbook of Populism, Oxford: Oxford University Press, 214–231.

March, Luke (2023): The Eastern European Context. In: Escalona, Fabien/Keith, Daniel/March, Luke (Hrsg.): The Palgrave Handbook of Radical Left Parties in Europe, London: Palgrave Macmillan, 573–596.

Markus, Stanislav (2023): Russia's Oligarchs. In: Wengle, Susanne A. (Hrsg.): Russian Politics Today. Stability and Fragility, Cambridge: Cambridge University Press, 270–292.

Marshall, Monty G./Gurr, Ted R./Jaggers, Keith (2020): Polity5 Project. Political Regime Characteristics and Transitions, 1800–2018. http://www.systemicpeace.org/inscrdata.html, 30.11.2022.

Martin, Terry (2001): The Affirmative Action Empire. Nations and Nationalism in the Soviet Union, 1923-1939, Ithaca, NY: Cornell University Press.

Matveev, Ilya (2019): Big Business in Putin's Russia: Structural and Instrumental Power. In: Demokratizatsiya 27: 4, 401–422.

Matveev, Ilya (2020): Benefits or Services? Politics of Welfare Retrenchment in Russia, 2014–2017. In: East European Politics 37: 3, 534–551.

McFaul, Michael (2001): Russia's Unfinished Revolution. Political Change from Gorbachev to Putin, Ithaka: Cornell University Press.

McFaul, Michael (2002): The Fourth Wave of Democracy and Dictatorship: Noncooperative Transitions in the Postcommunist World. In: World Politics 54: 2, 212–244.

McFaul, Michael (2018a): Choosing Autocracy: Actors, Institutions, and Revolution in the Erosion of Russian Democracy. In: Comparative Politics 50: 3, 305–325.

McFaul, Michael (2018b): Is Putinism the Russian Norm or an Aberration? In: Current History 117: 801, 251–257.

McFaul, Michael (2020): Putin, Putinism, and the Domestic Determinants of Russian Foreign Policy. In: International Security 45: 2, 95–139.

McFaul, Michael (2021): Russia's Road to Autocracy. In: Journal of Democracy 32: 4, 11–26.

Mearsheimer, John J. (2014): Why the Ukraine Crisis is the West's Fault: The Liberal Delusions that Provoked Putin. In: Foreign Affairs 93: 5, 77–89.

Mearsheimer, John J. (2019): Bound to Fail: The Rise and Fall of the Liberal International Order. In: International Security 43: 4, 7–50.

Mearsheimer, John J. (2022): The Causes and Consequences of the Ukraine Crisis. The National Interest, 23.2.2022. https://nationalinterest.org/feature/causes-and-consequences-ukraine-crisis-203182, 20.5.2023.

Meduza (2023): Just Try It Again, Mercenaries. Meduza, 26.7.2023. https://meduza.io/en/cards/just-try-it-again-mercenaries, 27.7.2023.

Melnikov, Kirill (2022): Fused and Diffused Systems of Public Power in Russia – PONARS Eurasia. https://www.ponarseurasia.org/fused-and-diffused-systems-of-public-power-in-russia/, 6.3.2023.

Memorial (2021): V preddverii Dnja pamjati žertv političeskich repressij "Memorial" publikuet novye spiski politzaključënnych, 27.10.2021. https://memohrc.org/ru/news_old/v-preddverii-dnya-pamyati-zhertv-politicheskih-repressiy-memorial-publikuet-novye-spiski, 4.1.2023.

Merkel, Wolfgang/Puhle, Hans-Jürgen/Croissant, Aurel/Eicher, Claudia/Thiery, Peter (2003): Defekte Demokratie: Theorie, Wiesbaden: Springer VS.

Merkel, Wolfgang (2010): Systemtransformation. Eine Einführung in die Theorie und Empirie der Transformationsforschung. 2. Aufl., Wiesbaden: Springer VS.

Merl, Stephan (2011): Elections in the Soviet Union, 1937–1989: A View into a Paternalistic World from Below. In: Jessen, Ralph/Richter, Hedwig (Hrsg.): Voting for Hitler and Stalin. Elections under 20th Century Dictatorships, Frankfurt am Main: Campus, 276–308.

Merl, Stephan (2012): Politische Kommunikation in der Diktatur. Deutschland und die Sowjetunion im Vergleich, Göttingen: Wallstein.

Meyer, Alfred G. (1965): The Soviet Political System: An Interpretation, New York: Random House.

Miller, Chris (2018): Putinomics. Power and Money in Resurgent Russia, Chapel Hill: The University of North Carolina Press.

MinEkon (2023): Reestr social'no orientirovannych nekommerčeskich organizacij, Moskau. Webseite des Wirtschaftsministeriums, 20.1.2023. https://data.economy.gov.ru/analytics/sonko/all, 21.1.2023.

MinJust (2023a): Reestr innostrannych agentov. Webseite des Justizministeriums, 21.4.2023. https://minjust.gov.ru/uploaded/files/kopiya-reestr-inostrannyih-agentov-21-04-2023.pdf, 5.5.2023.

MinJust (2023b): Reestr neželatel'nych organizacij. Webseite des Justizministeriums, 12.5.2023. https://minjust.gov.ru/ru/documents/7756/, 14.5.2023.

MinJust (2023c): Svedenija reestra nekommerčeskich organizacij-ispolnitelej obščestvenno poleznych uslug Minjusta Rossii. Webseite des Justizministeriums, 5.1.2023. http://unro.minjust.ru/NKOPerfServ.aspx, 5.1.2023.

Mishler, William/Willerton, John P. (2003): The Dynamics of Presidential Popularity in Post-Communist Russia: Cultural Imperative versus Neo-Institutional Choice? In: The Journal of Politics 65: 1, 111–141.

Morgan-Jones, Edward/Schleiter, Petra (2004): Governmental Change in a President-Parliamentary Regime: The Case of Russia 1994–2003. In: Post-Soviet Affairs 20: 2, 123–163.

Morris, Jeremy/Semenov, Andrei/Smyth, Regina (Hrsg.) (2023): Varieties of Russian Activism: State-Society Contestation in Everyday Life, Bloomington: Indiana University Press.

Moscow Times (2022): Genprokuratura raskryla masštaby provalov importozameščenija v „oboronke", 17.10.2022. https://www.moscowtimes.ru/2022/10/17/bloomberg-v-rossii-znali-o-polnom-provale-importozamescheniya-v-vpk-za-10-mesyatsev-do-vtorzheniya-a25391, 5.6.2023.

Moser, Robert G. (2001): The Consequences of Russia's Mixed-Member Electoral System. In: Shugart, Matthew Soberg/Wattenberg, Martin P. (Hrsg.): Mixed-Member Electoral Systems. The Best of Both Worlds?, Oxford: Oxford University Press, 494–518.

Moser, Robert G./White, Allison C. (2017): Does Electoral Fraud Spread? The Expansion of Electoral Manipulation in Russia. In: Post-Soviet Affairs 33: 2, 85–99.

Moses, Joel C. (2014): The Political Resurrection of Russian Governors. In: Europe-Asia Studies 66: 9, 1395–1424.

Muchametšina, Elena (2020): Tri četverti rossijan govorjat o neobchodimosti sil'noj ruki v rukovodstve strany. Vedomosti, 25.2.2020. https://www.vedomosti.ru/society/articles/20 20/02/24/823697-rossiyan-neobhodimosti, 27.8.2022.

Mudde, Cas (2007): Populist Radical Right Parties in Europe, Cambridge: Cambridge University Press.

Mueller, John (2022): Why Putin May Endure: Powerful Leaders Have Often Withstood Staggering Defeats. Foreign Affairs, 29.11.2022. https://www.foreignaffairs.com/ukraine /why-putin-may-endure, 31.5.2023.

Myagkov, Mikhail/Ordeshook, Peter C. (2001): The Trail of Votes in Russia's 1999 Duma and 2000 Presidential Elections. In: Communist and Post-Communist Studies 34: 3, 353–370.

Myagkov, Mikhail G./Ordeshook, Peter C./Shakin, Dimitri (2009): The Forensics of Election Fraud. Russia and Ukraine, Cambridge: Cambridge University Press.

Neumann, Iver B. (2017): Russia's Return as True Europe, 1991–2017. In: Conflict and Society 3: 1, 78–91.

Neustrojew, Nikolai (2020): Itogi vyborov 2020 goda dlja oppozicii. https://web.archive.or g/web/20220908070408/https://tjournal.ru/analysis/212933-itogi-vyborov-2020-goda-dl ya-oppozicii-tablica, 30.12.22.

Newport, Frank/Saad, Lydia (2021): The Polls-Review: Presidential Job Approval. In: Public Opinion Quarterly 85: 1, 223–241.

Niedermayer, Oskar (2020): Mitgliederentwicklung der Parteien. Bundeszentrale für Politische Bildung, 18.9.2020. www.bpb.de/politik/grundfragen/parteien-in-deutschland/zahle n-und-fakten/138672/mitgliederentwicklung, 14.3.2022.

Noble, Ben/Schulmann, Ekaterina (2018): Not Just a Rubber Stamp. Parliament and Lawmaking. In: Treisman, Daniel (Hrsg.): The New Autocracy. Information, Politics, and Policy in Putin's Russia, Washington, D.C.: Brookings Institution, 49–82.

Noble, Ben (2020): Authoritarian Amendments: Legislative Institutions as Intraexecutive Constraints in Post-Soviet Russia. In: Comparative Political Studies 53: 9, 1417–1454.

Noonan, Jeff (2023): Ukraine Conflict as a Case of the Political Contradictions of Contemporary Imperialism. In: International Critical Thought 13: 1, 1–21.

Novokmet, Filip/Piketty, Thomas/Zucman, Gabriel (2018): From Soviets to Oligarchs: Inequality and Property in Russia 1905–2016. In: The Journal of Economic Inequality 16: 2, 189–223.

Nußberger, Angelika (2010): Rechtswesen und Rechtskultur. In: Pleines, Heiko/Schröder, Hans-Henning (Hrsg.): Länderbericht Russland, Bonn: Bundeszentrale für Politische Bildung, 131–152.

Nußberger, Angelika (2022a): Report on Russia's Legal and Administrative Practice in Light of Its OSCE Human Dimension Commitments, 16.9.2022. https://www.osce.org/fi les/f/documents/7/5/526720.pdf, 31.5.2023.

Nußberger, Angelika (2022b): Tabubruch mit Ansage. Putins Krieg und das Recht. In: Osteuropa 72: 1–3, 51–64.

O'Donnell, Guillermo A. (1998): Horizontal Accountability in New Democracies. In: Journal of Democracy 9: 3, 112–126.

O'Donnell, Guillermo/Schmitter, Philippe C. (1986): Transitions from Authoritarian Rule: Tentative Conclusions about Uncertain Democracies, Baltimore: Johns Hopkins University Press.

Oates, Sarah (2016): Russian Media in the Digital Age: Propaganda Rewired. In: Russian Politics 1: 4, 398–417.

Offe, Claus (1991): Das Dilemma der Gleichzeitigkeit. Demokratisierung und Marktwirtschaft in Osteuropa. In: Merkur: 505 (4), 279–292.
OPRF (2022): Missija obščestvennoj palaty Rossii. https://www.oprf.ru/about_the_chamber/4, 2.1.2023.
Østbø, Jardar (2017): Between Opportunist Revolutionaries and Mediating Spoilers: Failed Politicization of the Russian Truck Drivers' Protest, 2015-2016. In: Demokratizatsiya 25: 3, 279–303.
Oswald, Ingrid/Voronkov, Viktor (2003): Licht an, Licht aus! „Öffentlichkeit" in der (post-)sowjetischen Gesellschaft. In: Rittersporn, Gábor Tamás (Hrsg.): Sphären von Öffentlichkeit in Gesellschaften sowjetischen Typs, Frankfurt am Main: Lang, 37–61.
OVD-Info (2020): Svoboda sobranij na fone pandemii: Polgoda zapretov, 17.9.2020. https://reports.ovdinfo.org/svoboda-sobraniy-na-fone-pandemii, 23.5.2023.
OVD-Info (2021): Crackdown on Peaceful Protests in January – February 2021 in Russia. https://english.ovdinfo.org/winter-2021-supression-en, 17.1.2023.
OVD-Info (2022): Dannye o rassmotrenii del po stat'e 20.2 KoAP. https://data.ovdinfo.org/20_2/, 23.5.2023.
OVD-Info (2023a): „Antivoennoe delo": Gid OVD-Info. https://tinyurl.com/2zs8p4bt, 26.5.2023.
OVD-Info (2023b): Summary of Russian Wartime Repression: One Year Since the Full-Scale Invasion, February 2023. https://tinyurl.com/4s4uybt9, 26.5.2023.
Owen, Catherine (2016): A Genealogy of Kontrol' in Russia: From Leninist to Neoliberal Governance. In: Slavic Review 75: 2, 331–353.
Owen, Catherine (2020): Participatory Authoritarianism: From Bureaucratic Transformation to Civic Participation in Russia and China. In: Review of International Studies 46: 4, 415–434.
Paneyakh, Ella/Rosenberg, Dina (2018): The Courts, Law Enforcement, and Politics. In: Treisman, Daniel (Hrsg.): The New Autocracy. Information, Politics, and Policy in Putin's Russia, Washington, D.C.: Brookings Institution, 217–247.
Pape, Ulla/Skokova, Yulia (2022): Nonprofit Advocacy in Russia's Regions. In: Journal of Civil Society 18: 1, 1–22.
PARNAS (2015): Platforma. Webseite der Partei für Volksfreiheit, 5.7.2015. https://parnasparty.ru/party/platform, 16.1.2023.
Parsons, Talcott (1971): The System of Modern Societies, Englewood Cliffs, NJ: Prentice-Hall.
Partlett, William (2012): Separation of Powers without Checks and Balances: The Failure of Semi-Presidentialism and the Making of the Russian Constitutional System, 1991–1993. In: Simons, William B./Borisova, Tatiana (Hrsg.): The Legal Dimension in Cold-War Interactions, Leiden: Brill, 105–140.
Partlett, William (2021): Russia's 2020 Constitutional Amendments: A Comparative Analysis. In: Cambridge Yearbook of European Legal Studies 23, 311–342.
Pepinsky, Thomas (2014): The Institutional Turn in Comparative Authoritarianism. In: British Journal of Political Science 44: 3, 631–653.
Person, Robert/McFaul, Michael (2022): What Putin Fears Most. In: Journal of Democracy 33: 2, 18–27.
Pertsev, Andrey (2022): What is the Russian Party of War like? Riddle, 25.4.2022. https://ridl.io/what-is-the-russian-war-party-like/, 5.6.2023.
Pertsev, Andrey (2023): "Almost Greater than Most". A Required Ideological Curriculum Is about to Be Thrust upon Russia's Colleges. Meduza, 31.5.2023. https://meduza.io/en/feature/2023/05/31/almost-greater-than-most, 10.6.2023.
Petrov, Nikolai/Slider, Darrell (2023): Regional Politics. In: Slider, Darrell/Wegren, Stephen K. (Hrsg.): Putin's Russia, 8. Aufl., Lanham: Rowman & Littlefield, 61–84.
Petrov, Nikolay/Lipman, Maria/Hale, Henry E. (2014): Three Dilemmas of Hybrid Regime Governance: Russia from Putin to Putin. In: Post-Soviet Affairs 30: 1, 1–26.

Petrov, Nikolay/Nazrullaeva, Eugenia (2018): Regional Elites and Moscow. In: Treisman, Daniel (Hrsg.): The New Autocracy. Information, Politics, and Policy in Putin's Russia, Washington, D.C.: Brookings Institution, 109–135.

Petrov, Nikolay/Rochlitz, Michael (2019): Control Over the Security Services in Periods of Political Uncertainty: A Comparative Study of Russia and China. In: Russian Politics 4: 4, 546–573.

Petrov, Nikolay (2021): The Spiral of Repressiveness: Internal Dynamics, and Problems of Entry and Exit. In: Russian Politics & Law 58: 1-2, 45–70.

Pipes, Richard (1995): The Communist System. In: Dallin, Alexander/Lapidus, Gail W. (Hrsg.): The Soviet System. From Crisis to Collapse, 2. Aufl., Boulder: Westview Press, 16–27.

Pipes, Richard (2001): Communism. A Brief History, London: Weidenfeld & Nicolson.

Pipes, Richard (2004): Flight from Freedom: What Russians Think and Want. In: Foreign Affairs 83: 3, 9–15.

Pipija, Karina (2020): Struktura i vosproizvodstvo pamjati o Sovetskom Sojuze v rossijskom obščestvennom mnenii. Levada-Centr, 24.3.2020. https://www.levada.ru/2020/03/24/struktura-i-vosproizvodstvo-pamyati-o-sovetskom-soyuze/, 19.2.2023.

Piplani, Varun/Talmadge, Caitlin (2016): When War Helps Civil–Military Relations. In: Journal of Conflict Resolution 60: 8, 1368–1394.

Plaggenborg, Stefan (2006): Experiment Moderne. Der sowjetische Weg, Frankfurt: Campus.

Plantan, Elizabeth (2022): Not All NGOs Are Treated Equally: Selectivity in Civil Society Management in China and Russia. In: Comparative Politics 54: 3, 501–524.

Politbarometer (2021): Arbeit Merkel. Forschungsgruppe Wahlen e.V. https://t1p.de/ip9e7, 3.2.2023.

Pomeranz, William (2019): Law and the Russian State. Russia's Legal Evolution from Peter the Great to Vladimir Putin, London: Bloomsbury.

Pomeranz, William E. (2021): Putin's 2020 Constitutional Amendments: What Changed? What Remained the Same? In: Russian Politics 6: 1, 6–26.

Ponarin, Eduard/Komin, Michael (2018): The Russian Elite's Imperial Nationalism and the Russian Society: The Emergence of a Grand Consensus. In: Sociology Compass 12: 12, e12641.

Präsidialadministration (2022): Informacionno-statističeskij obzor rassmotrennych v 2021 godu obraščenij graždan, organizacij i obščestvennych ob"edinenij. https://tinyurl.com/2p9ykrzr, 5.3.2023.

Proekt (2020): Triumf boli. Issledovanie o tom, skol'ko v Rossii silovikov i mnogo li oni polučajut, 19.2.2020. https://www.proekt.media/research/zarplata-siloviki/, 17.5.2023.

Przeworski, Adam (1991): Democracy and the Market, Cambridge: Cambridge University Press.

Przeworski, Adam/Limongi, Fernando (1997): Modernization: Theories and Facts. In: World Politics 49: 2, 155–183.

Przeworski, Adam (2014): Ruling against Rules. In: Ginsburg, Tom/Simpser, Alberto (Hrsg.): Constitutions in Authoritarian Regimes, New York: Cambridge University Press, 21–35.

Putin, Vladimir V. (1999): Rossija na rubeže tysjačeletij. Nezavisimaja gazeta, 30.12.1999. https://www.ng.ru/politics/1999-12-30/4_millenium.html, 13.5.2022.

Putin, Vladimir V. (2000): Interview with the French Newspaper "Le Figaro". Webseite des Präsidenten, 26.10.2000. http://en.kremlin.ru/events/president/transcripts/21634, 13.5.2022.

Putin, Vladimir V. (2004): Vstupitel'noe slovo na rasširennom zasedanii Pravitel'stva s učastiem glav sub"ektov Rossijskoj Federacii. Webseite des Präsidenten, 13.9.2014. www.kremlin.ru/events/president/transcripts/22592, 13.5.2022.

Putin, Vladimir V. (2005): Poslanie Prezidenta Federal'nomu Sobraniju. Webseite des Präsidenten, 25.4.2005. http://kremlin.ru/events/president/transcripts/22931, 13.3.2023.
Putin, Vladimir V. (2012): Rossija: Nacional'nyj vopros. Nezavisimaja gazeta, 23.1.2012. https://www.ng.ru/politics/2012-01-23/1_national.html, 13.5.2022.
Putin, Vladimir V. (2019): Bol'šaja press-konferencija Vladimira Putina. Webseite des Präsidenten, 19.12.2019. http://kremlin.ru/events/president/news/62366, 12.2.2023.
Putin, Vladimir V. (2020): Poslanie Prezidenta Federal'nomu Sobraniju. Webseite des Präsidenten, 15.1.2020. www.kremlin.ru/events/president/news/62582, 13.5.2022.
Putin, Vladimir V. (2021): Zasedanie diskussionnogo kluba „Valdaj". Webseite des Präsidenten, 21.10.2021. http://www.kremlin.ru/events/president/transcripts/deliberations/66975, 12.2.2023.
Putnam, Robert D. (1993): Making Democracy Work. Civic Traditions in Modern Italy, Princeton: Princeton University Press.
RAD (2023): The Value of Public Opinion Polls. Russian Analytical Digest 292. https://css.ethz.ch/publikationen/russian-analytical-digest.html, 6.3.2023.
Rahat, Gideon (2011): The Politics of Electoral Reform: The State of Research. In: Journal of Elections, Public Opinion & Parties 21: 4, 523–543.
Reisinger, William/Moraski, Bryon (2017): The Regional Roots of Russia's Political Regime, Ann Arbor: University of Michigan Press.
Reiter, Svetlana (2022): "Toxic Assets": How Russia's Invasion of Ukraine Tore Yandex Apart. Meduza, 6.5.2022. https://meduza.io/en/feature/2022/05/06/toxic-assets, 12.5.2023.
Remington, Thomas F. (1988): The Truth of Authority. Ideology and Communication in the Soviet Union, Pittsburgh: University of Pittsburgh Press.
Remington, Thomas F. (2003): Majorities without Mandates: The Russian Federation Council since 2000. In: Europe-Asia Studies 55: 5, 667–691.
Remington, Thomas F. (2007): The Russian Federal Assembly, 1994–2004. In: The Journal of Legislative Studies 13: 1, 121–141.
Remington, Thomas F. (2012): Politics in Russia. 7. Aufl., Boston: Longman.
Remington, Thomas F. (2014): Presidential Decrees in Russia. A Comparative Perspective, New York: Cambridge University Press.
Remington, Thomas F. (2019): Inequality and Social Policy in Russia. In: Sakwa, Richard/Hale, Henry E./White, Stephen L. (Hrsg.): Developments in Russian Politics 9, Basingstoke: Palgrave Macmillan, 150–164.
Renz, Bettina (2006): Putin's Militocracy? An Alternative Interpretation of Siloviki in Contemporary Russian Politics. In: Europe-Asia Studies 58: 6, 903–924.
Renz, Bettina (2023): The Military. In: Slider, Darrell/Wegren, Stephen K. (Hrsg.): Putin's Russia, 8. Aufl., Lanham: Rowman & Littlefield, 405–425.
Reuter, Ora John/Gandhi, Jennifer (2011): Economic Performance and Elite Defection from Hegemonic Parties. In: British Journal of Political Science 41: 1, 83–110.
Reuter, Ora John/Robertson, Graeme B. (2015): Legislatures, Cooptation, and Social Protest in Contemporary Authoritarian Regimes. In: The Journal of Politics 77: 1, 235–248.
Reuter, Ora John (2017): The Origins of Dominant Parties. Building Authoritarian Institutions in Post-Soviet Russia, New York, NY: Cambridge University Press.
Reuter, Ora John/Turovsky, Rostislav (2022): Vote Mobilization, Economic Performance and Gubernatorial Appointments in Russia. In: Russian Politics 7: 2, 183–209.
RFE/RL (2023): Putin Claims Russia's Military Had Crucial Role in Stopping Wagner Mutiny, Admits Group Funded by State. Radio Free Europe/Radio Liberty, 27.7.2023. https://www.rferl.org/a/russia-putin-military-wagner-civil-war/32477931.html, 28.7.2023.
Riabov, Oleg/Riabova, Tatiana (2014): The Remasculinization of Russia? In: Problems of Post-Communism 61: 2, 23–35.
Richter, James (2009a): Putin and the Public Chamber. In: Post-Soviet Affairs 25: 1, 39–65.

Richter, James (2009b): The Ministry of Civil Society? The Public Chambers in the Regions. In: Problems of Post-Communism 56: 6, 7–20.
Rigby, T. H. (1990a): Political Elites in the USSR. Central Leaders and Local Cadres from Lenin to Gorbachev, Aldershot: Edward Elgar.
Rigby, T. H. (1990b): The Changing Soviet System. Mono-Organisational Socialism from Its Origins to Gorbachev's Restructuring, Aldershot: Edward Elgar.
Rivera, David W./Rivera, Sharon Werning (2014): Is Russia a Militocracy? Conceptual Issues and Extant Findings Regarding Elite Militarization. In: Post-Soviet Affairs 30: 1, 27–50.
Rivera, David W./Rivera, Sharon Werning (2019): Are Siloviki Still Undemocratic? Elite Support for Political Pluralism during Putin's Third Presidential Term. In: Russian Politics 4: 4, 499–519.
Robertson, Graeme B. (2009): Managing Society: Protest, Civil Society, and Regime in Putin's Russia. In: Slavic Review 68: 3, 528–547.
Robertson, Graeme B. (2011): The Politics of Protest in Hybrid Regimes. Managing Dissent in Post-Communist Russia, New York: Cambridge University Press.
Robertson, Graeme B. (2013): Protesting Putinism. In: Problems of Post-Communism 60: 2, 11–23.
Robinson, Neil (2017): Russian Neo-Patrimonialism and Putin's 'Cultural Turn'. In: Europe-Asia Studies 69: 2, 348–366.
Rochlitz, Michael (2016): Political Loyalty vs Economic Performance: Evidence from Machine Politics in Russia's Regions. Higher School of Economics Research Paper WP BRP 34/PS/2016, 10.5.2016. https://ssrn.com/abstract=2778007, 4.12.2022.
Rochlitz, Michael/Kazun, Anton/Yakovlev, Andrei (2020): Property Rights in Russia after 2009: From Business Capture to Centralized Corruption? In: Post-Soviet Affairs 36: 5-6, 434–450.
Rochlitz, Michael (2023): Im Abseits: Russlands Weg in die wirtschaftliche Stagnation. In: Ifo Schnelldienst 76: 5, 9–12.
Roeder, Philip G. (1993): Red Sunset. The Failure of Soviet Politics, Princeton, NJ: Princeton University Press.
Rogov, Kirill (2016): "Crimean Syndrome". In: Russian Politics & Law 54: 1, 28–54.
Rogov, Kirill (2018): Administrative Mobilization and the Dynamics of Electoral Manipulations on Putin's Presidential Election. PONARS Eurasia Policy Memo 537. www.ponarseurasia.org/administrative-mobilization-and-the-dynamics-of-electoral-manipulations-on-putin-s-presidential-election/, 19.2.2022.
Rogov, Kirill (2023a): Having It Both Ways: Russians Both Support and Oppose War. Wilson Center, 17.3.2023. https://www.wilsoncenter.org/blog-post/having-it-both-ways-russians-both-support-and-oppose-war, 5.6.2023.
Rogov, Kirill (2023b): Hot Summer in Snowy Africa: Why the Priogozhin Uprising was Possible, How it Ended, and What it Revealed. Re:Russia, 30.6.2023. https://re-russia.net/en/analytics/085/, 20.7.2023.
Roskomsvoboda (2022): V 2022 godu vlasti zablokirovali bolee 247 tysjač internet-resursov. https://roskomsvoboda.org/post/o-blokirovkah/, 16.1.2023.
Ross, Cameron (2010): Federalism and Inter-Governmental Relations in Russia. In: Journal of Communist Studies and Transition Politics 26: 2, 165–187.
Ross, Cameron/Turovsky, Rostislav (2013): The Representation of Political and Economic Elites in the Russian Federation Council. In: Demokratizatsiya 21: 1, 59–88.
Ross, Cameron/Panov, Petr (2019): The Range and Limitation of Sub-national Regime Variations under Electoral Authoritarianism: The Case of Russia. In: Regional & Federal Studies 29: 3, 355–380.
RSF (2023): Europe – Central Asia. Press Freedom in Europa Overshadowed by the War in Ukraine. Reporters Without Borders. https://rsf.org/en/classement/2023/europe-central-asia, 26.5.2023.

Russian Field (2023): God „special'noj voennoj operacii" v Ukraine: Otnošenie rossijan (31.1.2023 – 6.2.2023). https://russianfield.com/godsvo, 3.3.2023.
Rutland, Peter (2023): Whither Russia and Russian Studies? Russian Analytical Digest 294, 3–4. https://css.ethz.ch/en/publications/rad/rad-all-issues.html, 6.6.2023.
Saikkonen, Inga A.-L. (2016): Variation in Subnational Electoral Authoritarianism: Evidence from the Russian Federation. In: Democratization 23: 3, 437–458.
Saikkonen, Inga A.-L./White, Allison C. (2021): Strategic Targeting: Authoritarian Capacity, State Dependent Populations, and Electoral Manipulation. In: Journal of Elections, Public Opinion & Parties 31: 2, 159–179.
Sakwa, Richard (2011): The Crisis of Russian Democracy: The Dual State, Factionalism and the Medvedev Succession, Cambridge: Cambridge University Press.
Sakwa, Richard (2013): The Soviet Collapse: Contradictions and Neo-Modernisation. In: Journal of Eurasian Studies 4: 1, 65–77.
Sakwa, Richard/Hale, Henry E./White, Stephen L. (Hrsg.) (2019): Developments in Russian Politics 9, Basingstoke: Palgrave Macmillan.
Sakwa, Richard (2021): Russian Politics and Society. 5. Aufl., London: Routledge.
Sakwa, Richard (2023): Democratisation. In: Gill, Graeme (Hrsg.): Routledge Handbook of Russian Politics and Society, London: Routledge, 33–45.
Salamon, Lester M./Anheier, Helmut K. (1998): Social Origins of Civil Society: Explaining the Nonprofit Sector Cross-Nationally. In: Voluntas 9: 3, 213–248.
Salamon, Lester M./Benevolenski, Vladimir B./Jakobson, Lev I. (2015): Penetrating the Dual Realities of Government–Nonprofit Relations in Russia. In: Voluntas 26: 6, 2178–2214.
Sarotte, Mary Elise (2021): Not One Inch. America, Russia, and the Making of Post-Cold War Stalemate, New Haven: Yale University Press.
Sartori, Giovanni (1970): Concept Misformation in Comparative Politics. In: American Political Science Review 64: 4, 1033–1053.
Sartori, Giovanni (1994): Comparative Constitutional Engineering. An Inquiry into Structures, Incentives and Outcomes, New York: New York University Press.
Schalamow, Warlam (2013): Erzählungen aus Kolyma 1-4, Berlin: Matthes & Seitz.
Schapiro, Leonard (1972): Totalitarianism, London: Pall Mall.
Schedler, Andreas (Hrsg.) (2006): Electoral Authoritarianism. The Dynamics of Unfree Competition, Boulder, Colorado: Lynne Rienner.
Schedler, Andreas (2013): The Politics of Uncertainty. Sustaining and Subverting Electoral Authoritarianism, Oxford: Oxford University Press.
Scheppele, Kim Lane (2018): Autocratic Legalism. In: The University of Chicago Law Review 85: 2, 545–584.
Scherbakowa, Irina (1999): Gefängnisse und Lager im sowjetischen Herrschaftssystem. In: Deutscher Bundestag (Hrsg.): Materialien der Enquete-Kommission „Überwindung der Folgen der SED-Diktatur im Prozeß der Deutschen Einheit", Band 6, Baden-Baden: Nomos, 567–622.
Schleiter, Petra/Morgan-Jones, Edward (2008): Russia: The Benefits and Perils of Presidential Leadership. In: Elgie, Robert/Moestrup, Sophia (Hrsg.): Semi-Presidentialism in Central and Eastern Europe, Manchester: Manchester University Press, 159–179.
Schlögel, Karl (2017): Das sowjetische Jahrhundert. Archäologie einer untergegangenen Welt, München: C.H.Beck.
Schmidt, Manfred G. (2019): Demokratietheorien. 6. Aufl., Wiesbaden: Springer VS.
Schmid, Ulrich (2015): Technologien der Seele. Vom Verfertigen der Wahrheit in der russischen Gegenwartskultur, Berlin: Suhrkamp.
Schulmann, Ekaterina/Galeotti, Mark (2021): A Tale of Two Councils: The Changing Roles of the Security and State Councils during the Transformation Period of Modern Russian Politics. In: Post-Soviet Affairs 37: 5, 453–469.

Schumpeter, Joseph A. (2020 [1942]): Kapitalismus, Sozialismus und Demokratie. 10. Aufl., Stuttgart: utb.
Sedelius, Thomas/Linde, Jonas (2018): Unravelling Semi-Presidentialism: Democracy and Government Performance in Four Distinct Regime Types. In: Democratization 25: 1, 136–157.
Semenov, Andrei (2020): Electoral Performance and Mobilization of Opposition Parties in Russia. In: Russian Politics 5: 2, 236–254.
Semenov, Andrey/Lobanova, Olesya/Zavadskaya, Margarita (2016): When Do Political Parties Join Protests? A Comparative Analysis of Party Involvement in "For Fair Elections" Movement. In: East European Politics 32: 1, 81–104.
Shamiev, Kirill/Renz, Bettina (2023): The Security Services. In: Gill, Graeme (Hrsg.): Routledge Handbook of Russian Politics and Society, London: Routledge, 227–238.
Sharafutdinova, Gulnaz (2014): The Pussy Riot Affair and Putin's Démarche from Sovereign Democracy to Sovereign Morality. In: Nationalities Papers 42: 4, 615–621.
Sharafutdinova, Gulnaz (2017): Managing National Ressentiment: Morality Politics in Putin's Russia. In: Makarychev, Andrey/Yatsyk, Alexandra (Hrsg.): Vocabularies of International Relations after the Crisis in Ukraine, London, New York: Routledge, 130–151.
Sharafutdinova, Gulnaz/Turovsky, Rostislav (2017): The Politics of Federal Transfers in Putin's Russia: Regional Competition, Lobbying, and Federal Priorities. In: Post-Soviet Affairs 33: 2, 161–175.
Sharafutdinova, Gulnaz (2019): Was There a "Simple Soviet" Person? Debating the Politics and Sociology of "Homo Sovieticus". In: Slavic Review 78: 1, 173–195.
Sharafutdinova, Gulnaz (2020): The Red Mirror. Putin's Leadership and Russia's Insecure Identity, New York: Oxford University Press.
Sharafutdinova, Gulnaz (2022): Putin's War in Ukraine is a Grim Diversion from Domestic Failures. Riddle, 1.3.2022. https://ridl.io/putin-s-war-in-ukraine-is-a-grim-diversion-from-domestic-failures/, 27.5.2023.
Sharlet, Robert (1998): Constitution-Making in the Region of Former Soviet Dominance. In: The Russian Review 57: 2, 283–320.
Shcherbak, Andrey (2022): Russia's "Conservative Turn" after 2012: Evidence from the European Social Survey. In: East European Politics 39: 2, 194–219.
Sherlock, Thomas (2016): Russian Politics and the Soviet Past: Reassessing Stalin and Stalinism under Vladimir Putin. In: Communist and Post-Communist Studies 49: 1, 45–59.
Shevel, Oxana (2011): Russian Nation-Building from Yel'tsin to Medvedev: Ethnic, Civic or Purposefully Ambiguous? In: Europe-Asia Studies 63: 2, 179–202.
Shleifer, Andrei/Treisman, Daniel (2005): A Normal Country: Russia after Communism. In: Journal of Economic Perspectives 19: 1, 151–174.
Shugart, Matthew Soberg/Carey, John M. (1992): Presidents and Assemblies. Constitutional Design and Electoral Dynamics, Cambridge: Cambridge University Press.
Siegel, Achim (Hrsg.) (1998): Totalitarismustheorien nach dem Ende des Kommunismus, Köln: Böhlau.
Simpser, Alberto (2013): Why Governments and Parties Manipulate Elections. Theory, Practice, and Implications, Cambridge: Cambridge University Press.
Sirotkina, Elena/Zavadskaya, Margarita (2020): When the Party's Over: Political Blame Attribution under an Electoral Authoritarian Regime. In: Post-Soviet Affairs 36: 1, 37–60.
Skilling, Harold Gordon/Griffiths, Franklyn (Hrsg.) (1971): Interest Groups in Soviet Politics, Princeton, NJ: Princeton University Press.
Skokova, Yulia/Pape, Ulla/Krasnopolskaya, Irina (2018): The Non-Profit Sector in Today's Russia: Between Confrontation and Co-optation. In: Europe-Asia Studies 70: 4, 531–563.

Slider, Darrell/Wegren, Stephen K. (Hrsg.) (2023): Putin's Russia. 8. Aufl., Lanham: Rowman & Littlefield.
Smyth, Regina/Sokhey, Sarah Wilson (2021): Constitutional Reform and the Value of Social Citizenship. In: Russian Politics 6: 1, 91–111.
Smyth, Regina (2021): Elections, Protest, and Authoritarian Regime Stability. Russia 2008–2020, Cambridge: Cambridge University Press.
Snegovaya, Maria/Petrov, Kirill (2022): Long Soviet Shadows: The Nomenklatura Ties of Putin Elites. In: Post-Soviet Affairs 38: 4, 329–348.
Snyder, Timothy (2018): The Road to Unfreedom. Russia, Europe, America, New York: T. Duggan.
Snyder, Timothy (2022a): The Making of the Modern Ukraine. YaleCourses. https://www.youtube.com/watch?v=bJczLlwp-d8, 29.5.2023.
Snyder, Timothy (2022b): We Should Say It. Russia Is Fascist. The New York Times, 19.5.2022. https://www.nytimes.com/2022/05/19/opinion/russia-fascism-ukraine-putin.html, 9.7.2022.
Sobolev, Anton/Zakharov, Alexei (2018): Civic and Political Activism in Russia. In: Treisman, Daniel (Hrsg.): The New Autocracy. Information, Politics, and Policy in Putin's Russia, Washington, D.C.: Brookings Institution, 249–276.
Solanko, Laura (2023): Economic Policies and Russia's Global Economic Integration. In: Wengle, Susanne A. (Hrsg.): Russian Politics Today. Stability and Fragility, Cambridge: Cambridge University Press, 225–246.
Soldatov, Andrei/Borogan, Irina (2015): The Red Web. The Struggle between Russia's Digital Dictators and the New Online Revolutionaries, New York: PublicAffairs.
Soldatov, Andrei/Rochlitz, Michael (2018): The Siloviki in Russian Politics. In: Treisman, Daniel (Hrsg.): The New Autocracy. Information, Politics, and Policy in Putin's Russia, Washington, D.C.: Brookings Institution, 83–108.
Solschenizyn, Alexander (2019): Der Archipel Gulag. 8. Aufl., Frankfurt am Main: Fischer Taschenbuch.
Spahn, Susanne (2023): Russlands Narrative und Desinformation im Krieg gegen die Ukraine. In: Hansen, Stefan/Husieva, Olha/Frankenthal, Kira (Hrsg.): Russlands Angriffskrieg gegen die Ukraine. Zeitenwende für die deutsche Sicherheitspolitik, Baden-Baden: Nomos, 45–66.
Špil'kin, Sergej (2020): Chvost vertit kometoj: Masštaby i geografija anomalij „popravočnogo" golosovanija 2020 goda. In: Rogov, Kirill (Hrsg.): Novaja (ne)legitimnost'. Kak prochodilo i chto prineslo Rossii perepisyvanie Konstitucii, Moskva: Fond "Liberal'naja Missija", 31–45. https://liberal.ru/ekspertiza/7625, 17.6.2023
Statista (2023): Russland: Lebenserwartung bei der Geburt. https://de.statista.com/statistik/daten/studie/18677/umfrage/lebenserwartung-in-russland/, 19.6.2023.
Steinsdorff, Silvia von (1995): Die Verfassungsgenese der Zweiten Russischen und der Fünften Französischen Republik im Vergleich. In: Zeitschrift für Parlamentsfragen 26: 3, 486–504.
Steinsdorff, Silvia von (2002): Die russische Staatsduma zwischen politischer Marginalisierung und institutioneller Selbstbehauptung. In: Kraatz, Susanne/Steinsdorff, Silvia von (Hrsg.): Parlamente und Systemtransformation im postsozialistischen Europa, Wiesbaden: Springer VS, 267–292.
Stykow, Petra (2006): Staat und Wirtschaft in Russland. Interessenvermittlung zwischen Korruption und Konzertierung, Wiesbaden: Springer VS.
Stykow, Petra (2010): „Bunte Revolutionen": Durchbruch zur Demokratie oder Modus der autoritären Systemreproduktion? In: Politische Vierteljahresschrift 51: 137-162.
Stykow, Petra (2019): The Devil in the Details: Constitutional Regime Types in Post-Soviet Eurasia. In: Post-Soviet Affairs 35: 2, 122–139.

Sundstrom, Lisa McIntosh/Henry, Laura A./Sperling, Valerie (2022): The Evolution of Civic Activism in Contemporary Russia. In: East European Politics and Societies: and Cultures 36: 4, 1377-1399.

Suny, Ronald Grigor (2006): Reading Russia and the Soviet Union in the Twentieth Century: How the "West" Wrote Its History of the USSR. In: Suny, Ronald Grigor (Hrsg.): The Cambridge History of Russia. Vol. 3: The Twentieth Century, Cambridge: Cambridge University Press, 5–64.

Surkov, Vladislav (2008): Teksty 97–07, Moskva: Evropa.

Svolik, Milan W. (2009): Power Sharing and Leadership Dynamics in Authoritarian Regimes. In: American Journal of Political Science 53: 2, 477–494.

Svolik, Milan W. (2012): The Politics of Authoritarian Rule, Cambridge: Cambridge University Press.

Tannenberg, Marcus/Bernhard, Michael/Gerschewski, Johannes/Lührmann, Anna/Soest, Christian von (2021): Claiming the Right to Rule: Regime Legitimation Strategies from 1900 to 2019. In: European Political Science Review 13: 1, 77–94.

TASS (2018): Rezul'taty pobeditelej na vyborach prezidenta Rossii s 1991 goda, 19.3.2018. https://tass.ru/info/5044607, 30.12.22.

TASS (2022): Kak menjalas' štatnaja čislennost' Vooružennych sil Rossii. https://tass.ru/info/15563581, 17.5.2023.

Taubman, William (2018): Gorbatschow. Der Mann und seine Zeit: Eine Biographie, München: C.H.Beck.

Taylor, Brian D. (2011): State Building in Putin's Russia. Policing and Coercion after Communism, Cambridge: Cambridge University Press.

Teets, Jessica C. (2014): Civil Society under Authoritarianism: The China Model, Cambridge: Cambridge University Press.

Tolz, Vera (2003): Right-Wing Extremism in Russia: The Dynamics of the 1990s. In: Merkl, Peter H./Weinberg, Peter H. (Hrsg.): Right-Wing Extremism in the Twenty-First Century, 2. Aufl., London: Frank Cass, 243–261.

Tolz, Vera/Teper, Yuri (2018): Broadcasting Agitainment: A New Media Strategy of Putin's Third Presidency. In: Post-Soviet Affairs 34: 4, 213–227.

Tolz, Vera/Hutchings, Stephen (2023): Truth with a Z: Disinformation, War in Ukraine, and Russia's Contradictory Discourse of Imperial Identity. In: Post-Soviet Affairs, 1–19. DOI: 10.1080/1060586X.2023.2202581.

Toročešnikova, Tat'jana (2021): Vbrosy, za kotorye ne sažajut: Kak nakazyvajut za fal'sifikacii na vyborach. Dožd', 29.9.2021. tvrain.ru/teleshow/notes/vbrosy_za_kotorye_ne_sazhajut_kak_nakazyvajut_za_falsifikatsii_na_vyborah-538723/, 19.2.2022.

Transparency International (2017): People and Corruption: Citizens' Voices from around the World. Global Corruption Barometer. Transparency International. https://images.transparencycdn.org/images/GCB_Citizens_voices_FINAL.pdf, 10.5.2023.

Treisman, Daniel (1996): Why Yeltsin Won. In: Foreign Affairs 75: 5, 64–77.

Treisman, Daniel (2007): Putin's Silovarchs. In: Orbis 51: 1, 141–153.

Treisman, Daniel (2010): "Loans for Shares" Revisited. In: Post-Soviet Affairs 26: 3, 207–227.

Treisman, Daniel (2011): Presidential Popularity in a Hybrid Regime: Russia under Yeltsin and Putin. In: American Journal of Political Science 55: 3, 590–609.

Treisman, Daniel (2014): Putin's Popularity since 2010: Why Did Support for the Kremlin Plunge, Then Stabilize? In: Post-Soviet Affairs 30: 5, 370–388.

Treisman, Daniel (2018a): Crimea: Anatomy of a Decision. In: Treisman, Daniel (Hrsg.): The New Autocracy. Information, Politics, and Policy in Putin's Russia, Washington, D.C.: Brookings Institution, 277–297.

Treisman, Daniel (Hrsg.) (2018b): The New Autocracy. Information, Politics, and Policy in Putin's Russia, Washington, D.C.: Brookings Institution.

Treisman, Daniel (2020): Democracy by Mistake: How the Errors of Autocrats Trigger Transitions to Freer Government. In: American Political Science Review 114: 3, 792–810.
Treisman, Daniel (2022a): Putin Unbound: How Repression at Home Presaged Belligerence Abroad. In: Foreign Affairs 101: 3, 40–53.
Treisman, Daniel (2022b): The Reverse Evolution of a Spin Dictatorship. Re: Russia, 10.10.2022. https://re-russia.net/en/expertise/026/, 26.5.2023.
Trochev, Alexei (2012): Suing Russia at Home. In: Problems of Post-Communism 59: 5, 18–34.
Trochev, Alexei/Solomon, Peter H. (2018): Authoritarian Constitutionalism in Putin's Russia: A Pragmatic Constitutional Court in a Dual State. In: Communist and Post-Communist Studies 51: 3, 201–214.
Trochev, Alexei (2022): Three Sources of Dynamism of Russia's Constitutional Law: The Constitutional Court in Political Process. In: Sravnitel'noe Konstitucionnoe Obozrenie 147, 125–146.
Tsygankov, Andrei P. (Hrsg.) (2018): Routledge Handbook of Russian Foreign Policy, London: Routledge.
Tsygankov, Andrei P./Tsygankov, Pavel A. (2021): Constructing National Values: The Nationally Distinctive Turn in Russian IR Theory and Foreign Policy. In: Foreign Policy Analysis 17: 4.
Tsygankov, Andrei P. (2022a): Russia, Eurasia and the Meaning of Crimea. In: Europe-Asia Studies 74: 9, 1551–1573.
Tsygankov, Andrei P. (2022b): Russia's Foreign Policy. Continuity and Change in National Identity. 6. Aufl., Lanham: Rowman & Littlefield.
Turchenko, Mikhail (2020): Electoral Engineering in the Russian Regions (2003–2017). In: Europe-Asia Studies 72: 1, 80–98.
Turchenko, Mikhail/Golosov, Grigorii V. (2021): Smart Enough to Make a Difference? An Empirical Test of the Efficacy of Strategic Voting in Russia's Authoritarian Elections. In: Post-Soviet Affairs 37: 1, 65–79.
Turchenko, Mikhail/Golosov, Grigorii V. (2022): Coordinated Voting against the Autocracy: The Case of the 'Smart Vote' Strategy in Russia. In: Europe-Asia Studies 75: 5, 820–841.
Tysiachniouk, Maria/Tulaeva, Svetlana/Henry, Laura A. (2018): Civil Society under the Law "On Foreign Agents": NGO Strategies and Network Transformation. In: Europe-Asia Studies 70: 4, 615–637.
Tyushka, Andriy (2022): Weaponizing Narrative: Russia Contesting EUrope's Liberal Identity, Power and Hegemony. In: Journal of Contemporary European Studies 30: 1, 115–135.
Ukaz (2022): Ob utverždenii Osnov gosudarstvennoj politiki po sochraneniju i ukrepleniju tradicionnych rossijskich duchovno-nravstvennych cennostej. Ukaz Prezidenta RF No. 809, 9.11.2022. http://kremlin.ru/acts/news/69810, 9.2.2023.
Uzlaner, Dmitry/Stoeckl, Kristina (2019): From Pussy Riot's "Punk Prayer" to Matilda: Orthodox Believers, Critique, and Religious Freedom in Russia. In: Journal of Contemporary Religion 34: 3, 427–445.
Vanhanen, Tatu (2019): Measures of Democracy (1810-2018). Dataset. Version 8.0, Finnish Social Science Data Archive. https://services.fsd.tuni.fi/catalogue/FSD1289?lang=en&study_language=en, 16.9.2021.
Vendil Pallin, Carolina (2017): Internet Control through Ownership: The Case of Russia. In: Post-Soviet Affairs 33: 1, 16–33.
Venice Commission (2020): Russian Federation: Opinion on the Draft Amendments to the Constitution. European Commission for Democracy and Law, Strasbourg: Opinion No. 981/2020 CDL-AD(2020)009. www.venice.coe.int/webforms/documents/default.aspx?pdffile=CDL-AD(2020)009-e, 26.4.2022.

Venice Commission (2021): Russian Federation: Interim Opinion on Constitutional Amendments and the Procedure for their Adoption. European Commission for Democracy and Law, Strasbourg: Opinion No. 992/2020 CDL-AD(2021)005. www.venice.co e.int/webforms/documents/default.aspx?pdffile=CDL-AD(2021)005-e, 26.4.2022.

Verkhovsky, Alexander (2018): The Russian Nationalist Movement at Low Ebb. In: Kolstø, Pål/Blakkisrud, Helge (Hrsg.): Russia Before and After Crimea: Nationalism and Identity, 2010–2017, Edinburgh: Edinburgh University Press, 142–162.

Volkov, Denis (2021a): Demobilizacija i poljarizacija: Parlamentskie vybory v zerkale oprosov obščestvennogo mnenija. In: Rogov, Kirill (Hrsg.): Novaja real'nost': Kreml' i Golem, Moskva: Fond "Liberal'naja Missija", www.liberal.ru/ekspertiza/novaya-realnost-kreml-i-golem-chto-govoryat-itogi-vyborov-o-soczialno-politicheskoj-situaczii-v-rossii, 55–74, 19.2.2022.

Volkov, Denis (2021b): „Stirb gefälligst hier, wie wir!". In: Osteuropa 71: 3, 39.

Volkov, Vadim (2002): Violent Entrepreneurs. The Use of Force in the Making of Russian Capitalism, Ithaca, N.Y.: Cornell University Press.

Wahman, Michael/Teorell, Jan/Hadenius, Axel (2013): Authoritarian Regime Types Revisited: Updated Data in Comparative Perspective. In: Contemporary Politics 19: 1, 19–34.

Walzer, Michael (Hrsg.) (1992): Zivile Gesellschaft und amerikanische Demokratie, Berlin: Rotbuch.

Weber, Max (1972): Wirtschaft und Gesellschaft. Grundriss der verstehenden Soziologie. 5. Aufl., Tübingen: Mohr Siebeck.

Welzel, Christian (2021a): Meanings of Democracy: Mapping Lay Perceptions on Scholarly Norms. In: Zeitschrift für Vergleichende Politikwissenschaft 15: 1, 107–118.

Welzel, Christian (2021b): Why the Future Is Democratic. In: Journal of Democracy 32: 2, 132–144.

Wengle, Susanne/Rasell, Michael (2008): The Monetisation of l'goty: Changing Patterns of Welfare Politics and Provision in Russia. In: Europe-Asia Studies 60: 5, 739–756.

Wengle, Susanne A. (Hrsg.) (2023): Russian Politics Today. Stability and Fragility, Cambridge: Cambridge University Press.

Westad, Odd Arne (2019): Der Kalte Krieg. Eine Weltgeschichte, Stuttgart: Klett-Cotta.

White, Allison C. (2020): Shifting Votes on Shifting Sands: Opposition Party Electoral Performance in Dominant Party Authoritarian Regimes. In: Problems of Post-Communism 67: 4/5, 388–401.

White, David (2017): Modifying Electoral Authoritarianism. What the 2016 Parliamentary Elections Tell Us about the Nature and Resilience of the Putin Regime. In: Russian Politics 2: 4, 482–501.

White, David (2018): State Capacity and Regime Resilience in Putin's Russia. In: International Political Science Review 39: 1, 130–143.

Whitefield, Stephen/Evans, Geoffrey (1999): Class, Markets and Partisanship in Post-Soviet Russia: 1993-96. In: Electoral Studies 18: 2, 155–178.

Wilhelmsen, Julie (2005): Between a Rock and a Hard Place: The Islamisation of the Chechen Separatist Movement. In: Europe-Asia Studies 57: 1, 35–59.

Willerton, John P. (1992): Patronage and Politics in the USSR, Cambridge: Cambridge University Press.

Wilson, Kenneth (2016): How Increased Competition Can Strengthen Electoral Authoritarianism. In: Problems of Post-Communism 63: 4, 199–209.

Wollmann, Hellmut/Gritsenko, Elena (2009): Local Self-Government in Russia: Between Decentralization and Recentralization. In: Ross, Cameron/Campbell, Adrian (Hrsg.): Federalism and Local Politics in Russia, London, New York: Routledge, 227–247.

World Bank (2005): Russian Federation: From Transition to Development. A Country Economic Memorandum for the Russian Federation. www.openknowledge.worldbank.o rg/handle/10986/8628, 23.12.22.

WPB (2023): World Prison Brief Data. https://www.prisonstudies.org/world-prison-brief-data, 17.5.2023.
WVS (2022): World Values Survey: Data and Documentation – Online Data Analysis. http://www.worldvaluessurvey.org/, 16.2.2023.
Yudin, Greg (2022): The Neoliberal Roots of Putin's War. In: Emancipations: A Journal of Critical Social Analysis 1: 4, Article 1.
Yurchak, Alexei (2005): Everything Was Forever, until It Was No More. The Last Soviet Generation, Princeton: Princeton University Press.
Zavadskaya, Margarita/Rumiantseva, Aleksandra (2022): The Party of People's Distrust: The Roots of Electoral Success of the Communists in 2021. In: Russian Politics 7: 2, 265–288.
ZIK (2021a): O rezul'tatach vyborov, sostojavšichsja v Edinyj den' golosovanija 19 sentjabrja 2021 goda. Central'naja Izbiratel'naja Kommissija RF. http://www.cikrf.ru/smi/informatsionnye-materialy/o-rezultatakh-vyborov-19-sentyabrya-2021-goda.php#uchastie, 11.2.2022.
ZIK (2021b): Vybory Prezidenta Rossijskoj Federacii 1996, 2000, 2004, 2008, 2012, 2018. Central'naja Izbiratel'naja Kommissija RF. www.cikrf.ru/banners/vib_arhiv/president/, 11.2.2022.
Zimmer, Annette (2010): Zivilgesellschaft und Demokratie in Zeiten des gesellschaftlichen Wandels. In: Der moderne Staat 3: 1, 147–163.
Zubok, Vladislav M. (2021): Collapse. The Fall of the Soviet Union, New Haven: Yale University Press.
Zuev, Denis (2013): The Russian March: Investigating the Symbolic Dimension of Political Performance in Modern Russia. In: Europe-Asia Studies 65: 1, 102–126.
Zürn, Michael (2022): Macht Putin den (Neo-)Realismus stark? In: Leviathan 50: 3, 395–412.
Zygar', Mikhail (2021): Vse svobodny: Istorija o tom, kak v 1996 godu v Rossii zakončilis' vybory, Moskva: Alpina.

Sach- und Personenregister

Die Angaben verweisen auf die Seitenzahlen des Buches.

A

Anti-Regime-Opposition 50, 65, 99, 105, 118, 120–125, 131, 136, 137, 143–149, 205–208, 255, 256
- elektorale Strategien der 131

Armee s. *Militär*

Ausländische Agenten 36, 122, 141, 145, 155, 166, 180, 191–195, 198, 232, 233, 235

Außenpolitik 34, 36, 62, 63, 66, 69, 74, 83, 109, 162, 165, 192, 214, 239, 246, 248, 249, 252, 253, 266

Autoritarismus, autoritäres Regime 13–15, 25, 40, 42, 43, 45, 46, 48, 50, 51, 53–55, 57, 68, 74, 76, 80, 85, 91, 97, 99, 102, 103, 112, 117, 127, 130, 135, 149–152, 155, 158, 159, 170, 174–176, 187, 188, 190, 200, 209, 217, 230, 237, 239–244, 246, 251, 257, 260, 261, 263, 265, 266
- elektoraler 127, 149, 217
- geschlossener 50, 53
- Informationsautokratie 50, 51, 138, 209, 210, 212, 213, 237, 238
- partizipatorischer 190

B

Bolschewiki 17, 18, 21, 39, 160, 189

Breschnew, Leonid 20, 24, 28, 29, 34

C

Chruschtschow, Nikita 20, 32

D

Demokratie 13, 17, 24–26, 35, 38, 39, 42, 45–51, 53, 55, 56, 58, 71, 72, 76, 82, 85, 93, 97, 99, 101, 106, 117, 127, 130, 135, 136, 139, 155–157, 159–161, 167, 173–175, 178, 183, 187–189, 202, 209, 223, 239, 240, 242–244, 246, 250, 259, 264–266

Demokratisierung 17, 35, 40, 42, 43, 45, 48, 49, 55, 57, 58, 68, 91, 100, 130, 167, 187, 217, 239–241, 250, 265, 266

Dezentralisierung 63, 90, 91, 95, 97, 101, s. auch *Föderalismus*

Diktatur 18, 38, 39, 46, 51, 161, 218

Duma s. *Staatsduma*

E

Exekutive 46, 57, 61, 71, 72, 74–78, 81, 84, 88, 90–92, 103, 107, 113, 115, 117, 152, 218, 219, 222, 226, 251, s. auch *Präsident*,
- föderale 75, 84
- regionale 90–92, 107

Extremismus 145, 212, 227, 231, 232, 234, 236

F

Faschismus 201, 258

FBK (Anti-Korruptions-Stiftung) 120–122, 147, 207, 208, 255, s. auch *Nawalny, Alexei*

Föderalismus 65, 71, 88, 89, 92, 97, 109, 242, 244

Föderalversammlung 72, 74, 83, 87, 92, 97, 113–115, 117, 162, s. auch *Parlament*

Föderationsrat 72, 74, 76, 83, 84, 92, 108, 114–116, 253

Föderationssubjekte s. *Regionen Russlands*

Frauen in der Politik 28, 60, 67, 73, 84, 112, 166, 170, 179, 183, 184, 197, 253

G

Geheimdienste 13, 20, 28, 33, 52, 64, 83, 84, 95, 109, 121, 155, 223–226, 233, 238, 239, 241, 251

Gerichte 26, 27, 36, 76, 119, 139, 144, 191, 212, 217, 219–222, 236, 238, s. auch *Justizsystem*

Gesellschaftsvertrag 32, 66, 175–178, 180, 202, 203

Gesetzgebung 36, 74, 84, 96, 114, 115, 147, 152, 166, 191, 193, 194, 212,

218, 232, 233, 236, 238, s. auch *Staatsduma*
- Kontrolle über 107, 115–117, s. auch *Staatsduma*
- regionale 90, 91, 95, 96, s. auch *Staatsduma*
- repressive 212, 238

Gewerkschaften 29, 30, 35, 84, 179, 185, 200, 220

Gorbatschow, Michail 20, 33–37, 40–43, 60, 210, 211, 223, 240

Gouverneure 63, 65, 84, 91–96, 100, 101, 103, 105, 107, 108, 115, 130, 133, 134, 137, 149–152, 219, 222, 229, 231, 232
- in der Jelzin-Ära 63, 91, 93, 133
- in der Putin-Ära 65, 84, 92–96, 103, 106
- Kooptation der 103, 107, 117, 132, 203, 231
- und Wahlen 35, 65, 100, 104, 105, 122, 127, 130, 131, 144, 174, 178, 206

H

homo sovieticus 31

I

Identität 13, 22, 58, 109, 157–160, 162–168, 171, 177, 181, 189, 231, 245, 249, 252, 266
- kollektive/nationale 22, 58, 159, 160, 162, 163, 165, 166, 168, 171, 189, 252
- offizieller Identitätsdiskurs 162, 177, 231

Ideologie 18, 28, 38, 39, 72, 99, 115, 120, 122–124, 159, 165–167, 201, 206
- als Legitimationsstrategie 50, 64, 153, 159, 161, 162, 173, 175, 213, 245
- in der Sowjetunion 18, 34, 38, 39, 41
- und Propaganda 31, 32, 51, 157, 166, 209, 213–216, 235, 237, 238, 245, 248, 249, 251, 257, 263

Illiberalismus 167, s. auch *Ideologie*

Informelle Politik 52

institutional engineering 104, 242

Internet 87, 117, 141, 148, 152, 186, 211–213, 215, 233, 235, 238, 255, s. auch *soziale Medien*

J

Jawlinski, Grigori 118, 120, 146, 149

Jelzin, Boris 13, 33, 35, 37, 40–42, 45, 48, 49, 53, 55, 58, 60–64, 66, 68, 71, 72, 74, 80–83, 86–88, 91, 101, 102, 109, 113, 114, 116, 122, 127, 128, 133, 134, 137, 142, 153, 156, 159–161, 163, 164, 210, 217, 219, 221, 223, 224, 230, 238, 240, 242, 243, 246, 247, 254

Judikative 46, 61, 72, 73, 76, 80, 219, s. auch *Gerichte, Justizsystem, Rechtssystem*

Jugend 90, 166, 171, 201, 203
- Organisationen 59, 108, 187, 201, 205, 258
- patriotische Erziehung 166, 191, 257

Justizsystem 209, 216, 219, s. auch *Gerichte*

K

Kadyrow, Ramsan 95, 96, 229, 233, 255

Kapitalismus 58, 61, 62, 67, 68

Kartellpartei s. *Parteienkartell*

KGB (Komitee für Staatssicherheit) 20, 28, 33, 64, 172, 223, 226, 227, 242

Klientelismus 52, s. auch *patronale Politik*

Kommunismus 18, 173, 175

Konservatismus 167, 170, 171
- gesellschaftlicher 169–171
- politischer 42, 43, 60, 65, 108, 162, 164–167, 225, 226, 252

Konsultationsgremien 84, 85, 141, 251

Korruption 29, 62, 67, 119, 121, 124, 139, 220–222, 240, s. auch *FBK (Anti-Korruptions-Stiftung)*
- Anti-Korruptions-Proteste 207, s. auch *FBK (Anti-Korruptions-Stiftung)*
- Bekämpfung der 119, 121

Krieg 13, 14, 19, 20, 23, 25, 34, 37, 38, 40, 43, 57, 65, 66, 68, 69, 86, 95, 96, 113, 116, 118, 119, 121, 122, 124, 133, 147, 148, 155, 157, 159, 161, 164, 166, 169, 173, 177, 181, 188, 197, 198, 200–202, 204, 213, 215, 216, 225–230, 235–237, 239, 246, 247, 249–251, 253–263, 265
- Afghanistankrieg 230

- Erster Weltkrieg 17, 21
- gegen die Ukraine 14, 23, 37, 57, 66, 86, 95, 96, 110, 113, 122, 155, 158, 166, 177, 188, 195, 200, 202, 225, 228, 229, 235, 239, 246, 249, 253, 254, 259, 262, 263
- gegen Georgien 33, 36, 37, 48, 65, 161, 170, 187, 213, 247
- Kalter Krieg 25, 34, 37, 38, 40, 43, 66, 246, 253
- Zweiter Weltkrieg 19, 23, 38, 173, 246, 258

L

Legislative 46, 57, 59, 61, 63, 72–74, 76, 77, 80, 82–84, 92, 99, 105, 113–115, 117, 132, 140, 150, 151, 218, 226, 251, s. auch *Föderationsrat, Staatsduma*
Legitimationsstrategien 50, 64, 153, 159, 161, 162, 173, 175, 213, 245
Lenin, Wladimir 17, 18, 22, 26–28, 34, 39, 64, 87, 198
LGBTQ+ 166, 184, 186, 203, 204, 206, 252
Loyale Opposition s. *systemische Opposition*

M

Machtpyramide
- in der Jelzin-Ära 53, 63, 80, 133
- in der Putin-Ära 53, 56, 64, 65, 86–88, 103, 134, 243–245
- regionale 63, 97, 150

Medien 14, 34, 53, 57, 59, 63, 69, 84, 112, 113, 117, 133, 135, 138, 139, 158, 161, 172, 178, 186, 191, 197, 205, 209–216, 223, 231–233, 235, 236, 238, 244, 245, 255
- Fernsehen 31, 87, 209–211, 213, 216, 257
- im Exil 255
- Online- 47, 69, 122, 197, 206, 211–213, 255
- regimekritische 138, 213, 216, 235
- soziale 14, 158, 186, 197, 205, 211, 213, 216, 235, 236, 255

Medwedew, Dmitri 64, 65, 67, 74, 82, 84, 87, 88, 107, 128, 129, 134, 143, 162, 205, 207, 211, 219, 248, 255

Meinungsumfragen 121, 122, 133, 134, 153, 155, 178, 190, 256, s. auch *öffentliche Meinung*
Militär 24, 36, 40, 43, 51, 52, 61, 65, 85, 91, 124, 139, 177, 219, 223, 226, 228, 229, 247, 249, 254, 255, 260, 262, 263, s. auch *private Sicherheits- und Militärunternehmen, siloviki*
- Beteiligung an Kriegen s. auch *private Sicherheits- und Militärunternehmen, siloviki*
- im Angriffskrieg gegen die Ukraine 14, 110, 155, 253
- paramilitärische Gruppen 61

Mischustin, Michail 82

N

Nationale Identität 22, 58, 165, 166, 171, 252
- Konzepte 163
- Narrative 157–166, 213, 214

Nationalismus 123, 162, 168, 181, 205
- innerhalb der Bevölkerung 168, 175

Nationalistische Bewegungen 95, 123, 124

Nationalistische Parteien 110, 123
NATO 24, 25, 112, 247, 248, 250, 252, 253, 266
Nawalny, Alexei 119, 121, 122, 124, 125, 130, 144–149, 151, 200, 204, 207, 208, 211, 221, 222, 227, 233, 236, 255, s. auch *FBK*
- De-facto-Partei 121, 146
- nationalistische Positionen 109, 121, 162
- Protestmobilisierung 112, 207
- und Wahlen s. auch *FBK*
- Verurteilung von s. auch *FBK*

Neoinstitutionalismus 43
Nomenklatura 27, 41, 225

O

Öffentliche Meinung 167, 171, 178, 181, 216, 245, s. auch *Meinungsumfragen*
- Demokratievorstellungen 174
- Popularität des Präsidenten 57, 65, 153
- zum Angriffskrieg gegen die Ukraine 255–257
- zur 168, 169
- zur Sowjetunion 172, 173

Sach- und Personenregister

Oligarchen 33, 59, 63, 64, 68, 87, 110, 133, 136, 210, 211, 221, 225, 238, 254

Opposition 36, 40, 50, 54, 57, 61, 65, 94, 96, 99, 104–106, 109–113, 115, 117–121, 127, 129, 131, 132, 134–137, 140, 143–152, 165, 168, 179, 180, 186, 187, 197, 201, 203, 205–207, 210, 221, 222, 227, 230, 232–234, 236, 244, 245, 250, 251, 254, 255, 257, 266
- Anti-Regime-/außersystemische 65, 94, 99, 105, 107, 117–124, 131, 132, 143–149, 179, 205–208
- im Exil 255–257
- systemische 36, 106, 109–113, 115, 117, 147, 149, 254

P

Parlament 26, 34, 48, 54, 61, 63, 65, 72–74, 76–78, 81, 83, 99–103, 105, 109, 111, 113–115, 117, 118, 121, 127–130, 135, 137, 142, 144, 147, 149, 152, 174, 179, 219, 255, s. auch *Staatsduma*, *Föderationsrat*
- Abgeordnete 30, 35, 60, 61, 72, 101, 103, 107, 108, 113, 114, 116, 117, 127, 133, 147, 149, 254
- Gesetzgebungsprozess 92, 107, 114, 117

Parteien 18, 22, 24, 27, 28, 35, 36, 45, 50, 52, 54, 58, 63, 65, 66, 72, 82, 84, 85, 93, 94, 99–113, 115, 116, 118, 120, 122, 123, 125, 128–141, 144–147, 149, 151, 157, 160, 161, 164, 166, 167, 173, 184, 185, 189, 193, 198, 200, 203–207, 220, 239, 243, 248, 254
- Gerechtes Russland 106, 110, 113, 115, 129, 140, 149
- *Ivan-Rybkin-Block* 106
- KPdSU *(Kommunistische Partei der Sowjetunion)* 17–20, 22, 23, 25–30, 32, 33, 35–41, 53, 59, 82, 84, 107, 109, 127, 128, 159, 165, 172, 189, 209, 223, 242
- KPRF *(Kommunistische Partei der Russländischen Föderation)* 36, 72, 100, 104–106, 109–116, 118, 122, 123, 128–130, 133, 134, 137, 138, 140, 143, 149, 151, 165
- LDPR *(Liberal-Demokratische Partei Russlands)* 36, 100, 104–106, 109, 111–113, 115, 118, 123, 129, 130, 149, 222
- NBP *(Nationalbolschewistische Partei Russlands)* 123, 201
- PARNAS 36, 119–121, 144, 146, 147, 255
- Partei der russländischen Einheit und Eintracht 106
- Union der Rechten Kräfte 106, 118, 128, 129

Parteienkartell 65, 104, 105, 110, 111, 113, 115, 132, 136, 138, 254

Parteiensystem 36, 65, 93, 99–101, 104, 105, 109, 111, 113, 118, 122, 123, 125, 130, 136, 137, 200, 204

Parteityp 111
- Kartellpartei, s. Parteienkartell 111
- Oppositionsparteien 99, 104, 106, 109, 144, 179, 180, 221
- Parteisubstitut 101, 102
- Spoiler-Partei 140

Patriotismus 110, 164, 166, 167, 169, 201
- gesellschaftlicher 157, 158, 169, 171, 179, 180, 187
- im offiziellen Diskurs 161, 164, 169
- patriotische Erziehung 166, 191, 257

Patronale Politik 56, 61, 79, 80, 101, 133, 139, 187, 222, 225, 229, 242, 243, 261, 264, 265
- Logik 66, 77, 80, 95, 102, 107, 117, 133, 196, 199, 222, 225, 240, 243, 264, 265
- patronale Netzwerke 56, 261
- patronales Regime 51–53, 55, 63, 69, 79–81, 86, 88, 131, 132, 193, 239, 243, 264

Perestrojka 17, 33, 35–37, 40–42, 47, 58, 60, 134, 156, 159, 183, 210

Politische Kultur 30, 39, 156, 157

Popularität 57, 65, 80, 132–134, 153–157, 161, 175, 206, 243, 251, 261, 263
- des Präsidenten 65, 153, 155–158, 175, 251
- von „Einiges Russland" 108, 109

Präsident 13, 33, 35, 37, 47, 49, 53, 55–57, 60, 61, 63–65, 67, 68, 71–74, 76–86, 90–97, 99–103, 107–109, 111, 113–117, 121, 127, 128, 130–136, 139, 141–143, 145, 146, 149, 151, 153, 155–158, 161, 162, 168, 180, 181,

187, 197–200, 205–207, 210, 211, 214, 218–220, 222, 224–227, 231, 241, 244, 245, 247–253, 255, 259–262, 264, 265
- Amtszeitbeschränkungen 80
- Kompetenzen 26, 73, 74, 79, 83, 90, 113–115, 188, 220, 224

Präsidialadministration 63, 83–85, 87, 88, 91–94, 102, 104, 105, 107–110, 114, 115, 117, 133, 136, 139, 146, 158, 161, 165, 178, 189, 199–201, 210, 212, 242

Premierminister 53, 74, 77, 84, 95, 103, 114, 120, 133, 134, 200, 207, 266

Prigoschin, Jewgeni 229, 255, 262

Private Sicherheits- und Militärunternehmen (PMCs) 228, s. auch

Privatisierung 59, 63, 67, 91, 101, 133, 210, 242

Propaganda 31, 32, 51, 157, 166, 209, 213–216, 235, 237, 238, 245, 248, 249, 251, 255, 257, 258, 263

Proteste 60, 88, 94, 105, 112, 117, 120–123, 130, 140, 141, 156, 170, 178–180, 183, 187, 188, 196–198, 202, 203, 205–208, 211, 213, 215, 227, 230, 232–234, 236, 237, 255, 263, 264
- soziale 117, 178, 202

Putin, Wladimir 13, 14, 23, 25, 45–53, 55–57, 63–69, 71–74, 80–88, 91, 95, 96, 102–104, 107, 109, 111, 113, 115, 120, 121, 124, 128–131, 133–136, 143, 149, 153–158, 160–165, 167–169, 173, 175–177, 179–181, 187, 189, 195, 197, 199–202, 204–210, 213, 214, 217–219, 221, 222, 224, 225, 229–231, 237–255, 257–267

R

Rechtsstaatlichkeit 46, 71, 217, 218, 246

Rechtssystem 50, 184, 217–219, 221, 222

Reformen 13, 14, 17, 20, 24, 33–35, 40–43, 47, 58, 60, 62–66, 72–74, 76, 80, 88, 92–94, 96, 102, 103, 112, 119, 121, 122, 135–137, 156, 159, 160, 162, 170, 178–180, 200, 206, 219, 223, 224, 240–243, 261
- Militär- 226
- Perestrojka- 17, 33, 35–37, 40–42, 47, 58, 60, 134, 156, 159, 183, 210
- Renten- 130, 176

- Wahlrechts- 35
- Wirtschafts- 58–60, 66–68, 114, 120, 176, 180

Regierung 17, 25, 26, 28, 34, 36, 37, 45, 46, 58, 62, 71, 73, 74, 77, 78, 80, 81, 83, 84, 87, 88, 92, 95–97, 100, 108–110, 113, 114, 117, 158, 178–180, 191, 217, 223, 246, 248, 253, 258, 260

Regierungssystem 26, 71, 72, 76–78, 106, 242, s. auch *Verfassung*

Regime 13–15, 18–20, 23, 25, 31, 32, 38, 39, 41, 42, 45, 46, 49–57, 62–69, 71, 73, 74, 76, 77, 79–81, 85, 86, 88, 89, 91, 93–97, 99, 102–110, 112, 113, 115–120, 122–125, 127–132, 134–137, 139, 143, 145, 146, 148–153, 155–162, 165–171, 173–181, 183, 186–190, 193–195, 197–225, 227, 229–231, 233–235, 237–266, s. auch *Autoritarismus*
- Einparteiregime 13, 17–19, 23–25, 36, 38, 40, 42, 53, 99, 104, 159, 165, 172, 175, 183, 189, 190, 209, 258, 259
- elektoral-autoritäres 25, 51, 54, 99, 103, 130, 152, 187, 209, 244
- faschistisches 38, 257, 258
- hybrides 49
- kommunistisches, staatssozialistisches 18, 174, 176
- patronales 51–53, 55, 63, 69, 79–81, 86, 88, 131, 132, 193, 239, 243, 265
- personalistisches 13, 14, 51, 55, 85, 107, 153, 187, 190, 199, 223, 224, 251, 258–260, 265

Regionen Russlands 21, 62, 71, 74, 76, 88–94, 102, 109, 112, 115, 122, 141, 142, 144, 147, 149–152, 171, 179, 192, 193, 196–198, 202, 204, 206, 222, 232, 242, 263

Religion 170, 185, 208, 234, s. auch *Russisch-Orthodoxe Kirche*

Repressionen 14, 19, 20, 32, 38, 51, 54, 66, 68, 96, 123, 173, 175, 180, 188, 192, 197, 204, 209, 213, 216, 221, 223, 224, 230, 231, 233, 235, 237, 244, 245, 264

Revolution 21, 33, 41, 42, 123, 124, 135, 161, 187, 201, 205, 207, 208, 213–215, 231, 247, 248, 263, 264
- Februar- 17
- Oktober- 17, 30, 68, 159

– präventive Konter- 187, 206, 231
Russisch-Orthodoxe Kirche 84, 165, 166, 170, 197, 202, 258, s. auch *Religion*

S

Schirinowski, Wladimir 109
Sicherheitsrat 58, 84, 86, 87, 91, 225, 251
Siloviki 52, 68, 87, 223–225, 229, 237, 238
Sjuganow, Gennadi 109, 110, 128, 133
Sowjetunion 13, 17, 19–28, 30, 33, 35–43, 47, 48, 51, 52, 58, 60, 62, 88, 95, 99, 104, 114, 122, 127, 162, 163, 168–170, 172, 187, 200, 223, 242, 246, 259
– Auflösung 13, 36, 88, 95, 114, 169
– Gründung 17, 18
– ideologische Grundlage 18, 41
– politisches System 13, 17, 25, 26, 34, 35, 39, 41, 45–50, 52–57, 63–66, 69, 71–73, 76, 93, 104, 109, 113, 115, 121, 127, 130, 161, 173–175, 187, 192, 203, 224, 231, 239, 241, 245, 250
Soziale Medien 158, 211, 213, 216
Staatsduma 65, 71, 74, 77, 80, 92, 97, 99, 100, 102, 105, 107, 110, 111, 113, 115, 116, 118, 119, 122, 136, 137, 140, 143, 152, 158, 219, 227, 230, 233, 255
– politische Parteien in der 101, 102, 106, 110–115
– und Gesetzgebung 115–117, 235
– Wahlen 101, 106, 127–129
Staatshaushalt 33, 36, 65, 66, 92, 97, 133, 179, 193
Staatsrat 81, 84, 86, 92
Staatssozialismus 13, 17, 18, 33, 40–42, 184, 188, 240
Stalin, Josef 19, 20, 22, 29, 30, 39, 43, 113, 159, 164, 173, 181, 183, 237
Systemische Opposition 36, 106, 109–113, 115, 117, 147, 149, 179, 234, 254

T

Terrorismus 224, 227, 231, 232, 234
Tschetschenien 62, 65, 89, 95–97, 114, 133, 142, 149, 157, 200, 231, 233, 255

U

Ukraine 14, 19, 21–23, 36, 37, 47, 48, 50, 57, 65, 66, 68, 86, 95, 96, 110, 113, 116, 122, 124, 155, 157, 158, 161, 166–168, 170, 177, 187, 188, 195, 200, 202, 207, 213, 215, 216, 220, 225–231, 233–235, 239, 243, 246–254, 258, 259, 262, 263, 265–267
– Krieg in der Ostukraine 66, 119, 204, 248
– Krim-Annexion 23, 67, 124, 157, 158, 168, 215, 254
– Russlands Angriffskrieg 14, 66, 110, 155, 167, 195, 239, 248, 253, 259, 263
Unerwünschte Organisationen 147, 191, 192, 194, 195, 232, 235, 236
USA 19, 24, 33–35, 39, 60, 65, 67, 78, 79, 95, 119, 153, 157, 160, 174, 187, 189, 194, 215, 228, 246–249, 252, 253, s. auch *Westen*

V

Verfassung 21, 25, 26, 35, 53, 55, 57, 60, 61, 63, 71–74, 76–81, 83, 89, 90, 92, 97, 104, 113–115, 132, 134, 143, 145, 159, 204, 217, 218, 220, 226, 232, 242, 243
– *constitutional engineering* 104
– und patronale Politik 61
– Verfassungskrise 1993 36, 43, 48, 49, 53, 55, 58, 60, 61, 63, 71–74, 78, 84, 89, 90, 97, 100–102, 105, 106, 109, 113, 114, 118, 122, 128, 129, 136, 152, 159, 183, 210, 218, 230, 242, 243
– Verfassungsreform 2008 135
– Verfassungsreform 2020 76, 80, 97, 107, 219
Verfassungsgericht 72, 73, 76, 116, 194, 219

W

Wahlbeobachtung 122, 135, 141, 150, 152, 194
Wahlen 24, 25, 27, 28, 30, 31, 45–48, 50–52, 54, 55, 57, 64, 65, 71, 76–80, 91, 93, 94, 96, 100, 101, 103, 105–107, 109, 112, 119, 120, 122, 123, 127, 129–135, 137, 139, 140, 142, 144–147,

Sach- und Personenregister

149–152, 156, 174, 178, 187, 193, 197, 200, 203–205, 207, 208, 210, 231, 233, 242, 244, 245, 259, 261, 264, s. auch *Wahlsystem*
- Ausschluss von Kandidat/innen und Parteien s. auch *Wahlsystem*
- *electoral engineering* 104, 136
- Parlamentswahlen 63, 65, 101–103, 105, 111, 118, 127, 128, 142, 144, 147, 149
- Präsidentschaftswahlen 53, 63, 101, 111, 121, 128, 131–135, 141–143, 145, 146, 149, 180, 200, 206, 214, 222, 259, 260, 264
- Regional- und Kommunalwahlen 119

Wahlfälschung 65, 140, 142, 143, 149, 187, 200, 205

Wahlsystem 104, 136, 151, 206

Weltordnung 38, 62, 215, 246, 248, 250

Werte, traditionelle 73, 109, 162, 164, 166, 167, 177, 197, 235, 256, 258

Westen 17, 21, 23, 24, 32, 38, 60, 66, 69, 88, 89, 96, 157–160, 179, 183, 187, 196, 202, 215, 232, 240, 246–253, 258, 265, 266

Wirtschaft 14, 19, 20, 27, 29, 33, 36, 38, 40, 42, 45, 52, 53, 59, 61, 62, 66, 67, 86, 88, 95, 108, 110, 133, 180, 185, 222, 226, 227, 231, 237, 239, 253, 254

Z

Zensur 209, 212, 238

Zentralisierung 64, 71, 73, 90, 92, 93, s. auch *Föderalismus*

Zivilgesellschaft 30, 35, 102, 104, 136, 165, 183–185, 188–191, 195, 198, 199, 204, 205, 208, 231, s. auch *Ausländische Agenten, Unerwünschte Organisationen*
- Doppelstrategie des Regimes 190

Bereits erschienen in der Reihe
STUDIENKURS POLITIKWISSENSCHAFT (ab 2017)

Das politische System Ungarns
Von Dr. Melani Barlai, Dr. Florian Hartleb, Dr. Dániel Mikecz
2023, 240 Seiten, broschiert,
ISBN 978-3-8487-6747-2

Einführung in die Politikwissenschaft
Von Prof. Dr. Thomas Bernauer, Prof. Dr. Detlef Jahn, Prof. Dr. Sylvia Kritzinger, Assoc.-Prof. Dr. Patrick M. Kuhn, Prof. Dr. Stefanie Walter
5., umfassend überarbeitete Auflage,
2022, 598 Seiten, broschiert,
ISBN 978-3-8487-7938-3

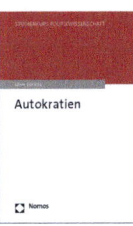

Autokratien
Von Prof. Dr. Uwe Backes
2022, 205 Seiten, broschiert,
ISBN 978-3-8487-8003-7

Die Rechte indigener Völker im Menschenrechtssystem
Von Jessika Eichler, Ph.D.
2022, 266 Seiten, broschiert,
ISBN 978-3-8487-6483-9

Das Regierungssystem der USA
Von Dr. Michael T. Oswald
3., aktualisierte und erweiterte Auflage,
2021, 322 Seiten, broschiert,
ISBN 978-3-8487-6950-6

Bereits erschienen in der Reihe STUDIENKURS POLITIKWISSENSCHAFT (ab 2017)

Demokratie
Von Prof. Dr. Samuel Salzborn
2., aktualisierte und erweiterte Auflage,
2021, 186 Seiten, broschiert,
ISBN 978-3-8487-8296-3

Migrationspolitik
Von Prof. Dr. Hannes Schammann und Dr. Danielle Gluns
2021, 274 Seiten, broschiert,
ISBN 978-3-8487-4054-3

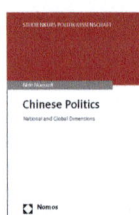

Chinese Politics
Von Prof. Dr. Dr. Nele Noesselt
2021, ca. 270 Seiten, broschiert,
ISBN 978-3-8487-4673-6

Föderalismus
Von Prof. Dr. Roland Sturm
3., umfassend aktualisierte Auflage,
2020, 201 Seiten, broschiert,
ISBN 978-3-8487-7786-0

Das politische System der Schweiz
Von Prof. Dr. Adrian Vatter
4., vollständig aktualisierte Auflage,
2020, 592 Seiten, broschiert,
ISBN 978-3-8487-6564-5

Bereits erschienen in der Reihe STUDIENKURS POLITIKWISSENSCHAFT (ab 2017)

Rechtsextremismus
Von Prof. Dr. Samuel Salzborn
4., überarbeitete und erweiterte Auflage,
2020, 186 Seiten, broschiert,
ISBN 978-3-8487-6759-5

Das erste Forschungsprojekt
Von Prof. Dr. Tom Mannewitz
2020, 344 Seiten, broschiert,
ISBN 978-3-8487-6760-1

Entscheidungs- und Spieltheorie
Von Prof. Dr. Joachim Behnke
2., durchgesehene und aktualisierte Auflage,
2020, 230 Seiten, broschiert,
ISBN 978-3-8487-6254-5

Hispanoamerika
Von Prof. Dr. rer. pol. Hartmut Sangmeister
2019, 249 Seiten, broschiert,
ISBN 978-3-8487-5102-0

Internationale Politische Ökonomie
Von Prof. Dr. Stefan A. Schirm
4., unveränderte Auflage,
2019, 290 Seiten, broschiert,
ISBN 978-3-8487-5984-2

Bereits erschienen in der Reihe STUDIENKURS POLITIKWISSENSCHAFT (ab 2017)

Theoretiker der Politik
Von Prof. em. Dr. Frank R. Pfetsch
3. Auflage
2019, 614 Seiten, broschiert,
ISBN 978-3-8487-5015-3

Chinesische Politik
Von Prof. Dr. Dr. Nele Noesselt
2., aktualisierte und überarbeitete Auflage,
2018, 252 Seiten, broschiert,
ISBN 978-3-8487-4238-7

Internationale Sicherheit und Frieden
Von Prof. Dr. Heinz Gärtner
3., erweiterte und aktualisierte Auflage,
2018, 338 Seiten, broschiert,
ISBN 978-3-8487-4198-4

Methoden der Politikwissenschaft
Von Prof. Dr. Bettina Westle
2. Auflage,
2018, 436 Seiten. broschiert,
ISBN 978-3-8487-3946-2

Parlamentarismus
Von Prof. Dr. Stefan Marschall
3., aktualisierte Auflage,
2018, 265 Seiten, broschiert,
ISBN 978-3-8487-5231-7

Bereits erschienen in der Reihe STUDIENKURS POLITIKWISSENSCHAFT (ab 2017)

Weltbilder und Weltordnung
Von Prof. Dr. Gert Krell und Prof. Dr. Peter Schlotter
5., überarbeitete und aktualisierte Auflage,
2018, 462 Seiten, broschiert,
ISBN 978-3-8487-4183-0

Grundbegriffe der Politik
Von Dr. Martin Schwarz, Prof. Dr. Karl-Heinz Breier und Prof. Dr. Peter Nitschke
2., aktualisierte und erweiterte Auflage,
2017, 246 Seiten, broschiert,
ISBN 978-3-8487-4197-7